本书系国家社科基金艺术学项目"艺术在中华文化复兴中的建构作用研究"（项目批准号：13BH081）成果。

深圳学派建设丛书
〔第六辑〕

艺术在中华文化复兴中的建构作用

A Study on the Art Constructional Founctions for the Rejuvenation of Chinese Culture

黄永健　著

中国社会科学出版社

图书在版编目（CIP）数据

艺术在中华文化复兴中的建构作用／黄永健著 . —北京：
中国社会科学出版社，2019.6
（深圳学派建设丛书. 第六辑）
ISBN 978 - 7 - 5203 - 4489 - 0

Ⅰ.①艺… Ⅱ.①黄… Ⅲ.①艺术—影响—文化事业—建设—研究—中国 Ⅳ.①G12

中国版本图书馆 CIP 数据核字（2019）第 096099 号

出 版 人	赵剑英
责任编辑	王 茵 马 明
责任校对	任晓晓
责任印制	王 超

出　版	中国社会科学出版社
社　址	北京鼓楼西大街甲 158 号
邮　编	100720
网　址	http：//www.csspw.cn
发 行 部	010 - 84083685
门 市 部	010 - 84029450
经　销	新华书店及其他书店
印　刷	北京明恒达印务有限公司
装　订	廊坊市广阳区广增装订厂
版　次	2019 年 6 月第 1 版
印　次	2019 年 6 月第 1 次印刷
开　本	710×1000　1/16
印　张	24.75
插　页	2
字　数	368 千字
定　价	99.00 元

凡购买中国社会科学出版社图书，如有质量问题请与本社营销中心联系调换
电话：010 - 84083683
版权所有　侵权必究

《深圳学派建设丛书》
编委会

顾　　问：王京生

主　　任：李小甘　吴以环

执行主任：陈金海　吴定海

总序：学派的魅力

王京生[*]

学派的星空

在世界学术思想史上，曾经出现过浩如繁星的学派，它们的光芒都不同程度地照亮人类思想的天空，像米利都学派、弗莱堡学派、法兰克福学派等，其人格精神、道德风范一直为后世所景仰，其学识与思想一直成为后人引以为据的经典。就中国学术史而言，不断崛起的学派连绵而成群山之势，并标志着不同时代的思想所能达到的高度。自晚明至晚清，是中国学术尤为昌盛的时代，而正是在这个时代，学派性的存在也尤为活跃，像陆王学派、吴学、皖学、扬州学派等。但是，学派辈出的时期还应该首推古希腊和春秋战国时期，古希腊出现的主要学派就有米利都学派、毕达哥拉斯学派、埃利亚学派、犬儒学派；而儒家学派、黄老学派、法家学派、墨家学派、稷下学派等，则是春秋战国时期学派鼎盛的表现，百家之中几乎每家就是一个学派。

综观世界学术思想史，学派一般都具有如下特征：

其一，有核心的代表人物，以及围绕着这些核心人物所形成的特定时空的学术思想群体。德国19世纪著名的历史学家兰克既是影响深远的兰克学派的创立者，也是该学派的精神领袖，他在柏林大学长期任教期间培养了大量的杰出学者，形成了声势浩大的学术势力，兰克本人也一度被尊为欧洲史学界的泰斗。

其二，拥有近似的学术精神与信仰，在此基础上形成某种特定的学术风气。清代的吴学、皖学、扬学等乾嘉诸派学术，以考据为

---

[*] 王京生，现任国务院参事。

治学方法，继承古文经学的训诂方法而加以条理发明，用于古籍整理和语言文字研究，以客观求证、科学求真为旨归，这一学术风气也因此成为清代朴学最为基本的精神特征。

其三，由学术精神衍生出相应的学术方法，给人们提供了观照世界的新的视野和新的认知可能。产生于20世纪60年代、代表着一种新型文化研究范式的英国伯明翰学派，对当代文化、边缘文化、青年亚文化的关注，尤其是对影视、广告、报刊等大众文化的有力分析，对意识形态、阶级、种族、性别等关键词的深入阐释，无不为我们认识瞬息万变的世界提供了丰富的分析手段与观照角度。

其四，由上述三点所产生的经典理论文献，体现其核心主张的著作是一个学派所必需的构成因素。作为精神分析学派的创始人，弗洛伊德所写的《梦的解析》等，不仅成为精神分析理论的经典著作，而且影响广泛并波及人文社科研究的众多领域。

其五，学派一般都有一定的依托空间，或是某个地域，或是像大学这样的研究机构，甚至是有着自身学术传统的家族。

学派的历史呈现出交替嬗变的特征，形成了自身发展规律：

其一，学派出现往往暗合了一定时代的历史语境及其"要求"，其学术思想主张因而也具有非常明显的时代性特征。一旦历史条件发生变化，学派的内部分化甚至衰落将不可避免，尽管其思想遗产的影响还会存在相当长的时间。

其二，学派出现与不同学术群体的争论、抗衡及其所形成的思想张力紧密相关，它们之间的"势力"此消彼长，共同勾勒出人类思想史波澜壮阔的画面。某一学派在某一历史时段"得势"，完全可能在另一历史时段"失势"。各领风骚若干年，既是学派本身的宿命，也是人类思想史发展的"大幸"：只有新的学派不断涌现，人类思想才会不断获得更为丰富、多元的发展。

其三，某一学派的形成，其思想主张都不是空穴来风，而有其内在理路。例如，宋明时期陆王心学的出现是对程朱理学的反动，但其思想来源却正是前者；清代乾嘉学派主张朴学，是为了反对陆王心学的空疏无物，但二者之间也建立了内在关联。古希腊思想作为欧洲思想发展的源头，使后来西方思想史的演进，几乎都可看作对它的解释与演绎,"西方哲学史都是对柏拉图思想的演绎"的极端说法,却也说出了部分的真实。

其四,强调内在理路,并不意味着对学派出现的外部条件重要性的否定;恰恰相反,外部条件有时对于学派的出现是至关重要的。政治的开明、社会经济的发展、科学技术的进步、交通的发达、移民的会聚等,都是促成学派产生的重要因素。名噪一时的扬州学派,就直接得益于富甲一方的扬州经济与悠久而发达的文化传统。综观中国学派出现最多的明清时期,无论是程朱理学、陆王心学,还是清代的吴学、皖学、扬州学派、浙东学派,无一例外都是地处江南(尤其是江浙地区)经济、文化、交通异常发达之地,这构成了学术流派得以出现的外部环境。

学派有大小之分,一些大学派又分为许多派别。学派影响越大分支也就越多,使得派中有派,形成一个学派内部、学派之间相互切磋与抗衡的学术群落,这可以说是纷纭繁复的学派现象的一个基本特点。尽管学派有大小之分,但在人类文明进程中发挥的作用却各不相同,有积极作用,也有消极作用。例如,法国百科全书派破除中世纪以来的宗教迷信和教会黑暗势力的统治,成为启蒙主义的前沿阵地与坚强堡垒;罗马俱乐部提出的"增长的极限""零增长"等理论,对后来的可持续发展、协调发展、绿色发展等理论与实践,以及联合国通过的一些决议,都产生了积极影响;而德国人文地理学家弗里德里希·拉采尔所创立的人类地理学理论,宣称国家为了生存必须不断扩充地域、争夺生存空间,后来为法西斯主义所利用,起了相当大的消极作用。

学派的出现与繁荣,预示着一个国家进入思想活跃的文化大发展时期。被司马迁盛赞为"盛处士之游,壮学者之居"的稷下学宫,之所以能成为著名的稷下学派之诞生地、战国时期百家争鸣的主要场所与最负盛名的文化中心,重要原因就是众多学术流派都活跃在稷门之下,各自的理论背景和学术主张尽管各有不同,却相映成趣,从而造就了稷下学派思想多元化的格局。这种"百氏争鸣、九流并列、各尊所闻、各行所知"的包容、宽松、自由的学术气氛,不仅推动了社会文化的进步,而且也引发了后世学者争论不休的话题，中国古代思想在这里得到了极大发展，迎来了中国思想文化史上的黄金时代。而从秦朝的"焚书坑儒"到汉代的"独尊儒术"，百家争鸣局面便不复存在，思想禁锢必然导致学派衰落，国家文化发展也必将受到极大的制约与影响。

深圳的追求

在中国打破思想的禁锢和改革开放30多年这样的历史背景下，随着中国经济的高速发展以及在国际上的和平崛起，中华民族伟大复兴的中国梦正在进行。文化是立国之根本，伟大的复兴需要伟大的文化。树立高度的文化自觉，促进文化大发展大繁荣，加快建设文化强国，中华文化的伟大复兴梦想正在逐步实现。可以预期的是，中国的学术文化走向进一步繁荣的过程中，具有中国特色的学派也将出现在世界学术文化的舞台上。

从20世纪70年代末真理标准问题的大讨论，到人生观、文化观的大讨论，再到90年代以来的人文精神大讨论，以及近年来各种思潮的争论，凡此种种新思想、新文化，已然展现出这个时代在百家争鸣中的思想解放历程。在与日俱新的文化转型中，探索与矫正的交替进行和反复推进，使学风日盛、文化昌明，在很多学科领域都出现了彼此论争和公开对话，促成着各有特色的学术阵营的形成与发展。

一个文化强国的崛起离不开学术文化建设，一座高品位文化城市的打造同样也离不开学术文化的发展。学术文化是一座城市最内在的精神生活，是城市智慧的积淀，是城市理性发展的向导，是文化创造力的基础和源泉。学术是不是昌明和发达，决定了城市的定位、影响力和辐射力，甚至决定了城市的发展走向和后劲。城市因文化而有内涵，文化因学术而有品位，学术文化已成为现代城市智慧、思想和精神高度的标志和"灯塔"。

凡工商发达之处，必文化兴盛之地。深圳作为我国改革开放的"窗口"和"排头兵"，是一个商业极为发达、市场化程度很高的城市，移民社会特征突出、创新包容氛围浓厚、民主平等思想活跃、信息交流的"桥头堡"地位明显，是具有形成学派可能性的地区之一。在创造工业化、城市化、现代化发展奇迹的同时，深圳也创造了文化跨越式发展的奇迹。文化的发展既引领着深圳的改革开放和现代化进程，激励着特区建设者艰苦创业，也丰富了广大市民的生活，提升了城市品位。

如果说之前的城市文化还处于自发性的积累期，那么进入21世纪以来，深圳文化发展则日益进入文化自觉的新阶段：创新文化发展理念，实施"文化立市"战略，推动"文化强市"建设，提升文化软实力，争当全国文化改革发展"领头羊"。自2003年以来，深圳文化发展亮点纷呈、硕果累累：荣获联合国教科文组织"设计之都""全球全民阅读典范城市"称号，原创大型合唱交响乐《人文颂》在联合国教科文组织巴黎总部成功演出，被国际知识界评为"杰出的发展中的知识城市"，三次荣获"全国文明城市"称号，四次被评为"全国文化体制改革先进地区"，"深圳十大观念"影响全国，《走向复兴》《我们的信念》《中国之梦》《迎风飘扬的旗》《命运》等精品走向全国，深圳读书月、市民文化大讲堂、关爱行动、创意十二月等品牌引导市民追求真善美，图书馆之城、钢琴之城、设计之都等"两城一都"高品位文化城市正成为现实。

城市的最终意义在于文化。在特区发展中，"文化"的地位正发生着巨大而悄然的变化。这种变化首先还不在于大批文化设施的兴建、各类文化活动的开展与文化消费市场的繁荣，而在于整个城市文化地理和文化态度的改变，城市发展思路由"经济深圳"向"文化深圳"转变。这一切都源于文化自觉意识的逐渐苏醒与复活。文化自觉意味着文化上的成熟，未来深圳的发展，将因文化自觉意识的强化而获得新的发展路径与可能。

与国内外一些城市比起来，历史文化底蕴不够深厚、文化生态不够完善等仍是深圳文化发展中的弱点，特别是学术文化的滞后。近年来，深圳在学术文化上的反思与追求，从另一个层面构成了文化自觉的逻辑起点与外在表征。显然，文化自觉是学术反思的扩展与深化，从学术反思到文化自觉，再到文化自信、自强，无疑是文化主体意识不断深化乃至确立的过程。大到一个国家和小到一座城市的文化发展皆是如此。

从世界范围看，伦敦、巴黎、纽约等先进城市不仅云集大师级的学术人才，而且有活跃的学术机构、富有影响的学术成果和浓烈的学术氛围，正是学术文化的繁盛才使它们成为世界性文化中心。可以说，学术文化发达与否，是国际化城市不可或缺的指标，并将最终决定一个城市在全球化浪潮中的文化地位。城市发展必须在学术文化层面有所积累和突破，否则就缺少根基，缺少理念层面的影响，缺少自我反省的能力，就不会有强大的辐射力，即使有一定的辐射力，其影响也只是停留于表面。强大的学术文化，将最终确立一种文化类型的主导地位和城市的文化声誉。

近年来，深圳在实施"文化立市"战略、建设"文化强市"过程中鲜明提出：大力倡导和建设创新型、智慧型、力量型城市主流文化，并将其作为城市精神的主轴以及未来文化发展的明确导向和基本定位。其中，智慧型城市文化就是以追求知识和理性为旨归，人文气息浓郁，学术文化繁荣，智慧产出能力较强，学习型、知识型城市建设成效卓著。深圳要建成有国际影响力的智慧之城，提高文化软实力，学术文化建设是其最坚硬的内核。

经过 30 多年的积累，深圳学术文化建设初具气象，一批重要学科确立，大批学术成果问世，众多学科带头人涌现。在中国特色社会主义理论、经济特区研究、港澳台经济、文化发展、城市化等研究领域产生了一定影响；学术文化氛围已然形成，在国内较早创办以城市命名的"深圳学术年会"，举办了"世界知识城市峰会"等一系列理论研讨会。尤其是《深圳十大观念》等著作的出版，更是对城市人文精神的高度总结和提升，彰显和深化了深圳学术文化和理论创新的价值意义。

而"深圳学派"的鲜明提出，更是寄托了深圳学人的学术理想和学术追求。1996 年最早提出"深圳学派"的构想；2010 年《深圳市委市政府关于全面提升文化软实力的意见》将"推动'深圳学派'建设"载入官方文件；2012 年《关于深入实施文化立市战略建设文化强市的决定》明确提出"积极打造'深圳学派'"；2013 年出台实施《"深圳学派"建设推进方案》。一个开风气之先、引领思想潮流的"深圳学派"正在酝酿、构建之中，学术文化的春天正向这座城市走来。

"深圳学派"概念的提出，是中华文化伟大复兴和深圳高质量发展的重要组成部分。竖起这面旗帜，目的是激励深圳学人为自己的学术梦想而努力，昭示这座城市尊重学人、尊重学术创作的成果、尊重所有的文化创意。这是深圳30多年发展文化自觉和文化自信的表现，更是深圳文化流动的结果。因为只有各种文化充分流动碰撞，形成争鸣局面，才能形成丰富的思想土壤，为"深圳学派"的形成创造条件。

深圳学派的宗旨

构建"深圳学派"，表明深圳不甘于成为一般性城市，也不甘于仅在世俗文化层面上造成一点影响，而是要面向未来中华文明复兴的伟大理想，提升对中国文化转型的理论阐释能力。"深圳学派"从名称上看，是地域性的，体现城市个性和地缘特征；从内涵上看，是问题性的，反映深圳在前沿探索中遇到的主要问题；从来源上看，"深圳学派"没有明确的师承关系，易形成兼容并蓄、开放择优的学术风格。因而，"深圳学派"建设的宗旨是"全球视野，民族立场，时代精神，深圳表达"。它浓缩了深圳学术文化建设的时空定位，反映了对学界自身经纬坐标的全面审视和深入理解，体现了城市学术文化建设的总体要求和基本特色。

一是"全球视野"：反映了文化流动、文化选择的内在要求，体现了深圳学术文化的开放、流动、包容特色。它强调要树立世界眼光，尊重学术文化发展内在规律，贯彻学术文化转型、流动与选择辩证统一的内在要求，坚持"走出去"与"请进来"相结合，推动深圳与国内外先进学术文化不断交流、碰撞、融合，保持旺盛活力，构建开放、包容、创新的深圳学术文化。

文化的生命力在于流动，任何兴旺发达的城市和地区一定是流动文化最活跃、最激烈碰撞的地区，而没有流动文化或流动文化很少光顾的地区，一定是落后的地区。文化的流动不断催生着文化的分解和融合，推动着文化新旧形式的转换。在文化探索过程中，唯一需要坚持的就是敞开眼界、兼容并蓄、海纳百川，尊重不同文化的存在和发展，推动多元文化的融合发展。中国近现代史的经验反复证明，闭关锁国的文化是窒息的文化，对外开放的文化才是充满生机活力的文化。学术文化也是如此，只有体现"全球视野"，才能融入全球思想和话语体系。因此，"深圳学派"的研究对象不是局限于一国、一城、一地，而是在全球化背景下，密切关注国际学术前沿问题，并把中国尤其是深圳的改革发展置于人类社会变革和文化变迁的大背景下加以研究，具有宽广的国际视野和鲜明的民族特色，体现开放性甚至是国际化特色，也融合跨学科的交叉和开放。

二是"民族立场"：反映了深圳学术文化的代表性，体现了深圳在国家战略中的重要地位。它强调要从国家和民族未来发展的战略出发，树立深圳维护国家和民族文化主权的高度责任感、使命感、紧迫感。加快发展和繁荣学术文化，尽快使深圳在学术文化领域跻身全球先进城市行列，早日占领学术文化制高点，推动国家民族文化昌盛，助力中华民族早日实现伟大复兴。

任何一个大国的崛起，不仅伴随经济的强盛，而且伴随文化的昌盛。文化昌盛的一个核心就是学术思想的精彩绽放。学术的制高点，是民族尊严的标杆，是国家文化主权的脊梁；只有占领学术制高点，才能有效抵抗文化霸权。当前，中国的和平崛起已成为世界的最热门话题之一，中国已经成为世界第二大经济体，发展速度为世界刮目相看。但我们必须清醒地看到，在学术上，我们还远未进入世界前列，特别是还没有实现与第二大经济体相称的世界文化强国的地位。这样的学术境地不禁使我们扪心自问，如果思想学术得不到世界仰慕，中华民族何以实现伟大复兴？在这个意义上，深圳和全国其他地方一样，学术都是短板，与经济社会发展不相匹配。而深圳作为排头兵，肩负了为国家、为民族文化发展探路的光荣使命，尤感责任重大。深圳的学术立场不能仅限于一隅，而应站在全国、全民族的高度。

三是"时代精神"：反映了深圳学术文化的基本品格，体现了深圳学术发展的主要优势。它强调要发扬深圳一贯的"敢为天下先"的精神，突出创新性，强化学术攻关意识，按照解放思想、实事求是、求真务实、开拓创新的总要求，着眼人类发展重大前沿问题，特别是重大战略问题、复杂问题、疑难问题，着力创造学术文化新成果，以新思想、新观点、新理论、新方法、新体系引领时代学术文化思潮。

党的十八大提出了完整的社会主义核心价值观，这是当今中国时代精神的最权威、最凝练表达，是中华民族走向复兴的兴国之魂，是中国梦的核心和鲜明底色，也应该成为"深圳学派"进行研究和探索的价值准则和奋斗方向。其所熔铸的中华民族生生不息的家国情怀，无数仁人志士为之奋斗的伟大目标和每个中国人对幸福生活的向往，是"深圳学派"的思想之源和动力之源。

创新，是时代精神的集中表现，也是深圳这座先锋城市的第一标志。深圳的文化创新包含了观念创新，利用移民城市的优势，激发思想的力量，产生了一批引领时代发展的深圳观念；手段创新，通过技术手段创新文化发展模式，形成了"文化+科技""文化+金融""文化+旅游""文化+创意"等新型文化业态；内容创新，以"内容为王"提升文化产品和服务的价值，诞生了华强文化科技、腾讯、华侨城等一大批具有强大生命力的文化企业，形成了读书月等一大批文化品牌；制度创新，充分发挥市场的作用，不断创新体制机制，激发全社会的文化创造活力，从根本上提升城市文化的竞争力。"深圳学派"建设也应体现出强烈的时代精神，在学术课题、学术群体、学术资源、学术机制、学术环境方面迸发出崇尚创新、提倡包容、敢于担当的活力。"深圳学派"需要阐述和回答的是中国改革发展的现实问题，要为改革开放的伟大实践立论、立言，对时代发展作出富有特色的理论阐述。它以弘扬和表达时代精神为己任，以理论创新为基本追求，有着明确的文化理念和价值追求，不局限于某一学科领域的考据和论证，而要充分发挥深圳创新文化的客观优势，多视角、多维度、全方位地研究改革发展中的现实问题。

四是"深圳表达"：反映了深圳学术文化的个性和原创性，体现了深圳使命的文化担当。它强调关注现实需要和问题，立足深圳实际，着眼思想解放、提倡学术争鸣，注重学术个性、鼓励学术原创，不追求完美、不避讳瑕疵，敢于并善于用深圳视角研究重大前沿问题，用深圳话语表达原创性学术思想，用深圳体系发表个性化学术理论，构建具有深圳风格和气派的学术文化。

称为"学派"就必然有自己的个性、原创性，成一家之言，勇于创新、大胆超越，切忌人云亦云、没有反响。一般来说，学派的诞生都伴随着论争，在论争中学派的观点才能凸显出来，才能划出自己的阵营和边际，形成独此一家、与众不同的影响。"深圳学派"依托的是改革开放前沿，有着得天独厚的文化环境和文化氛围，因此不是一般地标新立异，也不会跟在别人后面，重复别人的研究课题和学术话语，而是要以改革创新实践中的现实问题研究作为理论创新的立足点，作出特色鲜明的理论表述，发出与众不同的声音，充分展现特区学者的理论勇气和思想活力。当然，"深圳学派"要把深圳的物质文明、精神文明和制度文明作为重要的研究对象，但不等于言必深圳，只囿于深圳的格局。思想无禁区、学术无边界，"深圳学派"应以开放心态面对所有学人，严谨执着，放胆争鸣，穷通真理。

狭义的"深圳学派"属于学术派别，当然要以学术研究为重要内容；而广义的"深圳学派"可看成"文化派别"，体现深圳作为改革开放前沿阵地的地域文化特色，因此除了学术研究，还包含文学、美术、音乐、设计创意等各种流派。从这个意义上说，"深圳学派"尊重所有的学术创作成果，尊重所有的文化创意，不仅是哲学社会科学，还包括自然科学、文学艺术等。

"寄言燕雀莫相唣，自有云霄万里高。"学术文化是文化的核心，决定着文化的质量、厚度和发言权。我们坚信，在建设文化强国、实现文化复兴的进程中，植根于中华文明深厚沃土、立足于特区改革开放伟大实践、融汇于时代潮流的"深圳学派"，一定能早日结出硕果，绽放出盎然生机！

前　言

　　中华民族伟大复兴是一项综合性工程，要实现这一伟大的目标，不仅意味着中华民族在硬实力——军事、经济实力领先世界，更意味着中华民族在软实力——文化建设上位居世界的前列，正如约瑟夫·奈所指出的那样，当一国的文化中包含了普世（普适）价值观，其政策中推行的也是被他国认同的价值观和利益，那么双方就会建立一种兼具吸引力和责任感的关系，该国得尝所愿的可能性也会相应大大增加。

　　中华民族伟大复兴的宏伟大业中的中华文化复兴，就是当代中国文化大发展大繁荣，而要实现中华文化复兴，实现当代中国文化大发展大繁荣，除了运用制度、政策、法律法规、经济、政治包括军事等手段之外，还必须运用艺术的手段，即通过艺术自身的建设，通过艺术对于当代中华文化体系中的各个部分和环节的积极影响，促进当代中华文化的良性健康发展。艺术作为文化体系中具有桥梁纽带功能的特殊文化，作为文化体系中具有磨合校正功能的特殊文化，作为文化体系中具有文化创新功能的特殊文化，通过情感的发生、发现和情感的创造活动，唤醒我们对于中华民族优秀传统文化的回忆，促使我们对于中华民族落后传统文化的反思，促进我们敞开胸怀，接纳世界优秀文化。艺术的思维方式、艺术创作、艺术作品、艺术欣赏活动，都可以在中国当代的政治、外交、法律、经济社会转型、哲学、宗教、道德、科学等方面，发挥积极的建构作用。

　　本著紧扣中华文化复兴这个时代话题，从艺术如何为中华文化复兴发挥积极建设作用这个角度，展开问题，深入辨析，通过历史透视、文化对比和辩证分析，试图探求中华艺术自身独特的文化建构路径和艺术参与中华文化复兴的建构路径。

本著主要内容包括文化昌盛与艺术振兴的世界经验、文化昌盛与艺术振兴的中国经验、中华艺术的正能量含藏、中国当代艺术创新及其发展愿景、艺术推动当代中国的经济增长和社会转型、艺术参与国家的顶层设计、艺术提升中华民族的精神水准。

在深入研究探讨了中华文化复兴的意向所指以及艺术复兴与文化复兴的内在关系之后，本著着重探讨中华艺术复兴以及中华艺术复兴带动中华文化复兴的建构性路径，从历时性考量和共时性对比两个层面探索人类历史上文化复兴时代和文化复兴民族（空间）艺术繁荣兴旺的经验，以期为当代中国的艺术创新和文化建构提供适当的对比参照。艺术特别是被西方话语所遮蔽的中国传统艺术文化的"道"和"器"两个层面，承载着中华民族的超越性智慧，在当代语境中，中国传统艺术文化所承载的中华民族精神并没有过时，相反，中华之艺所承载之中华之道、中华之美，不仅唤醒了民族的文化身份意识，更激发了全民族的文化自信心。因此，我们探讨艺术如何积极参与构建当代中国新文化，首先必须在前人研究的基础上，参照文化界、哲学界有关中国文化研究的最新研究成果，参照国家主流意识形态的立场和观点，重新研究界定中国传统艺术所承载的中华文化精神和价值理念，重申其对于当代文化建构的重要作用。通过分析对比，综合归纳，并参照前人的经典分类，本著分别以"中和"——中庸和谐的音乐艺术，"生动"——生生之道的国画艺术，"圆融"——天人合一的戏曲、舞蹈、小说艺术，"自然"——天人协调的园林艺术，"情性"——仁爱、求真的诗歌、书法艺术，"雄浑"——刚健有为的雕塑、篆刻艺术，来诠释中国传统重要艺术门类集中体现出来的文化正能量。这种"以点带面""由点及面""点面结合贯通"的研究推理思路以及由此而产生的学术结论具有学理上的逻辑性及阐释的清晰度，相对于已经取得的相关成果如《中国艺术学》（彭吉象）所指出的"道、气、心、舞、悟、和"来说，更加具有艺术门类的针对性，以六个双音词所重新阐释界定的中国传统艺术精神，更具有时代气息，更为重要的是，以这六个双音词所重新阐释界定的中国传统艺术精神，正是当下中华文化复兴各个文化建构环节所需要的文化正能量。

文化建构是系统工程，中华文化复兴涉及中国政治、外交、经济、法律、哲学、宗教、道德及科学文化的全面繁荣和共同振兴。艺术如何在文化诸多层面积极参与文化转型和文化创新，正是本研究重点所在。本著在艺术参与中国当代政治文化建设、外交文化决策、经济社会转型、法律文化改革、哲学宗教道德科学文化升级等方面，进行了较为全面的探讨，特别是艺术参与中国当代政治文化建设、外交文化决策、法律文化改革、哲学科学文化升级几个方面，通过深入研究得出了填补空白的基本结论和研究框架。

本著采用文献梳理、观念诠释、深度阐释、案例论证、田野调查和逻辑推理，以及分析、对比、归纳、综合等常用的研究方法，同时采用跨文化研究、跨学科研究以及艺术文化学、艺术人类学、艺术社会学方法和视野进行研究论证。其中研究中国传统艺术精神"以点带面""由点及面""点面结合贯通"的研究推理思路以及结论对前人有所超越，艺术参与政治、外交、哲学，特别是艺术参与当代法律、科学文化建设，都是目前学术界很少或几乎没有涉及的研究领域。

本著的学术价值表现在：第一，拓宽艺术学理论学科的研究边界，将艺术与政治、外交、法律、科学进行跨界融合研究，有可能进一步拓展为新的艺术学交叉学科；第二，拓宽了"艺术文化学"研究边界，变艺术与文化的相互影响研究为"艺术对文化的建构作用研究"；第三，有关中国传统艺术精神的新阐释更加具有时代性和建构性指向，是对已经取得的研究成果的时代性提升。第四，深度阐释艺术繁荣与文化复兴相互促进的内在关系，如提出的唐代艺术精神促进文化改革改良观点，具有较为重要的学术参考价值。

本著的应用价值表现在：第一，为当代正在进行的中华文化复兴工程建设，提供了艺术学和文化学的学术依据和适当的理论导向；第二，为建立中华民族文化自信提供历史依据和理论依据；第三，在实践方面为中国社会主义文化大发展大繁荣，提供艺术参与的智力支持和操作路径。

目 录

导论 中国梦——艺术复兴、中华文化复兴 …………………（1）
 第一节 研究背景、思路和方法 ………………………（1）
 第二节 艺术复兴 ………………………………………（12）
 第三节 文化复兴 ………………………………………（20）
 第四节 中华文化复兴 …………………………………（24）

第一章 文化昌盛与艺术振兴：世界经验 ………………（29）
 第一节 古巴比伦、古埃及、古印度的文化繁荣与
    艺术表现 ………………………………………（29）
 第二节 古希腊时代的艺术振兴和文化盛况 …………（40）
 第三节 文艺复兴的艺术振兴和文化盛况 ……………（42）
 第四节 美国当代艺术振兴和文化盛况 ………………（46）
 第五节 小结：文化强大，艺术振兴 …………………（52）

第二章 文化昌盛与艺术振兴：中国经验 ………………（54）
 第一节 夏商周文明（文化）及其艺术成就 …………（54）
 第二节 汉唐时代中国文化盛况和艺术表征 …………（60）
 第三节 当代中国的文化状况和艺术表征 ……………（85）
 第四节 小结：文化振兴，艺术复兴 …………………（102）

第三章 中华艺术的正能量含藏 ……………………………（104）
 第一节 "正能量"和"负能量"：艺术精神和
    艺术功能新阐释 ………………………………（104）

第二节　中华传统艺术的存在现状 ……………………（110）
第三节　中华传统艺术中的"正能量"元素 …………（117）
第四节　小结：艺以贯道，道艺合一 …………………（163）

第四章　中华艺术创新之维 …………………………（166）
第一节　创新：建构中华艺术新文化 …………………（166）
第二节　中华艺术理论和艺术批评的再出发 …………（170）
第三节　当代中华艺术的创作愿景 ……………………（179）
第四节　中华艺术的创新之维——以汉诗诗体
　　　　创新为例 ……………………………………（187）
第五节　中华艺术的创新之维——以中国当代摄影
　　　　"中国风格"构建为例 ……………………（194）
第六节　小结：创新引领的中华新艺术文化 …………（201）

第五章　艺术参与国家经济发展和社会转型 …………（204）
第一节　艺术参与文化创意产业发展 …………………（204）
第二节　艺术参与中国当代城镇化建设 ………………（214）
第三节　小结：艺术推动经济增长和社会转型 ………（232）

第六章　艺术参与建构国家制度文化 …………………（235）
第一节　艺术参与中华政治文化建设 …………………（236）
第二节　艺术参与中华外交战略设计 …………………（244）
第三节　艺术参与中国法律文化建构 …………………（253）
第四节　小结：艺术参与国家顶层设计 ………………（268）

第七章　艺术参与建设中华民族精神文化 ……………（272）
第一节　艺术参与中华哲学文化建构 …………………（272）
第二节　艺术参与中华宗教文化建构 …………………（290）
第三节　艺术参与中华道德文化建构 …………………（310）
第四节　艺术参与中华科学文化建构 …………………（326）
第五节　小结：艺术提升中华民族的精神水准 ………（343）

结语　艺术繁荣、民族复兴、文化大美 …………………（345）

参考文献 ……………………………………………………（355）

后　记 ………………………………………………………（370）

导 论

中国梦——艺术复兴、中华文化复兴

第一节 研究背景、思路和方法

关于中国文化特质以及中华文化复兴命题，著名学者如梁启超、梁漱溟、钱穆、徐复观、唐君毅、季羡林、饶宗颐、余英时等多有论说；海外学者汤因比的《历史研究》、斯宾格勒的《西方的没落》、池田大作的《展望二十一世纪》、亨廷顿的《文明的冲突与世界秩序的重建》以及约瑟夫·奈和迈克尔·巴尔出版的《软实力》和《中国软实力》等著作中也有所涉及。

关于艺术与文化的关系和相互影响研究，20世纪90年代，我国出现了几种艺术文化学专著。徐岱和杨春时分别于1990年出版了《艺术文化论——对人类艺术活动的多维审视》和《艺术文化学——超越的文化》，杨春时认为"艺术文化是特殊的文化"，正由于"艺术是超越的文化，即超越现实的文化"，因而"文化的核心是价值，艺术文化的核心是审美价值。审美价值是超越现实价值的最高价值，是人的价值的真正实现"。1996年，丁亚平出版的《艺术文化学》接连提出艺术文化学的研究范围、研究方法和研究观念，并从这三个角度，对艺术文化学进行新的理论建构。近年来，出现了一批值得注意的学术成果，如长白的《比德思维——中华传统艺术与文化传统之关系研究》（2008）、金光的《历史的渊源和现实的抉择——艺术的本质与世界性的民族文化》（2009）、王一川的《艺术与文化的物化年代》（2010）等论文，都在前人研究的基础上，深化了我国学界对于艺术与文化的关系研究。金光认为：世界性的民族文化更有生命力。与此同时,交叉、融会、变革、否定和更新,既是艺术与文化不断进化的常态,更是民族文化走向世界的必然趋势。

关于中华文化复兴和艺术复兴,国内学者王文章、于平、王岳川、王列生等的专著和研究报告以及学者丁鲁的《世界形势下的中国文艺复兴与诗歌复兴》(2007)、陈松林的《网络时代下中华文化复兴初探》(2007)、杜志强的《文化复兴与民族复兴》(2007)、张路园的《回顾与展望:改革开放以来中华文化复兴历程思考》(2010)、杨金海的《全球化背景下的中华文化复兴》(2010)、章龙飞的《中华文化的复苏、创新与复兴》(2010)、李永富的《超越"体用"和"古今"——多元文化视角下的民族文化复兴》(2013)等论文,都提出了建设性的见解。

有关艺术与文化的关系研究,艺术对于人类文化的影响研究,包括中国艺术与中国文化的关系以及中国艺术对于中国文化的影响研究,国内外相关研究领域取得了丰硕的研究成果。但是有关艺术对于我国当代文化建设的积极作用研究,特别是关于艺术对于中华文化复兴的建设性作用研究,成果鲜见。

中华民族伟大复兴是一项综合性工程,要实现这一伟大的目标,不仅意味着中华民族在硬实力——军事、经济实力——上领先世界,更意味着中华民族在软实力——文化建设——上站在世界的前列。正如约瑟夫·奈所指出的那样,当一国的文化中包含了普世(普适)价值观,其政策中推行的也是被他国认同的价值观和利益,那么双方就会建立一种兼具吸引力和责任感的关系,该国得偿所愿的可能性也会相应大大增加。① 因此,党的十八大报告指出:全面建成小康社会,实现中华民族伟大复兴,必须推动社会主义文化大发展大繁荣,兴起社会主义文化建设新高潮,提高国家文化软实力,

---

① 软实力一词由当代国际关系理论专家、哈佛大学教授约瑟夫·奈1990年首次提出,相对于军事和经济("大棒"和"胡萝卜")硬实力而言,软实力是"为达目的而采取的迂回方式,有时也被称做是'权利的第二张面孔'"。国家软实力来自文化、政治价值观和外交政策。参见[美]约瑟夫·奈《软实力》,马娟娟译,中信出版社2013年版,第8—16页。另笔者从本书的命意出发,认为将"universal values"翻译成"普适价值"更为妥帖。

发挥文化引领风尚、教育人民、服务社会、推动发展的作用。我们理解的中华民族伟大复兴的宏伟大业中的中华文化复兴，就是当代中国文化大发展大繁荣。而要实现中华文化复兴，实现当代中国文化大发展大繁荣，除了运用制度、政策、法律法规、经济、政治包括军事等手段之外，还必须运用艺术的手段，即通过艺术自身的建设，通过艺术对于当代中华文化体系中的各个部分和环节的积极影响，促进当代中华文化的良性健康发展。艺术作为文化体系中具有桥梁纽带功能的特殊文化，作为文化体系中具有磨合校正功能的特殊文化，作为文化体系中具有文化创新功能的特殊文化，通过情感的发生、发现和情感的创造活动，唤醒我们对于中华民族优秀传统文化的回忆，促使我们对于中华民族落后传统文化进行反思，促进我们敞开胸怀，接纳世界优秀文化。艺术的思维方式、艺术创作、艺术作品、艺术欣赏活动以及艺术教育都可以在我国当代的哲学、宗教、道德、科学以及政治、外交、法律、文化创意产业、城镇化建设等方面，发挥积极的建构作用。

有鉴于此，本书紧扣中华文化复兴这个时代话语，从艺术如何为中华文化复兴发挥积极建设作用这个角度，展开问题，深入辨析，通过历史透视、文化对比和辩证分析，试图寻求中华艺术自身的独特的文化建构路径和艺术参与中华文化复兴的建构路径。

艺术作为文化体系中的一种特殊的精神文化，对于同属于精神文化层面的哲学、宗教、道德、科学等可以产生积极的建构作用。艺术自觉地对人类文化中的精神文化进行校正、修补和完善提升，各个门类艺术都会从不同的侧面，对人类精神文化中的组成部分进行建设性的校正、修补和完善提升。艺术还可以直接或间接地影响当代及未来的中华文化体系中的其他部分如政治制度、法律法规、文化创意产业、城市现代化等，从而产生积极的建构作用。

因此，针对党的十八大提出的中华民族伟大复兴的战略构想，本书提出中华文化全面复兴的研究命题，从艺术建构的角度，探讨中华文化复兴的建构路径。采用跨学科研究的方法，总结中国及世界文化鼎盛时期的文化特性和艺术表征，寻求规律，为我所用。论证艺术作为文化价值体系中的特殊的不可替代的组成部分，在中华文化复兴进程中，其自身的创新发展模式以及其对于中国当代及未来的精神文化和制度文化的建构性作用。通过研究艺术思维、艺术创作、艺术作品、艺术欣赏活动、艺术教育以及各个门类艺术对于中国当代及未来的精神文化的各个组成部分的积极作用，可以帮助我们从艺术的侧面寻求中华文化复兴的操作路径。

本书所说的艺术不限于汉民族艺术，还应当包括以汉族为主，包括中华人民共和国境内其他少数民族的艺术和世界各民族的艺术文化成分。艺术复兴也绝不是艺术复古，而是在保护、激活、传承传统艺术的基础上，吸收世界各民族的优秀艺术内涵和表现方式，通过创新转化，生成为中华新艺术，它对应着中华民族的集体情感，蕴含着人类所认同的普世（普适）价值，成为中华文化价值体系中的重要组成部分和中华文化复兴与中华民族复兴的象征。

本书主要研究内容包括：

（1）研究文化昌盛与艺术振兴的世界经验。纵观人类文明史，可以得出这样的结论：文化强大，艺术振兴。人类早期文明时期的物质文化促成了艺术的繁荣和发展，古巴比伦、古埃及、古印度的物质文明成果催生出人类早期的艺术花朵——建筑、雕塑、史诗、神话、戏剧、舞蹈、音乐等。而随着人类文明史的推进，艺术不仅仅作为社会的物质基础之上的上层建筑被动地存在着，相反，艺术对于推动文化的繁荣发展发挥了越来越重要的反作用。我们从文艺复兴和美国当代艺术与文化之间的关系中，发现了艺术的这种积极能动性，欧洲文艺复兴时代以艺术唤醒人性，进而促成人的理性的觉醒和自尊，从而使得欧洲在科学、政治、经济以及文学艺术各个方面所取得的成就，震古烁今，在人类文明史上久久回荡。美国近代以来所取得的高度的物质文化成就使得美国具有了创造艺术门类和创新艺术风格的物质基础，但是，美国以其独特的"大生态"环境和雄厚的物质基础促生了"美国艺术"——杜尚、蒙德里安、波洛克、波普、硬边绘画、极少艺术、视错觉艺术、动态艺术、偶发艺术、行为艺术、观念艺术、过程艺术、身体艺术、大地艺术、新波普、新抽象、新观念主义，以及百老汇、迪士尼、好莱坞、芭比娃娃、爵士乐、星巴克等，而于当今国际树立了霸主地位的"美国艺术"反过来刺激美国人——美国文化主体的想象力和创新能力。美国现代艺术理论家格林伯格将抽象艺术定义为先锋艺术，将一切故步自封、墨守成规的艺术定义为俗艺术，认为先锋艺术更能激发人的心灵向上，成为带动社会前进的先进因素，而俗艺术，没有刺激，没有启发，只培养人的惰性。它实际上是扼杀创造性的腐蚀剂，一个让俗文化流行的国家是缺乏活力的，麻木的。此观点不免偏激了一些，而它依然说明文化发展和艺术繁荣的内在关系，物质文化建构了艺术成长和艺术繁荣的前提条件，而艺术精神和艺术思维模式反过来也会先发性和继发性地凝聚为物质文化前进的精神动力。

（2）研究文化昌盛与艺术振兴的中国经验。在长达18个世纪左右的夏商周三代，中华民族创造历史的伟大力量得到了空前的发挥，在物质文明、生产方式、社会结构、思想文化各个领域开拓着中华民族独特的历史道路，创造出令世界惊叹的历史辉煌。在艺术创造方面，三代人民更是以饱满充沛的激情、丰富瑰丽的想象，在艺术的许多领域，创作了无数辉耀千古的经典杰作。总的来说，三代艺术的三个代表为：①乐舞艺术；②青铜礼器；③《诗经》《楚辞》。此外，还有建筑、书法、绘画以及陶瓷工艺、玉石工艺、漆器工艺、骨牙工艺、丝织工艺、金银器、琉璃等，总之，三代艺术以其多方面的成就，形成中华艺术发展历史上第一个古典高峰，为后来艺术的发展确立了基调，奠定了基础。不仅如此，三代时期，中国艺术思想由孔子、孟子、荀子、老庄具体立论，此外还出现了墨子的"非乐"理论，韩非子的法家功利主义艺术观，宋尹学派的"修心养生"艺术观，《吕氏春秋》所体现的杂家艺术思想等，在艺术思想领域同样出现了诸子蜂起、百家争鸣的学术景观，成为中国古代艺术思想史上最为波澜壮阔的伟大篇章。中国三代艺术确立了新的历史类型——"精神性实用目的的艺术"承先而启后，并直接引导出春秋晚期和战国时期的日益走向精致、绚烂、审美成分逐渐增多的中国古代的"审美性非实用目的的艺术"，成为魏晋时期艺术自觉的先声。

汉唐时代的文化"发现"、科技发明、思想创新、文化传播及文化涵化促进了艺术的繁荣，同时，艺术以其本身的伟大创造和积极干预带动了汉唐时代文化复兴。汉唐时代中国人的文化"发现"、文化发明创造，特别是思想创新有力地促成了汉唐艺术的大发展和大繁荣。相应地，在这些文化"发现"、文化发明创造和思想创新背景下所勃然兴起的汉唐建筑艺术、汉唐乐器乐舞、汉唐雕塑、书画艺术、汉赋唐诗，包括汉唐缘于文化"发现"、文化发明创造和思想创新而产生的艺术理念等，本身成了汉唐时代精神文化板块的重要组成部分。尤为重要的是，唐代思想创新所催生出来的中国艺术"写意"精神，成为打破传统价值壁垒，破除"儒家迷信"的宣传武器。从"文以载道"到"文以载意"，艺术文化通过它特殊的感染力量和渗透效果，有力地消解了汉代以来儒家思想独大独尊的格局，唐代艺术文化的"写意性"张扬，有力地推动了"儒释道"三教合流和进一步的创化更新，可以说唐代艺术文化的"写意性"张扬有力地校正了中国文化的发展方向。

中国唐朝总结汉代"独尊儒术"带来的弊端，代之以"儒释道"合流并兴的文化政策，这不仅是文化政策的革故鼎新，同时也是中国思想史上观念创新之举。达摩东来别传禅佛，至盛唐慧能大师终于确立了中国化的佛教——禅宗在中国佛教中的主导地位，慧能禅实际上是以中国思想——儒的入世精神和道的出世情怀，对佛教理念进行了创造性转化，它有效地克服了佛教消极遁世的一面，并将儒家"修齐治平"刚健有为的入世精神纳入佛教的外缘之中，在生活中悟道，在人生七情六欲中修禅。表现在艺术创作上，提倡"独悟""灵机""活泼""自然"以及"疏狂""激烈"等思维方式和创作方法，以至于"禅意诗歌""泼墨山水画"以及"狂草书法"自无而有，臻于登峰造极，百代之后，令人仰视。

当代中国的"活跃的民族精力"得益于当代中国的文化发现、文化发明和思想创新能力，得益于当代中国与西方及其他非西方国家的文化传播互动，得益于中国当代本土的主流文化及非主流文化与西方及其他非西方文化的交流融合。新时期以来我国思想文化界的一系列创新之举，直接"活跃了民族的精力"，推动了我国当代文艺事业大发展和大繁荣局面的形成。发生在中国文化和外来文化之间的"良性涵化",以及发生在中国艺术文化和外来艺术文化之间的"良性涵化",不仅为当代中国的文化创新带来了新的增长点(增长极),同时通过文化传播加速文化之间的良性互动,带动了当代中国艺术的振兴和繁荣。在实现"中国梦",实现中国文化复兴的历史进程中,我们必须在充分审察人类文明进程中的相关成功经验和规律的基础上,直面当下,肯定成绩,加强文化自信,发现问题,强化文化自省意识,提高文化和艺术的创新能力。

(3) 研究中华艺术的正能量含藏。艺术文化作为文化价值系统的有机组成部分,有效地承载着文化的正能量,发挥着文化的正能量效应。中华艺术尤其是中国传统艺术文化作为中华文化价值系统的有机组成部分,有效地承载着中华文化的正能量,发挥着中华文化的正能量效应。在漫长的中国历史长河中,历代艺术家以不同的语言风格、形式意味、意象系统和符号序列表现世界、诠释人生和生命的奥妙;同时他们的艺术创作也深深地印刻着这个古老民族的宗教信仰、哲学理念、道德伦理、风俗习惯以及民族智慧。

当代中国核心领导层认为,中华优秀传统文化中很多思想理念和道德规范,不论过去还是现在,都有其永不褪色的价值,如崇仁爱、重民本、守诚信、讲辩证、尚和合、求大同等思想,如自强不息、敬业乐群、扶正扬善、扶危济困、见义勇为、孝老爱亲等传统美德。我们要结合新的时代条件传承和弘扬中华优秀传统文化,传承和弘扬中华美学精神。中华美学讲求托物言志、寓理于情,讲求言简意赅、凝练节制,讲求形神兼备、意境深远,强调知、情、意、行相统一。我们要坚守中华文化立场,传承中华文化基因,展现中华审美风范。"以古人之规矩,开自己之生面",实现中华文化的创造性转化和创新性发展。

当代中国的社会主义核心价值观"富强、民主、文明、和谐,自由、平等、公正、法治,爱国、敬业、诚信、友善",是融合了传统文化有价值的部分,而进行了现代化的转化,如其中的"富强""和谐""爱国""敬业""诚信""友善"承接中国传统文化

"刚健有为""崇德利用""和而不同""天人协调""仁爱""敬、诚、忠恕、让、忍、善"等价值理念,而"民主""文明""自由""平等""公正""法治"等核心价值,承接和借鉴西方文明的价值理念,融合中西,创化出新,当代社会主义核心价值观基本上契合人类对于美好未来的祈求和盼望。同理,当代中国艺术在承接传统文化的价值基因的基础上,在全球文化对话大环境中,有意或无意地借鉴融合非中华文化(如西方文化、日韩文化、非洲及美洲文化等)的价值理念,进行必要的艺术创新,从而真实地表现时代的精神底蕴和道德指向。

中华传统各个艺术门类的艺术作品集中地表现出"道、气、心、舞、悟、和",同时各个艺术门类的艺术作品又分别表现出"道、气、心、舞、悟、和",而"道、气、心、舞、悟、和"又通向中华文化中的"仁、义、礼、智、信""温、良、恭、俭、让""忠、孝、勇、恭、廉、悌、忍、善",以及"刚健有为、和与中、崇德利用、天人协调""敬、诚、信、忠恕、仁爱、知耻、和而不同"等精神信念。

中华传统艺术通过不同的风格、气象、品貌委婉曲折地传达中华文化之道,我们在分析中国传统艺术作品对于中华文化价值的承载之时,可以就各个门类艺术的主要风格、气象、品貌进行研究和综合归类,从而自不同的方面突出中华艺术之道和文化之道。中国古代音乐、诗歌、戏曲、舞蹈、书法、水墨画、篆刻、雕塑、建筑、工艺等,有效地承载着中华文化形而上层面的价值理念,这些价值理念,在今天人类文化对话和全球文明共建过程中,依然具有不可磨灭的参照价值,可以作为中华文化和中华艺术的正能量,发挥积极的建构作用。通过分析对比、综合归纳,并参照前人的经典分类,本书分别以"中和"——中庸和谐的中华音乐艺术,"生动"——生生不已的中华国画艺术,"圆融"——天人合一的中华戏曲、舞蹈、小说艺术,"自然"——天人协调的中华园林艺术,"情性"——仁爱、求真的中华诗歌、书法艺术,"雄浑"——刚健有为的中华雕塑、篆刻艺术,来诠释中国传统重要艺术门类集中体现出来的文化正能量。当然,艺以贯道,道艺相济,实际上"中和""生动""圆融""自然""情性""雄浑"等艺术风格存于中国传统艺术的各个门类，只不过笔者认为某一类或某几类的艺术更为突出表现出上述的不同的风格，并以此种风格通向中国文化要义之本——中国传统文化的基本价值观。

（4）研究中国当代艺术创新及其发展愿景。"创新性"是艺术创作、艺术作品、艺术发展的本质规律，是艺术理论、美学理论、艺术实践的重大课题，因为美的创造性本质决定艺术的创新性本质，艺术创新是艺术受众审美心理的必然要求，是时代变迁和艺术发展的必然要求，是创造标志性艺术精品的必然要求。艺术通过自身的创新实践，创造性地建构未来中华文化体系中的一种全新的艺术文化，与中华未来政治、外交、法律、经济、道德、哲学、科学、宗教等共同繁荣兴盛而形成"中华文化未来愿景"。

中华艺术文化创新就是从中国传统的艺术条件、要素和符号中组合成新的艺术形态和艺术产品，比如从中国传统诗歌的已有条件（传统文化底蕴）、要素（押韵、平仄、对偶、意象、意境、起承转合）和符号（语言文字）组合出"松竹体十三行汉诗"；从中国视觉艺术的已有条件（中国绘画传统）、要素（绘画六法论）以及符号（经典图式、经典作品等）组合出符合东方审美意蕴的、具有中国特色的民族摄影艺术形态和艺术作品，这就是较为典型的文化创新行为。

（5）研究艺术推动当代中国的经济增长和社会转型。人类步入后工业化社会，知识经济、体验经济、审美经济成为新的经济增长极，艺术思维、艺术原创（美术、工艺、影视、动漫、剧本、音乐、舞蹈、诗歌、多媒体艺术以及传统书画、雕塑、篆刻、戏剧、口传文学等），成为文化创意产业的价值源头。要大力发展文化创意产业，推动国民经济持续健康发展，就必须从民族文化身份维护、中华文化正能量传播的战略高度，培育艺术人才，鼓励艺术原创，激励艺术原创与科技创新文化的紧密结合。从传统农业社会和传统中国升华为工业化后工业化社会和文化复兴的中国，城镇化、城市化、都市化（包括当下的特色小镇建设），是实现中国社会转型升级的不二选择，方兴未艾的当代中国新农村建设、城镇化以及特色小镇建设正是中国走向现代化、全球化的标志。在这个过程中，艺术特别是本土艺术发挥了并将继续发挥重要的作用。艺术可以建构新型城市人文精神。艺术引领城市的文化发展方向。艺术可以积极干预特色小镇建设，如艺术主导特色小镇、艺术积极参与当代特色小镇的文化氛围建构，优秀的中国传统艺术及其精神内涵——"中和""生动""圆融""自然""情性""雄浑"等，通过协调特色小镇顶层设计、艺术规划、公共艺术配置和公益艺术服务等具体环节，可以在当代语境中促进非艺术类特色小镇的人文氛围建设。

（6）研究艺术参与国家的顶层设计。在国家的顶层设计中，政治文化的顶层设计尤为重要。其次，外交模式创新、法律文化创新性建构，都关乎国家的大政方针、治理模式能否适应国情、顺应民意和科学真理圆满推进，引领国家民族以至人类社会和谐发展，健康发展，美丽发展。艺术与政治的关系错综复杂，但是历史和现实的经验告诉我们，艺术可以对国家的政治文化积极干预，正面导引，政治艺术化在实践路径上表现为政治思维艺术化、政治决策艺术化、政治活动艺术化和政治成果（作品）艺术化等。中国的文化外交的成功实践表明，将艺术形式、艺术精神和艺术思维融合到文化外交中，不仅对国家的外交决策有辅助、警醒和完善的作用，也是人类圆成中国梦和世界梦的重要环节和理智选择。艺术关注情感、关注非理性、关注人类的行为动机，艺术通过情感把握存在之真，必然关注人类的命运和人类的未来走向，因此，在当代中国法律文化建构中，艺术可以发挥它应有的建构性作用。例如，艺术与法律结合可以实现"法律观念与艺术精神及艺术思维的整合创新"，"法律制度与艺术精神、艺术思维的整合创新"，以及"艺术教育与法律教育的合力共进"等。

（7）研究艺术提升中华民族的精神水准。艺术作为"活感性存在"形态，与"哲学、宗教、道德、科学"等形上层面深度关联，并且与"哲学、宗教、道德、科学"等形下层面互为关涉。中国当代文化建设，特别是文化软实力建构，主要集中在精神文化层面，艺术本身的创新性建构以及艺术参与的"哲学、宗教、道德、科学"文化建构共同凝神塑形为民族的精神文化，提升民族的学术水准和精神高度。艺术理论的研究成果，如艺术美学（艺术哲学）、艺术社会学、艺术人类学、艺术文化学、艺术语言学、艺术宗教论、艺术掌握论、艺术本体论、艺术价值论等学科的学术成果，与当代中国的哲学学术成果相互发明，它们本身也可以被指认为当代中国哲学文化体系中不可替代的组成部分，当代中国艺术理论的振兴繁荣，表征着中国哲学文化的振兴繁荣。除此之外，艺术传承传播中外哲学文化，艺术直觉校正哲学理性偏颇。长期的历史发展形成了我国现阶段佛教、道教、伊斯兰教、天主教和基督教这五大宗教并存的宗教格局，五大宗教本土化的过程中与中国传统文化互相生发，分别形成中国化了的宗教文化，并共同构成中华宗教文化，也是中华传统文化的重要组成部分。当代不同类别的艺术通过弘扬宗教正能量、丰富宗教内涵涵育文化氛围以及促进中华宗教文化广泛传播等三条路径，参与中华宗教的建构。艺术可以参与中国当代的道德文化建设，可以从个人、社会和国家三个层面，积极参与建构当代积极向上充满正能量的道德文化体系。科学文化的精神、体制、行为和成果所构成的科学文化体系，其灵魂是科学精神（价值意识），科学精神决定着科学体制、行为和成果的演化方向。而今天的科学精神、体制、行为和成果因为科学做大做强以后，以其理性的傲慢一路前行，弥补科学文化缺陷，补足科学文化短板，艺术大有可为。如以艺术"大美"理念提升中国当代科学精神，以艺术自由精神改进中国当代科学体制，以艺术教育提升中国当代科学教育水平，以艺术表现涵育当代中国科技成果的人文精神等。随着中国文化的崛起，东方艺术精神中的人文理念特别是其中的"美善"观和"真善美"合一观，必将对当代科学精神、体制、行为和成果进行积极干预，并引领当代科学文化"艺术"地造福于人类以及与人类命运共同演化的大自然和宇宙整体。

　　文化建构是系统工程，中华文化复兴涉及中华政治、外交、经济、法律、哲学、宗教、道德及科学文化的全面繁荣和共同振兴。艺术如何在文化诸多层面积极参与文化转型和文化创新，正是本书研究的重点所在。本书在艺术参与中国当代政治文化建设、外交文化决策、经济社会转型、法律文化改革、哲学宗教道德科学文化升级等方面，进行了较为全面的探讨。特别是艺术参与中国当代政治文化建设、外交文化决策、法律文化改革、哲学科学文化升级几个方面，通过深入研究得出了填补空白的基本结论和可供继续探讨的研究框架。

本书采用文献梳理、观念诠释、深度阐释、案例论证、田野调查以及逻辑推理、分析、对比、归纳、综合等常用的研究方法，同时采用跨文化研究、跨学科研究以及艺术文化学、艺术人类学、艺术社会学方法和视野进行研究论证。

第二节　艺术复兴

复兴一词本意指恢复生气，恢复生命，使之再流行、再生效。这儿所说的艺术复兴，是指让曾经辉煌灿烂的中国传统艺术恢复生气，恢复生命，使之再流行、再生效。同时，这种艺术复兴还指让中国传统的艺术精神扎根现实，在融合外来艺术文化的基础上，创新格局，别开生面，并为世界艺术文化的创造和革新发挥正能量，发挥引领作用。因此，我们所说的艺术复兴，不仅仅指中国的艺术复兴，同时也指世界的艺术复兴。

当我们提及艺术复兴，当然想到欧洲的文艺复兴，其实在今天的学术语境中我们也可以用"艺术复兴"这个词来指称"Renaissance"，文艺复兴在文学、美术、音乐等方面所取得的巨大成就，都可以划归"艺术门类"之下，但丁、莎士比亚、塞万提斯、达·芬奇、米开朗琪罗、拉斐尔是广义上的艺术家。当然欧洲文艺复兴所复兴强盛起来的绝不仅限于艺术，在天文学、物理学、数学、生理学、医学、建筑、地理、心理学等方面，文艺复兴都奉献出足以傲视历史的丰功伟绩，说文艺复兴是文化复兴并不为过。但是，在这个欧洲的文化大发展大繁荣时代，艺术复兴起到了举足轻重的启蒙作用和引领作用。①

　　艺术复兴与艺术衰落或艺术衰败相对存在，也就是说，在人类历史上，有过艺术复兴艺术发展壮大的时期，如古希腊古罗马时代的艺术繁荣、中国汉唐宋时代的艺术盛况等；也有过艺术衰落或艺术衰败的时期，欧洲中世纪的艺术状况，我国"文革"时期的艺术状况（相对而言）等，可谓显例。相对来说，艺术复兴艺术繁荣与文化复兴和文化繁荣是相辅相成的，艺术复兴唤醒民智，鼓动全社会的创造激情，推动文化的大发展和大繁荣；而文化的大发展大繁荣，又反过来带动艺术的大发展和大繁荣。当然艺术本来门类众多，在人类历史上，在不同的文化模式之内，可能大的艺术环境欠佳，但某一门类艺术却特别发达，如欧洲中世纪的艺术大环境欠佳，但是其宗教艺术——壁画、雕塑、建筑特别发达；当今阿拉伯世界的绘画艺术乏善可陈，但是其文学、音乐、舞蹈艺术并不显弱，即使在艺术大发展大繁荣的语境中。各个艺术门类的存在状况也可能参差不齐，如日本江户时代艺术繁盛，其时突然出现的浮世绘令人刮目相看，成就非凡；当今世界艺术文化蓬勃兴旺，其中影视艺术特别发达。可见，艺术复兴或艺术繁荣会因历史语境和文化空间的转换，情状迭出，多姿多彩，值得深思。

　　由于艺术存在于人类的文化系统之内，作为独立、特殊的文化组成部分，艺术文化有其自身的发展规律，如艺术执着于人类的情感表达和表现，艺术精神潜伏于一个文化模式之内待机而动，艺术精神对于社会主流意识形态的疏离甚至对抗，文明断灭之际

---

　　① 关于欧洲文艺复兴的起因，主要有三种观点：（1）中世纪末期，随着奥斯曼对东罗马帝国的不断侵略，东罗马人民在逃难的同时，将大量的古希腊、古罗马文化典籍和艺术珍品带到了意大利商业发达的城市。新兴的资产阶级中的一些先进的知识分子借助研究古希腊、古罗马的艺术文化，通过文艺创作来宣传人文精神。（2）十字军三次东征（尽管第三次半途而废）带回来的纪念品。他们在路上发现了这些书，就搬了回来藏在教堂的地下室，后被人发现，惊叹古罗马的艺术、文学等，就开始极力传播，意图达到古罗马那时的成就。（3）1295年威尼斯商人出身的马可·波罗出版了在当时欧洲社会看来十分荒诞却又充满诱惑的《东方见闻录》，由此引发了欧洲人对高度文明、富饶的东方世界强烈的探索欲望，最终开阔了欧洲人的视野，东西方文化的交流导致了文艺飞速发展。参见 http://baike.baidu.com。

艺术精神的潜伏性延伸和复活等。与此同时，作为文化价值系统中的艺术文化部分，其盛衰起落必然受到整个文化大系统的影响和制约。也就是说，人类的艺术文化不是长盛不衰的，受历史语境的制约，艺术文化、艺术文化系统中的不同的艺术门类以及不断产生的艺术新门类，在人类历史的长河中，呈现出参差不齐的发展态势。

文化演化和变迁引发艺术的兴盛或复兴大约有以下几种情形。

一 文化创新引发艺术的兴盛

文化创新有三种途径，其一是"发现"，其二为发明创造，其三为思想创新。三种文化创新都曾经引发艺术的兴盛，如人类偶然发现火，以火烧制黏土，接着出现以火烧黏土制作的小雕像、陶器以及陶器上的各种各样的刻纹和造型；没有火的发现，青铜艺术不可想象；在火没有被发现之前，人类先祖以其粗犷的歌舞、自然界的岩石、贝壳、象牙以及身体进行艺术的创作，虽然我们不能说陶雕、陶器彩绘以及青铜艺术要比原始岩画、原始石雕进步，但火的发现起码给艺术带来了新的表现形式，就像电的发现和使用促成电影艺术的诞生一样，人类的无数次的"发现"带来了文化的变化，同时也促成了艺术的演变和兴旺昌盛。

人类的发明创造大多是在"发现"基础上的二次创新或多次创新，所以发明的次数，要远远大于偶然"发现"的次数。文字是一种发明创造，但不管是拼音文字还是表意文字都是人类在长期观察声音现象以及自然现象的基础上的再创造，中国先民上观天文、下察地理，创造了象形文字，并在象形文字的基础上发明了指事、会意、形声字。语言文字对于艺术的影响也是历历可数，远古时代的叙事文字——神话传说，仅靠口头传承，难以避免以讹传讹以至于漫灭失传，而自从有了文字，人类最早的文学——神话传说就可以记录保存下来，并成为后世文学家二度创作的蓝本。文学是语言艺术，语言文字是文学情感的符号载体，尤其是像汉字这样的表意文字不仅能像表音文字那样通过声调、节奏来传达人的情感，而且也能通过字形的象征性的暗示和隐喻来传达特殊的情感和特殊的意义。①

人类的思想创新对文化结构的影响更大。思想创新也可称为理论创新、观念创新,当代有的学者认为理论创新是文化创新的核心和基础,而科技创新、制度创新不过是理论创新观念创新的自然的延伸和发挥而已。②

> 在公元前800—公元前200年间所发生的精神过程,似乎建立了这样一个轴心。在这个时候,我们今日的人开始出现。让我们把这个时期称为"轴心时代"。在这一时期充满了不平常的事件。在中国诞生了孔子和老子,中国哲学的各种派别兴起,这是墨子、庄子以及无数其他人的时代。在印度,这是优波尼沙和佛陀的时代,如在中国一样,所有哲学派别,包括怀疑主义、唯物主义、诡辩派和虚无主义都得到了发展。在伊朗,祆教提出挑战式的论断,认为宇宙的过程属于善与恶之间的斗争。在巴勒斯坦,先知们奋起:以利亚、以赛亚、耶利来、第二以赛亚。希腊产生了荷马,哲学家如巴门尼德、赫拉克利特、柏拉图、悲剧诗人、修昔底德和阿基米德。这些名字仅仅说明这个巨大的发展而已,这都是在几个世纪之内单独地也差不多同时地在中国、印度和西方出现的。

这是当代德国哲学家雅斯贝尔斯对于"轴心时代"的描述,在雅氏看来,轴心时代是人类历史的重要转机,人类的文化进入了文明时期,由此分化衍生,遂有后世各个文明。"人类一直靠轴心时代所产生的思考和创造的一切而生存,每一次新的飞跃都回顾这一

---

① 如《诗经·小雅·采薇》上的诗句"昔我往矣,杨柳依依,今我来思,雨雪霏霏",其中的声韵搭配深契情感的悲哀、惆怅的起伏回旋。同时"杨柳""雨雪"通过字形的暗示表达了不同情境之下的情感,"雨雪"二字的形象让联想到了落泪的意象;"依依""霏霏"不仅用声韵同时用形象对人的情感进行双重的暗示。
② 段亚兵:《文明纵横谈》,社会科学文献出版社2006年版,第39页。

时期并被它重新燃起火焰。"①

柏拉图、亚里士多德的理论创新，促成古希腊诗歌、戏剧艺术的繁盛。中国的原创性观念——儒、道二家的思想系统对中国艺术影响深远：儒家重人伦实用，反对浮华、繁缛，"文以载道"是儒家知识分子为文为艺的基本立场；而"自然适性"是道家的人生观，也是道家的艺术观。在中国历史上，凡是儒家思想控制严密的时代，文学艺术就表现出"尚理抑情"的风格特征，如宋代和清代；凡是儒家思想控制相对宽松的时代如魏晋、唐代、晚明时期，文学艺术则表现出"情理并茂"或"纵情肆兴"的风格特征。徐复观先生认为中国文化中的艺术精神，穷究到底，只有孔子和庄子所显出的两个典型。由孔子所显示出的仁与音乐合一的典型，这是道德与艺术在穷极之地的统一，可以做万古的标程。但是中国的纯艺术精神则由老庄思想所导出，虽然老庄创造"道"这一终极的精神存在本无心于对艺术加以说明，但是当老庄把"道"作为人生的体验加以论述，我们应对于这种人生体验而得到了悟时，这便是彻头彻尾的艺术精神。老庄之道作为人生修养方法与途径未必要落实为艺术品的创造，但此最高的艺术精神，实是艺术得以成立的最后根据，也是中国艺术长盛不衰的内在动力源泉。

二 文化传播引发艺术的兴盛

中国文化既是文化传播的接受者，又是文化传播的输出者。中国在汉唐时代接受佛教文化的影响，顺利地将佛学理念融合在本土思想观念之中，并因此创化出精神文化层面上儒、释、道合流互济的生动局面。与此同时，在接受佛学唯识学的理论之后，参酌老庄道学及魏晋玄学辗转生成了中国艺术的核心范畴"意境"。佛教东来不仅给本土的雕塑、绘画、诗歌、小说、音乐、戏剧、书法带来绵延不竭的创作题材，同时又对本土艺术精神产生了极大的影响，中国艺术中所谓"留白""简率""空灵""神韵""平淡""萧疏"甚至"狂纵""怪异"等技巧和风格都与佛学影响不无干系，怀素

---

① 许倬云：《论雅斯贝尔斯枢轴时代的背景》，载许倬云《中国文化与世界文化》，广西师范大学出版社2006年版，第111页。

书法笔势狂放而又不失法度，王维诗歌空灵静淡意境高远，文人画师心不师迹，逸笔草草，但求神似的艺术趣味实际上都与佛学"空无妙有"等哲学理念一脉相承。中国文化传播至日本、朝鲜半岛，变成了其本土文化重要的组成部分，在其过程中发生了一个突出的艺术文化事件，中国版画艺术传播至日本，产生了日本的"浮世绘"木刻，而日本的"浮世绘"木刻进入西方世界备受画家马奈（Manet）、莫奈（Monet）、德加（Degas）、惠斯勒（Whistler）、高更（Ganguin）、凡·高（Van gogh）等人的青睐并激发了他们的改革灵感，最后产生了印象派。[①]

三 文化涵化引发艺术的兴盛或复兴

文化创新和文化传播都发生在那些能自由地决定自己接受还是拒绝文化变迁的民族当中。如果两种文化相遇而其中的一种文化由于相对弱小的缘故，而被迫大量输入异质文化要素从而改变自己文化的性质，这时候就会产生文化涵化（Acculturation）。威廉·A.哈维兰对文化涵化的定义为：

> 当有着不同文化的一些群体开始频繁而直接接触的时候，其中一个或两个群体原有的文化模式内部随之发生极大的变化，这就叫作涵化。[②]

威廉·A.哈维兰接着补充说：它总包括强迫的因素，或者是直接的征服，或者是间接地迫于强势文化的武力威胁。

威廉·A.哈维兰认为，能引起文化变迁的涵化途径为：（1）直接征服；（2）间接威胁。两种涵化过程产生各种可能的结果——文化的结构性的变化。其中如果两种文化丧失了它们各自的认同而形成一种单一的文化，就发生了合并或融合。威廉·A.哈维兰认为，美国的英裔美国人文化就是这种融合之后的新文化，意即当今的美国文

[①] 童炜钢：《西方人眼中的东方绘画艺术》，上海教育出版社2004年版，第101页。
[②] ［美］威廉·A.哈维兰：《文化人类学》，瞿铁鹏等译，上海社会科学院出版社2006年版，第464页。

化是融合了英国文化与北美原住民文化而形成的一种新文化。

　　文化涵化的第二种结果是其中一种文化丧失其自主性，但却作为亚文化继续保持其身份，以等级、阶级或种族群体的形式存在，直接征服和间接威胁都产生出这种主从文化并存的文化存在形态。如果从广义上来看，西方文化在现代化过程中也通过一种"间接威胁"的方式使非西方文化变成了一种亚文化，如今在发展中国家和落后国家，西方价值通过一种非武力的潜在的威胁改变着非西方的本土文化传统，这种现象被当代的文化学者称为"后殖民"或"文化殖民"。"文化殖民"的结果必然是西方文化一统天下，如果西方价值成了整个人类的唯一价值，那么人类文化的前景未必值得乐观庆幸。

　　文化涵化的第三种结果是文化灭绝。由于宗教冲突或为了争夺经济和政治利益，强势文化对弱势文化采取种族灭绝的方式彻底根除对方的文化存在，犹太人数次遭遇种族灭绝的厄运皆可以认为是宗教冲突所引起的文化事件。

　　文化涵化的第四种结果是文化被同化。如清王朝对于华夏文化的武力征服和随后而至的威胁（"留发不留头，留头不留发"），但强势文化不但没能改变弱势文化的结构，也没能实现两种文化有效的融合，相反，强势文化却被弱势文化同化了，如清廷入关以后，主动放弃了原有的文化传统。这种先主后次，先试图涵化别种文化最终却被对方反涵化的现象一般发生在游牧民族与农耕文明之间，而此种情境之下的所谓强势文化只也是在武力上强大过对方，但在精神文化和制度文化方面却不及对方，由于这种涵化是强势文化的自觉行为，我们也可以称这种文化涵化为文化同化，即征服者最终为被征服者的文化精神所征服，征服者的全部文化或大部分文化被对方的文化所取代。

　　文化涵化之中的文化融合往往也带来艺术的融合创新和繁荣兴盛，文化涵化所带来的艺术繁荣在古代可能表现为两种文化模式两种艺术精神的融化统一，如古埃及艺术文化与古希腊艺术文化的融合和统一，但在现代世界，它主要表现为西方强势文化及艺术与非西方弱势文化及其艺术的融合和统一。米歇尔·康佩·奥利雷指出：

　　　　几乎全世界的人都在试图寻找一种方式，能将自己文化中的精髓与西方文化中的精髓完美地结合起来。大家都在尝试作不同程度的筛选和选择。在19世纪晚期，日本作了巨大的努力，西化各个领域，其中也包括艺术；而同期的中国却显得相对抗拒西方艺术。19世纪晚期印度的文化倾向于全面接纳其宗主国——英国的文化，而到了20世纪早期，又演变为一场抵制英货运动，抵制来自英国的西化思想，并试图复兴艺术领域的印度传统。此外，20世纪时在印度及其他主要的非西方艺术文化地区，包括非洲、太平洋群岛、美洲本土都有某种形式的艺术先锋派运动。通常这些运动是由有过在欧洲学习经验的艺术家，或是在国内的任教于教授现代抽象艺术的西方艺术院校的艺术家发起。到20世纪后期，许多先锋派艺术已经超出了对西方艺术的简单模仿的层次，高度创新地将西方和非西方的艺术创作思路结合起来，在两个相冲突的文化中，找到了统一。①

也有的学者指出，从20世纪中叶开始，大众媒体制造、混合出了一个世界民众艺术，它从各种不同文化中间撷取不同的主题，或者挖掘新意，或者是大杂烩。例如，在音乐领域，全球性民众音乐已经形成，它在各种交流与相遇中充实丰富起来。爵士乐作为一种土著音乐，先是在美国的新奥尔良混合成一种新的音乐，然后在全世界范围内实现了艺术的融合创新，从北美的新奥尔良出发，爵士乐在全世界普及并且产生了各种不同的风格：布宜诺斯艾利斯港区出现了探戈，古巴有了莽姆波舞，维也纳有了华尔兹，而美国的摇滚乐本身就是世界各地不同风格音乐的融合产物。世界民众音乐还接纳了印度的六弦琴，安达卢西亚的民间舞曲，乌姆—卡尔松的阿拉伯—希腊弹唱，安第斯的瓦伊诺山歌。这混合产生了另一些民族性新型音乐，如热情的非洲—古巴音乐萨尔撒（salsa），阿拉伯民间歌舞哈依（ra）以及安达卢西亚摇滚。②

---

① ［英］米歇尔·康佩·奥利雷：《非西方艺术》，彭海姣等译，广西师范大学出版社2004年版，第18页。

② ［法］埃德加·莫寒：《超越全球化与发展：社会世界还是帝国世界》，载哈佛燕京学社主编《全球化与文明对话》，江苏教育出版社2004年版，第128页。

第三节 文化复兴

一 文化和文明

汉语传统中的"文化"一词的本义是以"文"去"教化",是一个动词,所谓"观乎人文,以化成天下",重点在"改变""变化""教化""化成"。此处的"人文"可理解为"人道","人所理解并创造的秩序系统,人伦道德"。"化"的古文字是"匕",《说文》解释:"匕,变也",进一步引申为"教化""化成"。因此,汉语里"文化"一词(包括日文里的"文化"一词),可以理解为以"人道""人所理解并创造的秩序系统、人伦道德"去"改变""教化"人类自我。英语 Culture 一词的拉丁语词根的原意是 Cultur,即耕种、培育,对比一下"文"的原意与"Cultur",就很有意味,"文"乃道体的外在显现,通过圣人,"垂文"而张显天下、教化天下,"文"的本义的主观超验色彩强烈,而"Cultur"作为与土地、作物、耕耘有关的生产劳作行为,其实践性功利性明显,这或许与中西文化一重感性直悟一重理性分析的文化精神差异不无关系。

1871年美国人类学家爱德华·泰勒出版了《文化的起源》,对"文化"一词进行了经典性的界定,[①] 此后又有众多学者对文化一词进行学理上的界定。"文化"一词创化积累发展演变直到当代,更扩展成为一个包括人类物质文明成果和精神文明成果的含义更为丰富的类名词。

"文化"(Culture)和"文明"(Civilization)又常常被认为是同一个概念。根据文化学者陈序经的考辨,Civil 这个字是从拉丁文城市(Civitas)与市民(Civis)而来,与希腊文的 Polis 有同样的意义。所以 Civil 这个词的本义含有:(1)文雅的意义;(2)政治的

[①] 泰勒的定义:文化或者文明,从其广泛的民族志意义上言,它是一个错综复杂的总体,包括知识、信仰、艺术、道德、法律、习俗和人作为社会成员所获得的任何其他能力和习惯。

意义。一般认为，"文明"是人类努力设法以统制其生活的状况的一切机构与组织以及一切可以利用的东西；"文化"是人类努力去设法满足自己内在的结果。"文明"是工具；"文化"是目的，是价值，是情绪的结合，是智识的努力。打字机、印字馆、工厂、机器、电话、汽车、银行、学校、法律、选举箱以至货币制度等，都是"文明"；小说、图书、诗歌、戏剧、哲学、信条、教堂、游戏、电影等，都是文化。因此，相对于"文明"来说，"文化"的持久性、独立性、自足性较强，而"文明"作为人类的发明和利用的东西，易于革新。

根据陈序经的解释，文明相当于我们今天所说的人类所发现发明创造的物质文化和制度文化成果，而文化相当于我们今天所说的人类所发现发明创造的精神文化成果，物质文化和制度文化成果相对于精神文化成果，易于革新，而人类的精神文化——原创理念、宗教、艺术、哲学、道德等，其持久性、独立性、自足性较强。汤因比在《历史研究》一书中，列举出人类进入文明时代以来的26个文明，包括从原始社会产生的第一代文明——古埃及、苏美尔、米诺斯、古中国、安第斯、玛雅，从第一代文明派生出来的文明——赫梯、古巴比伦、古印度、希腊、伊朗、叙利亚、阿拉伯、中国、印度、朝鲜、西方、拜占庭、墨西哥、俄罗斯、育加丹，以及5个中途夭折了的文明——波利尼西亚、爱斯基摩、游牧、斯巴达和奥斯曼。[①]

汤因比认为，文明是具有一定时间和空间联系的某一群人，可以同时包括几个同样类型的国家。文明自身又包含政治、经济、文化三个方面，其中文化构成一个文明社会的精髓。文明具有两个特点：（1）都经历起源、生长、衰落、解体和死亡5个发展阶段；（2）文明和文明之间具有一定的历史继承性，或称"亲属关系"，就像几代人生命的延续，每一个文明或者是"母体"，或者是"子体"，或者既是母体又是子体。但这种文明之间的历史继承性并不

[①] 斯宾格勒在《西方的没落》一书中，将人类的文化划分为八个：古埃及文化、古巴比伦文化、古印度文化、古代中国文化、欧洲古典文化、阿拉伯文化、近代西方文化和墨西哥文化。

排斥它们之间的可比性。

汤因比还认为，历史进入文明阶段也不过刚刚超过6000年，而人类历史至少已有30万年。两者相比，文明的历史长度只占整个人类历史长度的2%，因此，在哲学意义上，所有文明社会都是同时代的。其次，从价值上看，与原始社会相比，所有文明社会都取得了巨大成就；但如果同理想的标准相比，这些成就又都是微不足道的。因此，所有文明社会在哲学上又是等价的。①

按照汤因比的看法，中国历经6000年文明史，三皇五帝夏商周是从原始社会演化出来的中华第一代文明——古中国，战国秦、汉以至于今并且处于僵化过程的是中华第二代文明——中国。② 有学者指出中国文明（包括中国文化）自成系统，且与古埃及文化、古巴比伦文化、波斯文化、阿拉伯文化、印度文化、日本文化、朝鲜文化以及东南亚文化相互呼应，共同构成东方文化系统，其艺术精神也多有相互沟通互为发明的方方面面。③

二 文化的复兴

文化和文明同体连枝，在文明的土壤中产生了该文明的精神体系，从原始社会产生的第一代文明（古埃及、苏美尔、米诺斯、古中国、安第斯、玛雅）中，产生了第一代文明的各精神体系；从第二代各文明中，产生了第二代文明的各精神体系。古中国（上古中国）在其独特的自然环境和社会环境中，产生了古中国的原创理念（阴阳之道）、宗教信仰（上帝天神）、艺术门类（青铜和乐舞）、哲学流派（诸子百家）和道德规范（礼教），从古中国演化出来的

---

① 汤因比词条，参见 http://baike.baidu.com/view。
② 参见 http://wenwen.sogou.com/z/q136520350.htm。
③ 邱紫华指出，东方文化的共同的思维特征是整体性，这种整体性的思维特征与西方文化主客二分的分析性思维特征是完全不同的两种认识论，东方艺术中的直觉感悟论、"同情观""物感"意识等都直接受到东方思维模式的影响。这种整体化思维特征表现在：（1）在物我不分的主客体统一的基础上论美；（2）在人与物、人与人的相互作用中，相互转化等关系中获取审美情感；（3）人与事物之间的生命形体的形式转化和替代，是对生命永恒性的赞美和信仰；（4）鲜活的个体生命之间可以"互渗"，各种生命体之间可以相互关联，相互作用，相互影响，相互激发感情。参见邱紫华《东方美学史》下卷，商务印书馆2003年版，第1153—1154页。

中国文明在融合上古文明和外来文明的基础上，产生了中国文明之内的精神文化体系，如儒释道三教合一，在当代中国更发展成为儒释道马（马克思主义）合一，天人合一的宇宙观和生命观，诗教传统，水墨书画艺术和基于儒家价值立场之上的道德规范——仁义礼智信，忠孝廉耻勇，四维八达——礼义廉耻、忠孝仁爱信义和平。

其他从第一代文明派生出来的文明——赫梯、古巴比伦、古印度、希腊、伊朗、叙利亚、阿拉伯、印度、朝鲜、西方、拜占庭、墨西哥、俄罗斯、育加丹等，也是在承续了第一代文明的基础上，在人类文化更大的传播范围内，经由创新性的生成演化至今，并且，在各自的文明模式之内，创化出各自的精神价值体系——小说、图书、诗歌、戏剧、哲学、信条、教堂、游戏、电影等。

相对于文明复兴，文化复兴更加紧要。今天，我们提倡中华文化复兴，而不提中华文明复兴，那是因为失落的文明或夭折的文明在人类历史中经由血与火的考验，已经被更加合理的文明模式所化合取代，如古苏美尔文明、埃及文明、巴比伦文明、玛雅文明以及印度文明甚至古中国文明（先秦上古文明），在汤因比所说的挑战—应战过程中，因为外来挑战过于强大，或遭遇巨大灾变，相继衰落消亡。四大文明古国，只有古中国文明顺利过渡到中国文明以至于今，而能够维持中国文明不败于世界的根本原因，不是上古中国的青铜器，也不是它的井田制，而是它的思想理念——从上古中国的自然环境和人文环境中生发出来的哲学思想——易道，生生不已，历久弥新。正是由中华杰出先祖所觉悟出来的原创性思想理念，使得中国文明在与外来文明的挑战—应战过程中，革故鼎新，创化无穷，以静制动或以动制静，以不变应万变，从而保证了5000年道统的前后一贯。

人类历史上的文化复兴，通常都是以艺术复兴为其先导。欧洲近代的文化昌明兴盛，以文艺复兴为其先导。文艺复兴以艺术的启蒙，唤醒民智，从而为政治、经济、道德、伦理、法律等的创新开辟道路。欧洲的文艺复兴所复兴的不是古希腊的城邦制度，不是希腊神话和它的大斗兽场，所复兴的是古希腊的人文主义精神——人性的直觉所肯定的一套价值规范，如民主、自由、平等、博爱的价值理念。因此，所谓的文明的复兴，实际上是文化的复兴，是文明实体之内的精神理念的复兴，由文明实体之内的精神理念的复兴，带动文明实体革故鼎新，从而从容应对外来文明和外来文化的挑战，使得自己由弱转强，或强而更强。按照汤因比和亨廷顿的看法，目前处于劣势的中国文明（儒家文明），在21世纪，完全有可能由弱转强。不过，中国文明由弱转强，并不必然地意味着其他文明的相对性的衰弱或消亡，中国文明和中国文化的复兴，意味着中国5000年以来的思想智慧的福泽广被和世界大同，而这正是中国文明和中国文化必然复兴的内在根由。

第四节　中华文化复兴

　　中华文化亦称华夏文化，是世界上最古老的文化之一，也是世界上持续时间最长的文化。中华文化历史源远流长，若从黄帝时代算起，已有5000年。有学者指出，中华民族有"三十万年的民族根系、一万年的文化史、五千年的国家史"。[①] 一般认为，中华文化的直接源头有多个，而其中又以黄河文化和长江文化为主，中华文化是多种区域文化交流、融合、升华的结果，学术界一般称之为"多源一体"的文化形成模式。中华人民共和国将中华文化定义为中国所有民族（中华民族）的文化总汇，但由于汉族是中华民族的主体民族，并且汉文化在中国历史上一直占据着主导地位，所以普遍认为汉文化是中华文化的主体。

　　中华文化是指由汉族和包括汉族在内的中华56个民族所共同创造的物质文化和精神文化总和。按照联合国教科文组织给文化所下的定义，我们可以将中华文化描述为：中华民族的精神和物质、知识和情感的所有与众不同显著特色的集合总体，除了艺术和文学，

[①] 参见 http://baike.baidu.com/view，冯天瑜先生引《唐律名例疏议释义》"中华者，中国也。亲被王教，自属中国，衣冠威仪，习俗孝悌，居身礼仪，故谓制之中华"，认为中华的文化内涵，并未局限于种族意义。故"中华"是一个文化人类学概念，而非体质人类学概念。参见冯天瑜等《中华文化史》，上海人民出版社2010年版，第1页。

它还包括生活方式、人权、价值系统、传统以及信仰。①

从历史的时间纵向上看,中华文化上下五千年,具有丰富的文化积淀;从地理的空间上看,中华文化包含56个民族在不同的地域所创造的各具特色的生活方式、价值系统、传统习惯和信仰体系。

中华民族在五千年文明演变之中,曾经创造了足以傲视人类的伟大文明。当代有学者认为,中国曾以世界上头号富强大国"独领风骚"达1500年之久。直到18世纪,中国无论在物质文化还是精神文化方面,都居于世界前列,中国的物质生产,总量世界第一,对外贸易长期出超。②汉唐大国,万邦来朝,唐朝盛世疆域版图达1000多万平方公里,元代疆域版图1500多万平方公里,清朝康熙年间中国疆域版图为1300多万平方公里。16世纪以前,人类生活的重大科技发明约有300项,其中175项是中国人的发明,正是这些重大的发明(包括发现),使中国的农耕、纺织、冶金、手工制造技术长期处于世界先进水平。直到18世纪末期,中国的经济规模仍然是世界上最大的,相当于刚刚过去的20世纪的末期美国经济总量在世界经济总量上的比重,当时对外贸易长期超出西方最富强的英国,其销往中国的商品总值,尚不足抵消中国卖给英国的茶叶一项。全世界50万以上人口的大城市共有10个,中国占有6个。③

但是以研究人类文明史著称的汤因比从中国文明本体立场上进行考量所得出的结论认为,中国文明在公元9世纪唐朝灭亡后就开始了衰落和解体。在汤因比看来,一个文明经由起源、生长、衰落、解体和死亡5个阶段,文明衰落之后,并不一定马上导致旧文明的死亡和新文明的诞生,中间很可能出现千年甚至数千年的僵化状态。古埃及文明衰落于公元前16世纪,而其解体和死亡要到公元5世纪,中间经过了两千年。苏美尔文明和古印度文明也分别僵化了1000年和800年。现代中国文明在公元9世纪唐朝灭亡后就开始了衰落和解体,先是五代十国的混乱时期,接着出现宋代统一国家,但蒙古的入侵使这个过程中断,社会没有进入间歇时期,而是

---

① 陆扬、王毅:《文化研究导论》,复旦大学出版社2006年版,第12页。
② 李平:《西方人眼中的东方文学艺术》,上海教育出版社2004年版,第7页。
③ 《伟大的中国梦》,《光明专论》,参见 http://guancha.gmw.cn。

处于僵化状态,这种僵化状态一直持续到今天仍然没有结束。按照汤氏的逻辑,中华文明在自公元9世纪开始,在人类文明的挑战—应战模式中,呈现出僵化状态,如果中华文明不能积极主动地充满智慧地调整自己的生命肌体,不能适时地进行自我革新甚至自我革命,那么中华文明必然走向解体和死亡。但是,反过来说,如果中华文明在僵化了1000多年之后,在面临西方文化(包括伊斯兰文化)的挑战过程中,能够积极主动不失智慧地调整自己的生命肌体,勇于自我革新甚至自我革命,那么凤凰涅槃浴火重生,中华文明华丽转身就地升华为一崭新文明。

　　数千年来的中国文化以及深受中国文化精神影响的中国艺术并未遭遇颠覆性的挑战,只是到了近现代以来才遭遇了异质性的西方强势文明的挑战。汤因比在《历史研究》一书中认为目前中国已被一种并非中国的哲学和宗教所征服。但他接着又指出,以前中国也一度出现过佛教形式的宗教征服,最终被中国本土的世界观所克服,因此谁也不能确定,中国这种本土的世界观是否将证明有足够的能力,再次成功地重申自己。中国艺术甚至整个东方艺术也遭遇到了前所未有的颠覆性的挑战,晚近以来,中国绘画、戏曲、文学都曾被激烈地批判和否定过,如五四时期所谓"桐城谬种、选学妖孽"的言论等。可是时过境迁,中国文化和中国艺术在经过与西方文化和艺术的整整100多年的磨合和碰撞之后,其可资开掘和发扬光大的价值也渐渐露出本来面目,这倒有些应和了汤因比在论及文明接触时的观察和思考。汤氏指出:"在这种接触中,'侵略性'文明往往把受害一方污蔑成文化、宗教或种族方面的低劣者。而受害一方所做出的反应,要么是迫使自己向外来文化看齐,要么采取一种过分的防御立场。在我看来,这两种反应都是轻率的。文明接触引发了尖锐的敌意,也造成了相处中的大量问题,唯一积极的解决办法是,双方都努力地调整自己,相互适应……今天,不同的文化不应该展开敌对的竞争,而应该努力分享彼此的经验,因为它们已经具有共同的人性。"[①]

---

　　① [英]阿诺德·汤因比:《历史研究》,刘北成等译,上海人民出版社2000年版,第342页。

任何文明或文化，当其发生和成长起来以后，必不自甘沉沦衰落以至陨灭，历史上出现过的古埃及文明、古巴比伦文明以及中途夭折的波利尼西亚、爱斯基摩、游牧、斯巴达和奥斯曼文明，应都是进行了奋力的迎战，只是在文明的衰落僵化时期，未能把握机遇进行文化的创新转化，以至文化断流覆灭消亡。中华文化自成体统，源远流长，到了今天，中华文化经过100多年的革新、革命和发展，已经彻底改变了积贫积弱任人凌逼的屈辱状态，而崛起为世界第二大经济实体、世界军事强国和政治大国。在中华文化精神已然苏醒的21世纪，中华文化复兴的世纪命题，必然会得到强力重申。①

按照党的十八大的既定目标，我们可以将中华文化复兴看作是中国梦的具体体现，即"两个百年"的发展战略构想：在中国共产党成立一百周年的21世纪20年代初，全面建成小康社会，使国民经济更加发展，各项制度更加完善。新中国成立一百周年时的21世纪中叶，基本实现现代化，建成富强民主文明和谐美丽的社会主义国家。

当代有学者指出，中国文化的现代化就是民族文化复兴的标志，但是中华文化复兴不是中国文化复古，更不是中国文化的西方化。中华文化的现代化是现代性和民族性的完美结合，韩国和日本的现代化转型体现了这种结合的可能性。在中华传统文化中，我们可以找到三类要素：一是反现代性要素，如"三纲"，必须加以扬弃、转化和更新。二是非现代性要素，如祖宗信仰、岁时习俗等思想观念和生活方式，我们应加以继承和发扬。三是类现代性要素，如儒家的天人合一思想、道家的自然无为思想和佛家的众生平等理念

---

① 复兴中华文化是20世纪中国人民为之奋斗不息的目标。孙中山在19世纪末至20世纪20年代，提出对传统文化"翻陈出新"，主张融合中西，创获一种民族的、民主的、为人民服务的、科学的、文明的新文化，既"三民主义"和"五权宪法"的思想体系。其后梁启超提出"诗界革命""文界革命"，以期振兴中华文坛。章太炎、邓实倡言"保存国粹""复兴古学"，力图仿效西方文艺复兴，振兴中华文化。其后陈独秀、李大钊、胡适、鲁迅等爱国知识分子及国共两党领导人蒋介石和毛泽东，皆为复兴、振兴中华文化大声疾呼，并在理论和实践两个方面有所作为。参见吴雁南《孙中山与20世纪中华文化复兴思潮》，《贵州师范大学学报》（社会科学版）2001年第1期。

等，对于类现代性要素，我们要善加利用。在以上三类传统文化要素中，除反现代性要素之外，非现代性要素和类现代性要素就是我们常说的传统文化精华。在复兴民族文化时，西方文化固然是我们需要倚重的文化材料，中华传统文化精华更是不应忘却的文化宝藏。[①] 笔者认为，中国传统艺术作为中国传统文化的有机组成部分，其中的文学、音乐、戏剧戏曲、舞蹈、书法、绘画、雕塑、篆刻、园林、陶艺、茶艺、建筑等，包含着大量的非现代性和类现代性的文化要素，我们在复兴民族文化的伟大实践中，必须充分认知中国艺术文化对于中华文化现代转化的价值和作用，研究如何在继承传统艺术精华的基础上，进行中华艺术的当代创新；研究如何利用传统艺术的精神资源，促进中华文化在政治、经济、制度、市场、法律、风俗等各个方面，与国际接轨，推动中华文化和人类文化走向大美未来。

中华艺术复兴是指让曾经辉煌灿烂的中国传统艺术恢复生气，恢复生命，使之再流行、再生效。同时，这种艺术复兴还指让中国传统的艺术精神扎根现实，在融合外来艺术文化的基础上，创新格局，别开生面，并为世界艺术文化的创造和革新发挥正能量，发挥引领作用。因此，本书所说的艺术复兴，不仅仅指中国的艺术复兴，同时也指世界的艺术复兴。

对于整个人类来说，文化复兴是指让曾经辉煌灿烂的各民族传统文化，特别是其中具有普适价值的精华部分艺术恢复生气，恢复生命，使之再流行、再生效。对于中华民族而言，文化复兴是指让曾经辉煌灿烂的中国传统文化，特别是其中具有普适价值的精华部分艺术恢复生气，恢复生命，使之再流行、再生效。同时，文化复兴还必须蕴含这样的一个要义：世界各民族包括中华民族，在相互对话、融通、糅合的基础上，创新格局，别开生面，开创世界文化和人类文化的新境界。因此，我们所说的中华文化复兴，不仅仅指中国的文化复兴，同时也指世界和人类的文化复兴。

---

① 李永富：《超越"体用"和"古今"——多元文化视野下的民族文化复兴》，《中州学刊》2013年第5期。

第一章

文化昌盛与艺术振兴：世界经验

艺术作为文化价值系统的有机组成部分，与文化或文明"一荣俱荣"，因为艺术离不开物质、技术和社会环境的培植和滋养。当然，作为人类情感存在证明的艺术，因为其主要的内驱力是人类的"情感""情性""情绪"，有时候社会外在的压力或"刺激"——并不优渥的物质、技术和社会环境，反而强化了"情感""情性""情绪"的敏感程度，艺术呈现出特别活跃的态势。总的来说，人类历史上那些文化昌盛的阶段或地域，因为物质、技术和社会环境的培植和滋养，出现了足以与此时此地的文明程度相伯仲的艺术繁荣，这些典型案例，为我们提供了历史的经验和人类共同的智慧，值得我们不断地加以吸纳和反思。

中国作为世界文明的重要组成部分，贡献给人类足以骄傲千古的原创智慧、物质成就和典型经验；中国作为世界文明大国和今天的文化强国，曾经在文明的茫茫来路上，学习借鉴他方经验引以为镜，从而成就其"有容乃大"的精神品行。与此同时，那些已经消逝了的文明曾经取得的文化艺术成就，成为其"各美其美"的历史佳话。

第一节 古巴比伦、古埃及、古印度的文化繁荣与艺术表现

一 古巴比伦文化盛况

古巴比伦王国是美索不达米亚南部奴隶制城邦，大致在当今的伊拉克共和国版图内，以巴比伦城为中心。巴比伦（Babylon）是世界著名古城遗址和人类文明的发祥地之一。它位于伊拉克首都巴格

达以南90公里处，幼发拉底河右岸，建于公元前2350多年，是与古代中国、古印度、古埃及齐名的人类文明发祥地。巴比伦意即"神之门"，由于地处交通要冲，"神之门"不断扩展，成为幼发拉底河和底格里斯河两河流域的重镇。巴比伦是位于幼发拉底河中游东岸的城市，在两大河流相距最近的地区，处于两河流域的中心，扼西亚商路要冲，因此具有极为有利的战略和经济地位，更有助于以巴比伦为中心的统一。

古巴比伦狭义上指古巴比伦王国，广义上指古巴比伦文明。古巴比伦文明是两河流域文明的重要组成部分，历史上分古巴比伦王国和新巴比伦王国。古巴比伦（Ancient Babylon）文明位于今天的伊拉克一带，古巴比伦与古中国、古埃及、古印度一并称为"四大文明古国"。

古巴比伦王国时灌溉系统进一步发展，改善了扬水工具。耕犁有所改进，附设有播种漏斗。青铜工具普遍使用，手工业生产提高。制砖、缝纫、宝石匠、冶金、刻印工、皮革工、木匠、造船工和建筑工等分类发展，可见手工业的分工已经相当细。尽管古巴比伦王国存在并不长久，但它却出奇的繁荣，更是留下了闻名世界的两大瑰宝——神奇的"古巴比伦空中花园"以及《汉谟拉比法典》。经济、农业、手工业的发展为艺术文化的发展创造了宽松的环境。

在这一地区诞生了世界上最早的城市、最早的学校、最早的文字、最早的图书馆，出现了人类史上第一位改革家和立法者，产生了最早的谚语和史诗，在这片土地上，创造出历史上第一个农业村落，发明出最早的车、船，最早学会制作面包和酿造酒，等等。跌宕起伏的历史、绚丽多彩的文学、神秘莫测的宗教、神圣的法律、辉煌的建筑、五彩斑斓的艺术、丰富多彩的日常生活、成就显著的科学技术，这一切无不令人惊奇与感叹。

前后几个巴比伦帝国无论是在时间或是地域上都只占据两河流域文明的一部分。从公元前3000年的苏美尔人开始，幼发拉底河与底格里斯河这两条纠结入海的生命之藤的两岸肥沃地带就被称作"美索不达米亚"（意为"两河之间的土地"）。在这里，多个民族和国家的相互替代，共同书写了复杂的融合历史。这些历史难以置信地沉埋于沙丘之中，使巴比伦终于成为一段死去的文明，但一些史学家坚信，被湮没的两河流域文明先于并带动了古埃及文明文化，现代西方文化的许多脉络虽然来自古希腊、古罗马，但后者的源头还是古代西亚这一文明的摇篮。

二 古巴比伦艺术的杰出表现

艺术是文化的有机构成部分，虽然文化的强盛并不一定带动或带来艺术的繁荣，如伊斯兰教文化的强盛反而因为宗教教义的约束而限制了伊斯兰绘画及其他造型艺术的发展等；中国魏晋南北朝文化衰落，文学艺术进入"自觉时代"，出现了中国历史上少有的艺术大发展和大繁荣局面。但是历史上众多的艺术繁盛时代与文化的大发展是同步推进的，四大文明古国中古巴比伦、古埃及、古印度和古中国的艺术文化莫不如是。

（一）建筑艺术

古巴比伦城垣雄伟、宫殿壮丽，充分显示了古代两河流域的建筑水平。尼布甲尼撒二世对巴比伦城进行了大规模建设，使巴比伦城成为当时世上最繁华的城市，也是中东最重要的工商业城市。在新巴比伦王国时期，巴比伦也是古代两河流域地区最壮丽最繁华的都城。巴比伦古城有内外两道城墙，城里最壮观的建筑物，是尼布甲尼撒王宫和著名的"空中花园"，以及那座据说让上帝感到又惊又怒的巴别塔。

"空中花园"，被誉为世界七大奇迹之一，亦称"悬苑"。它依偎在幼发拉底河畔，距伊拉克的首都巴格达约50公里。新巴比伦王国国王尼布甲尼撒二世（公元前604—前562年）曾以兴建宏伟的城市和宫殿建筑闻名于世，他在位时主持建造了这座名园。此园采用立体叠园手法，在高高的平台上，分层重叠，层层遍植奇花异草，并埋设了灌溉用的水源和水管，花园由镶嵌着许多彩色狮子的高墙环绕。[1]

---

[1] "空中花园"是新巴比伦王国国王尼布甲尼撒二世为取悦爱妃——波斯国公主赛米拉米斯所建。相传，他娶波斯国公主赛米拉米斯为妃，公主日夜思念花木繁茂的故土，郁郁寡欢。国王为取悦爱妃，即下令在都城巴比伦兴建了高达25米的花园。王妃见后大悦。从远处望去，花园比宫墙还要高，给人感觉像是整个御花园悬挂在空中，因此被称为"空中花园"。

巴比伦的"赛米拉米斯空中花园"是世界七大奇观之一,而被波斯王薛西斯变成一片瓦砾后来又被亚历山大大帝修复的巴别塔(基库拉塔),则是人类引以为傲的标志。巴别塔又名通天塔。据《圣经》记载,人类企望登上天堂,于是人类联合起来兴建这一高塔。为了阻止人类的计划,上帝让人类说不同的语言,使人类相互之间不能沟通,计划因此失败,人类自此各散东西。此故事试图为世上出现不同语言和种族提供解释。尽管巴别塔如今剩下的仅仅是一块长满了野草的方形大地基的残迹,但它确实存在过,并证明早在5000多年前,随着古巴比伦文明的强盛,其建筑艺术成就和艺术想象力所达到的高度。1899年3月,一批德国考古学家,在今天巴格达南面50多公里的幼发拉底河畔,进行了持续10多年之久的大规模考古发掘工作,终于找到了已经失踪两千多年,由尼布甲尼撒二世在公元前605年改建后的巴比伦古城遗址。考古学家们现在仍在巴比伦古城遗址上进行着发掘工作,许多宫殿、神庙、街道和住房已经渐渐露出地面。

（二）雕塑艺术

公元前1800年前后,巴比伦汉谟拉比创立了庞大的由官员和法官组成的体系,并且保持了祭祀系统的独立性。为了处理诸多犯罪、财产及家庭争端问题,汉谟拉比制定了法典,这个法典是建立在更早的苏美尔国王所制定的诸法典的基础之上的。其时巴比伦的科学家们在天文和数学方面拓展了苏美尔人的成就,学者们能够预测月食并描绘一些行星的轨道,他们制作了数学用表和有用的代数几何学。他们还能计算出很多形状的面积和体积、开方、计算利息,现代的1小时分为60分钟和一圆周为360度的计算方法就是巴比伦人运用苏美尔人数学系统建立起来的。[1] 汉谟拉比法典是巴比伦文明昌盛的重要见证,而雕刻着汉谟拉比法典的汉谟拉比石柱,却是巴比伦雕塑艺术、书法艺术（楔形文字）和人物造型艺术的典范,石柱的上方是以浮雕和圆雕技艺表现出来的汉谟拉比和太阳神沙马什的全身塑像,其下部即汉谟拉比法典

---

[1] ［美］皮特·N.斯特恩斯等:《全球文明史》上册,赵轶峰等译,中华书局2006年第3版,第29页。

全文。① 浮雕刻画了汉谟拉比王肃立在太阳神的宝座前,听他口授法典。太阳神的威严和汉谟拉比的谦恭形成有力的对比,整个场面充满了宗教的虔诚和严肃。从那时起,开始了以艺术纪念物来赞颂统治者的权威的传统。②

（三）楔形文字（泥板文字）

据历史学者推断,约在公元前4000年,居住在这一带的苏美尔人已有较为发达的文化,不仅发明了文字,而且发明了用于书写文字的泥板书。苏美尔人最早发明了表意和指意符号的象形文字,这种文字大多刻在砖、石或黑色的玄武岩上,因"起笔重而印痕较深",呈尖劈形,形似木楔,所以被称为楔形文字。从17世纪开始,探险家和考古学者就曾从两河流域一带破碎的陶器以及石雕和泥板的残片上发现了奇异的文字符号。当然,现在人们已得知,这些被称为"楔形文字"的文字是人类最古老的文字之一,它是古巴比伦文化的灵魂。

（四）人类最早的史诗《吉尔加美什》

公元前3000年前后,吉尔加美什的神话传说就在苏美尔人中广为流传。古巴比伦第一王朝建立后,在全面继承苏美尔人的文明时,巴比伦人对吉尔加美什的神话传说加以再创造,并以史诗的方式写定。《吉尔加美什》完备的文本编定于公元前7世纪的亚述图书馆,《吉尔加美什》共3000余行,用楔形文字记述在12块泥板上。当代学者从哲学认识论角度分析这部史诗,认为它具有三个显著的思想特征:(1) 当时的人类已经发现对面同体的现象。(2) 人类试图以人生不朽的伟业超越死亡。(3) 人类对于永恒生命的渴求意识。《吉尔加美什》所显示出来的悲剧理性意识,有力地反驳了黑格尔关于人类理性起源于希腊的错误论断。③ 由于征服和被征服,文明像走马灯似的在美索不达米亚平原上相互更替,古巴比伦的艺术花朵在当时就遭遇了人为的灭顶之灾。同时,迦勒底地区"熟黏

---

① ［加］约翰·基西克:《全球艺术史》,水平等译,海南出版社2012年第2版,第55页。

② 同上。

③ 邱紫华:《东方美学史》上卷,商务印书馆2003年版,第396页。

土塑像不及尼罗河的花岗岩或彭特利库斯山的大理石坚硬,结果全都化为灰烬,除了几处被掩埋的台基外,历史遗物所剩无几。在美索不达米亚很少有像岩石那样能经得住沼泽地侵蚀的建筑材料。沼泽的泥浆像滞水一样吞咬和破坏一切,最后把一切摧毁殆尽。……这些巨大的城池曾庇护过古代世界最活跃、最能干的民族。凡巴比伦兴起之地,仅剩下断壁残垣,遗址上椰树成林,古墙之外沙丘环绕"①。古巴比伦文明所孕育出来的辉煌的艺术果实,虽然沉落于历史的风尘之中,但是,他们的艺术想象力和创造能力,对于我们依然具有重要的参考价值。古巴比伦人巨大的石雕像、陶片镶嵌画、精美绝伦的工艺品和首饰、体积庞大的高层建筑、奇妙的穹庐式样,显示出古巴比伦人的奇特的想象力,对于美的高度的敏感性,这些艺术作品以及融合在其中的美学思想已经潜伏在人类永恒不断的艺术创造之中。美索不达米亚的美学思想,往东影响到南亚和中国,往西影响到埃及、克里特、迈锡尼、希腊、罗马乃至后来的整个欧洲。②

三 古埃及文化及艺术盛况

古埃及文明肇始于公元前5000年,其时种植业已沿尼罗河发展起来。公元前3100年,下埃及国王纳尔迈征服了上埃及地区,创建了一个地跨600英里长的统一国家,这个国家持续了3000年之久。尽管期间发生过一些较大的动荡,但学者普遍认为古埃及较为稳定,古埃及的历史进程显得比较连贯,31个王朝依次延续,历时3000年。

埃及留给人类的文化实物和文化记忆甚至超过古巴比伦王国,金字塔、狮身人面像、木乃伊、象形文字、纸莎草、亚历山大灯塔、阿蒙神庙……虽然当代有学者认为埃及人在数学和天文学方面的成就远不及美索不达米亚,然而,埃及人首次确立了太阳年的长度,将一年分为12个月,每月划分为三周(10天为一周),这种周的划分仅仅是对时间的一种分割,而非基于自然的循环。这种历法

---

① 邱紫华:《东方美学史》上卷,商务印书馆2003年版,第386页。
② 同上书,第410页。

成就表明了埃及人对尼罗河水泛滥情况的关心以及他们在天文观察上的能力。埃及人懂得很多药物知识以及避孕的方法，稍后的希腊人学会了埃及人的医学知识，并将其传给了后来的中东和欧洲文明。①

古埃及艺术盛衰起落再次证明历史上众多的艺术繁盛时代与文化的大发展是同步推进的。历史学家将古埃及历史划分为三个时期，即古王国时期（公元前3000—前2300年）、中王国时期（公元前2150—前1700年）、新王国时期（公元前1071—前332年）。古王国时期第三、第四王朝时期，埃及艺术进入繁盛阶段。绘画、雕刻、手工艺、建筑均形成造型规则，并保持至埃及末期，达3000年之久。②

当然，由于金字塔、狮身人面像、木乃伊等名气太大，以至于人们误以为古埃及就只有造型艺术和建筑艺术。实际上，四大文明古国在人类象征主义艺术时期（黑格尔）主要以庞大的建筑或雕塑艺术来"感性地显现理念"之外，也在以歌舞、文学、音乐等，来表现他们对于宇宙的理解，来表达他们对于人生的渴望和追求，坦露他们个人的或是集体的情感。现存古埃及墓文和纸草书寓言和其他故事形式中，著名的系列神话故事《奥西里斯和伊西斯》《荷拉斯同赛特》中，就已经形成了对于生命苦难和本能性悲剧意识，明知生命有限，誓与之抗争到底。《莱顿世俗纸草书》的寓言故事《燕子与海》，描写一只燕子与大海的终极较量。燕子托付大海照看乳燕，觅食归来不见巢中乳燕，要求大海归还乳燕，大海置之不理，燕子发誓报仇。每天它衔石子投向大海，然后再从大海中汲一口水吐到沙漠之中，日复一日，年复一年，大海终被填平。这个故事有类于《山海经·精卫填海》，都是表现早期人类在不可抗拒自然力量面前的超越性想象。正是由于这种伟大的精神力量的支撑，古埃及人凭借人力建造出足令今人绝倒的金字塔以及煌煌的神庙建筑群。

---

① ［美］皮特·N. 斯特恩斯等：《全球文明史》上册，赵轶峰等译，中华书局2006年第3版，第32页。

② 高火编著：《埃及艺术》，河北教育出版社2003年版，第32页。

古王国第四王朝时期国王胡夫（库孚）金字塔，为古王朝时期的艺术典范。胡夫金字塔曾被希腊人誉为世界七大奇迹，拿破仑在赴埃及期间计算过，若聚集起胡夫金字塔连同近旁两座金字塔的石块，可以将整个法国用3米高、30厘米厚的墙围起来。胡夫金字塔高146.59米，每一面长约230.35米，共用了259万立方米的石块，平铺起来可以覆盖54000平方米的面积。根据古希腊历史学家希罗多德的计算，金字塔建造前后历30年，10年用来修筑道路，20年用来建造金字塔，有10万工人参加了工程。[①]

古王朝末代法老在位长达94年，其后埃及大乱达百年之久，直到第十一王朝第五位法老执政时期，埃及趋于稳定，由此开始了中王朝时期，埃及从孟菲斯迁都底比斯，自然条件所限，金字塔陵墓为石窟式陵墓所取代。与古王朝相比，中王朝埃及艺术对永恒部分地失去了信念，他们在造型艺术中开始流露出悲观的情绪，法老的脸上布满阴云，眼神忧郁。毫无疑问，中王朝时期不是埃及艺术史上的繁盛时期。

新王朝时期，埃及国势强盛，政权巩固，经济繁荣，埃及艺术迎来了前所未有的发展机遇，从第十八到第二十王朝的500年间，埃及所建立的纪念性建筑和雕刻比其他时期的总和还要多。从尼罗河口到第二瀑布以南，到处矗立着各种各样的神庙、圣祠，以及遍布其间的数不清的纪念碑、雕刻和壁画。

新王朝时期艺术典范阿蒙·拉神庙（祭奉埃及主神、底比斯保护神和太阳神），始建于第十二王朝（公元前16世纪），新王朝时期第十八、第十九王朝大规模扩建，直到公元1世纪陆续有王朝扩建，共经历了1000多年。阿蒙·拉神庙建筑群中最宏伟的圆柱厅是在第十九王朝建成的。这个圆柱厅东西宽52米，南北长102米，圆柱分16行排列，中央两排柱高21米，直径3.57米，两侧柱高12.8米，直径2.74米，其柱头样式有"纸莎草花式""莲花式""棕榈式""神像式"等。

从第二十一王朝至第三十一王朝（公元前1085年—前332年）

---

① 高火编著：《埃及艺术》，河北教育出版社2003年版，第42页。

历史学家称为后王朝时期。后王朝时期,国家分裂,外族入侵,王朝更替频繁,艺术衰落。由于在此之前埃及已经形成了稳固的艺术传统,所以尽管缺乏良好的外部文化环境,古埃及的艺术彻底瓦解过程还是较为缓慢的。直至公元前305年之前30年间,希腊人在埃及建立了托勒密王朝,具有传统特点的神庙建筑、巨石雕像仍旧在某些地方出现。

纵观古埃及历史可见,国势强盛国运昌盛通常正是艺术发展和繁荣的重要保证,文化的强盛带来艺术的繁荣,艺术的繁荣又从一个侧面印证艺术从属的大文化的繁荣和强大。

四 古印度文化及艺术盛况

印度,和东南亚最初的文明一样,也兴起于大河流域,恒河和印度河所形成的冲积平原土地肥沃,物产丰富,是印度文明产生的摇篮和温床。印度幅员辽阔,地形复杂,气候多变,物产丰富。"大自然几乎把发展丰富生活所需要的一切富源,都慷慨地放置在它的界限之内",① 这种生存环境的广阔性,决定了印度民族的忍让、宽容的博大性格。森林、草原、河流、雪山、千姿百态的动植物景观、无与伦比的自然美景,印度美轮美奂的自然景观,养育了印度人民,也培养了他们极其丰富的情感态度,孕育了代代相传的审美意象。

根据当代学者的研究,公元前3000年,人类历史上最早文明之一的南亚早期文明——哈巴拉文明沿着印度西北部的印度河流域发展起来了。达罗毗荼人、科尔人、蒙达人,等等;到底是谁创建了哈巴拉文明,学术界还未做出定论,以哈巴拉和摩亨左·达罗两个大城市为中心的印度文明擅长于城市规划和农业灌溉。其实在哈巴拉文明之前,古老的印度人民已经知道怎样铸造青铜武器、工具和镜子,精于制陶工艺,他们的装饰精美的碗和储物用的缸上面反复表现的图案,如公牛、长角牛等,显示出他们与中东地区早期农业社会居民有某种关系。哈巴拉文明由哈巴拉和摩亨左·达罗两个大

---

① [印度]许马云·迦比尔:《印度的遗产》,王维周译,上海人民出版社1958年版,第39页。

城市及其周边的较小的城市与村庄共同组成，其面积相当于4个苏美尔，或者两个古王朝时期的埃及。

在公元前1500年至前1000年间，骑在马背上的印欧人海浪般地涌入印度次大陆，一方面是游牧民族的入侵，另一方面是印度河水的长期泛滥和西北地区的逐渐沙漠化，动摇了哈巴拉农业和都市的基础，来自中亚的雅利安人，进入了印度这片肥沃的土地，并一直向东推进至恒河流域。大约公元前700年，雅利安祭司开始以口述的方式保存大量的赞美诗和咒语。到公元6世纪，以印度教和佛教这两个世界性的宗教的形成以及贸易的复苏、都市生活和辉煌灿烂的艺术和建筑成就为标志，古印度文明进入鼎盛阶段。[1]

古印度历史年代大致为：吠陀时代（公元前1800年—前600年），佛陀时代（公元前600年—前200年），孔雀王朝时期（公元前322年—前185年），入侵时代（公元前200年—200年），笈多王朝时期（320—540年），南印度时代（公元前200年—750年）。

古印度在文学、哲学和自然科学等方面对人类文明做出了独创性的贡献。在文学方面，创作了不朽的史诗《摩诃婆罗多》和《罗摩衍那》。在哲学方面，创立了因明学（逻辑学）。在自然科学方面，最杰出的贡献是发明了世界通用的计数法，创造了包括"0"和"10"在内的10个数字符号。今天的阿拉伯数字实际上起源于印度，只是通过阿拉伯人传播到西方而已。公元前6世纪，印度产生了佛教，后来先后传入中国、朝鲜、日本、泰国、缅甸等。[2]

当代学者邱紫华在《东方美学史》艺术中，总结出印度美学思想的四个总体特征：（1）印度美学同宗教有千丝万缕的联系；（2）热爱现实之美，追求超验的精神境界之美；（3）和谐为美；（4）原始思维的一贯性。[3] 在长达3000年的古印度文明时期，印度

---

[1] ［美］皮特·N.斯特恩斯等：《全球文明史》上册，赵轶峰等译，中华书局2006年第3版，第44页。其后，公元前4世纪，希腊人在马其顿国王亚历山大一世的带领下，侵入印度的五河流域地区，并在当地建立政权，带来了希腊发达的文化艺术。8世纪初，伊斯兰教徒进入印度并建立政权。其后有蒙古人、葡萄牙人、荷兰人、英国人入侵印度。

[2] 参见 http://baike.baidu.com。

[3] 邱紫华：《东方美学史》下卷，商务印书馆2003年版，第956—966页。

人民在音乐舞蹈、建筑雕塑、语言文学等方面，呈现出盛世气象，充分证明艺术与文明的同步推进关系。

公元2世纪婆罗多《舞论》是印度舞蹈理论圣典，也是印度古代最早的文艺理论著作。《舞论》是一部诗体著作，广泛论及剧场、演出、舞蹈、内容情调分析、形体表演程式、诗律、语言、戏剧的分类和结构、体裁、风格、化妆、表演、角色，更是广泛地论及音乐。婆罗多《舞论》作为印度诗学的开山之作，有两大贡献令人惊喜：一是在非常古老的年代，就将戏剧作为一门综合艺术，突出表演中心地位；二是将戏剧艺术升华，提炼出味论诗学，建立了印度也是世界上最早、最有影响的味论学派。婆罗多认为，戏剧中的情有46种，只有8种达到了味性称作常情，8种真情和30种不定情。味和这么多情的关系，就像国王有众人围绕，得名为王。常情有情由、情态和不定情围绕，得名为味。味产生于情，而不是情产生于味，情由、情态和不定情互相作用，结合产生常情，常情产生味。婆罗多告诉人们，味来自常情，但常情不等于味。相当于艺术来源于生活，生活不等于艺术。①

常任侠在《印度与东南亚美术发展史》一书中认为，公元前322年建立的孔雀王朝的建筑和雕刻技术水平很高，至今依然散发着灿烂的光辉，从而知道当时的经济力量是很充实的。因为只有相当的经济实力才能培养出这样专门的高等技术工作者。阿育王纪念柱为雕刻技术的代表作，柱头上的雕像狮子、象、马、瘤牛代表精力旺盛、腾跃而奔放的气势，反映出孔雀王朝大帝国旺盛期的权威和力量。② 此外，桑奇大塔、犍陀罗佛像雕刻（公元3世纪）、秣菟罗佛像雕刻（公元5世纪）都成为人类艺术史上的经典。

古印度文学艺术洋洋大观。印度文学起源于《吠陀》，《吠陀》是印度最古老的诗歌总集，大约形成于公元前1000年，共有4种本集，即《梨俱吠陀》《阿达婆吠陀》《娑摩吠陀》和《夜柔吠陀》，以前两种本集文学价值最高。《吠陀》是印度文学的最初源头，对后代文学影响很大。广义的吠陀文学还包括《梵书》《森林书》

---

① 郁龙余等：《中国印度诗学比较》，昆仑出版社2006年版，第453—462页。
② 常任侠：《印度与东南亚美术发展史》，安徽教育出版社2006年版，第13页。

《奥义书》等。此外，公元初期伐致诃利的抒情诗集《三百咏》也流传很广。史诗《摩诃婆罗多》和《罗摩衍那》是古代印度文学的重大收获，集中地反映了古代印度的社会生活和文学成就。两大史诗对亚洲各国，特别是对东南亚地区有较大影响。①

第二节 古希腊时代的艺术振兴和文化盛况

如果我们将爱琴海文明的克里特文明和迈锡尼文明笼统地纳入古希腊文明范围之内，那么，世界四大文明古国应有古希腊文明一席，或者世界四大文明古国增加古希腊文明，为世界五大文明古国。

早在公元前3000年，克里特文明就已进入青铜时代。我国学者顾准认为那是远古希腊的"神授王权"时代，类似于"东方专制主义"的王。② 19世纪末开始的考古发掘，及其后长时期历史学家和考古学家的辛勤研究，使得远古时代的希腊史的面貌彻底更新了。特洛伊城发掘出来了，迈锡尼都城发掘出来了，克里特的克诺索斯王的宏大的宫殿里，其上有十分"现代化"的壁画，精美的陶瓷瓶和人像，刻有线性文字的黏土板。古希腊文明开始于克里特，从克里特传布到大陆希腊，克里特文明极盛时期在公元前1600年，即特洛伊战役前400年。

皮特·N. 斯特恩斯在其《全球文明史》一书中认为，与中华文明一样，希腊古典文明也是奠基于创造了宏伟功绩、发明了一套文字体系并产生了强大王权的早期区域性文明之上，自公元前2000年以来，在中东和埃及文化的影响下，克里特文明及希腊内陆的迈锡尼文明的扩展持续了几个世纪。这些区域性的文明同化了最初的印欧入侵者，后者所说的语言就是我们所知道的希腊语。大约在公元前1100年，克里特和迈锡尼文明突然中断，希腊进入历史上的"黑暗时代"。至公元前800年，在希腊半岛及附近岛屿以及地中海

---

① 参见 http://baike.baidu.com/view/258547.htm。
② 《顾准文集》，华东师范大学出版社2014年版，第189页。

东部沿岸地中海文明的第二个中心开始形成,一般来说,以公元前776年第一次奥林匹克运动会的召开标志着古希腊文明进入了兴盛时期。随着人口增长,雅典的希腊人开始向外殖民,在此后的250年间新的希腊城邦遍及包括小亚细亚和北非在内的地中海沿岸,在诸城邦中,势力最大的是斯巴达和雅典。公元前338年,马其顿国王腓力二世征服全希腊,希腊的政治和文化开始衰退,希腊进入希腊化时期,即希腊价值通过几个区域性王国传播到中东、北非和欧洲的南部,古希腊文明持续了约650年(约公元前800—前146年)。

与同期中国文明相比,希腊人建立的政治体制不如中国的体制规模齐整,但是其国际影响超过中国。与埃及、美索不达米亚和希腊的早期区域性文化(克里特和迈锡尼)相比,古希腊展示了新的政治文化能力。众多的哲学派别和政治模式得到发展,自然科学和数学取得了进步,组织大帝国的能力缓慢地得到了增强。古希腊的很多政治传统和文化模式在其后继续存在下来,对地中海和更大范围的后世社会产生了影响。[1]

古希腊文化繁荣,艺术作为文化不可分割的组成部分,也出现了繁荣兴旺的态势,古希腊艺术与人民的心声和城邦的命运息息相关。如希波战争前,福利尼卡斯的《米利都的沦陷》,演出时观众为之潸然泪下;埃斯库罗斯悲剧《波斯人》歌颂萨拉米海战的胜利。阿里斯托芬的喜剧,题材为现实的政治和社会问题,对当权人物做肆无忌惮的讽刺,在高度言论自由的民主雅典,并不因之而有任何禁演戏剧或迫害作者的措施。据史家考证,希波战争后200年间,主要在雅典,前后创作出来的戏剧为数超过2000部,这是真正的艺术繁荣。伯里克里斯时代的雅典,规定了一种"戏剧津贴"制度,即在公共节庆演剧的时候,每个公民发给两个欧布尔的津贴,等于一人一天的生活费,这当然是国库充裕的结果。[2]

总之,希腊艺术与希腊文化尤其是它的政治文化是紧紧地交缠

---

[1] [美]皮特·N.斯特恩斯等:《全球文明史》上册,赵轶峰等译,中华书局2006年第3版,第111页。

[2] 《顾准文集》,华东师范大学出版社2014年版,第295页。

在一起的。亚里士多德在当时将人的本性定义为"人天生是一种政治动物",希腊人生活的核心——所谓政治,即人人参与其间的公共生活,更具体地说,即城邦生活,举凡城邦的一切文化形式——宗教、哲学、理论、戏剧乃至造型艺术,无不渗透着这种独特的政治精神,当这种政治精神的载体——城邦——繁荣昌盛时,文化形式无不臻于光辉灿烂的极致,而当城邦遭遇危机时,便是整个希腊精神危机。[1]

在前后约600年的古希腊时代,产生了古希腊灿烂齐备的物质文化成果,在这个伟大的物质文化成果之上,生长着古希腊文明的精神之花。举凡哲学、文学、戏剧、建筑、奥运、数学、生物学、音乐等,在哲学、文学、艺术和科学诸领域,古希腊文明为人类贡献出哲学家毕达哥拉斯、巴门尼德、普罗泰戈拉、苏格拉底、柏拉图、亚里士多德、西塞罗、伊壁鸠鲁,文学家荷马及其两大史诗《伊利亚特》和《奥德赛》,琴歌诗人萨福,伊索和他的《伊索寓言》,戏剧家埃斯库罗斯、索福克勒斯和欧里庇德斯(悲剧作家),克拉提诺斯、欧波利斯和阿里斯托芬(三大喜剧诗人),人类建筑史上的经典帕提农神殿、宙斯祭坛。此外,古希腊数学家欧几里得、毕德哥拉斯、阿基米德都是名垂千古的风流人物。

第三节　文艺复兴的艺术振兴和文化盛况

在人类历史上,发生于14—16世纪欧洲的文艺复兴,是因文化振兴引发艺术繁荣的另一个典型案例,约翰·基西克在《全球艺术史》一书中特别论及艺术资助人和文艺复兴的关系。他指出,15世纪全欧洲个人财富的增加,对于文艺复兴艺术创作的走向有重要的影响。几个世纪以前,艺术家还在为教会和国家工作,现在,私人开始定做艺术品,置于社区中,作为稳重社会和积德行善的一种方式。通常这样的家族拥有强大的政治势力,美第奇家族就是这样的

---

[1] 李军编著:《希腊艺术与希腊精神》,河北教育出版社2003年版,第221页。

家族，他们在1434—1492年，通过政治手腕和经济实力控制着佛罗伦萨城邦。这个家族的第一个杰出人物科西莫·美第奇（1389—1464），1434—1464年统治佛罗伦萨。他利用银行利润，延请学者提升自己的人文素养，并且用高薪、雅居和远离东方危险的避难所来吸引君士坦丁堡最优秀的学者到佛罗伦萨。他出资在佛罗伦萨的大学里建立一个"教授（希腊语）基金"，这些主要归功于经济的发展。[1] 可以说经济发展、资本主义生产关系的确立和政治环境优化是意大利文艺复兴的先决条件。资本主义生产关系于14世纪最早发生在意大利的毛纺和呢绒业工厂中，资本主义为文艺复兴奠定了雄厚的物质基础，富裕起来的早期资产阶级看到了自身的价值，也有能力开展和支持新文化运动，当时的意大利主要城市在政治上形成了强大的城市共和国，把持统治权的是一些富裕的商人、企业家和转向工商业活动的贵族。他们引领着城市社会，要求炫耀财富的富足、政治地位与生活和视觉上的享受结合起来，改变生活方式和文化趣味，城市共和国比较开明、宽松的政治环境有利于比较开放、自由的文化气氛的形成。[2]

欧洲文艺复兴时期艺术文化，以人类艺术史上"高峰"来加以形容和判断，似不为过。约翰·基西克认为，从14世纪中叶至16世纪中叶这一段时期，一般认为是人文主义追求和艺术家自由创作"复活"运动的巅峰。艺术的地位有了根本性的改变，今天我们对于艺术和艺术家的看法，完全基于艺术在文化中具有重要作用和理性特征的观点，这一观点是在文艺复兴时期形成的。在文艺复兴时期，艺术家这一角色从单纯的匠人（不署名的手艺人）到创造者（个人天赋）——一个只供上帝使用的名称。其结果是艺术变得更加重要，它不仅表达时代和作品的主旨，而且是作者天赋的具体体现。文艺复兴对当代艺术观的形成起到了重要的作用。[3]

---

[1] ［加］约翰·基西克：《全球艺术史》，水平等译，海南出版社2012年第2版，第190页。

[2] 马敏等：《近代西方文化的转型之文艺复兴》，《石油政工研究》2014年第6期。

[3] ［加］约翰·基西克：《全球艺术史》，水平等译，海南出版社2012年第2版，第215页。

文艺复兴是逐渐发展的时期,没有明确的分界线和事件。但文艺复兴使当时人们的思想发生了变化,导致了宗教改革和激烈的宗教战争。后来的启蒙运动以文艺复兴为自己的榜样。19世纪的历史学家认为后来的科学发展、地理大发现、民族国家的诞生都是源于文艺复兴。文艺复兴是"黑暗时代"的中世纪和近代的分水岭,是资产阶级革命的舆论前提。文艺复兴使欧洲摆脱腐朽的封建宗教束缚,是其向全世界扩张的一个前奏曲。

文艺复兴时期的文学艺术作品,体现了人文主义思想:主张个性解放,反对中世纪的禁欲主义和宗教观;提倡科学文化,反对蒙昧主义,以摆脱教会对人们思想的束缚;肯定人权,反对神权,摒弃作为神学和经院哲学基础的一切权威和传统教条;拥护中央集权,反对封建割据,这是人文主义的主要思想。人文主义歌颂世俗蔑视天堂,标榜理性以取代神启,肯定"人"是现实生活的创造者和享受者,要求文学艺术表现人的思想感情,科学为人谋福利,教育要发展人的个性,要求把人的思想感情和智慧从神学的束缚中解放出来。①

恩格斯高度评价"文艺复兴",认为这是个巨人云集的时代,也是人类历史上的进步时代。② 近代以来,我国学者以欧洲文艺复兴为参照,不断提出"中国的文艺复兴"的命题,如梁启超、胡适、傅斯年、罗家伦、李长之、顾毓琇以及当代的余英时、叶维廉等。③ 2007年,我国文艺界掀起了一场关于中国文艺复兴的讨论,该年因此被称为"文艺复兴年",今天我们所说的"中华文化复兴"其"复兴"二字当然得益于"文艺复兴"的启示,"中华文化复兴"大目标中自然含蕴着"中华艺术复兴"的目标在内。

欧洲文艺复兴时代以艺术唤醒人性,进而促成人的理性的觉醒和自尊,科学、政治、经济以及文学艺术各个方面所取得的成就,

---

① 参见 http://zh.wikipedia.org/wiki。
② 恩格斯原话:这是一次人类从来没有经历过的最伟大的、进步的变革,是一个需要巨人而产生了巨人——在思维能力、热情和性格方面,在多才多艺和学识渊博方面的巨人的时代。
③ 於璐:《从李长之的文化理想反思"中国的文艺复兴"规划之路》,《中国比较文学》2015年第1期。

震古烁今，在人类文明史上久久回荡。

天文学方面有：波兰天文学家哥白尼1543年出版了《天体运行论》；伽利略1609年发明了天文望远镜，1610年出版了《星界信使》，1632年出版了《关于托勒密和哥白尼两大世界体系的对话》；德国天文学家开普勒在其《新天文学》和《世界的谐和》两书中提出了行星运动的三大定律。数学方面有：意大利人卡尔达诺在他的著作《大术》中发表了三次方程的求根公式；韦达于1591年出版的《分析方法入门》，对代数学加以系统的整理，第一次自觉地使用字母来表示未知数和已知数；德国数学家雷格蒙塔努斯的《论各种三角形》对平面三角和球面三角进行了系统的阐述。生理学和医学方面有：西班牙医生塞尔维特发现血液的小循环系统；英国解剖学家威廉·哈维通过大量的动物解剖实验，发表了《心血运动论》等论著，系统阐释了血液运动的规律和心脏的工作原理。[①]

其外，文艺复兴时期的地理大发现可谓开创了人类环球航海新纪元。

文艺复兴文坛三杰——但丁、彼特拉克、薄伽丘以文学唤醒人性，反对神性，歌颂世俗生活，揭露宗教神学的虚妄，直接推动了后来者摆脱中世纪基督教神学的桎梏，在雕塑、绘画、戏剧、音乐、舞蹈各个艺术门类，艺术家充分发挥个体的天才和能力，将那个时代的整体的艺术创造工程推向了一个后人难以企及的高峰。在法国，弗朗索瓦·拉伯雷是继薄伽丘之后杰出的人文主义作家，是法国文艺复兴民主派的代表。他用20年时间创作的《巨人传》是一部现实与幻想交织的现实主义作品，在欧洲文学史和教育史上占有重要地位。在英国，托马斯·莫尔1516年用拉丁文写成的《乌托邦》是空想社会主义的第一部作品。莎士比亚凭借其四大悲剧和四大喜剧得以与荷马、但丁、歌德并驾齐驱，被誉为欧洲划时代的四大作家。西班牙塞万提斯的长篇讽刺小说《堂吉诃德》对欧洲文学的发展产生了重大影响。

在绘画方面，文艺复兴美术三杰——达·芬奇、米开朗琪罗和

[①] 参见 http://zh.wikipedia.org/wiki。

拉斐尔的作品最为突出。此外杰出的画家还包括安吉利柯修士（Fra Angelico）、马萨其奥、利比（Filippo Lippi）、波提切利、吉兰达尔（Ghirlandaio），等等。达·芬奇的绘画以《最后的晚餐》和《蒙娜丽莎》（现存法国卢浮宫）最为世人瞩目，此外还包括他研究动物、植物、机械，以及首次研究人体胚胎的手稿（重要部分现存英国的温莎城堡展厅）。米开朗琪罗的绘画以西斯廷礼拜堂的壁画为代表，屋顶正中的部分是"创世记"重要的各个场景，《最后的审判》也是西斯廷壁画的代表。拉斐尔绘画的代表作包括《美丽的女园丁》《西斯廷圣母》《圣体争辩》以及《雅典学院》，拉斐尔也曾涉及毡幕图稿的设计，现存绘画手稿。波提切利的代表作首推《春》与《维纳斯的诞生》，此外还包括《诽谤》。威尼斯的大师提香，其作品以华美丰满见称，代表作有《忏悔的马格琳达》《乌尔宾诺的维纳斯》。意大利以外的文艺复兴的绘画同样引人注目。比如，德国的丢勒，他的画在意大利文艺复兴的影响下，依旧保持鲜明的德意志民族特色，严肃缜密，可见其《自画像》。

　　文艺复兴时期著名的作曲家有：意大利的帕莱斯特里纳，英国的威廉·伯德，托马斯·塔利斯，约翰·道兰德，西班牙的托马斯·路易斯·德·维多利亚，法兰德斯的奥克冈以及法国的若斯坎等。①

　　意大利文艺复兴时期世俗建筑在古典建筑的基础上，发展出灵活多样的处理方法，如立面分层，粗石与细石墙面的处理，叠柱的应用，券柱式、双柱、拱廊、粉刷、隅石、装饰、山花的变化等，使文艺复兴建筑呈现出崭新的面貌，如意大利佛罗伦萨美第奇府邸、维琴察圆厅别墅和法国枫丹白露宫等。②

第四节　美国当代艺术振兴和文化盛况

　　当代艺术学者王瑞芸在其所著《美国艺术史话》一书中，谈到

---

① 参见http://zh.wikipedia.org/wiki。
② 参见http://baike.baidu.com。

对于当代纽约艺术印象时，总结性地指出："我们虽然看出了西方当代前卫艺术的'病症'，但作为中国人，如果现在来窃喜他们的困境却是非常自欺的，而且是一种断章取义。如果我们了解他们的整个历史，便能看出：西方目前的困境不是他们的失败，却是他们的勇敢，是他们敢于接受杜尚的后果。杜尚这样一个大'破坏分子'，哪种文化里敢接受？我们中国敢嘛？可西方人敢。西方因接受杜尚而承受艺术的离乱变迁，是真正有魄力的表现。……我们虽然必须对他们的'困境'有所了解，却也不能一味抓住他们的'困境'强调渲染，这样只会导致我们忽略他们真正获益的部分，那个'大生态'的部分。……在这样的生态里，美国当代文化变成了一种什么都能容忍，什么都允许存在的局面。试想，人若得其态，社会若得其境，我们还有什么可说的？"①

王瑞芸的观感和反思，可以作为我们观察美国当代艺术现实和文化发展状况的切入点。不管是在东方还是在西方，这样的两种看法是存在的：（1）认为美国文化如日中天，在将来很长一段时间会主导世界文化发展的大方向；（2）认为美国文化因其内部的增长力达至极限，外部遭遇其他超级大国特别是中国的挑战，已经出现衰颓迹象，21世纪是中国的世纪。亨廷顿在其《文明的冲突》一书中，已经公开指明了中国儒家文化可能给美国文化以至整个西方文化带来的颠覆性挑战。纵观人类文明变迁的历史，人类的文化中心国家（包括地球上的文化中心城市），都是随着文化的传播、文化的融合、文化的迁移和文化的创新蜕变不断流转生成的。三十年河东，三十年河西，公元前5世纪和公元前4世纪，雅典经济发达，政治上相对自由，在它的影响下，希腊许多城邦也发展起来，类似雅典的政治、社会、文化结构。雅典公众具有较高文化素养，对艺术、哲学、法律、科学做出了杰出的贡献。彼时大师辈出，人杰地灵，希腊各地的精英云集雅典，雅典的文化影响超过了它的政治影响，雅典是当时相对意义上的"世界文化中心城市"。② 在公元前2000年，巴比伦城建成，巴比伦王国以强盛的武力和奇迹般的城市

---

① 王瑞芸：《美国艺术史话》，金城出版社2013年版，第217页。
② 蒯大申：《世界文化中心城市何以可能？》，《社会观察》2004年第1期。

文明，使周边国家对之顶礼膜拜，巴比伦城当之无愧是当时的"世界文化中心城市"，巴比伦王国当之无愧是当时的"世界文化中心国家"。公元7世纪和8世纪的长安是唐王国的政治、经济和文化中心，同时也是世界政治、经济和文化中心。

随着欧洲资本主义文明的崛起，19世纪以来英国、法国及其首都伦敦和巴黎成为"世界文化中心国家"和"世界文化中心城市"。20世纪随着资本主义的进一步扩张，欧洲的中心地位逐步让位给北美新大陆，随着冷战的结束，美国成了"世界文化中心国家"，多元与宽容的国际移民城市纽约成了"世界文化中心城市"。据调查，20世纪80年代以来，纽约市民使用的语言多达121种，1990年，纽约的少数民族成了多数民族，其人口占全市总人口的57%。美国学者雷蒙德·D.加斯蒂尔在论述纽约的文化时说："由于具有这样的人口或种族形式，结果纽约市在许多方面比美国其他地区更接近欧洲方式，更多样化，对许多美国人来说，更多姿多彩。"……世界文化中心城市作为最具有文化多样性的地方，作为各种文化相互作用最频繁最充分的地方，顺理成章地成为世界文化创造力的中心。①

有学者指出，经济的发展和国势的强盛与艺术的繁荣未必成正比例，如中国的魏晋南北朝时期，经济倒退国势衰微，艺术文化却出奇的繁荣。但是，统观人类历史，经济的发展和国势的强盛与艺术的繁荣大致是成正比例的。当代学者认为以抽象表现主义绘画登上世界舞台唱主角为契机，世界文化和艺术的重心即转移到了美国。现代派中的抽象绘画在美国得宠，看来偶然，实属必然，因为说到底，艺术的风尚的变化，并不只是艺术趣味上的换口味、变花色的结果，而是受到一个时代政治、经济、人心取向的多方面的推动。当时的情形是欧洲衰退，美国崛起。20世纪40年代，第二次世界大战爆发，欧洲的政治、经济全面受损，而美国终因渡过了大萧条迎来了"飞黄腾达"的好日子，政治稳定、经济强大的美国在千疮百孔的欧洲国家面前，一下子成了世界政治舞台上的强者，成了欧洲难民们向往的安全岛。②

---

① 蒯大申：《世界文化中心城市何以可能？》，《社会观察》2004年第1期。
② 王瑞芸：《美国艺术史话》，金城出版社2013年版，第106页。

美国的强大进一步强化了来自世界各地的艺术家的创新意识，同时也激励着艺术理论家的理论想象。美国现代艺术理论家格林伯格将抽象艺术定义为先锋艺术，将一切故步自封墨守成规的艺术定义为俗艺术，认为先锋艺术更能激发人的心灵向上，成为带动社会前进的先进因素。而俗艺术，没有刺激，没有启发，只培养人的惰性。它实际上是扼杀创造性的腐蚀剂，一个让俗文化流行的国家是缺乏活力的，麻木的。①

杜尚、蒙德里安、波洛克、波普、硬边绘画、极少艺术、视错觉艺术、动态艺术、偶发艺术、行为艺术、观念艺术、过程艺术、身体艺术、大地艺术、新波普、新抽象、新观念主义……1956年到1960年，抽象表现主义艺术得到了国际承认，一个题为"新美国绘画"的展览，从1958年到1959年在欧洲巡回展出，抽象表现主义被介绍给了世界，美国人在西方艺术中的"主席"地位从此确立。而此时的中国突遭"三年自然灾害"，中苏反目，中国艺术紧跟政治，基本上乏善可陈。

当然，美术成就表征着美国树立世界艺术霸权的一个方面。今天，美国的文化理念、美国价值和美国国家形象，通过"三片"——芯片、薯片、大片，一路畅通无阻，走向世界。其中芯片代表着美国的高科技实力，薯片代表着美国的经济实力，大片是美国当代艺术繁荣的表征，尤其是在科技与艺术的融合创新方面，也即文化创意产业的创新性拓展方面，美国人一路高歌猛进，且不惜血本。据相关学者的观察，在商业文艺发展方面，美国以注重加大科技投入、注重版权保护等方式来促成文化产业的经济增值。纵观好莱坞每一大片的出炉，可以说只要和影视创制与传播有关的科技创新与发明，即便是与国防军事相关的技术，都能迅速地纳入电影电视的创作之中。这也往往是好莱坞吸人眼球的一个元素——炫技。这里面有演技的成分，但更多的时候，炫的是高科技，目的当然是通过搅动人类的想象力从而搅动票房。②

---

① 王瑞芸：《美国艺术史话》，金城出版社2013年版，第109页。
② 傅修海：《多元文艺的活力与界限——从美国开始的反观与反思》，《文艺评论》2015年第3期。

票房被搅动起来了，经济就被搞活了，经济发展硬实力雄强又反过来哺乳文学艺术，从而培育美国文化和美国权利的第二张面孔。[①] 2001年美国"艺术、文化与国家对策"项目研究报告宣布："美国文化是美国智慧和创造精神积聚而成的一种资本"，这里的资本可以理解为"实力"，也可以理解为"潜力"——潜在的创造能力。尽管学界将美国的文化政策定位为"市场驱动型"，但当代学者的研究表明，美国政府在听从市场驱动的同时，十分注重文化政策（文化发展理念）的制定和落地执行，美国政府在文化政策上，强调实行三个重要理念：（1）多元定位，适应其移民国家的格局，颁布富布赖特法案、国际文化交流和参与商品交易法案等，鼓励文化的多元发展；（2）分流管理，即商业文化和公益文化分流，实行投资主体的多样化，非营利的组织可以开展商业活动；（3）自律成长，对于商业文艺，加大科技投入力度，对于非营利的文艺组织，放宽政策尺度，充分发挥它作为公益社会组织在艺术管理方面的桥梁作用。许多民间性的文化考察和文艺交流活动，就是通过美国非营利的文艺组织如美国艺术基金委员会的得力协调和安排，才得以顺利举办。[②]

获得了美国国家水彩画协会（或全国水彩画协会）第89届年展"杰克·理奇森与公司购买奖"的中国画家周天涯发表博文认为，美国政府对文化不是完全放任不管，而是采用一种疏导的政策，用资金引导文化。基金是美国政府管理文化的一个杠杆。说形象一点儿，美国政府不是把文化当成毛驴——驴一上来脾气，牵着不走打着倒退，效果不好；政府把文化看成是蚂蚁——把蜜糖撒在路上蚂蚁跟着糖就走过来了。1965年，美国国会通过了第一部支持文化艺术事业的法规，即《国家艺术及人文事业基金法》。依据此法，美国成立了国家艺术基金会与国家人文基金会，其宗旨是为发展美国文化艺术服务，保护美国丰富的文化遗产，鼓励国家最优秀的艺术人才发挥创造才能。其中，国家艺术基金会代表政府向文艺

---

① ［美］约瑟夫·奈：《软实力》，马娟娟译，中信出版社2013年版，第8—16页。
② 傅修海：《多元文艺的活力与界限——从美国开始的反观与反思》，《文艺评论》2015年第3期。

团体和艺术家提供财政和技术援助，帮助他们发展艺术，保护美国的文化艺术传统；国家人文基金会则主要对人文学方面的各种研究、教育和社会活动给予资助，[①] 资助对象主要包括博物馆、图书馆、大学、公共电视台和广播电台以及从事人文科学研究的学者。基金由联邦艺术暨人文委员会管理，该委员会由联邦政府中与文化发展有关部门的首脑组成。国家博物馆图书馆学会是1996年依据《博物馆图书馆事业法》成立的，也管理一个基金，专门负责对博物馆、美术馆和图书馆的资助。

从物质文化和精神文化两个层面来看，当代美国文化目前都占据着全球的领先地位。除了GDP、航母、火星探测器、苹果手机这些看得见的物质文化成就之外，华尔街、硅谷、白宫、哈佛大学、百老汇、好莱坞、麦当劳、NBA、可口可乐、希尔顿、万宝路、迪士尼、感恩节、超人、自由女神像、芭比娃娃、橄榄球、爵士乐、星巴克、沃尔玛等世界品牌也标示着当代美国精神文化的话语霸权。

或许我们还可以从影响全球的科学奖项和文学艺术奖项两个方面，再次打探美国文化的繁荣程度。迄今为止，获得诺贝尔科学奖人数最多的前三位国家分别是美国、英国和德国。自20世纪30年代始，美国科学家获奖人数急剧增加，近30多年来，荣获诺贝尔物理学奖、化学奖、生理学或医学奖的人数中，美国占了半数以上。1985年以来，37位获得诺贝尔化学奖的科学家中有23名是美国公民或者是在美国从事了大部分研究的人；在36位生理学或医学奖得主中有26名是美国科学家；40位物理学奖得主中有22名是美国公民或拥有美国永久居留权的科学家。[②]

20世纪30年代以来，美国共有11位作家获得诺贝尔文学奖。此外，美国四大艺术奖电影奥斯卡奖、戏剧托尼奖、音乐格莱美奖和电视艾美奖，以及三大文学奖福克纳文学奖、普利策奖和国家图书评论奖的得主，在国际上得到普遍认可。

[①] 周天涯：《用机制促进文化艺术的大繁荣——美国的文化艺术管理政策》，2011年1月22日（http://blog.sina.com.cn/s/blog_6f6398200100oj54.html）。

[②] 参见 http://zhidao.baidu.com/link? ur。

第五节　小结：文化强大，艺术振兴

纵观人类文明史，可以得出这样的结论：文化强大，艺术振兴。人类早期文明时期的物质文化促成了艺术的繁荣和发展，古巴比伦、古埃及、古印度的物质文明成果催生出人类早期的艺术花朵——建筑、雕塑、史诗、神话、戏剧、舞蹈、音乐等。而随着人类文明史的推进，艺术不仅再仅作为社会的物质基础之上的上层建筑被动地存在着，相反，艺术对于推动文化的繁荣发展发挥了越来越重要的反作用。笔者从文艺复兴和美国当代艺术与文化之间的关系中，发现了艺术的这种积极能动性。欧洲文艺复兴时代以艺术唤醒人性，进而促成人的理性的觉醒和自尊，从而使得欧洲在科学、政治、经济以及文学艺术各个方面所取得的成就，震古烁今，在人类文明史上久久回荡。美国近代以来所取得的高度的物质文化成就使得美国具有了创造艺术门类和创新艺术风格的物质基础，但是，美国以其独特的"大生态"环境和雄厚的物质基础促生了"美国艺术"——杜尚、蒙德里安、波洛克、波普、硬边绘画、极少艺术、视错觉艺术、动态艺术、偶发艺术、行为艺术、观念艺术、过程艺术、身体艺术、大地艺术、新波普、新抽象、新观念主义，以及百老汇、迪士尼、好莱坞、芭比娃娃、爵士乐、星巴克，等等，而于当今国际树立了霸主地位的"美国艺术"反过来刺激美国人——美国文化主体的想象力和创新能力。美国现代艺术理论家格林伯格将抽象艺术定义为先锋艺术，将一切故步自封墨守成规的艺术定义为俗艺术，认为先锋艺术更能激发人的心灵向上，成为带动社会前进的先进因素，而俗艺术没有刺激，没有启发，只培养人的惰性。它实际上是扼杀创造性的腐蚀剂，一个让俗文化流行的国家是缺乏活力的，麻木的。[①] 此观点不免偏激了一些，但是，它依然说明文化发展和艺术繁荣的内在

[①] 王瑞芸：《美国艺术史话》，金城出版社2013年版，第106页。

关系：物质文化建构了艺术成长和艺术繁荣的前提条件，但是，艺术精神和艺术思维模式反过来也会先发性和继发性地凝聚为物质文化前进的精神动力。

第二章

文化昌盛与艺术振兴：中国经验

第一节 夏商周文明（文化）及其艺术成就

一 夏商周文明与世界文明

古巴比伦、古埃及、古印度与古中国并称人类四大文明古国，其文明成型皆可以上推至公元前3000年，埃及的文明史则更为久远。学术界对于古中国文明的划界大致有两种：其一，自"五帝"时期至秦王朝建立，即公元前3000年至公元前221年，前后跨越2800年；其二，始于公元前21世纪，终于公元前221年，前后跨越十八九个世纪，为中国历史上的"青铜时代"。从整个人类的文化史和中国文明史的视角来观察，夏商周都可以被视为"文化盛世"。如今，中华文化绵延不辍，而其他三个文明古国的文化则湮没于历史风尘之中，化为价值的碎片融合于人类不同的文化模式或文化空间。

当代学者认为是自然和人为的双重因素，造成了这种格局，同埃及文化囿于尼罗河流域、巴比伦文化囿于两河流域相异，中华文化滋生不是依托一个江河流域，而是拥有黄河流域和长江流域两个气候、土壤等地理格局颇具差异的大区段。当黄河流域因战乱频仍、仕女南迁，以及垦伐过度、气候转向干冷等缘故而导致农业自唐以后逐渐衰落之际，长江流域后来者居上，以巨大的经济潜力成为粮食、衣被、财赋的主要供应区，发挥了重要的文化补充作用。尤其是黄河流域靠近游牧区，一旦长城被突破，就可能被游牧人所征服，而这时"长江天堑"便成为农耕人的又一道防卫线，拥有巨大经济潜力的长江流域可以为农耕文明提供退守、复兴的基地。至于岭南的珠江流域、闽南滨海地带、云贵高原、台湾、海南岛，更增添了这一回旋区间的丰富性和广阔性。

中华民族没有出现埃及、巴比伦、哈拉巴、玛雅等古文明那样的中绝现象，与这种阔大而繁复的地理形式颇有关系。① 此外，中华文化没有出现类似于印度文化因雅利安人入侵而雅利安化、埃及文化因亚历山大大帝占领而希腊化、恺撒占领而罗马化、阿拉伯人移入而伊斯兰化，也没有像希腊、罗马文化因日耳曼蛮族南侵而中绝并沉睡千年那样的"断层"。被学术界称为现代文明"母文明"的七个文明——埃及文明、苏美尔文明、米诺斯文明、玛雅文明、安第斯文明、哈巴拉文明、中国文明，唯有中国文明历经四五千年，持续到现在，未见中辍。②

人类的"青铜时代"要比夏商周三代发生得更早。大约在公元前1万年前后，人类发现并使用铜金属；公元前4000年，古埃及进入金石并用时期，出现了铜器，当时使用的铜不是由铜和锡等金属冶炼而成的青铜而是自然铜；到了公元前3000年前后，人类开始制造青铜物品，这个时候人类进入了青铜时代。③ 而古希腊早在公元前3000年就已经进入青铜时代，中国的青铜时代出现较晚，大约始于公元前2000年。但是中国的青铜时代却以生产大量精美非凡、庄重典雅的青铜礼器，品类繁多、各具特性的兵器和用途各异、形形色色的生产工具、实用杂器等彪炳史册，闻名于世，在人类文明的青铜时代写下了光彩夺目的灿烂一页。尤其是它在艺术创造上取得的空前成就，成为中华民族永恒的骄傲，在人类艺术发展史上占有无可替代的重要地位。④

二 夏商周文化盛况

三代是文明昌盛的时代，也是文化繁荣的时代。"文化"（Cul-

---

① 冯天瑜等：《中华文化史》，上海人民出版社2010年版，第28页。
② 同上。
③ "青铜时代"在"石器时代"和"铁器时代"之间，此概念源于丹麦人汤姆森（Christian Thomsen，1788—1865），指人类技术发展阶段上使用青铜兵器和青铜工具的时代。参见马承源主编《中国青铜器》，上海古籍出版社1988年版，第1页。
④ 李心峰：《中国三代艺术的历史文化语境》，《民族艺术研究》2003年第5期。

ture）和"文明"（Civilization）常常被认为是相同的概念，根据陈序经的考辨，Civil 这个字是从拉丁文城市（Civitas）与市民（Civis）而来，与希腊文的 Polis 有同样的意义。所以 Civil 这个词的本义含有：（1）文雅的意义；（2）政治的意义。一般认为，"文明"是人类努力设法以统制其生活的状况的一切的机构与组织以及一切可以利用的东西；"文化"是人类努力去设法满足自己内在的结果。"文明"是工具；"文化"是目的，是价值，是时款，是情绪的结合，是智识的努力。打字机、印字馆、工厂、机器、电话、汽车、银行、学校、法律、选举箱以至货币制度等，都是"文明"；小说、图书、诗歌、戏剧、哲学、信条、教堂、游戏、电影等，都是文化。因此，相对于"文明"来说，"文化"的持久性、独立性、自足性较强，而"文明"作为人类的发明和利用的东西，易于革新。[①] 文化学者对于古代文明的判断有六条标准：（1）金属的使用；（2）文字的形成；（3）城市的出现；（4）国家的产生；（5）贫富差别和阶级的出现；（6）较复杂的礼仪的形成。对照这六条标准，三代完全具备，青铜器、甲骨文和金文、二里头城市遗址、奴隶制国家、封爵制度[②]、礼乐文化分别对应于上述六条标准，其中既有文明因素如金属、城市、国家，也有文化的因素如文字、阶级、礼仪。如果我们用文明指称一个社会的物质文化和制度文化的话，那么"文化"就是指一个社会的精神文化层面，因此在"文明"和"文化"两个层面上，夏商周三代都可以说是中华文化与艺术确立

[①] 陈序经：《文化学概观》，中国人民大学出版社 2005 年版，第 34—37 页。
[②] 中国古代封爵制度起源于何时，学术界尚无定论。传统的看法认为起源于夏代，但这种看法已被否定。还有一种看法认为起源于商代。商代疆域分为内服与外服。内服由商王直接统治，外服则分给侯、伯等，分封就是最初的封爵。另一种意见认为，商代的分封并不等于封爵。有人认为，商代封爵主要有妇、子、侯、伯、亚、男、田、方八种，少数得到"妇"封号的王的妻子有分封领地，应到自己的分封领土进行治理（武丁 60 多位妻子中只有三人得到"妇"的封号），是母系社会遗留下来的痕迹；而"子爵"封号也是只有少数儿子才能得到，"侯""伯"爵位主要是册封亲信功臣，领地多在王朝外围；"男""田"爵位册封给农事监察官，只在卜文少有出现；而"方"则是册封商王朝以外的部族首领。侯与男并无严格区分，也无等级之别。即使到了西周，公、侯、伯、子、男也只是国君的通称，并非爵禄。直到战国时代，才有公、侯、伯、子、男五等爵。实际上，封爵制度是一个逐步完善的过程，不同的看法主要由于所取标准不同。五等爵制到了战国时期方才完备。参见 http://baike.baidu.com。

基调、奠定基础、成就辉煌的伟大时代。正如当代学者所指出的那样，说夏商周是中华民族传统文化肇始的时代，一方面是指这个时期的文化已由原始社会的萌芽状态进步到文明社会的具有健全机制的文化，另一方面则是指作为民族文化的基本素质与风格是在这一时期初步形成的。①

当代学者李心峰先生认为，三代文化的精神实质是礼乐，三代艺术的精神实质也是礼乐。三代礼乐文化在西周时期发展到极致，三代礼乐文明和礼乐文化代代相因沿革，损益增删，有其内在的贯通性和一致性，所谓"殷因于夏礼，所损益，可知也；周因于殷礼，所损益，可知也"（《论语·为政》），"三代之礼，民共由之"（《礼记·礼器》）。当时的艺术——乐，② 为礼服务，以礼为内容，以礼的实行为根本目的；而当时的"礼"，也总是要诉诸使人愉悦的艺术——乐，以使人们心悦诚服地将外在制约转化为内在的精神需求。所谓"乐者为同，礼者为异，同则相亲，异则相敬；乐胜则流，礼胜则离，合情饰貌，礼乐之事也"（《礼记·乐记》）。

三 夏商周艺术表征

在长达18个世纪的夏商周三代，中华民族创造历史的伟大力量得到了空前的发挥，在物质文明、生产方式、社会结构、思想文化各个领域开拓着中华民族独特的历史道路，创造出令世界惊叹的历史辉煌。在艺术创造方面，三代人民更是以饱满充沛的激情、丰富瑰丽的想象，在艺术的许多领域，创作了无数辉耀千古的经典杰作。总的来说，三代艺术的三个代表为：（1）乐舞艺术；（2）青铜礼器；（3）《诗经》《楚辞》。此外，还有建筑、书法、绘画以及陶瓷工艺、玉石工艺、漆器工艺、骨牙工艺、丝织工艺、金银器、琉

---

① 沈长云：《论三代文化在中国文化史上的地位及总体特色》，《学术月刊》1992年第6期。

② 乐，不仅指音乐，学术界采纳郭沫若的看法，即"乐"包括音乐、诗歌、舞蹈、绘画、雕镂、建筑、仪仗、田猎、肴馔等，凡是使人快乐，使人的感官可以得到享受的东西，都可以广泛地称之为"乐"。但它是以音乐为代表的。"大约就因为音乐的享受最足以代表艺术，而它的术数是最为严整的缘故吧。"参见郭沫若《青铜时代》，文治出版社1945年版，第163页。

璃等，总之，三代艺术以其多方面的成就，形成了中华艺术发展历史上第一个古典高峰，为后来艺术的发展确立了基调，奠定了基础。①

乐舞方面夏代有歌颂大禹的《大夏》、用于祭祀的《九韶》；商代有《桑林》《大濩》；周代新编创了著名的《大武》，加上整理前代流传下来的歌颂历代圣王的《云门》（黄帝之乐）、《大咸》（尧之乐）、《九韶》（舜之乐）、《大夏》（禹之乐）、《大濩》（商之乐），构成了"六乐"（"六代舞"）体系。除此之外，在周代宫廷雅乐中，还有所谓"六小舞"，即《帗舞》《羽舞》《皇舞》《旄舞》《干舞》《人舞》；其中战国时代曾乙侯编钟，在2400多年的春秋战国时代乃至整个世界范围内，是无与伦比的。

青铜器艺术方面有司母戊大方鼎、人面纹方鼎、兽面纹大钺，均为典范之作。

《诗经》《楚辞》奠定了中国诗歌大国的历史地位。

建筑方面，二里头文化中的庭院式宫殿基本上奠定了中国建筑的三大要素——台基部分、梁柱木造部分和屋顶部分。二里头文化宫殿建筑还体现出中轴对称和四合院布局的华夏建筑特色。

在三代书写艺术中，不仅存在着笔书、契刻等书写形式，在字体上有所谓鸟虫书、六国书、大篆小篆、玉柱体，等等。就书写物质载体而言，有甲骨文、金文、石刻文、陶书、帛书、竹书等。

绘画方面，战国中晚期《人物御龙图》和《人物龙凤图》气韵生动、造型技法娴熟，大致奠定了中国画的基础。

如果说新石器时代，中国陶器艺术成就主要体现在彩陶和黑陶上的话，三代时期陶器艺术主要体现在商代刻纹白陶、由陶向瓷过渡的釉陶和原始瓷器以及印文硬陶、仿铜陶器等方面，玉石器艺术及漆器艺术等也取得了非凡的成就。

不仅如此，三代时期，中国艺术思想由孔子、孟子、荀子、老庄具体立论，此外还出现了墨子的"非乐"理论，韩非子的法家功利主义艺术观，宋尹学派的"修心养生"艺术观，《吕氏春秋》所

---

① 李心峰：《中国三代艺术光辉成就略述》，《北京联合大学学报》（人文社会科学版）2004年第2期。

体现的杂家艺术思想等，在艺术思想领域同样出现了诸子蜂起、百家争鸣的学术景观，成为中国古代艺术思想史上最为波澜壮阔的伟大篇章。

虽然三代艺术总体是原始混合的，其两大系列彩陶和乐舞都是如此。彩陶、素陶、礼玉等，都可以说是融雕塑、绘画、符号刻画书写、技艺等多种因素为一体；原始乐舞融歌、舞、诗为一体。但是，在三代后期，特别是到了春秋战国时代，上述艺术的两大系列出现初步分化的趋势，首先是因为金石之乐达于极盛，乐律学水平极高以及琴曲演奏等纯器乐演奏水平极高，音乐这种艺术形式从乐舞中分离出来。其次是诗歌，"诗三百篇"原本歌舞乐三位一体，但是一经记录和整理，变成了独立的语言文本，成为文学作品。再次是造型艺术，绘画、雕塑已经露出从陶器、青铜器等工艺美术的混合形式中分化出来、独立发展的苗头，战国时代的《人物御龙图》《人物龙凤图》等便是获得了初步独立形式的绘画作品中的杰作。在雕塑方面，早在夏商时期，便产生了一些动物雕塑和人物雕塑；春秋战国时代，则出现了大量的动物雕塑，如战国青铜卧鹿、曾侯乙墓鹿角立鹤、战国错金银云纹铜犀尊等，还出现了部分舞人俑、杂技俑等人物雕塑。三代艺术分化现象说明当时的艺术已经达到了相当高的水平，为其后艺术门类进一步分化发展奠定了基础。[①]

李泽厚先生用"狞厉的美"四个字来形容三代青铜器的美学个性，相对于"炫人心目""轻灵奇巧"的战国青铜器，认为人们更欣赏那狞厉神秘的青铜饕餮的崇高美，它们是那个"如火烈烈"时代的精神体现，它们才是青铜艺术的真正典范。[②] 当代有学者将三代艺术风格总结为：（1）朴野之美（夏）；（2）庄肃神秘（商—西周前期）；（3）文质彬彬（两周后期—春秋早期）；（4）清新开放（春秋中晚期—战国早期）；（5）璀璨绚烂（战国中晚期）。[③] 总之，

[①] 李心峰：《从艺术种类与艺术风格看中国三代艺术的发展轨迹与辉煌成就——中国三代艺术的意义再论》，《云南艺术学院学报》2003年第1期。

[②] 李泽厚：《美的历程》，生活·读书·新知三联书店2014年版，第50页。

[③] 李心峰：《从艺术种类与艺术风格看中国三代艺术的发展轨迹与辉煌成就——中国三代艺术的意义再论》，《云南艺术学院学报》2003年第1期。

相对于人类更早期的"物质性实用目的的艺术"和其后"审美性非实用目的的艺术"而言，中国三代艺术确立了新的历史类型——"精神性实用目的的艺术"。承先而启后，并直接引导出春秋晚期和战国时期的日益走向精致、绚烂、审美成分逐渐增多的中国古代的"审美性非实用目的艺术"，成为魏晋时期艺术自觉的先声。[①]

第二节　汉唐时代中国文化盛况和艺术表征

一　汉唐时代中国文化盛况

汉朝各种制度基本上沿袭秦朝，但鉴于秦朝速亡，汉高祖废秦苛法，实行了与民休息的政策，减轻租赋徭役，使得农业生产逐渐得到恢复。文帝和景帝时继续重视农业，轻徭薄赋，社会经济从恢复走向了发展。武帝时是西汉的鼎盛时期，经济繁荣、国库充实。国家统一货币，铸铁业实行国家专营，朝廷财政收入大增。在此基础上，武帝还采取了积极的对外政策。发动了三次战役打击匈奴，使得匈奴远迁漠北，保证了河西走廊的安全。还在西北边地修长城，筑烽燧，并派张骞出使西域，打通了汉朝通往中亚的贸易通道，大大促进了中西文化的交流。在意识形态方面，汉初尚沿袭战国时代百家争鸣的余波，流行黄老神仙之说。

武帝时期，为了维护大一统的封建秩序，采纳董仲舒的建议，罢黜百家，独尊儒术，教授五经，使经学成为食禄的工具。当时还建立国家藏书馆，整理图籍，使文化事业高度发展。这些举措不仅使得不同文化之间能够相互渗透融合，而且中华地区在典章制度、语言文字、文化教育、风俗习惯等多方面都趋于统一，构成了社会环境相对稳定，经济、文化发展程度较高的统一的汉族，以此出现了中国历史上的"文景之治"。

唐代是中国封建社会极度辉煌的时代，在强大的军队力量支撑

[①] 李心峰：《中国三代艺术的意义》，《文艺研究》2001年第4期。

下，获得了政治和经济的高度繁荣，中华各民族的大融合也达到了前所未有的状况。在此背景下，其文化也具有极强的凝聚力和辐射力，西泽胡域，东摄扶桑，形成了一个光芒四射、灿烂多姿的中华文化圈，呈现出一种雄奇奔放的封神格调。也正是如此使唐代成为中国历史上，也是世界史上的一个奇迹，它的繁华昌盛造就了具有与众不同审美趣味的唐代艺术文化。唐代是当时世界上最发达、最强盛的国家之一。唐代的人口达到了 5000 万以上，是当时世界上人口最多的国家之一。它的版图超过了汉朝，成为中国历史上版图空前辽阔的政权。唐都长安是常居人口超过百万的国际化大都市，其规模和繁华程度都独步世界。唐代的"贞观之治"和"开元盛世"百代流芳，被称为中华文化史上的开明盛世。

  提及中国盛世，学术界有不同的看法，有的学者认为其中以"文景之治""开元盛世""康雍乾盛世"最为著名。① 有的学者认为中国古代公认的盛世仅仅出现 4 次，即周代的"成康之治"，汉代的"文景之治"，唐代从"贞观之治"到开元、天宝时的盛世，以及清代的"康乾盛世"；此外，还有认同度不高的明代"仁宣之治"。从周初至清末的 3000 年间，除"天下合久必分"的分裂时期，中国出现过周、秦、汉、晋、隋、唐、宋、元、明、清共十个基本统一的朝代，除周、汉、唐、清 4 个朝代外加明代 5 个朝代以外，其他 5 个朝代都与盛世无缘。其中"成康之治"延续 40 年，"文景之治"前后延续了 130 年，从"贞观之治"到"安史之乱"，唐代盛世前后延续了 130 年，清代盛世从康熙平定"三藩之乱"至嘉庆皇帝继位，前后延续了 115 年。姑且将明代的"仁宣之治"计算在内，从周初到清末，中国平均 600 年才出现一次盛世，而历次盛世持续时间总共只有 400 年左右，中国历史上一般的世道直至乱世，占绝大部分时间，我们的祖先中能欣逢盛世者，确实是极为幸运的。今日的中国，基本符合经济繁荣、社会安定的盛世标准。由于以往导致国家无法长盛不衰的因素在今日或是不复存在，或是可被逐步解决，因此，中国应该能长期兴盛，并可能在 21 世纪形成逾

---

① 苏玲：《透视中国古代"盛世"》，《宜春学院学报》2010 年第 9 期。

越历代盛世的最辉煌的盛世。①

  盛世有盛世的特征。有学者认为汉唐这两个标志性的大一统时代，充分展示了中华民族强大的生命力和创造力，为后代的国民的自信提供了强有力的历史支撑。其总体特征有9个方面：（1）具有先进的治国指导思想；（2）政治制度先进；（3）国家实现了大一统；（4）经济实力强大；（5）人才队伍庞大；（6）国防力量强大；（7）文化事业发达；（8）民族政策先进；（9）国家开放，对外交流频繁。②笔者认为还应该增加一项，即人民具有充分的文化自信心和民族自豪感。通常人们认为北宋经济发达，文化艺术事业繁荣昌盛，也应该被看作中国历史上的盛世，如美国学者皮特·N.斯特恩斯认为唐宋是中国文明的两个伟大时代，他认为："中国人口分布的改变、新的贸易和商业模式、重新兴起的城市扩张、新的艺术和文学的表现形式以及一系列技术突破使中国文明向新的方向迈进。这些转变在唐朝后期和宋朝（960—1279）变得尤为突出，这个时期所造就的中国文明在富有程度、市场化、官僚主义化、都市化和世界化方面都远远超过了汉代的中国文明。"③但是，宋代没有实现大一统，没有强大的国防力量，特别是其人民没有文化自信心和民族自豪感，因此，宋代尚不能称为盛世。

  李泽厚研究汉代艺术，特别指出汉代艺术的"气势美"和"古拙美"，不事细节修饰，动作夸张，形象飞扬，表现出运动、力量和气势之美，汉代画像石、汉俑、汉代雕刻不免幼稚、粗糙、简单和笨拙，但是其生动活泼的气势力量，反而超越唐朝，如果与宋代相比，宋代画像砖细微工整，面容姣好，秀色纤纤，缺少的是一种浑朴的力度和整体性的民族精神。④从以上引述可以看出，汉唐的盛世气象是以整个民族的高度的精神凝聚力和人民充分的文化自信为其根基的。

---

  ① 费成康：《论中国的盛世》，《社会科学》2002年第6期。
  ② 付开镜：《当代国人"汉唐盛世情结"论》，《广西师范学院学报》（哲学社会科学版）2014年第2期。
  ③ ［美］皮特·N.斯特恩斯等：《全球文明史》上册，赵轶峰等译，中华书局2006年第3版，第405页。
  ④ 李泽厚：《美的历程》，生活·读书·新知三联书店2014年版，第87页。

第二章　文化昌盛与艺术振兴：中国经验　63

　　汉唐时代中国文明在器物、制度以及精神文化等方面，皆取得了令人惊叹的伟大成就，举其大者，汉代盛世人口均超过5000万；汉唐首都堪称当时的世界文化名城，汉赋极尽铺排描绘之能事——宫殿、服饰、鸟兽、人物、狩猎、歌舞，足以说明当时器物营造水平堪称世界一流；汉代工艺品如漆器、铜镜、织锦在造型、纹样技巧和意境上，取得了令后世无法企及的水准，马王堆出土的不到一两重的纱衫，河北出土的金缕玉衣，其工艺水平都不是后代官营或家庭手工业所能达到或仿效。①

　　中国传统科技农、医、天、算四大门类，在汉代形成了成熟的、独特的体系。农业出现"耦耕"（二牛三人）和"代田法"②。汉代《神农本草经》为中国最早的中药学专著，名医张仲景写成《伤寒杂病论》，奠定了传统中医辨证论治的基础。张衡发明了世界上第一台地动仪，世界天文史上首次太阳黑子、新星、超新星的明确记载首见于汉代。汉代《九章算术》分论了面积、比例、比例分配、开平方（开立方）、体积、正反比（复比、连比）、盈亏、方程、勾股等九类计算技术，其中分数、负数运算，早于印度800年，早于欧洲千年以上。

　　此外，东汉蔡伦在传统的破布、渔网等原材料之外，新增树皮造纸，由于工艺完备精细，造纸效率大幅提升，质量显著提高，此后，纸的制造和运用迅速普及，以竹、帛等为主要书写材料的时代结束，纸成为中华文化创造和传播的主要工具。③

　　丝绸之路架起了中西方文化交往的桥梁，首都长安迅即成为国际大都会，丝绸、刺绣、陶瓷沿着丝绸之路远行西域、欧洲。异国的石榴、核桃、蚕豆、胡萝卜、巨象、狮子、鸵鸟、猛犬蜂拥而至，箜篌、琵琶、胡琴、杂技、幻术、乐舞、绘画联翩东来，今天

---

①　李泽厚：《美的历程》，生活·读书·新知三联书店2014年版，第84页。
②　"耦耕"：二牛挽以犁，三人分别牵牛、按辕、扶犁，协力合作，保证垄沟整齐、深浅适度。这种牛耕法延续千年，后为一牛一人耕作法替代。"代田法"：开沟作垄，播种于沟内，出苗后中耕，将垄土推入沟内培壅。第二年再以垄为沟，以沟为垄，交替使用土地，提高了地力的利用率。参见冯天瑜等《中华文化史》，上海人民出版社2010年版，第330页。
③　同上书，第332页。

不少带"胡"字的器物词语,已然成为中华文化的有机组成部分,但是它们都是从汉代流传下来的。

唐代器物文化繁盛,仅从酒器一项便可稍见端倪。根据笔者的统计,在李白的75首"觞咏"诗中,"杯"字出现22次,"杯"的种类有"金杯""绿玉杯""鹦鹉杯"等;"壶"字出现14次,有"玉壶""白玉壶"等;"樽"和"金樽"各出现4次;"觞"出现5次;"金罍"出现3次;"杓"出现2次,即"鸬鹚杓""舒州杓";"铛""斛""碗""金瓶"各出现1次。各种酒器出现的次数为54次,还不包括一首诗中重复出现的次数,如"两人对酌山花开,一杯一杯复一杯"(《山中与幽人对酌》),一句诗中出现"杯"字三次,这在唐人的饮酒诗中是罕见的。其中盛酒器有:金樽、樽、壶、金瓶;饮酒器为杯(金杯、绿玉杯、鹦鹉杯)、玉碗、力士铛;酒注有:鸬鹚杓、舒州杓。中国酒器发展到唐代,已高度精制化,出现了配套使用的盛酒器、酒注和酒杯,这在李白的"觞咏"诗中得到证明。如李白的《襄阳歌》里出现的"鸬鹚杓、鹦鹉杯"和"舒州杓、力士铛"都是配套使用的酒注和酒杯。[①]

汉唐国土广大,超过了今天中华人民共和国的版图,经济实力雄厚,府库充实,史书记载汉代盛世"太仓之粟陈陈相因,充溢露积于外,至腐败不可食";开元盛世,"小邑犹藏万家食,稻米流脂粟米白,公私仓廪俱丰实"。[②] 制度文化方面,汉唐两代,贤君辈出,通过三公九卿或三省六部制度,实现国家治理高效运作,特别是唐代实行科举制度选拔人才,又广开言路,以至于人才济济,良臣如云。在对外交流方面,汉唐两代"王道""霸道"兼用,有力地提升了文化的对话互补效能,在雄厚的物质文化基础之上,汉唐时代的精神文化各自开创崭新格局,如汉代"独尊儒术",确立了儒家文化作为民族文化主体的历史地位;唐代兼容并蓄,八面来风,真正实现了儒释道互补共济的生动局面。歌舞酣畅,诗酒流韵,留下了千古不朽的"汉赋"和"唐诗"文化。

---

① 黄永健:《从李白的觞咏看唐代的酒文化》,《中国文化研究》2002年第2期。
② 付开镜:《当代国人"汉唐盛世情结"论》,《广西师范学院学报》(哲学社会科学版)2014年第2期。

二 艺术隆兴的汉唐盛世

艺术是时代精神的晴雨表，汉唐国力雄厚，人民开朗天真，国家元气淋漓，是为中国封建君主制度社会的形成期，新兴地主阶级生机勃勃，雄姿英发，辽阔的版图、丰饶的土地、勤劳的黎民百姓，这一切，都成为他们施展抱负的强大根基。[①] 如果我们将从周初至清末的3000年间，看成如佛家所说的"生成坏灭"的生命历程，那么汉唐时代可以看作是中国文化的"成"——成就阶段，秦皇汉武、唐宗宋祖、成吉思汗这几个帝王所代表的中国强盛时代，既是由历史的偶然性因素所造就的，也必然是历史的必然性因素所造就的。南宋之后，中国文化走向"坏""灭"，直至封建专制主义制度彻底覆灭，在今天中华文化重又复兴昌明的话语环境之下，重温汉唐历史，回望汉唐气象，仰瞻汉唐艺术风采，撷取汉唐艺术灵气，对于一个具有5000年文明史且试图开辟未来的民族来说，意义重大。

今人研究认为，汉唐艺术代表两个盛世的精神气质，总体元气灌注，大气磅礴，但是又各呈异彩，分别代表中国古典艺术的两类风格。汉代艺术如"铺锦列绣，雕缋满眼"，通过琳琅满目、生拙飞动、气魄宏大的外在形式来表现丰盈、勃郁奔放的精神内涵；而唐代艺术可用"初发芙蓉、自然可爱"八个字加以指认，[②] "初发芙蓉、自然可爱"的美清新雅逸，超迈空灵，令人心惊神清、远思长想。[③] 而唐代文化研究专家彭庆生则认为，自汉武帝以来推行"罢黜百家，独尊儒术"的文化专制政策，严重束缚了士人的思想，窒息了艺术创作的生机；唐王朝代之以儒释道并兴的政策，有利于思想的解放和艺术个性的发展，唐代艺术固然天真自然，但是主宰唐代艺术王国的，是一种热情奔放的快速节奏和龙腾虎跃的青春旋

[①] 冯天瑜等：《中华文化史》，上海人民出版社2010年版，第325页。
[②] 南朝宋代诗人鲍照评同时代谢灵运诗"初发芙蓉、自然可爱"、颜延之诗"铺锦列绣，雕缋满眼"。参见张灵聪《论汉代艺术气象及其成因》，《复旦学报》（社会科学版）1999年第1期。
[③] 同上。

律。如唐代音乐史上雅乐式微而胡风风靡，古琴冷落而琵琶盛行就是典型的例证。①

以文学而言，出现了汉赋四家——司马相如、扬雄、班固和张衡，司马相如《天子游猎赋》（《子虚赋》与《上林赋》合称），班固《两都赋》最为典型地表现出汉大赋"铺锦列绣，雕缋满眼"的艺术风采，试看《上林赋》中的一段：

> 齐王曰：虽然，略以子之所闻见而言之。
>
> 仆对曰：唯唯。臣闻楚有七泽，尝见其一，未睹其余也。臣之所见，盖特其小小者耳，名曰云梦。云梦者，方九百里，其中有山焉。其山则盘纡茀郁，隆崇嵂崒，岑崟参差，日月蔽亏。交错纠纷，上干青云。罢池陂陀，下属江河。其土则丹青赭垩，雌黄白坿，锡碧金银。众色炫耀，照烂龙鳞。其石则赤玉玫瑰，琳珉昆吾，瑊玏玄厉，碝石碔砆。其东则有蕙圃：蘅兰芷若，芎藭菖蒲，江离蘼芜，诸柘巴苴。其南侧有平原广泽：登降陁靡，案衍坛曼，缘似大江，限以巫山；其高燥则生葴菥苞荔，薛莎青薠；其埤湿则生藏莨兼葭，东蘠雕胡。莲藕觚卢，菴闾轩芋。众物居之，不可胜图。其西则有涌泉清池：激水推移，外发芙蓉菱华，内隐巨石白沙；其中则有神色蛟鼍，玳瑁鳖鼋。其北则有阴林：其树楩柟豫章，桂椒木兰，檗离朱杨，樝梨楟栗，橘柚芬芬；其上则有鹓雏孔鸾，腾远射干；其下则有白虎玄豹，蟃蜒貙犴。

本篇楚国使者子虚向齐王夸口楚国之广大丰饶，仅七泽之一的云梦即斑斓五彩，不可方物，文中极尽铺张夸饰之能事，从其山、其土、其石、其乐，直至其高、其埤、其西、其中、其北、其上、其下，反复描摹，面面俱到。《子虚赋》列述帝王奢侈游逸的种种表现，归结为讽谏主题，其主要意义是通过这种夸张声势的描写，表现汉王朝的强大声势和雄伟气魄。此所谓"劝一而讽百"——表

---

① 彭庆生：《唐诗和唐代艺术的美学特征》，《中国文化研究》1993年第1期。

面上讽劝，实则津津有味地歌颂国家的丰功伟绩，又在向世人展示炎汉时期充实向上的生活气象。李泽厚评价汉赋诗：从《子虚》《上林》到《两都》《两京》，都是状貌写景，铺陈百事，"包括宇宙，总览人物的。尽管有所谓"讽喻劝诫"，其实作品的主要内容和目的仍是在激励夸张，尽量铺成天上人间的各类事物，其中又特别是现实生活中的各种环境和物质对象，山如何，水如何，树木如何，鸟兽如何，城市如何，宫殿如何，美女如何，衣饰如何，百业如何……①

历数建筑、雕塑、漆器、铜镜、织锦、壁画、帛画、汉赋以至"史家之绝唱"——《史记》，无不透露出汉家气象，光彩夺目，阿房宫"盘盘焉，囷囷焉，蜂房水涡，矗不知其几千万落"；霍去病墓"马踏匈奴"石雕，气势雄浑，着力彰显大汉国威；说唱铜俑，形貌服饰似胡人，满脸堆笑，逗人开怀；汉代漆器、铜镜、织锦技艺世代相袭，其水平空前绝后。洛阳卜千秋墓壁画，将伏羲女娲、方士仙女、朱雀白虎、彩云金凤与男女墓主的形象汇集于画面之上，形态逼真自然。马王堆一号墓T字形帛画（汉文帝时期），穷极冥想，画艺高超。②《史记》五十二万言烛照历史，警醒当代，与同时代的希罗多德的《希波战争史》、修昔底德的《伯罗奔尼撒战争史》比肩而立，成功奠定中华文化史上"正史"书写格局。刘向、刘歆父子各撰《别录》《七略》，创立了独具特色的中国古典目录学。凡此种种，"表明中华民族进入发达的社会文明后，对世界的直接征服和胜利，这种胜利使文学和艺术也不断要求全面的肯定、歌颂和玩味自己存在的自然环境、山岳江川、宫殿房屋、百士百物以至各种动物对象。所有这些对象都作为人的生活的直接或间

---

① 李泽厚：《美的历程》，生活·读书·新知三联书店2014年版，第82页。
② 马王堆一号汉墓"T"字形帛画，1972年发现于湖南长沙马王堆一号墓——轪侯利苍妻墓中，时代约为汉文帝十二年（公元前168年）以后的数年间。此画长205厘米，上宽92厘米，下宽47.7厘米，呈"T"字形布局，是丧葬时做张举悬挂用的旌幡。帛画的内容分为天界、人间、地下三个部分。上部代表天上，帛画的中部代表人间，约占全画1/2，帛画的下部代表地下，画有一个赤裸着的"地祇"，双手托着象征大地的平板，下方有蛇、交颈缭绕的两条大鱼，两侧有口衔流云的大龟、鸱鸮等神异动物，是想象中的地下世界。整幅画包含了古代神话传说的内容，表现了汉人追求升天成仙、永生不朽的观念。参见 http://baike.baidu.com。

接的对象化存在于艺术中"。①

丹纳指出:"艺术家创造的才能是与民族的活跃的精力为比例的。"②唐代中华民族"活跃的精力"绝不逊色于汉代,这是因为与汉代相比,唐代的文化环境更为宽松,更为适合艺术创作和艺术创新,如果我们用当代美国城市社会学者家理查德·佛罗里达的3T理论——技术(Technology)、人才(Talent)和包容(Tolerance)③——来看待唐朝,则盛唐时期的中国就是一个兼具三者的创新国度。而这种鼓励创新,崇尚创新的文化软环境既得力于秦汉时期所奠定的文化基础,同时又得力于当时几个正面因素。

其一,开国君主重文崇艺。唐太宗论文学,盛赞陆机"文藻宏丽";论书法,"心摹手追"王右军;论音乐,呼应嵇康"声无哀乐论"。名臣魏征关怀文坛,提出将南方文学与北方文学"各去其短,合其两长"的卓越见解。④

其二,三教并立。有所谓"道教风行""佛教兴旺""儒学昌明"之说。⑤

其三,科举取士,文人得志。诗人孟郊于贞元十二年(796年)进士及第后即兴赋诗:"昔日龌龊不足夸,今朝放荡思无涯。春风得意马蹄疾,一日看尽长安花。"雁塔提名,足可笑傲王侯。

其四,文化融合,活力无限。胡汉文化融合,刷新了汉民族的体魄和心魂,如崔颢诗《古游侠呈军中诸将》所云:"少年负胆气,好勇复知机。仗剑出门去,孤城逢合围。杀人辽水上,走马渔阳还。……还家且行猎,弓矢速如飞。""胡风""胡俗"进入宫廷和寻常百姓家,有力地校正逐步走向理性内敛的儒家文化。唐代女性地位隆显,时人对于女性美的判断一改魏晋时期的"尚纤瘦"为

---

① 李泽厚:《美的历程》,生活·读书·新知三联书店2014年版,第83页。
② [法]丹纳:《艺术哲学》,傅雷译,安徽文艺出版社1998年版,第178页。
③ 创意城市的3T要素:技术(Technology)、人才(Talent)和包容(Tolerance)。"技术"在这里是指科学的应用,尤指为了工业或商业目的;"人才",即人力资本,这里是指受过高等教育及有创意能力的优秀人才;"包容"则意指承认并尊重他人的信仰或行为的能力与城市对新创意的容纳和接受程度。参见章仁彪等《创意城市与现代大学:从3T理论到三区联动》,《教育发展研究》2007年第9期。
④ 冯天瑜等:《中华文化史》,上海人民出版社2010年版,第379页。
⑤ 同上书,第379—380页。

"贵丰腴",妇女骑马击球,掌管家政,甚至连"婚外情"也得到社会的容忍,胡服、胡妆、胡食风行天下。不仅化胡为我所用,唐代海纳百川,南亚的佛学、医学、历法、语言学、音乐、美术。中亚的音乐、舞蹈,西亚的祆教、景教、摩尼教、伊斯兰教、医术、建筑艺术乃至马球运动,等等,如同"八面来风",汇聚长安,首都以此成为当时的国际大都会。[①]

当代学者彭庆生在《中国文化研究》创刊号上撰文认为,唐诗和唐代艺术美学特征表现于"飞腾狂放的青春旋律""崇尚阳刚之美"和"天然去雕饰,清水出芙蓉"等三个方面,[②] 高度总结了唐代艺术特别是盛唐艺术的美学成就和艺术风范。与绣锦繁缛、大气磅礴、生动有趣的汉代艺术相比,唐代艺术更具有灵动、生新和唯美的独特气质。瑞士画家保罗·克利将画家比喻为连接树根——自然之物——与树冠中间的桥梁,艺术家经由树根从自然中吸取原料,然而原料并非艺术品,须经过树干——艺术家——的巧为转化和升华。[③] 如果我们将三皇五帝以至其前的中华原始文化看作是中华文化之根,三代文明看作从中华文化之根生长出来的树干,那么汉唐、宋元、明清以至于今天的中华民族的艺术,皆是中华文化之参天大树经由树干所生长出来的树冠,其上繁花点点,果实累累,中华盛世汉唐两个时代的树冠生长得特别高大、壮硕、健美,其上的繁花——艺术家们,果实——艺术作品,也是特别高大、壮硕、健美。

以诗而论,唐诗集体性成为中华文化的丰碑,与汉赋作家群体相比,唐代特别是盛唐诗坛群星,影响更为深远。李白、杜甫、王昌龄、高适、岑参、孟浩然、王维、常建等,名垂千古,其中李白、杜甫和王维堪称世界级大诗人,今人认为三家分别为诗仙、诗圣、诗佛,实际上是从诗歌层面证实唐代文化三教合一的混融气象。

[①] 冯天瑜等:《中华文化史》,上海人民出版社 2010 年版,第 390 页。
[②] 彭庆生:《唐诗和唐代艺术的美学特征》,《中国文化研究》1993 年第 1 期。
[③] 邵志华等:《中国美学精神对西方现代绘画的影响》,《贵州大学学报》(艺术版)2015 年第 4 期。

李白诗歌代表唐代最高水准，而李白诗歌中的"觞咏"之作，又是李白诗歌的代表性作品，试看李白的"觞咏"之作：

> 兰陵美酒郁金香，玉碗盛来琥珀光。——《客中行》
> 对君莫拒杯，春风笑人来。——《对酒》
> 三杯通大道，一斗合自然。——《月下独酌》其二
> 五花马，千金裘，呼儿将出换美酒，与尔同销万古愁。
> ——《将进酒》
> 开颜酌美酒，乐极忽成醉。——《酬岑勋见寻就元丹丘对酒相待以诗见招》
> 举杯邀明月，对影成三人。——《月下独酌》其一

这是一个开放、自信、自豪、多元、多情的时代，国家强盛，君民同欢，华夷和谐，酒助诗兴，李白得天时地利人和，加之天纵奇才，二者相得益彰，遂使"李白诗"与"张旭草书""裴旻剑舞"成为大唐三绝，成就中国乃至世界诗歌上的美谈。所谓"力士脱靴，贵妃奉砚"未必实有其事，但是它从一个侧面说明唐代开放、自信、多元，以及对于人才的重视程度。今天李白的名句如"长风破浪会有时，直挂云帆济沧海""两岸猿声啼不住，轻舟已过万重山""飞流直下三千尺，疑是银河落九天"等已经成为那个伟大时代的文化怀想，成为当代中国人向往盛世激发创造豪情的情感动力。"盛唐之音在诗歌上的成就当然应推李白，无论从内容或形式，都如此，因为这里不是一般的青春、边塞、江山、美景，而是笑傲王侯，不满现实，指斥人生，饮酒赋诗，纵情欢乐"，"所有这些，恰恰只有当他们（知识分子）在走上坡路，整个社会处于欣欣向荣并无束缚的历史时期才可能存在。"[①]

唐代乐舞发达，乐器传入西域、朝鲜半岛、日本。阮咸、笙、筝、箫、排箫等传入西域和中亚；三弦、三竹、筚篥、筝等乐器流入朝鲜半岛；传入日本的乐器多达10种以上，主要有琴、筝、瑟、

---

① 李泽厚：《美的历程》，生活·读书·新知三联书店2014年版，第83页。

筚篥、琵琶、阮咸、尺八、箫、横笛、笙、竽、腰鼓、方响、细腰鼓、螺钿紫檀五弦琵琶等。《秦王破阵乐》声震印度诸邦,燕乐、伎乐、声明、踏歌传入日本,深受喜爱,唐代的乐舞制度、音乐理论、乐谱涌入日本,加快了日本乐舞艺术的发展。①

　　书画艺术奇才蜂起,"颠张狂素"成为后代草书的元典,一代伟人毛泽东师法怀素上人,并独出机杼,终成书法大家。自号"玄真子"的诗人兼书画家张志和发明"狂画",皎然以诗描述其作画时的情景:一面饮酒,一面作画,一面听乐,一面舞蹈,随着乐曲的急促徐缓,慢点云山,涂抹峰峦;吴道子"好酒使气,每欲挥毫,必须酣饮",其作画时"当其下手风雨快,笔所未到气已吞",终成一代"画圣"。与吴道子同为盛唐艺术家的杨惠之,先是与吴道子一起学艺,后发奋"专肆塑作",声名鹊起,首创将人物安排在山石背景中的壁塑(亦称"影塑")技法,被尊为"塑圣"。②

　　唐代的"大众艺术""广场艺术"同样透露出奋发向上、如霆如雷、力可扛鼎的精神气势。三原妇人王大娘,头顶长竿,竿上有十八个人在表演,其人若无其事,行走如常。开元中拔河,用一根四五十丈长的大麻绳为主绳,两头分系小索数百条,参加者多达数千余人,鼓声震天,"喧呼动地,著客士庶,观者莫不震骇"。③唐代绳伎即使在今天看来,也可以在国际锦标赛上"技压群芳"——三四个穿着木屐的女艺人在一根悬空的长绳上表演,或弄丸舞剑,或顶长竿,中路相遇,侧身交错而过,突然翻跌,倒挂杨柳,又凌空跃

---

① 赵喜惠:《唐代艺术的世界地位探析——以乐舞、百戏、书法、绘画、雕塑为例》,《陕西教育学院学报》2012年第4期。

② 《五代名画补遗》:"杨惠之不知何处人,与吴道子同师张僧繇笔迹,号为画友,巧艺并著。而道子声光独显,惠之遂都焚笔砚毅然发奋,专肆塑作,能夺僧繇画相,乃与道子争衡。时人语曰道子画,惠之塑,夺得僧繇神笔路。……且惠之塑抑合相术,故为古今绝技。惠之曾于京兆府塑倡优人留杯亭像,像成之日,惠之亦手装染之,遂于市会中面墙而置之,京兆人视其背,皆曰此留杯亭也。"杨惠之尤其擅塑罗汉像,首创将人物安排在山石背景中的样式——壁塑(亦称"影塑")。杨惠之在肖像雕塑上造诣很深,相传他曾为长安著名艺人留杯亭塑像,人们从像的后面就能认出是留杯亭。杨惠之还总结多年雕塑经验,写成《像觉》一书,惜现在已失传。参见 http://www.zwbk.org/。

③ 彭庆生:《唐诗和唐代艺术的美学特征》,《中国文化研究》1993年第1期。

上，从容立住，最后，三四个人在绳上叠罗汉，一声鼓响，上层的二三人同时跃下，和底座的艺人都牢牢地站在一根长绳上。①

艺术不仅是时代精神的晴雨表，同时它也是时代物质文化和制度文化发达程度的表象，艺术感性地呈现时代的价值理念，同时也感性地呈现时代的文明建设的成就。汉唐艺术演绎华夏文明的"大汉雄风"和"盛唐之音"，并以人类文明史上的"中国经验"证明了"文化强大，艺术振兴"的历史定律。

三 汉唐盛世文化与艺术的相互促成

正如前文所指出的那样，由于艺术存在于人类的文化系统之内，作为文化价值系统中的艺术文化部分，其盛衰起落必然受到整个文化大系统的影响和制约。

因历史语境的制约，艺术文化、艺术文化系统中的不同的艺术门类以及不断产生的艺术新门类，在人类历史的长河中，呈现出参差不齐的发展态势。汉唐艺术作为汉唐文化价值系统中有机组成部分，其盛衰起落必然受到汉唐时代文化大系统的影响和制约。例如，在文化创新语境中，在文化传播以及文化涵化背景下，艺术文化会随着大文化系统的变动变化，而发生兴衰荣枯的演化历程及表象呈现。而汉唐盛世文化与艺术的相互促成关系也可从以下三个方面加以证成。

（一）汉唐文化创新与汉唐艺术振兴

文化创新有三种途径，其一是"发现"，其二为发明创造，其三为思想创新。三种文化创新都曾经引发艺术的兴盛，如人类偶然发现火，以火烧制黏土，接着出现以火烧黏土制作的小雕像、陶器以及陶器上的各种各样的刻纹和造型。没有火的发现，青铜艺术不可想象，在火没有被发现之前，人类先祖以其粗犷的歌舞、自然界的岩石、贝壳、象牙以及身体进行艺术的创作，虽然我们不能说陶雕、陶器彩绘以及青铜艺术要比原始岩画、原始石雕进步，但火的发现起码给艺术带来了新的表现形式，就像电的发现和使用促成电影艺术的诞生一样，人类的无数次"发现"带来了文化的变化，同

---

① 彭庆生：《唐诗和唐代艺术的美学特征》，《中国文化研究》1993年第1期。

时也促成了艺术的演变和兴旺昌盛。①

　　汉唐时代的文化"发现",比如说汉代在古代数学、天文学、地理学、医学和农学五大学科上的首次发现,特别是汉代天文学家,依据《尚书·尧典》《大戴礼记·夏小正》《礼记·月令》《周易》《诗经》等儒家经典,对宇宙结构进行观察和总结,提出"天人感应"学说。《汉书·天文志》认为:"统失于此,则变见于彼,犹景之象形,乡之应声。是以明君睹之而寤,饬身正事,思其咎谢,则祸除而福至,自然之符也。"旷世杰作马王堆一号汉墓"T"字形帛画,分为天界、人间、地下三个部分。上部代表天上,帛画的中部代表人间,约占全画1/2,帛画的下部代表地下,整幅画包含了古代神话传说的内容,此画的实用价值表现为"升天成仙、永生不朽"的祈求和精神慰藉,但是这种画面解构本身就是汉人试图纳"天地人"三界于一体的天人感应学说的艺术发挥。②

　　汉唐时代的发明创造为数众多,中国四大发明——造纸、指南针、火药及印刷,其中造纸术出现在汉代。火药和(雕版)印刷术出现在唐代。纸的出现不仅对于中国的书法艺术意义重大,而且对于人类的文明进步来说,同样意义重大。它是传播知识文化的媒介物,为知识文化的保存和传播创造了条件。直到现在,它还是记载文字、印造书籍的理想材料;同时,是许多工业和日常生活中不可缺少的东西。③

　　虽然在汉代以前,中国人曾用陶、金、石、竹、木以至帛进行书写,但是陶、金、石、竹、木或量少或笨重或昂贵,文化的保存、传播特别是书法艺术的发展创新受到了相当的制约。通常认为东汉和帝时(105年)蔡伦(61—121)用树皮、麻头、破布和渔网为原料所造纸张,造纸术在中国实现了质的飞跃,造纸术于公元150年传入西域,至751年(唐玄宗天宝十年)传入西方诸国。在

---

① 黄永健:《艺术文化论》,文化艺术出版社2008年版,第216页。
② 西汉刘歆发现木星运行周期不到十二年,以十二年作为周期计算,岁星就会出现"超辰"现象,并由此提出一种岁星超辰的计算方法,他计算出来的交食周期、五星会合周期都十分接近于科学常数。参见刘厚琴《儒学化的汉代科技》,《山东理工大学学报》(社会科学版)2004年第3期。
③ 柴作梓:《中国的纸》,《晋图学刊》1987年第1期。

唐朝与大食（阿拉伯）的战争中，造纸术传入撒马尔罕（今乌兹别克斯坦），阿拉伯人于公元793年在巴格达、900年在埃及、1100年在摩洛哥陆续设立造纸厂，其后又把造纸术传到欧洲的西班牙。1150年在西班牙的撒帝瓦开设欧洲第一家造纸厂，直到1189年法国出现造纸作坊，1276年在意大利、1391年在德国、1494年在英国、1564年在俄国、1586年在荷兰开始造纸，1690年美国在费城设立第一个美洲纸厂，1803年传入加拿大，以后澳大利亚有了造纸业。到19世纪初叶，造纸技术普及世界。①

虽然纸的发明创造，没有直接促进汉代书法艺术的繁荣，但是到了唐代造纸技术的进一步完善，有力地促进了当时文化艺术空前的繁荣。据有关学者考证，宣纸始于唐代盛行于明清，而宣纸的出现使得书法艺术得以充分地呈现。2009年9月，中国宣纸制作技术与中国书法艺术双双入选联合国教科文组织《人类非物质文化遗产代表目录》。宣纸最适合中国书法笔和墨的充分施展，多种笔法和墨法正是在宣纸上得到淋漓尽致的发挥，宣纸以其众多优异性能最大限度地满足了历代书法家的创造性渴求，初唐欧阳询、虞世南、褚遂良与薛稷，盛唐书法家张旭、怀素、颜真卿、柳公权、李阳冰、史惟则等在各体书法艺术上，树起了晋代以后中国书法艺术的又一座高峰。值得一提的是，唐太宗和唐玄宗爱好书法艺术，各自在书法史上，留下了传世之作。

雕版印刷术出现于唐代，对于唐代诗歌创作和传播产生了巨大的推动作用。

824年，元稹为白居易诗集作序，称赞白诗流布之广："二十年间，禁省、观寺、邮候墙壁之上无不书，王公、妾妇、牛童、马走之口无不道。至于缮写模勒，街卖于市井，或持之以交酒茗者，处处皆是。"模勒即模刻，持交酒茗则是拿着白诗印本去换茶换酒。②

人类的思想创新对文化结构的影响更大。思想创新也可称为理论创新、观念创新，柏拉图、亚里士多德的理论创新，促成古希腊诗歌、戏剧艺术的繁盛。文艺复兴时期人文主义思潮的复兴带动了

---

① 柴作梓：《中国的纸》，《晋图学刊》1987年第1期。
② 参见http://baike.baidu.com/view。

文学艺术各个方面全面繁荣，以至于文艺复兴所取得的巨大成就，震古烁今，在人类文明史上久久回荡。

汉代"罢黜百家，独尊儒术"，一旦变为文化专制之后，便严重束缚士人的思想，窒息了艺术创作的生机。至唐代特别是盛唐时期，朝廷代之以"儒释道"合流并兴的文化政策，这不仅是文化政策的革故鼎新，同时也是中国思想史上观念创新之举。达摩东来别传禅佛，至盛唐慧能大师终于确立了中国化的佛教——禅宗在中国佛教中的主导地位。慧能禅实际上是以中国思想——儒的入世精神和道的出世情怀，对佛教理念进行了创造性转化，它有效地克服了佛教消极遁世的一面，并将儒家"修齐治平"刚健有为的入世精神纳入佛教的外缘之中，在生活中悟道，在人生七情六欲中修禅。表现在艺术创作上，提倡"独悟""灵机""活泼""自然"以及"疏狂""激烈"等思维方式和创作方法。"诗佛"王维是受禅宗影响极大的诗人，今人研究王维，认为王维诗如画，不如说王维诗如自然，试看《辛夷坞》：

木末芙蓉花，山中发红萼。
涧户寂无人，纷纷开且落。

这是一首典型的禅意诗，不落言诠，心物合一，物我两忘，"万念俱寂"，其意境与柳宗元《江雪》脱落心机、与天地精神相混融的诗境同一境界，试看《江雪》：

千山鸟飞绝，万径人踪灭。
孤舟蓑笠翁，独钓寒江雪。

另外，禅宗在唐代的盛行还影响了许多诗人，王昌龄、白居易等诗人的禅诗显然受到《坛经》对法（三十六对法）的影响，试看白居易的《读禅经》：

须知诸相皆非相，若往无余却有余。

言下忘言一时了，梦中说梦两重虚。
空花岂得兼求果，阳焰如何更觅鱼。
摄动是禅禅是动，不禅不动即如如。①

"诗佛"王维还是画史上开宗立派的大画家，苏东坡在《书摩诘兰田烟雨图》中曾说："味摩诘之诗，诗中有画；观摩诘之画，画中有诗。"王维所作之《辋川图》等，山谷郁郁，云水飞动，显得清寒、静寂、淡远而又空灵；他的《袁安卧雪图》，雪中有芭蕉，似乎与常理不合，但却与禅宗跳跃式思维方法遥相符契。后人论王维之画曰："意在尘外，怪生笔端"，"得心应手，意到便成，故造理入神，迥得天机，此难以俗人论也"。这种寓禅境于画中的禅意画，画史上称之为"南宗"。②唐代张璪、王墨也是以禅宗理念入画。张璪作画"若流电激空，惊飚戾天。摧挫斡掣，㩗霍瞥列。毫飞墨喷，摔掌如裂，离合惝恍，忽生怪状"③。王墨泼墨山水画惊世骇俗，朱景玄《唐朝名画录》曰："即以墨泼，或笑或吟，脚蹙手抹，或挥或扫，或淡或浓，随其形状，为山为石，为云为水。应手随意，倏若造化、图出云雾、染成风雨，宛若神巧，俯观不见其墨污之迹。"④怀素本为僧人，深解禅机，其《自叙帖》为中国书法史上辉煌巨作，纯用中锋，圆转疾速、自然灵动，而具"一念三千"之气魄，"天女散花"之美妙。在《自叙帖》里，怀素不无自豪地引述当时的窦御史对其书艺的高度评价——粉壁长廊数十间，闲来小豁胸中气。忽然绝叫三五声，满壁纵横千万字。今天，人们论及唐代书法，必提怀素，怀素成了中国古代草书（狂草）的一个符号性人物。

文化创新有力地促成了汉唐艺术的大发展和大繁荣。

（二）文化传播引发汉唐艺术的兴盛

中国文化既是文化传播的输出者，又是文化传播的接受者。据

---

① 魏鸿雁：《〈坛经〉三十六对法与唐代禅意诗的形成》，《殷都学刊》2005年第1期。
② 《禅宗与中国书画》，参见 http://wenku.baidu.com。
③ 参见 http://baike.baidu.com。
④ 同上。

《中华文化史》的研究结论,汉唐时代,中国实行全面开放的外交政策,在多方位、多层面的对外交流过程中,中外文化相互对话、融合、创新、创造,可谓五彩缤纷,成就斐然。不过,需要指出的是,在这两个伟大时代的文化交流过程中,中国文化作为优势文化,文化输出要远远大于文化输入。就当时的文化影响和艺术传播力而言,中国汉唐时代所取得的文化成就和艺术成就远比周边国家,甚至比当时的西方国家有过之而无不及。

秦汉时代,中华文化从东、西、南多个方向与外部世界展开了多方面、多层次的广泛交流。在这一双向运动过程中,中华文化初步确立了自己在世界文化系统中举足轻重的地位,同时也吸收了外部文化的宝贵营养,激发了自身机体的蓬勃生机。[1] 其中特别值得一提的是,汉代在西方所开辟的汉代丝绸之路,功不可没,建元三年(公元前138年),张骞出使西域,到达大月氏。元狩四年(公元前119年),张骞二度出使西域,抵乌孙国,公元前115年,张骞派其副手抵达康居、大宛、大夏。其后朝廷每年派出使节出访西域,东汉永平十六年(73年),班超的副使甘英出使大秦(罗马),远涉波斯湾,临海而止。这其中不仅中外双方实现了器物文化的交流互补,同时在文化的相互借鉴融合过程中双方以至多方在艺术文化方面也别开生面。仅就汉代而言,除了动植物的引进之外,箜篌、琵琶、笙箫、胡琴、杂技、幻术、乐舞、绘画纷至沓来。李延年"因胡曲更造声二十八解","因为新声变曲,闻者莫不动容";汉代的画像石上,出现了迥异于峨冠博带、长袖宽衣中国风格而头顶毡帽、穿着紧身衣裤的"胡人"形象;山东嘉祥武梁祠画像石刻上"那有翼的大使,可能就是希腊、罗马神话中爱神受了变化以后的形象";佛经故事成为中国弹词、评话的前身。汉代中原人接触胡旋舞,直至唐代,唐明皇和杨贵妃联合编导的《霓裳羽衣舞曲》,源于由河西传入的《婆罗门曲》,其中也加入了胡旋舞等中亚歌舞元素。[2]

---

[1] 冯天瑜等:《中华文化史》,上海人民出版社2010年版,第332页。
[2] 张国刚:《唐代对外开放的回视与审思(专题讨论)——唐代开放与兴盛的当代思考》,《河北学刊》2008年第3期。

唐代是当时世界上最发达、最强盛的国家之一。与此同时，其他国家的发展水平则远远落后于唐朝：印度长期处于分裂状态，日本仰视中国，阿拉伯世界处于扩张期，拜占庭与西罗马帝国则进入衰落期。8世纪西欧进入查理帝国时期，进而分裂为东西法拉克福王国。可以说，中国是当时世界上当之无愧的最强大国家。①"唐代的政绩和印度、伊斯兰国家、拜占庭帝国、拉丁基督教国家相比，是最为突出的。"②美国学者费正清认为，7世纪的中国巍峨雄踞于当时世界其他一切政体的顶峰。……它是世界上最强大、最富饶、在许多方面堪称最先进的国家。③因为国家强大，文化自信，李唐王朝采取全面开放的文化接纳政策，唐代不隔华夷，这种初步形成的"华夷一家"观念，超越前人，影响深远。从宗教文化方面来看，唐代实行儒释道三教并行合流的开放政策，其时由中亚、西亚各国来华侨民带来的祆教、摩尼教、景教以及伊斯兰教，都得到了政府和民间的接纳和收容。邻邦日本、朝鲜、越南仰视中原。日本派出大批的"遣唐使"学习中国文化，以至于在返日的留唐学生的策动之下，公元645年，日本发生了著名的"大化革新"；公元840年，新罗留学生和其他人员学成回国的就有105人。唐代，中国的造纸术流传到大食，后传入中、西亚以至欧洲。中国炼丹术西传之后，直接推动了阿拉伯炼丹术和欧洲炼丹术的成长，而现代化学便是在欧洲中世纪炼丹术的基础上发展起来的。此外，唐朝还开辟了由南中国经印度洋到非洲的"陶瓷之路"，大量的陶瓷远行至菲律宾、印度支那、马来半岛、东印度群岛、锡兰和毗邻的地区，也有一些瓷器运达非洲东海岸。唐代文化向外传播，以至于形成了"唐""唐人""唐字""唐言""唐家""唐山""唐人街"等文化符号。

天长地阔杳难分，中国中天不可论。

---

① 张国刚：《唐代对外开放的回视与审思（专题讨论）——唐代开放与兴盛的当代思考》，《河北学刊》2008年第3期。
② S. A. M. Adshead, *T'ang China, The Rise of the East in World History*, New York: Palgrave Macmillan, 2004.
③ [美]费正清等：《东亚文明：传统与变革》，黎鸣等译，天津人民出版社1992年版。

长安帝德谁恩报，万国归朝拜圣君。
汉家法度礼将深，四方取则幕华钦。
文章浩浩如流水，白马鞍经远自临。
故来发意寻远求，谁为明君不暂留。
将身岂惮千山路，学法宁辞度百秋。
何其此地却回还，泪下沾衣不觉斑。
愿身长在中华国，生生得见五台山。

这是巴黎所藏敦煌伯3644号写卷中的一首诗偈，① 此偈的作者应为来华礼佛的梵僧，仿佛西天取经的唐僧，他慕名东来唐朝礼佛朝拜，临别之际，依依不舍，因为他觉得东土大唐文化礼法美不胜收，佛法精严，他愿意生生世世都生活在和谐、优美、有序的中华上国。

这种空前规模的文化传播潮流，直接带动了当时的世界艺术的繁荣和创新。唐代的乐舞艺术传入西域、朝鲜半岛、日本等国家。如西域的阮咸、笙、箫等来自中原，中亚的排箫由唐朝传入，唐代的三弦、三竹、筚篥、筝等传入朝鲜半岛，而传入日本的乐器多达10种。唐代的乐舞《秦王破阵舞》声震印度等古邦国，《柘枝舞》《春莺啭》等传入朝鲜半岛三国，唐代燕乐、声明、踏歌等都传入日本。唐代的乐舞制度、音乐理论、乐谱等都传入日本，从而大大加快了日本乐舞艺术的发展。此外，唐代的百戏、书法、绘画、雕塑等都传入世界各地。②

与此同时，唐代的艺术已经达到了灿烂兼备的发展高度，都城和皇陵的建筑艺术、唐诗的汪洋恣肆、书法的极妍尽美、画的灿烂求备、乐舞的盛大欢腾、文的酣放茂郁等，都达到了后人可望而不可即的高度。这当然首先得益于唐人对于既往中华艺术精神和艺术成就的成功吸收和转化，但是，毫无疑问的是，唐代艺术的灿烂兼备很大程度上也得益于唐人对于外来文化和外来艺术的吸收和创新

---

① 冯天瑜等：《中华文化史》，上海人民出版社2010年版，第419页。
② 赵喜惠：《唐代艺术的世界地位探析——以乐舞、百戏、书法、绘画、雕塑为例》，《陕西教育学院学报》2012年第4期。

性转化。例如，在乐舞方面，唐代就充分吸收了西域诸国、希腊、罗马、印度、波斯、大食等国的乐舞理论、乐器、乐舞作品等，从而促进了乐舞艺术的发展。唐代著名的燕乐，就是学习西域音乐艺术的结果。来自印度的"凸凹画法"和来自中亚、波斯的宗教绘画技法，使得大唐的绘画艺术更加丰富多彩，流派纷呈。唐代敦煌壁画的飞天形象，就是印度的乾达婆、希腊天使和道教羽人等多元文化元素的混合物。唐代雕塑博采众长，吸收了中亚诸国、希腊、罗马、印度、波斯、大食等国的艺术成就，并提高了自己的艺术水平。①

（三）文化涵化引发唐代艺术的兴盛

文化创新和文化传播都发生在那些能自由地决定自己接受还是拒绝文化变迁的民族当中。如果两种文化相遇而其中的一种文化由于相对弱小的缘故，而被迫大量输入异质文化要素从而改变自己文化的性质，这时候就会产生文化涵化（Acculturation）。威廉·A. 哈维兰对文化涵化的定义为：

> 当有着不同文化的一些群体开始频繁而直接接触的时候，其中一个或两个群体原有的文化模式内部随之发生极大的变化，这就叫作涵化。②

威廉·A. 哈维兰认为能引起文化变迁的涵化途径为：（1）直接征服；（2）间接威胁。两种涵化过程产生各种可能的结果——文化的结构性的变化。这种结构性的变化表现为四种情形：

第一，文化合并或融合。如果两种文化丧失了它们各自的认同而形成一种单一的文化，就发生了合并或融合。威廉·A. 哈维兰认为美国的英裔美国人文化就是这种融合之后的新文化，意即当今的美国文化是融合了英国文化与北美原住民文化而形成的一种新

---

① 赵喜惠：《唐代艺术的世界地位探析——以乐舞、百戏、书法、绘画、雕塑为例》，《陕西教育学院学报》2012 年第 4 期。

② ［美］威廉·A. 哈维兰：《文化人类学》，瞿铁鹏等译，上海社会科学院出版社 2006 年版，第 464 页。

文化。

第二，主文化、亚文化并存。其中一种文化丧失其自主性，但却作为亚文化继续保持其身份，以等级、阶级或种族群体的形式存在。西方文化在现代化过程中通过一种"间接威胁"的方式使非西方文化变成了一种亚文化，如今在发展中国家和落后国家，西方价值通过一种非武力的潜在的威胁改变着非西方的本土文化传统。

第三，文化被同化。如清王朝对于华夏文化的武力征服和随后而至的威胁（"留发不留头，留头不留发"），但强势文化不但没能改变弱势文化的结构，也没能实现两种文化有效的融合，或使得弱势文化变为亚文化，相反，强势文化却被弱势文化同化了，如清廷入关以后，主动放弃了原有的文化传统，这种先主后次，先试图涵化别种文化最终却被对方反涵化的现象一般发生在游牧民族与农耕文明之间，而此种情境之下的所谓强势文化只也是在武力上强大过对方，但在精神文化和制度文化方面却不及对方，由于这种被涵化是强势文化的自觉行为，我们也可以称这种文化涵化为文化被同化，即征服者最终为被征服者的文化精神所征服，征服者的全部文化或大部分文化被对方的文化所取代。

第四，文化灭绝。由于宗教冲突或为了争夺经济利益和政治利益，强势文化对弱势文化采取种族灭绝的方式彻底根除对方的文化存在，如历史上的吴哥文化的突然消失，以及二战期间希特勒用武力试图彻底灭绝犹太民族和犹太文化等。

汉唐时代中国文化与其他文化都发生了直接频繁的接触，但是，汉代文化并没有与其他文化发生涵化。首先，笔者认为虽然汉代的文化相对于周边邻邦来说，是强势文化，汉代文化与周边文化甚至与罗马文明都发生了交流互惠行为，并且运用过"直接征服"和"间接威胁"等手段，但是这种频繁的直接接触并没有使得交流双方的文化模式内部结构发生极大的变化，所以，中国文化与其他文化之间的"涵化"行为始于唐代。唐代文化与周边文化及印度、阿拉伯世界以及欧洲、非洲文化产生过频繁直接的交流，也运用过"直接征服"和"间接威胁"等手段，并且这种频繁的直接的交流引发了中国自身文化结构的深刻变化，同时也引发了特别是日本、朝鲜等本土文化模式的内部结构性变化。

唐代与西域诸国特别是与印度的文化交流，使得佛教产生了中国化"禅宗""天台宗""华严宗"和"净土宗"①，从而使得来自印度的佛教最终与本土"儒""道"二家融合并存，从此深刻地影响了中华文化的内在演化。唐人与"胡人"直接接触甚至胡汉血统混杂，改变了民族的生物性基因——游牧民族的豪强侠爽之气进入农耕民族的血液内，起到了一种"强化剂""复壮剂"的功用。由此，唐代一改汉代"独尊儒术"的格局，不拘礼数，整个社会回旋着飞腾狂放的青春气息，崇尚阳刚之美，尊重人性，主张男女平等。例如，引入胡风胡气，以至于唐代婚姻习俗大不同于汉代，"姊妹兄弟相为婚姻，母子叔侄递相为偶，皆习以为常"等被中原儒学斥为"淫风"的习俗，至唐代流贯于整个南北社会。

与此同时，中华文化作为强势文化，在与日本、朝鲜及东南亚邻邦的直接接触过程中，深刻影响了诸国的器物、制度及精神文化的方方面面，以至于日本、朝鲜和东南亚诸国的文化内部结构产生了深刻的变化。在这个过程中，一个以汉字、儒学、中国式律令、中国式科技、中国化佛教为基本构成要素的"中华文化圈"基本成型，并与西方基督教文化圈、东正教文化圈、回教文化圈及印度教文化圈等合称为世界五大文化圈。②

在文化涵化所产生的四种结果中，"文化灭绝""文化被同化"和"主文化亚文化并存"三种情形都不是理想的文化涵化成果，只有"文化合并或融合"带来了文化的整合性、创新性再生，是文化交流和文化演变的福音。唐代文化与日本、朝鲜等东南亚邻邦的相互涵化，引起双方文化发生结构性的变化，使得诸邻邦的文明程度和文化水平得到大幅度的提升。同时，中国本土文化通过有效地吸收东南亚诸邻邦及西域、印度以至欧洲文化的积极性因子，通过融

---

① "禅宗""天台宗""华严宗"和"净土宗"四宗主张"心性本觉"，从而与主张"心性本净"的印度佛教在佛学核心问题上划清了界限。值得注意的是，性觉论实际上是儒家性善论的佛教版。参见冯天瑜等《中华文化史》，上海人民出版社2010年版，第392页。

② 同上书，第420—425页。

合创新，使得中华文化更具青春的气息、豪迈的气势和宽宏博大的容量，文化涵化为唐代带来了文化的大发展和大繁荣。

在艺术文化层面，唐代艺术同样呈现出通过合并、融合所外化出来的大唐气象，以李白、杜甫、王维、白居易等人诗歌为代表的唐诗卓绝千古，雄视百代。其中诗仙李白的诗歌道风飘逸，同时裹挟着西域人的集体记忆，可以被看作是中外艺术文化涵化融合的典范，如"月下飞天镜，云生结海楼""飞流直下三千尺，疑是银河落九天""不敢高声语，恐惊天上人""天台四万八千尺，对此欲倒东南倾"，既表现为道家泠然飘举的逍遥自由风貌，同时也形象地传达了他曾经生活在西域高原上的宇宙观感。王维自号摩诘居士，其诗歌禅意馥郁、境界高远，实为王国维所谓"无我之境"的开山鼻祖。王维绘画水墨氤氲，不着色相而禅味十足，苏东坡评论："味摩诘之诗，诗中有画；观摩诘之画，画中有诗。"王维融通禅佛打通诗画的"写意画"实为中国山水画"南宗"及"文人画"的鼻祖。白居易的思想，综合儒释道三家，以儒家思想为主导。孟子说的"穷则独善其身，达则兼济天下"是他终生遵循的信条。其"兼济"之志，以儒家仁政为主，也包括黄老之说、管萧之术和申韩之法；其"独善"之心，则吸取了老庄的知足、齐物、逍遥观念和佛家的"解脱"思想。[①] 其雅俗共赏的艺术美学理想，与其融合儒释道三家之后的独特感悟不无关联。

吴道子在绘画方面的创新同样得益于外域色彩晕染法对中国画坛的冲击和涵化。5世纪以来，南亚佛画色彩晕染法浸润画坛，谢赫"六法"，将随类附彩和骨法用笔、应物象形提到同等地位，至吴道子开始了真正的融合和创新，中国画重视线条，吴道子融合线条表现力和色彩晕染法，发明"莼菜条"型线条，不同于魏晋以来的匀细如蚕丝的细线，而是加粗加厚，波折起伏，从而充分"转译"了色彩晕染的立体效果，表现出物象的"高侧深斜"。其笔下的人物画，衣纹的高、侧、深、斜、卷、折、飘、举毕现尽露，所谓"天衣飞扬，满壁飞动"；其山水画"怪石崩滩"，亦"若可扪

---

① 参见"白居易"（http://baike.baidu.com）。

酌","吴带当风"的特征是把衣带飘举的飘动感,转化为整个人物的力量之美。由于吴道子的创新转化,中国画中的线的因素以焕然一新的生命力超越于一度凌驾于画坛的色彩因素,使得线条的主体性地位得以确立。与其相呼应,唐代画论家张彦远在理论上也为线条主体性进行论证,认为以线条为主的"用笔"不仅在绘画技巧诸层次中高过"附彩",而且能够脱离纯粹的技巧上臻"气韵生动"的精神层次。自吴道子和张彦远后,线条超越原则无论在技巧上或是理论上,都长期支配中国画坛。① 唐代敦煌莫高窟中难以计数的本生故事、菩萨、天王、罗汉、金刚、飞天、经变史迹故事等,经过融合会通,现实性和中国性得到了强化和凸显。

　　唐代的宫廷燕乐是中原乐舞与胡戎乐舞的相互融合的产物;在百戏方面,印度的倒立术、走绳、驯兽技,大秦的吞刀吐火、剖腹挖心等幻术,西域的拔头、驯狮、舞马等,以及波斯的泼寒胡戏②等汇聚于唐,不但丰富了大唐的百戏的内容,而且提高了它的表演技能。在乐器方面,唐人也根据自己的标准进行必要的改进和创新:中原乐器偏于柔和,于是吸收发音较强的琵琶、筚篥等;中原的鼓类不便于调整音高,于是吸收了羯鼓、腰鼓等,加强了鼓类在乐器合奏中的作用。而有些外来乐器如"弯琴""匏琴"等,性能并无特异之处,故未被中原人采纳。唐人还对外来乐器进行改造,如唐玄宗时的"六弦"和"七弦",其中的"六弦"形如琵琶而长,具有明显的结合特点。宋代重要的弦乐器"胡琴",即是唐代对粗陋的外族乐器"吴琴"进行长期改造的结果。雕塑方面,唐代工匠们,对波斯多曲长杯进行改造,淡化其内壁凸起的棱线,经过不断改进形成中晚唐时期的多曲长杯,最终成为唐代的创新作品。

---

① 冯天瑜等:《中华文化史》,上海人民出版社2010年版,第411—413页。
② 泼寒胡戏,表演者在严冬季节,"裸体跳足",持油囊装水,互相泼洒,载歌载舞,以为戏乐。因其不合儒家礼典,被禁绝。但其所用之舞蹈《脱浑》,乐曲《苏幕遮》却被保留了下来。此后中原乐舞艺术家将《脱浑》舞与中国传统剑术剑舞结合起来,称为《剑器脱浑》,开元年间的公孙大娘擅长此舞。乐曲《苏幕遮》后改名为《万宇清》等,意味着乐曲本身已经按照中原风格经过了改编和再创造。参见赵喜惠《唐代艺术的世界地位探析——以乐舞、百戏、书法、绘画、雕塑为例》,《陕西教育学院学报》2012年第4期。

总之，唐代艺术通过有效的文化涵化，将异质性的艺术精神和艺术因子注入自己的创新理念和创新实践中，成就了世界艺术史以及中国艺术史上的灿烂篇章。

汉唐时代中国人的文化"发现"、文化发明创造，特别是思想创新有力地促成了汉唐艺术的大发展和大繁荣。相应地在这些文化"发现"、文化发明创造和思想创新背景下所勃然兴起的汉唐建筑艺术、汉唐乐器乐舞、汉唐雕塑、书画艺术、汉赋唐诗，包括汉唐缘于文化"发现"、文化发明创造和思想创新而产生的艺术理念等，本身成了汉唐时代精神文化板块的重要组成部分。尤为重要的是，唐代思想创新所催生出来的中国艺术"写意"精神，成为打破传统价值壁垒，破除"儒家迷信"的宣传武器，从"文以载道"到"文以载意"，艺术文化通过它特殊的感染力量和渗透效果，有力地消解了汉代以来儒家思想独大独尊的格局，唐代艺术文化的"写意性"张扬，有力地推动了"儒释道"三教合流和进一步的创化更新，可以说唐代艺术文化的"写意性"张扬有力地校正了中国文化的发展方向。

第三节 当代中国的文化状况和艺术表征

一 文化创新带动当代中国艺术繁荣

如上文所示，文化创新主要包括人类的文化发现、文化发明和思想创新。文化创新引发艺术创新，推动人类文化和艺术文化不断演化，渐至佳境。人类发现了火，引起了人类文化整体水平的变化，火的发现不仅促进了人类自身机体的改善，如改善了饮食结构、延长了寿命等，同时也使人类的生存环境发生了极大的改观，如夜行了无障碍、烽火传递信息、晚间生活更为方便等。火更催生出陶器、青铜、铁器文明的出现。天文学、物理学、化学、生物学上的发现，更会彻底改变人类的宇宙观、生命观，进而改变人类的价值观念和人生观念，如"日心说"对于"地心说"的颠覆，地球学说对于中国古人"天圆地方"观念的颠覆等；"相对论""广义相对论"改变了我们对于"物质""时空"观念的惯性思维模式;"镭""铀"等放射性元素的发现,既造福人类同时也导致人类和宇宙的生存延续岌岌可危;而生物学上的"微生物""有机物""无机物"的发现,直接对应着先贤古哲对于生命起源的想象和解说。又如人类先是发现自然界中的"闪电"现象,后发明"电动机",电的发现和应用极大地节省了人类的体力劳动和脑力劳动,使人类的力量长上了翅膀,人类的信息触角不断延伸。电对人类生活的影响有两方面:能量的获取转化和传输,电子信息技术的基础。电的发现可以说是人类历史的革命,由它产生的动能每天都在源源不断地释放,夸张地说电的作用不亚于人类世界的氧气,如果没有电,人类的文明还会在黑暗中探索。① 电的发明以及照相术的发明,直接引发了人类视觉艺术和听觉艺术以至所有艺术门类的巨大变化,摄影艺术和影视艺术应运而生。今天,互联网和移动互联网的出现,又引发人类文化和艺术生态产生新的变相——新媒体艺术应运而生,以至于艺术创作、艺术接受和艺术传播相应产生"革命性"的变迁。人类"轴心时代"所确立的几大文化范式,深刻地影响了人类社会文化以及艺术文化的历史走向,而"轴心时代"的文化隆兴和艺术繁荣直接得力于当时的"思想原创"——苏格拉底、柏拉图、亚里士多德、犹太先知、老子、孔子、释迦牟尼等圣贤先知的原创性思想,直接引发了东西方两大文化体系文化觉醒和文化升华。中国汉唐时代的文化发现、科技发明以及由文化融合而创新转化的价值理念,不仅推动中华文化走向盛世繁华,同时也推动中华艺术跃上璀璨高峰。

当代中国的文化发现、文化发明和思想创新与世界大势同趋并进,新材料、新能源的发现、发明,推动人类文明进入更高层次,电子信息科技、生物工程技术以及人类对于宇宙太空的科学探索不断刷新人类的思维模式、生活方式和交流方式。我们必须承认,伴随着一系列重大的文化发现、文化发明和思想创新,以欧洲工业革命为标志的全球现代化进程,包括以现代化成就为基础的目前的后

---

① 参见 http://baike.baidu.com。

现代全球化浪潮，确实为人类及中国带来了新的文明成果。尽管以工业文明和信息社会为标志的现代化进程和后现代化进程，不断遭遇当代学者的诟病，但是蒸汽机、大工业生产、现代管理模式、现代教育体制以及当下的互联网信息技术、大数据、云计算等给世界和中国带来了巨大的财富增长，人类的物质生活条件大为改观，以至于想让已经实行了现代化、城市化、都市化和信息化的国家和地区再"返璞归真"回到农业社会已无可能。

现代化和全球化不仅带来了世界以及中国物质文明程度的大幅提升，同时也使人类以及当代中国的艺术文化日新月异，创化迭出。在新的社会意象的刺激之下，人类个体、集体以及整体的情感外化为"新意象"（新感性、活感性），并借助于新材料、新平台和日新又新的传媒手段，以崭新的形式语言和符号体系，传通情感、相互对话，并试图进行人类更高文明形态的建构。例如，与电脑技术息息相关的多媒体艺术、互联网艺术、数码装置艺术以及电脑动画、卡通动漫、影视广告、网络游戏、数字设计、数字插画、CG静帧、数字特效、DV、数字摄影、数字音乐以及网络文学等由技术变革直接催生出来的新的艺术形态和艺术表现形式，相对于传统的造型艺术和纸本文学文本而言，都更能激发人们尤其是年轻人的强烈好奇心和求知欲，后技术时代的高科技含量艺术并不因为技术理性的干预而失去艺术的感染力。[1] 2008 年法新社报道北京奥运会的开幕式："北京奥运会的开幕式唯美且充满力量，组织者成功地把科技手段和古老传统融合在一起，向世人展示了宏伟的画卷，开幕式包含儒家思想、四大发明和太极拳等充满中国特色的元素，整场表演震撼人心，毫无瑕疵。"[2]

当代中国艺术繁荣，不仅指当代前卫先锋艺术尤其是属于美术门类的前卫先锋美术文化的繁荣景象，还包括当代语境下的中国文学、音乐、美术、舞蹈、雕塑、影视、戏剧、设计、动漫游戏、广告、新媒体及多媒体艺术；既包括高雅小众艺术，也包括通俗大众

---

[1] 黄永健：《后技术时代的艺术愿景省思》，《设计艺术研究》2011 年第 2 期。
[2] 朱小龙：《浅析数码艺术是数码技术与艺术的结合》，《科技信息》2009 年第 4 期。

艺术；既指向艺术作品、艺术家，也指向动态的艺术创作过程、艺术欣赏活动、艺术批评实践以及艺术交流、传播、影响等。美国文学理论家艾布拉姆斯认为艺术不仅指艺术作品，艺术作品还涉及艺术家、接受者以及作为艺术背景和本质的宇宙（自然）三个要素，艺术世界由宇宙、艺术家、艺术作品和接受者共同构成一个环形结构，自我圆满，自我成就。[①] 当代中国文化接受西方文化及非西方文化的广泛影响，自身在文化发现、文化发明等方面，努力进取，不舍昼夜，双向和多向的文化碰撞和文化磨合产生了不同于其前的科学发现、发明。杨振宁和李政道获得1957年诺贝尔物理学奖，屠呦呦获得2015年诺贝尔医学奖等，中国科学家在核物理、航天技术以及汉字输入、互联网技术上的发现、发明，无不在促进中国文化突飞猛进的同时，直接或间接地推动当代中国艺术文化的繁荣拓展。《大地飞歌》《印象·刘三姐》《清明上河图》以及影响国际的3D动漫影片《熊出没》《大圣归来》《捉妖记》《美人鱼》等，无不得益于世界及中国本土当下的科学发现、发明成果的创造性转化。

正如上文所指出的那样，相对于文化发现和文化发明而言，人类的思想创新对文化结构以及艺术创新的影响更大。柏拉图、亚里士多德的理论创新，促成古希腊诗歌、戏剧艺术的繁盛。文艺复兴时期人文主义思潮的复兴带动了文学艺术各个方面全面繁荣，以至于文艺复兴所取得的巨大成就，震古烁今，在人类文明史上久久回荡。

统观人类历史，思想僵化倒退必对文学艺术产生负面影响，新中国前30年（1949—1979），特别是"文革"（1966—1976）期

[①] 艾布拉姆斯（Meyer Howard Abrams）在《镜与灯》一书中指出："每一件艺术品总要涉及四个要点，几乎所有力求周密的理论总会大体上对这四个要素加以区辨，使人一目了然。第一个要素是作品，即艺术品本身。由于作品是人为的产品，所以第二个共同要素便是生产者，即艺术家。第三，一般认为作品总得有一个直接或间接地导源于现实事物的主题——总会涉及、表现、反映某种客观状态或者与此有关的东西。这第三个要素便可以认为是由人物和行动、思想和情感、物质和事件或者超越感觉的本质所构成，常常用'自然'这个通用词来表示，我们却不妨换用一个含义更广的中性词——宇宙。最后一个要素是欣赏者，即听众、观众、读者。作品为他们而写，或至少会引起他们的关注。"参见 http://baike.baidu.com。

间，中国文学艺术在教条化的马克思主义理论的指导（督导）之下，提倡艺术为现实特别是现实的政治运动服务，导致艺术的想象力和情感力匮乏，除了 50 年代尚有一批文艺精品问世之外，整个"文革"期间，文艺百花园一片萧条，艺术成为政治的傀儡、时代的传声筒，不适当的阶级斗争理念被不适当地强加给艺术情感表达，致使"文革"时期的文艺作品变成了一大堆"假大空"的艺术赝品，令人扼腕叹息。改革开放 40 年来中国文艺取得了举世瞩目的巨大成就，其中思想解放和理念创新功不可没。例如，邓小平在第四次全国文代会上的祝词就具有拨乱反正、继往开来的思想创新价值，祝词指出："党对文艺工作的领导，不是发号令，不是要求文学艺术从属于临时的、具体的、直接的政治任务，而是根据文学艺术的特征和发展规律，帮助文学艺术工作者获得条件来不断繁荣文学艺术事业，提高文学艺术水平，创作出无愧于我们伟大人民、伟大时代的优秀的文学艺术作品和表演艺术成果"，"文艺这种复杂的精神劳动，非常需要文艺家发挥个人的创造精神，写什么和怎样写，只能由文艺家在艺术实践中去探索逐步求得解决。在这方面，不要横加干涉"。以此为缘由，1978 年中国设立了全国优秀短篇小说奖，随后设立了全国优秀中篇小说奖、全国优秀新诗奖、全国优秀报告文学奖、茅盾文学奖、鲁迅文学奖、戏剧梅花奖、电影百花奖，等等，以文艺评奖的激励机制代替文艺批评乃至文艺斗争的惩罚机制，是文艺制度现代化探索的创新举措。[①] 事实证明新时期以来我国思想文化界的一系列创新之举，直接推动了我国当代文艺事业大发展和大繁荣局面的形成。

百年来中国文化风雨飘摇，处于被"涵化"、被"误读"的尴尬窘境。今天，西方学者不得不承认人类文化的单极化——整体西化（或美国化），不仅无法给西方文化带来福音，更不能给人类带来福音，"当前我们需要思考的是，全人类跟着西方文化模式走，是否是人类的福音？东方文化是否可以提出自己的文化精神，努力将具有世界意义的东方创新文化播撒为人类文明不可缺少的新文化

---

① 彭金山等：《改革开放 30 年文学艺术的发展历程及其成就》，《贵州社会科学》2008 年第 11 期。

元素？中国文化是否应该在一个世纪的'去中国化'之后，思考'再中国化'的问题"。① 实际上，百年来中国学术界和政治界，一直都在艰难地探索可以引领中国走向更加美好未来的思想理念，当代新儒家诸贤直到今天的学术界新秀（包括民间学者）② 不断提出新的思想和新的理念，都试图突破传统，贯通中西，创造思想，引领中国文化别开生面。从孙中山的"三民主义"到蒋介石的"中华文化复兴"，从毛泽东的"马克思主义中国化""新民主主义论"，到邓小平的"改革开放思想"，至"三个代表"重要思想、"八荣八耻""社会主义核心价值观"，中国的政治顶层设计也一直在寻求价值理念和治理模式的新范畴、新路径。时至21世纪世界文化格局发生了微妙变化，由西方人主导世界引领全球话语格局，可能会蜕变为由东西方文化共同主导，甚或重新由东方文化主导世界引领全球。"环宇各有思想出，各领风骚数百年"，今天，中国执政党中国共产党在其十八大会议上，提出"社会主义核心价值观"——富强、民主、文明、和谐；自由、平等、公正、法治；爱国、敬业、诚信、友善。其中富强、民主、文明、和谐为国家层面的价值理念，自由、平等、公正、法治为社会层面的价值理念，爱国、敬业、诚信、友善为公民个人层面的价值理念。2014年10月15日，习近平总书记在文艺工作者座谈会上的讲话，提出"中华民族伟大复兴需要中华文化复兴""创新是文艺的生命""中国精神是社会主义文艺的灵魂""文艺以人民为中心""抓好网络文艺创作生产"等，这些价值理念的提出，标示着当代中国的集体智慧已经超越"民族中心主义""民粹主义"以及西方"自由主义"的价值立场，展现出回望历史文脉，放眼全球及宇宙，展望未来的宏阔视野和宏

---

① 王岳川：《文化创新是中国核心价值的呈现》，《解放军艺术学院学报》2012年第3期。

② 如费孝通先生提出的"各美其美，美人之美，美美与共，天下大同"的新大同理念；刘浩锋著《中国文化传承与开新》提出的"和学"理念，试图会通中西，弘扬中学，复兴中国文化，建构"混合互补、动态均衡、整体共赢"的世界新文明；纪由春基于易经学说所创立的"阴阳32字口诀"，都是中国学者试图突破西学模式，进行本土思想创发的有益尝试。参见刘浩锋《和学——中国文化传承与开新》，九州出版社2013年版，第180—200页。

大气象。随着中国综合实力的提升，在人类的从"大陆文明""海洋文明"走向"太空时代"的历史进程中，中国文化经由转化创新，试图从一个多世纪以来的"西方文化的中国化"转向"中国文化的世界化",[①] 已经展现出辉煌灿烂的曙光，它的艺术文化在这个走向人类第三条文明的道路上，势必绽放出奇光异彩——既是属于民族的，也是属于世界的。

二 文化传播推动当代中国艺术走向繁荣

正如前文所指出的那样，秦汉时代，中华文化从东、西、南多方向与外部世界展开了多方面、多层次的广泛交流。在这一双向运动过程中，中华文化初步确立了自己在世界文化系统中举足轻重的地位，同时也吸收了外部文化的宝贵营养，激发了自身机体的蓬勃生机。[②] 唐代的艺术首先得益于唐人对于既往中华艺术精神和艺术成就的成功吸收和转化，但是，毫无疑问的是，唐代艺术的灿烂兼备很大程度上也得益于唐人对于外来文化和外来艺术的吸收和创新性转化。

汉唐时代，中国文化作为优势文化，它的文化输出要远远大于文化输入，只是因为就当时的文化影响和艺术传播力而言，中国汉唐时代所取得的文化成就和艺术成就远比周边国家，甚至比当时的西方国家有过之而无不及。比较而言，晚清以来直至现当代（1919年至今），中国的文化输出要弱于文化输入，工业革命开启的西方现代文明以其空前发展速度和传播强度，迅速战胜东方文明，所有后发现代化国家都经过了主动或被动接受西方文明、学习西方文明的现代化过程。当然，在这个过程中，中国及所有非西方国家也都有意或无意地将自己的文化包括艺术文化向西方进行传播扩散，特别是在当今全球化时代，各民族国家都在伸张自己的文化主体性，力争在国际舞台上，谋求本民族的文化话语权。

文化传播是指文化从一个社会传到另一个社会，从一区域传到

---

① 王岳川：《文化创新是中国核心价值的呈现》，《解放军艺术学院学报》2012年第3期。
② 冯天瑜等：《中华文化史》，上海人民出版社2010年版，第332页。

另一区域以及从一群体传到另一群体的互动现象。① 威廉·A. 哈维兰在其《文化人类学》一书中用"diffussion"一词，来解释文化传播现象，一个社会的成员向另一个社会借用文化元素的过程叫作传播（diffussion）。② 但"diffussion"原意是气味、光热、学问、知识的散布、传播。文化传播有时更注重思想、信仰的传播和扩散，所以也有的学者用"dissemination"一词解释文化之间的传播现象，"dissemination"主要是指思想、信仰的散布。文化传播发生在不同的文化模式之间，人类学家童恩正认为："除了自身的发现和发明以外，一个社会里新文化因素的出现也可能来源于另一个社会。这种从其他社会借用文化因素并且将之融合到自己固有的文化之中的过程，就称为传播。"③ 文化学者司马云杰认为文化传播也发生于社会、群体以及人与人之间，文化传播是"人们社会交往活动过程中产生于社区、群体及所有人与人之间的共存关系之内的一种文化互动现象"④。无论如何，小到个人大到一个民族国家，必然生活在文化传播的语境之中，文化传播伴随着接受方的价值选择和价值判断，一般来说，只有当所接受的价值与传统的生活方式和价值不发生冲突，文化传播的内容才能顺利地扩散并产生效果，否则，文化传播无法实现。文化传播的另一个特点是传播方式的平和性和渐进性，历史上商旅、传教、游学、迁徙、航海都是文化传播的最常见的方式。

　　当代中外文化传播我国艺术创作、艺术接受、艺术思潮、艺术评论、艺术理论发生过负面影响。在论及当代艺术（当代先锋美术）时，有的学者指出，当代中国艺术从1978年到2008年，可以用从"去中国性"到"再中国性"来加以概括。从1985年开始，中国艺术圈向欧美世界开放，欧美的前卫艺术成了"85艺术运动"的唯一范本，当时，欧美艺术作为"他者"（the other）形象出场是非常重要和必要的，不仅中国前卫艺术从此得以开场，而且前卫艺术之外的其他的传统艺术类

---

　　① 文化传播，参见 http://baike.baidu.com。
　　② ［美］威廉·A. 哈维兰：《文化人类学》，瞿铁鹏等译，上海社会科学院出版社2006年版，第461页。
　　③ 童恩正：《人类与文化》，重庆出版社1998年版，第205页。
　　④ 司马云杰：《文化社会学》，中国社会科学出版社2003年版，第272页。

型都受到了这种外来艺术的深刻影响。中国当代艺术在接受借鉴欧美艺术的过程中,由于盲目模仿跟风,或为了迎合西方市场的审美趣味,有意无意地借用"中国符号"进行拼贴,将艺术背后的本土化的语境剔除了,这就好似将中国传统文化的这根"萝卜"彻底拔出了土,然后去泥、切割、烹饪而成为一道道地道的"西餐"或者"中西餐杂拌"。①当然,在从"去中国性"到"再中国性"的过程中,已经出现了能够整合"高科技"与"深文化"的成功作品,如2007年奥地利电子艺术节上出现的互动装置作品《行气》——在一个铺满白沙的封闭空间里面,一面屏幕正对着两个座位,参与者可以坐到上面去,在古典音乐的伴奏下,利用自己的气息去调节屏幕上徐徐写出的书法的速度、力道和进程。艺术家以"阴阳"概念进行互动设计,一位以呼吸的速度来控制书法的行进,一位以呼吸的深浅来影响书法的浓淡,观众透过彼此互动的过程,体会人与他人、人与万物微妙不可分的共鸣和协奏。与此同时,屏幕上的书法也倒映在白沙之上。这样的作品,可谓真正把握到了中国古典文化的"魂魄"。②

总的来说,新时期以来随着改革开放所带来的文化传播浪潮,当代中国的艺术文化得以全方位与西方文化接轨、融合并以此为契机,带来中国当代艺术文化的空前繁荣和发展。20世纪80年代西方现代文艺大讨论、文学主体性讨论、文化"寻根"思潮、重写文学史话题与实践等,都与外来思潮的影响和激荡有关,以至于短短几年内,西方现代、后现代的各种艺术在中国全面演练,风靡一时。就文学而言,有的学者认为,新时期30年,是中国百年新文学发展史上最好的一个时期,也是我国自1840年以来的近代文学史上最好的一个时期,它堪与我国文学史上的建安时期和盛唐时期相比肩。新时期的文学艺术实际上实现了两个超越——超越十七年,超越"五四"新文学。③

---

① 刘悦笛:《当代中国艺术:建构"新的中国性"——从"去中国性"到"再中国性"之后》,《艺术百家》2011年第3期。
② 同上。
③ 彭金山等:《改革开放30年文学艺术的发展历程及其成就》,《贵州社会科学》2008年第11期。

改革开放文化交流互动催生出新时期30年文艺创作的累累硕果，如朦胧诗、寻根文学、女性文学、第五代导演的电影、90年代散文热等，文学上出现了两个诺贝尔奖获得者（高行健、莫言）。① 高行健和莫言的作品，借用西方（包括南美洲）现代小说的表现技巧，来讲述中国故事，从另一个视角展示中国文化的复杂性和多样性以及人类心灵的思维深度，拓展了中国传统叙事文学的展示空间。莫言在诺贝尔获奖感言中指出，如果没有改革开放，就没有中国社会的巨大发展与进步，如果没有改革开放，就不可能有他这样的一个作家。莫言学习西方现代派的形形色色的叙事花样，但是最终还是回归到传统，但是这种回归，不是一成不变的回归，其《檀香刑》及其以后的小说，是继承了中国传统小说同时又借鉴了西方小说技巧的混合文本。② 与此同时，上述作家及其作品因与国际接轨有效地传播了中华文化，向国际社会传递中国声音，展示当代汉语的独特魅力。此外，像小说家余华、陈忠实、汪曾祺、王安忆、王蒙、张承志、韩少功、张贤亮、贾平凹、铁凝、王小波，诗人北岛、舒婷、顾城、海子，以及剧作家沙叶新、魏明伦等，都成为新时期中国文学的代表性人物，张艺谋、陈凯歌的影视艺术获得国际大奖，也从另一个层面展示了大国崛起艺术繁荣的画面。

或许我们以深圳为例来说明文化传播对于本土文化建构和艺术发展的正面影响就很能说明问题。深圳首先是中国新时期以来改革开放文化的标志性成果，其次它也是文化传播的产物。号称"移民城市"的深圳，通过"国内移民"带来了祖国不同地域的文化，包括器物文化如饮食、日用品等，风俗文化如各地民风土俗、方言等，以及精神文化如宗教信仰、民俗信仰等，深圳通过国际文化传播和"国际移民"带来了当今国际上的市场文化、开

---

① 虽然因种种原因高行健获诺贝尔文学奖并没有广为人知，但是其《灵山》等代表作，是在接受西方文学的影响并以汉语写作的文学文本。高行健在获奖感言中提到了卡夫卡和费尔南多·比索瓦等。莫言在获奖感言中指出他的小说创作受到了美国的威廉·福克纳和哥伦比亚的加西亚·马尔克斯的重要启示。

② "莫言诺奖感言"，参见 http://u.sanwen.net/subject/1007805.html。

放文化和民主文化等,没有改革开放的历史机遇,就没有深圳八面来风的生动局面,没有文化传播,就没有今天的深圳,文化传播造就了深圳文化多元又相互融合创新的文化格局。深圳是当今文化传播场域中的谦逊的接受者,深圳草创阶段本着"改革开放""敢闯敢试"等价值理念,向小学生一样虚心接受能够为我所用的西方文化养分——效率、市场、务实、科学、理性等,今天,深圳理直气壮地成为文化传播的主体——曾经的"文化沙漠",在历史巨人的塑造之下,已然"蝶变"为文化的绿洲,深圳十大观念成为改革开放40年来中国文化创新的标志性内涵,尤其是在党的十八大以后"中华文化复兴"的伟大目标成为国人的共识之后,深圳作为中国改革开放文化的代表性符号,其所肩负的文化传播使命尤为特殊而显赫。

产生于改革开放前沿城市深圳的文学艺术作品,相应地记录并反映了深圳创建经济特区30多年来在文学艺术领域的独特成就。

1984年7月,"深圳市作家协会"经批准正式成立,到2014年,深圳作协成立30周年。这期间深圳市文联、深圳市作协精心策划了深圳首届文学季重点活动——"深圳优秀文学成果展",此次活动征集、展出深圳150多位作家的200多种优秀著作,作品形式涵盖小说、散文、诗歌、报告文学、文化批评、新媒体文学、青春文学、影视文学等,以此见证了深圳文学创作群体的成长,并集中反映了深圳文学30年的发展历程。

2015年4月9日,"2015文学深军新势力"——深圳青年作家研讨会在京举行。会上专业人士就深圳文学创作现状进行研讨,认为深圳"为全国奉献了移民文学、城市文学、打工文学、底层写作、网络文学、青春写作等文学形态。很多文学形态大都在全国率先出现,产生影响……深圳为建构当代中国文学的城市叙事,提供了新鲜的经验。同步性、互文性、在场性是深圳城市文学的突出特点"[①]。著名评论家孟繁华表示:"深圳作家的文学创作跟北京、上

[①] 陆云红:《"深圳作家小伙伴们也是蛮拼的!"——我市青年作家研讨会在京举行》,《深圳特区报》2015年4月10日第B01版。

海非常不同……深圳作为移民城市,每个作家带有不同的生活体验和文化记忆,因而深圳的文学创作形成独特、多元的态势与格局,充满活力。"①

深圳文学艺术走过了 30 多年的发展历程,在历史的行进中已自成体系。深圳市文学艺术界联合会主编的《春华秋实——深圳文艺发展探索与思考》(海天出版社 1995 年版)、杨作魁著的《深圳文学概论》(海天出版社 1996 年版)、胡经之主编的《深圳文艺 20 年》(花城出版社 2000 年版)、章必功主编的《都市文学新景观——深圳作家作品研究(30 年 30 家)》(商务印书馆 2010 年版)、周思明著的《全球化视野与新都市语境——深圳文学 30 年论稿 1980—2010》(人民出版社 2010 年版)和蔡东著的《深圳文学生长与展望》(海天出版社 2015 年版)等专著,集中体现了深圳学者对深圳文学艺术发展的思考和智慧。

有学者指出,在全球化时代,文化传播速度快、范围广、强度大、多样化。可是目前我国文化传播面临一系列困境:文化传播实力"西强我弱",国家政府对传媒微观管理多,宏观管理少;传播模式、方法和手段僵化;传播内容选择缺乏针对性。因此,必须加快构建技术手段先进,方法方式灵活,体制、观念、理念、内容新颖,覆盖全球的文化传播体系,形成与我国经济社会发展水平和国际地位相称的文化传播能力。② 变被动、自然"引进来"为主动、积极"送出去",目前已经成为中国当代顶层设计的共识。当代中国文化传播和艺术文化的对外传播意义重大,有时候,文化传播(如意识形态、哲学和宗教等)困难重重,但是,艺术传播却往往会产生意想不到的效果。习近平总书记 2014 年 10 月 15 日在全国文艺工作者座谈会上发表讲话,指出:"国际社会对中国的关注度越来越高,他们想了解中国,想知道中国人的世界观、人生观、价值观,想知道中国人对自然、对世界、对历史、对未来的看法,想知

---

① 陆云红:《"深圳作家小伙伴们也是蛮拼的!"——我市青年作家研讨会在京举行》,《深圳特区报》2015 年 4 月 10 日第 B01 版。
② 徐稳:《全球化背景下当代中国文化传播的困境与出路》,《山东大学学报》(哲学社会科学版)2013 年第 4 期。

道中国人的喜怒哀乐，想知道中国历史传承、风俗习惯、民族特性，等等。这些光靠正规的新闻发布、官方介绍是远远不够的，靠外国民众来中国亲自了解、亲身感受是很有限的。而文艺是最好的交流方式，在这方面可以发挥不可替代的作用，一部小说，一篇散文，一首诗，一幅画，一张照片，一部电影，一部电视剧，一曲音乐，都能给外国人了解中国提供一个独特的视角，都能以各自的魅力去吸引人、感染人、打动人。京剧、民乐、书法、国画等都是我国文化瑰宝，都是外国人了解中国文化的重要途径。文艺工作者要讲好中国故事、传播好中国声音、阐发中国精神、展现中国风貌，让外国民众通过欣赏中国作家艺术家的作品来深化对中国的认识、增进对中国的了解。要向世界宣传推介我国优秀文化艺术，让外国民众在审美过程中感受魅力，加深对中华文化的认识和理解。"① 当代中国文化传播特别是艺术文化传播在中国"硬实力"逐渐凸显出来的话语环境之下，必将以其多元务实的传播模式和传播风格，促进东西、中外文化的大融合和中国艺术的大发展。

三 文化涵化带动当代中国艺术振兴

从鸦片战争开始，中国文化作为弱势文化一直经受着西方文化的涵化，直到目前为止，在西方文化的涵化过程中，中国文化一直没有丧失其主体性，这从几个方面可以得到证明：其一，中国语言没有变，汉语至今还是中国的官方语言和通用语言；其二，中国的政体虽然发生了变化，但是中国的治理模式又绝不类似于西方国家，而且中国当代的顶层设计希望开出一个更具优越性和人类性的文明治理理念和政治管理秩序；其三，经过现代化的洗礼进入全球化时代，中国传统文化及其价值理念重新迸发出惊人的建设性能量。

文化合并或融合也造成了艺术文化的合并或融合。风靡全球的爵士乐原先只是美国新奥尔良地区的非洲—美国混合音乐，后来在美国流行，产生了不少变种。新风格从未扼杀过老式爵士乐，最终成为黑

---

① 习近平：《在文艺工作者座谈会上的讲话》（http://news.ifeng.com）。

人与白人共享的音乐。白种人不仅听爵士乐、跳爵士舞，还演奏爵士乐。爵士乐传遍全球，老式的"新奥尔良"风格在它的出生地受到冷落，却在巴黎的圣日耳曼—代普雷的咖啡馆地下室里生机勃发。随后它又回到美国，重新在新奥尔良定居，世称"新奥尔良复兴"（New Orleans Revival）。另外，在节奏与布鲁斯忧郁曲（Rhythm and Blues）相遇之后，摇滚乐（Rock and Roll）在美国的白人世界里流行开来，然后传遍全世界。各地的人们用自己的语言演唱，并形成了各自的民族特性。今天，在北京、广东、东京、巴黎和莫斯科都可见到人们跳摇滚，以摇滚欢庆，用摇滚相互沟通。全世界的青年人都可以以同一个节奏在同一个星球上展翅飞翔。[①]

与美国相比，我们也可以认为中国当代文化是一种融合创化的新文化——中国本土文化融合西方文化形成的一个"现代中国文化实体"，在这个文化实体中，中国当代艺术文化同样逻辑性地变相为一个"现代中国艺术文化实体"。我们的现当代文学、音乐、美术、舞蹈、雕塑、戏剧、影视、动漫、设计、环艺、建筑艺术、多媒体艺术、文化创意产业包括现当代的民间手工艺术等，无不在外来文化（主要是西方文化）的影响之下，发生了巨大的变化。就拿舞蹈艺术来说，中国当代舞蹈艺术多元共存——传统戏剧舞蹈、民间舞蹈、大众舞蹈（广场舞）、少数民族舞蹈、学院实验舞蹈以及从西方引进的芭蕾舞、交际舞、国标舞共存共荣，但是，在所有这些舞蹈之中，产生了国际性影响，并且得到所有华人文化圈认同的舞蹈是杨丽萍的《雀之灵》《云南印象》。杨丽萍的成功首先得益于底蕴十足的云南傣族民间传统舞蹈文化，她将傣族味十足的民间舞蹈《雀之灵》巧妙地与现代舞美设计糅合在一起，就猛然使得这种原生态的民间舞蹈实现了的文化上的穿越——在声光影视的幻觉中，所有的观众被她的这种独创的身体语言所震撼，并以其唤醒了隐藏在现代文明深处的人性和物性交感互动的"存在感"。

音乐作品《大地飞歌》也是一个由文化涵化引发的艺术涵化并取得成功的典型案例。2001年11月，有40多位黑衣壮男女青年在南宁国

[①] ［法］埃德加·莫寒：《超越全球化与发展：社会世界还是帝国世界》，载哈佛燕京学社主编《全球化与文明对话》，江苏教育出版社2004年版，第129页。

际民歌艺术节的开幕式晚会上演唱了一首黑衣壮的多声部山歌《山歌年年唱春光》,神秘的、高昂激越的歌声震撼了电视机旁的万千观众;2002 年 5 月,黑衣壮艺术团代表广西参加全国群众歌咏比赛,一举夺魁;2004 年 11 月南宁国际民歌艺术节期间,黑衣壮山歌《壮家敬酒歌》被选为"东南亚时装节"的开场节目;与此同时,由郑南作词、徐沛东作曲,"借用了传统民歌的仪式化力量和其中的文化逻辑,把想象性的因果关系作为具有现实力量的文化逻辑的南宁民歌节的标志性歌曲《大地飞歌》立即风靡全国,《大地飞歌》的民族版、摇滚版、青春版等与黑衣壮少女们演唱的原生态山歌《山歌年年唱春光》,以及与广西少数民族文化符号的多重组合,在现代大众文化所营造的氛围内构成了十分生动而丰厚的文化关系,少数民族原生态民歌也就镶嵌到当代大众文化的系统中去了"。[①]

广西壮族民歌虽然经过了改写,如人为地改变了其即时性、随意性、民俗性、自然自发性等特征,变成了一种大众艺术,也就是说它与当代大众文化融合之后,失去了双方的各自认同,而变成了一种融合二者优势的新文化——新的艺术认同方式。山歌的即时性、随意性、民俗性、自然自发性等特征失去了,但是它的古朴旋律所敞露出来的人类的激情、完整的感性依然存在,同时,它又披上了大众文化的羽衣——当代艺术的体验性消费、穿越式感受、影像化审美、动态性接受。当刺耳而矫情的流行音乐戛然而止,五光十色的灯光突然消失,人们屏住呼吸,睁大眼睛,凝视着黑漆漆的舞台。突然一个清脆、高亢、陌生的歌声仿佛天籁之音从遥远的天际传来,穿过时光的隧道,划破都市高楼和霓虹灯,钻进现代都市人那被机器轰鸣声磨成茧的耳膜,流进其心灵。同时,在一束强光的照射下,一群身着黑衣服的姑娘,一张张淳朴的笑脸出现在观众眼前。在那一刻,那一瞬间,观众体验了本雅明所谓的现代都市人的"震惊"(shock)。随即他们那被压抑、被异化的感情世界迅即被强烈地激活、修复、完形,在场的人不分男女老幼、贫富贵贱、汉族

[①] 王杰:《民歌与当代大众文化——全球化语境中民族文化认同的危机及其重构》,2006 年中国艺术人类学学会成立大会暨学术研讨会论文,北京,2006 年 12 月,第 412—419 页。

壮族、中国人外国人、城里人乡下人，都被这古朴纯情的山歌带入了一种自由圆满的存在实境。

当代音乐文化的融合创新并取得实质性进展的典型个案是谭盾及其"中西异合"①"西音中韵"②的音乐作品。谭盾，1957年出生于长沙郊区，自幼深受楚文化影响，后下放农村，从湖南京剧团演员，到中央音乐学院学生，再到哥伦比亚大学学习并获得音乐艺术博士学位，其成长经历自然带上了中西文化涵化的痕迹。迄今为止，他的许多作品已赢得多项当今世界级音乐大奖——既有与流行音乐相关的格莱美大奖，格文美尔奥斯卡原创音乐奖；又有古典作曲大奖和德国巴赫奖这样古典音乐界的重量级奖项；华人文化圈也给予巨大荣誉，凤凰卫视等全球最重要的十家华文媒体将他评为"2006年影响世界的十位华人之一"；在国内，文化部授予谭盾"二十世纪经典作曲家"的称号。③谭盾音乐取得成功的秘诀是内外双重因素造成的，没有改革开放大时代赐予的留学海外充分吸收西方音乐精髓的外因，没有谭盾自小耳濡目染充溢其灵魂的本土文化——楚文化特别是巫乐文化的精神滋养，就没有谭盾。虽然学术界对于谭盾音乐的评价纷争不已，但是被誉为中国20世纪"先锋派"中最重要的作曲家之一的谭盾的一系列作品，却获得了中外听众、观众和市场的普遍认同。电影《卧虎藏龙》取得第73届奥斯卡最佳外语片等4项大奖，也是华语电影历史上第一部荣获奥斯卡金像奖最佳外语片的影片，影视界和音乐学界一致认为，本部故事片中的民族性音乐是电影获得成功的支撑点，而其获得广泛欢迎的个性之一，就是其"多元化的融合性"——多元化的音画配乐（场景乐、背景乐、主题乐）、多元化乐器（民族乐器、西洋乐器）、多元化主题歌曲（美国作曲家 Jourge Calandrelli 作曲、李玟演唱）。有学者指出，谭盾作品将西方作曲技术与中国传统音乐两相结合，创作出了《风雅颂》《死与火》《马可·波罗》《地图》《文书》等优秀作品，其中的西方技法（结构、主题、和声、节奏）与中国风

---

① 张娜：《谭盾音乐的中西异合》，《音乐创作》2014年第5期。
② 龚佩燕：《电影〈卧虎藏龙〉中的音乐艺术》，《大舞台》2014年第1期。
③ 杨子超：《谭盾音乐的多元化因素探索》，《视听》2015年第7期。

（"道""自然之声""无声""水乐"以及人声、气声、京剧念腔、苦唱）相互融合浑然天成，经历了合二为一、中西异合的音乐升华提炼过程，其结果是：其中的西方技法给中国听众以新奇之感，其中的东方情调则能吸引西方听众。[1] 如果两种文化丧失了它们各自的认同而形成一种单一的文化，就发生不了合并或融合，谭盾音乐是在当代中西文化涵化过程中所自然也是自觉派生出来的"创新性中国艺术文化实体"——失去了双方的各自认同，而变成了一种融合二者优势的新文化——新的艺术认同方式。

这种发生在艺术文化领域内的成功"涵化"，不仅为当代中国的文化创新带来了新的增长点（增长极），同时通过文化传播加速了文化之间的良性互动。谭盾在谈及自己的创作感受时指出："我们的音乐梦无边，我的脑子里全无国界。未来的音乐，一定是一个大家，一个大市场。无边就是边被打破了，古典和流行没有了界限，东西方在融合，雅和俗也不再对立"。[2]

被誉为"世界上最大的一次文化艺术行为"的 2008 年北京奥运会开幕式，[3] 既是中外、东西文化交流互动涵化创新的艺术作品，同时也是当代文化涵化带动艺术涵化的成功范例。北京奥运会开幕式，全球点赞，它的创意来自全球化时代人类的共同期盼和中国人民的文化艺术想象，这是一次文化融合艺术创新的惊人之举，包含着多元性、多层次、多向度的文化艺术融合创新内涵——刘欢与莎拉·布莱曼中英文主题歌联唱，五大洲五支乐队担纲运动员入场演奏，2008 张笑脸的组合（包括来自国内 22 个民族的 389 张儿童笑脸，来自美国、荷兰、挪威、波兰、奥地利等 28 个国家和地区的儿童的笑脸照片 866 张），还有现场由演员与 204 个国家上万名运动员共同完成的画卷，等等，北京奥运会开幕式作为当代中外文化交流涵化艺术创新的里程碑式作品，将永载中华史册。

---

[1] 张娜：《谭盾音乐的中西异合》，《音乐创作》2014 年第 5 期。
[2] 杨子超：《谭盾音乐的多元化因素探索》，《视听》2015 年第 7 期。
[3] 吴永芝：《解析北京奥运会开幕式的文化特征》，《南京体育学院学报》（社会科学版）2008 年第 5 期。

第四节　小结：文化振兴，艺术复兴

艺术复兴和艺术繁荣与文化复兴和文化繁荣是相辅相成的，艺术复兴唤醒民智，鼓动全社会的创造激情，推动文化的大发展和大繁荣；而文化的大发展大繁荣，又反过来带动艺术的大发展和大繁荣。古巴比伦、古埃及、古印度、中国的"青铜时代"、古希腊、文艺复兴时代及当代美国的文化和艺术的相互推动、相互促进和相互成就充分证明这是人类文化演进过程中的一条基本规律。

文化振兴通常表现为特定的文化群落（文化实体、民族国家）在其文化演进过程中，具备了文化创新能力，即具备了"文化发现""文化发明"和"思想创新"能力；具备了文化传播的实力和双向多向互动传播环境，如中国唐代的文化传播对于唐代文化建构所产生的正面作用等；具备了文化涵化能力，也即在避免了自己的文化被灭绝、被同化及被边缘化的前提下，能够实现文化交流融合，并产生积极的创新机制和创新成果，如古埃及艺术文化与古希腊艺术文化的融合和统一、美国的英裔美国人文化（融合了英国文化与北美原住民文化而形成的一种新文化）、当代西方强势文化及艺术与非西方弱势文化及其艺术的融合和统一等。"文化发现""文化发明"和"思想创新"、文化的良性传播以及文化的良性融合，都是艺术振兴、繁荣、复兴的福音。

丹纳指出："艺术家创造的才能是与民族的活跃的精力为比例的。"[①] 当代中国的"活跃的民族精力"得益于当代中国的文化发现、文化发明和思想创新能力，得益于当代中国与西方及其他非西方国家的文化传播互动，得益于中国当代本土的主流文化及非主流文化与西方及其他非西方文化的交流融合。新时期以来我国思想文化界的一系列创新之举，直接"活跃了民族的精力"，推动了我国当代文艺事业大发展和大繁荣局面的形成。发生在中国文化和外

---

① ［法］丹纳：《艺术哲学》，傅雷译，安徽文艺出版社1998年版，第178页。

来文化之间的"良性涵化",以及发生在中国艺术文化和外来艺术文化之间的"良性涵化",不仅为当代中国的文化创新带来了新的增长点(增长极),同时通过文化传播加速了文化之间的良性互动,带动了当代中国艺术的振兴和繁荣。在实现"中国梦"、实现中国文化复兴的历史进程中,我们必须在充分审察人类文明进程中的相关成功经验和规律的基础上,直面当下,肯定成绩,加强文化自信,发现问题,强化文化自省意识,提高文化和艺术的创新能力。

艺术文化的兴衰荣枯必然受到整个文化系统的影响和制约,但是特定时空语境下的艺术文化,又必然对特定的文化群落(文化实体、民族国家)产生积极或消极的作用。中国当代的艺术文化兴起于当代中国文化的历史语境之下,如何激活传统艺术文化的精华为当下所用,为中华文化复兴发挥建设性的功用,正是我们在经过历史的纵向比较和当下性的横向比较之后,必须重点加以研究的问题。

第三章

中华艺术的正能量含藏

"正能量"本是物理学名词，出自英国物理学家狄拉克的量子电动力学理论：伴随着与一个变量有关的自由度的负能量，总是被伴随着另一个纵向自由度的正能量所补偿，所以负能量在实际上从不表现出来。英国心理学家理查德·怀斯曼在《正能量》一书中，将人体比作一个能量场，通过激发内在潜能，可以使人表现出一个新的自我，从而更加自信、充满活力。

正能量是能够促进生命质量，完成人生使命的能量；负能量是降低生命质量，有碍人生使命达成的能量。"正能量"指的是一种健康乐观、积极向上的动力和情感。当下，中国人为所有积极的、健康的、催人奋进的、给人力量的、充满希望的人和事，贴上"正能量"标签。它已经上升成为一个充满象征意义的符号，与我们的情感深深相系，表达着我们的渴望，我们的期待。①

佛家所说的"八正道"——正见、正思维、正语、正业、正命、正方便、正念、正定，其中以正见为基础，派生出其他七种生命修炼和人生实践，合而为一个生命个体所具有的正能量。

第一节 "正能量"和"负能量"：艺术精神和艺术功能新阐释

当代中国领导人屡屡在公开场合提倡激发社会正能量，传递正

---

① 参见百度百科"正能量"（http://baike.baidu.com/link）。

能量等，学术界开始对正能量的含义进行探讨。如《咬文嚼字》总编辑郝铭鉴认为，正能量指的是一切予人向上和希望、促使人不断追求、让生活变得圆满幸福的动力和感情。① 有的学者进一步将对于个体的社会"正能量"的探讨上升到对于国家正能量和文化正能量的探讨，如认为中国"正能量"文化，是反映中华民族精神、主流意识、正确审美观，倡导以人民为价值中心的、深受广大人民欢迎的具有正面价值和积极意义的精神产品的总和。一般表现为格调健康、情趣美好、振奋精神、发人深省、催人向上的文化特质。"以人民为中心"的中国"正能量"文化，其内涵一是以中国先进文化为旗帜，二是以传统和谐文化为灵魂。在这两大基本点之下又各有四大构成元素：英雄主义情结、奉献主义胸襟、理想主义色彩、实现复兴信念；以及和合主义思想、集体主义观念、爱国主义精神、民本主义情怀。②

艺术文化作为文化价值系统的有机组成部分，有效地承载着文化的正能量，发挥着文化的正能量效应。具体到中国艺术，则中华艺术尤其是中国传统艺术文化作为中华文化价值系统的有机组成部分，有效地承载着中华文化的正能量，发挥着中华文化的正能量效应。

作为人类的精神文化，艺术在其五光十色的形式背后，包含着人类的情感和智识。中国古代先哲对"情"和"诗"的认识，跟西方人很不一样，中国古代最早的散文集《尚书》中的《尧典》篇有言：

诗言志，歌永言，声依永，律和声。

这里的"诗言志"实际上也就是"诗言情"。虽然"诗言志"说颇富争议，但经典的解释是"诗言情志"。李泽厚认为"诗言志"便是抒个人的志趣以至情感，③ 我们千万不要把这个"志"看成

---

① 宋海芽：《"正能量"一词的翻译和语义延伸的认知阐释》，《郑州航空工业管理学院学报》（社会科学版）2013年第3期。
② 常勤毅：《中国"正能量"文化内涵与构成分析》，《江西社会科学》2014年第1期。
③ 李泽厚：《华夏美学》，天津社会科学院出版社2001年版，第56页。

"志向",实际上这个"志"包括"智慧""情感"和"意念",是"知、情、意"的复合体。中国古人认为"情"与"知"并不是截然分开的两个东西,"情天恨海"虽是说情深恨笃,但也是说,"情"可通"天"。"情深"的人"悟道"必深,禅宗五祖弘忍说:"有情来下种,因地果还生,无情亦无种,无性亦无生。"人秉七情,看似痴迷不悟,而实际上"有情人"身陷情窟,体情入微,情性相通,却能通过"情"的无常暂驻,彻骨之痛,依境攀缘,始得省悟与"情"合胞同体的宇宙大道。在人类的情感的深处,含藏着人类的思想、理念、价值观,原始艺术以其激烈的情感性和直觉性,表达初民对于宇宙和生命的认知和想象,进入文明社会之后,各民族的艺术文化以其各具个性的艺术形式或艺术语言,表达各民族人民对于宇宙、生命和生活的认知和判断。由于"艺以载道""艺以载情",各民族的艺术所载之"道"和"情",必存差异,如果其所载之"道"为"正道""正见""正念""正思维",则其艺术精神是"正能量";相反,其所载之"道"为"歪道""邪见""恶念""乖思维",则其艺术精神是"负能量"。如果其所载之"情"是一种健康乐观、积极向上,催人奋进、给人力量、令人充满希望则其艺术情感是"正能量";相反,如果其所载之"情"消极颓顸、阴暗昏沉,令人失望迷茫甚至痛苦绝望,则其艺术情感是"负能量"。一件艺术作品包含着作者真挚的情感,通过阅读、观看、聆听和感悟,引起接受者的强烈共鸣,并进而加深了接受者对于宇宙人生的理解层次,使接受者自觉或不自觉地身心愉悦,精神升华——达到了真善美的和谐统一,则这件艺术品的精神品质是"正能量的",其社会作用也是"正能量的"。

徐复观先生在《中国艺术精神》一书中对艺术文化所承载的"正能量"和"负能量"进行了一番辨析,指出:"艺术是反映时代、社会的。但艺术的反映,常采取两种不同的方向。一种是顺承性的反映;一种是反省性的反映。顺承性的反映,对于它所反映的现实,会发生推动、助成的作用。因而它的意义,常决定于被反映的现实的意义。西方十五六世纪的写实主义,是顺承当时'我的自觉'和'自然的发现'的时代潮流而来的,对于脱离中世纪,进入到现代，发生了推动、助成的作用。又如由达达主义所开始的现代艺术，它是顺承两次世界大战及西班牙内战的残酷、混乱、孤危、绝望的精神状态而来的。看了这一连串的作品——达达主义、超现实主义、抽象主义、破布主义、光学艺术等等作品，更增加观者精神上残酷、混乱、孤危、绝望的感觉。此类艺术不为一般人所接受，是说明一般人还有一股理性的力量与要求，来支持自己现实生存和对将来的希望。中国的山水画，则是在长期专制政治的压迫，及一般士大夫的利欲熏心的现实之下想超越社会，向自然中去，以获得精神的自由，保持精神的纯洁，恢复生命的疲困而成立的，这是反省性的反映。顺承性的反映，对现实犹如火上加油。反省性的反映，则犹如在炎暑里喝下一杯清凉的饮料。专制政治今后可能没有了；但由机械、社团组织、工业合理化等而来的精神自由的丧失，及生活的枯燥、单调，乃至竞争、变化的剧烈，人类是需要火上加油性质的艺术呢，还是需要炎暑中的清凉饮料性质的艺术呢？我想，假设现代人能欣赏到中国的山水画，对于由过度紧张而来的精神病患，或者会发生更大的意义。"① 可见，徐复观认为艺术所发挥的作用，有"正能量"与"负能量"的区别。

徐复观认为由孔子所显发出来的艺术精神，是道德与艺术合一的性格，由孔门通过音乐所呈现出的为人生而艺术的最高境界，即是善与美的彻底和谐统一的最高境界。由庄子所显发出的艺术精神，则是彻底的纯艺术的性格。中国的纯艺术精神，实际上是由此一思想系统所导出，中国历史上伟大的画家及画论家，常常在若有意若无意之中，在不同的程度上，契合到这一点。② 徐复观总体上认为，中国艺术精神所成就的中国绘画，所体现的人生的境界，与西方的近现代文化的性格存在明显的差异，中国画所呈现的虚、静、明的精神与现代西方绘画所呈现的残酷、混乱、孤危、绝望的精神状态给人类带来的影响是不同的。西方现代艺术对于"现代文化的病痛"的"顺承性的反映"，可以作为历史创伤的表识，并不具有艺术的永恒性；而

---

① 徐复观：《中国艺术精神》，华东师范大学出版社2004年版，第5页。
② 徐复观：《中国艺术精神》，商务印书馆2010年版，第536—565页。

中国画体现的是中华民族对精神自由的祈向与追求，体现的是中国人的生命跃动与生存智慧，是中国文化的特点与精神。在以西方近现代文化为标本的全球现代化运动中，仍然具有不可替代的价值，能够弥补现代性给人类带来的困顿和不安。因此，中国艺术精神及其所成就的中国画，不仅具有历史的意义，而且具有现代和将来的意义。[①] 在此，徐复观虽然没有明确提出艺术"正能量"和"负能量"理念，但是其所谓的艺术对于现实的"顺承性的反映"和艺术对于现实的"反省性的反映"，实际上相当于一个是对社会发挥负能量效应，一个对社会发生正能量效应——"顺承性的反映"对现实犹如火上加油，反省性的反映则犹如在炎暑里喝下一杯清凉的饮料。

正如当代学者李维武所指出的那样，徐复观对于西方现代艺术的批判不无偏颇之处，西方现代艺术对现代人类生命存在也能起到一种安顿作用。笔者认为，徐复观先生提出艺术精神对于社会现实（人类文化）的两种反映方式，对于我们认识艺术精神和艺术功能的"正能量"和"负能量"具有一定的启发意义。但是，徐复观将艺术的"顺承性的反映"和艺术的"反省性的反映"进行二分的对比和判断，不能不说是他有意无意之间陷入了西方二分对立的思维误区。实际上，艺术的"顺承性的反映"里面必然裹挟着"反省性的反映"，艺术的"正能量"里面必然裹挟着艺术的"负能量"，反之亦然。西方现代派艺术通过残酷、混乱、孤危、绝望的艺术形象，既是对现代社会的"顺承性的反映"，也是对现代社会的"反省性的反映"。正如徐复观指出的那样，现代派艺术更增加观者精神上残酷、混乱、孤危、绝望的感觉——火上浇油，但是从另一方面来看，现代派艺术通过各种夸张、变形、怪诞的主观臆想形式和符号系统来表达现代人对科学理性主义的疏离和拒斥，通过现代社会里被压抑的人的感性的挣扎与呐喊呼唤人性的回归，也即正能量实现。[②]

中国的山水画（尤其是南宗山水画）如同现代派艺术一样，

[①] 徐复观：《中国艺术精神》，商务印书馆2010年版，第536—565页。
[②] 黄永健：《艺术文化论》，文化艺术出版社2008年版，第237页。

具有促使艺术受众反省儒家道德困局的认知功能。但是它也不是对于中国传统社会现实的模仿和映照，实际上，它是在传统主流意识形态即儒家思想文化的压抑之下，中国人的情感世界的自然敞明。中国山水画六法并举，而首重气韵生动。气韵者，乃人的情感的发露所产生的微妙的艺术效果，喜气、怒气、戾气、朝气、暮气、怪气、豪气、火气、媚气、爽气以及神韵、丰韵、雅韵、余韵，等等，莫不可以通过笔墨、意象和结构的营造而得到惟妙惟肖的表现。因为重气韵，重情感，并且在情感的敞明、气韵的达成的过程中抵达对于真理实境的直觉性把握，所以，中国的山水画以及与中国山水画精神相通的中国文学、雕塑、戏剧、书法、园林以及建筑成为传统中国文化语境之下与主流意识形态——儒家思想文化进行对话并自觉地与之疏离对峙的超越性存在。即便在枯燥、单调、充满竞争和变化的现代社会，中国画根本的存在价值还在于它的情感抒发性，即通过蕴含在笔墨、意象和结构经营中的现代性情感的敞露与现代理性主义至上的主流意识形态展开对话，并通过对话而对人的主体的完整性进行召唤，对人的精神的分裂零落状态进行修补和完形。徐复观先生认为，现代派艺术如同火上浇油，会进一步强化推动现代社会残酷性的进程，因而不为一般人所接受，这种看法是值得商榷的。现代艺术、后现代艺术虽然与传统艺术的表现形式大异其趣，但它们依然是现当代人类情感（感性）的自然发露，是现当代人类情感（感性）要求与社会主流意识形态——科学、民主、自由、人权、民族主义等进行共在性对话的自然冲动，它们的存在依然是自在自为的，既不是对时代、社会的顺承性的反映，也不是对时代、社会的反省性的反映。现代派艺术不但不会推动、助成现代化的进程（通过残酷、混乱、孤危、绝望的现代艺术精神强化现代社会的主流意识形态——科学理性主义）；相反，现代艺术通过现代情感的张扬、显露，有力地抵消了现代社会科学理性、工具理性意识对人的精神世界的压抑和肢解。同时现代艺术通过种种被扭曲的、被异化、被强暴的人的自然情感的抒发、呐喊（如野兽派、表现派、达达派、超现实派、抽象表现派等），引起了现代人对现代社会主流意识形态的反省意识和批判意识，通过现代人在反省之后所采取的自觉的行为和行动调整现代化的方向。[①]

第二节　中华传统艺术的存在现状

一　中华传统文化中的传统艺术

艺术作为文化价值系统中的有机组成部分，作为人类认知和掌握世界的一种方式，具有哲学、宗教、科学、习俗、伦理、法律、政治等不可替代的个性和功能。中华传统艺术（中国传统艺术）作为中华文化价值系统中的有机组成部分，具有中国哲学、宗教、习俗、伦理、法律、政治等不可替代的个性和功能。

西方近现代"文化"一词虽然已将物质文化成果囊括于其系统之内，但其重心在精神文化；而中国传统话语环境中的"文化"虽是一个动词，但其中的"文"（天道人伦）却是属于精神理念范畴，而且，以"文"化成的结果必然是物质文化和精神文化的双重成果，因此，以"文化"一词移译现代意义的"Culture"也十分贴切。但是东西方"文化"一词里本不包括今天所说的艺术，中国文化元典里的"文"乃"道"之纹理，"道"之形象外显，后经刘勰延伸阐释成包括"五色之形文""五音之声文""五性之情文"三种艺术形式在内的精神系统。西方 Culture 一词的词源拉丁文 Cultus 的几种含义中（包括耕种、居住、练习、留意、敬神）[②]也不包括今天所谓的"艺术"，"艺术"在文化价值系统里的重要性，是近代实证科学影响了社会学和人类学的研究之后，由泰勒等文化人类学者所发现并加以学理上的定位的。

---

① 如地景艺术（Land work 或 Earth work）通过对自然景观、人文景观的包装、设计引起现代人对于大地生态环境和人文历史的关注，目的是让人类对环境污染和文化流失进行必要的反思并采取相应的行动。目前世界上正在流行的反人类中心主义思潮和生态美学思潮都与诸如此类的艺术活动及人类的反省意识有关。法国女明星碧姬芭铎，演了20多年的非色情的女性人体美电影后，利用其财产建立了一个以她为名的基金会，专门研究针对各种稀有动物的保护，以及保护动物的各国政府立法问题。参见何政广《写给大家的欧美现代美术史》，湖南美术出版社2005年版，第183页。

② 同上书，第25页。

近代之前东西方的"艺术"一词主要指实用性的技能技巧,并且艺术系统五花八门相当混杂。但"艺术"在18世纪被确立为"美的艺术"之后,"艺术"所具有形而上超越性的精神品质与"文化"中的"道""理念"等相互打通,即所谓"以艺通道""艺近于道""道艺相济",至此,"艺术"从形而下的技能技巧升华为形而上的"精神符号""情感符号",成了人类象征系统中"最高级的象征"。从此艺术的价值受到了广泛的重视,艺术现象也得到了广泛的关切与研究。西方20世纪的文化学者斯宾格勒认为"艺术"是人类所创造的象征系统中最高级的象征,他说:"高级人类的世界感受,为自身所觅致的最最明晰的象征表达的方法,除了数理科学那一套展示模式,及其基本概念的象征系统外,便是艺术形式。"[1] 斯宾格勒进一步指出:"如果一个人的环境,对于个人的意义,就正如外在宇宙相对于内在宇宙一样,是一组庞大的象征之集合;则人的本身,只要他仍属于现实的结构之中,仍属于现象界,他们必然要被容纳在一般的象征之中。但是,在人给予他相同的人们的印象中,什么真能具有象征的力量?什么真能密集而睿智地表达出人类的本质,及其存在的意义?这答案,就是艺术。"[2] 英国文化学者汤因比在其巨著《历史研究》中论及文明在时间上的接触时,指出:艺术的传承和相互接触不像政治或法律系统那样必须反映特定时空的实际需要,艺术有一种"超时空"的特性。"艺术所表现的人与现实的关系完全不同于其他人类活动领域所确立的人与现实的关系。艺术综合了人的感知和思考,因此,无论在艺术创作中时间和空间起到了什么作用,艺术中所包含的见识的效力却会超越创作时的历史时空的暂时性和地域性。""艺术的最基本因素却是超出其时代的那部分东西,那是永远能够被人们理解,对人们有所启示的,甚至神秘的'真实'。"[3]

---

[1] [德]斯宾格勒:《西方的没落》,陈晓林译,黑龙江教育出版社1988年版,第157页。其实正如前文所指出的,马克思主义的文化系统中的"高高在上"的文学艺术也可作如是观。

[2] 同上书,第186页。

[3] [英]阿诺德·汤因比:《历史研究》,刘北成等译,上海人民出版社2000年版,第407页。

在马克思主义的文化系统里,"艺术"虽说是高高悬浮在上的一种特殊的意识形态,却也是文化系统里不可或缺的组成部分,这可以从两方面理解:其一,在人类文化的建构历程中,文学艺术和其他意识形态共同构成反作用于经济基础的合力,而这种反作用合力在文化建构中是必不可少的;其二,艺术与其他精神文化都是对世界的不同的掌握方式,在马克思所列出的思维、艺术、宗教以及实践—精神的四种掌握方式中,艺术位居第二,不可替代。① 虽则黑格尔从其客观唯心主义的历史哲学观出发认为"艺术"是"理念的感性显现",并最终会被哲学和宗教取代,但黑格尔之后的人类艺术实践和艺术创造已颠覆了黑格尔的推论,艺术在人类文化价值系统中的独立性的价值依然不可动摇,艺术与文化系统中的其他组成部分的广泛联系以及艺术新形式依然是当代文化学者和艺术学者深入研究诠释的对象。②

中华文化亦称华夏文化,是世界上最古老的文化之一,也是世界上持续时间最长的文化。中华文化历史源远流长,若从黄帝时代算起,已有5000年。有学者指出,中华民族有"三十万年的民族根系、一万年的文化史、五千年的国家史"。③ 中华文化的直接源头有多个,而其中又以黄河文化和长江文化为主,中华文化是多种区域文化交流、融合、升华的结果,学术界一般称之为"多源一体"的文化形成模式。中华人民共和国将中华文化定义为中国所有民族(中华民族)的文化总汇,但由于汉族是中华民族的主体民族,并且汉文化在中国历史上一直占据着主导地位,所以普遍认为汉文化是中华文化的主体。按照联合国教科文组织给文化下的定义,我们可以将中华文化描述为:中华民族的精神和物质、知识和情感的所有与众不同显著特色的集合总体,除了艺术和文学,它还包括生活

---

① 庄锡华:《艺术掌握论》,社会科学文献出版社2002年版,第19—29页。
② 黄永健:《艺术文化论》,文化艺术出版社2008年版,第28页。
③ 参见 http://baike.baidu.com/view;冯天瑜先生引《唐律名例疏议释义》"中华者,中国也。亲被王教,自属中国,衣冠威仪,习俗孝悌,居身礼仪,故谓制之中华",认为中华的文化内涵,并未局限于种族意义。故"中华"是一个文化人类学概念,而非体质人类学概念。参见冯天瑜《中华文化史》,上海人民出版社2010年版,第1页。

方式、人权、价值系统、传统以及信仰。①

从历史的时间纵向上看,中华文化上下五千年,具有丰富的文化积淀;从地理的空间上看,中华文化包括56个民族在不同的地域所创造的各具特色的生活方式、价值系统、传统习惯和信仰体系。

中华艺术文化是由中华文明派生出来的一种有别于西方艺术同时也有别于其他非西方艺术的价值存在。

徐复观先生在其《中国艺术精神》一书中,将艺术与道德、科学称为人类文化的三大支柱,他认为中国文化在自己的历史发展中,主要在道德领域与艺术领域,取得了重要的成就。要深入研究中国文化,弘扬它的人文精神,就必须深入到中国文化的道德领域和艺术领域,考察其历史,探索其源流,对其中所蕴含的道德精神和艺术精神加以阐发。唯有如此,才能把握中国文化中的人文精神,说明以"心的文化"为特征的中国文化。② 中国文化主张"天人合一",人与自然相亲相爱,虽然不排斥科学,但是也不主张驯服、宰制自然以利自身。徐复观认为中国在"前科学"上的成就,只有历史的意义,没有现代的意义。但是,在人的具体生命的心、性中,发掘出道德的根源、人生价值的根源,不假借神话、迷信的力量,使每一个人,能在自己的一念自觉之间,即可于现实世界中生稳根,站稳脚,并凭人类自觉之力,解决人类自身的矛盾,及由此矛盾所产生的危机,中国文化在这方面的成就,不仅有历史的意义,同时也有现代的、将来的意义。③ 而中国艺术作为中国道德根源和心性特征的发露和表征,数千年来所产生的绘画、音乐、舞蹈、建筑、园林、文学作品、书法、戏曲、工艺等以及所有这些艺术作品背后的精神品性和思维模式,不仅都具有历史的意义,而且也有现代的、将来的意义。

在今天中华民族谋求民族文化伟大复兴的历史语境中,中华传统艺术作为中国文化价值系统中的精神文化部分,对于增强民族自

---

① 参见陆扬、王毅《文化研究导论》,复旦大学出版社2006年版,第12页。
② 参见李维武《徐复观与〈中国艺术精神〉》,载徐复观《中国艺术精神》,商务印书馆2010年版,第536—565页。
③ 同上。

信、强化民族身份、激活创新意识、发展文化产业、提升国家的文化软实力,都具有不可替代的价值意义。当代中国文化学者和领导核心层一致认为,中华民族有着5000多年的文明史,在几千年的历史流变中,中华民族从来就不是一帆风顺的,遇到了无数的艰难困苦,但是中华民族都挺过来了,其中一个很重要的原因就是世世代代的中华儿女培育和发展了独具特色、博大精深的中华文化,为中华民族克服困难、生生不息提供了强大的精神支柱。当代文艺创作不仅要有当代生活的底蕴,而且要有文化传统的血脉。"求木之长者,必固其根本;欲流之远者,必浚其泉源。"中华优秀传统文化是中华民族的精神命脉,是涵养社会主义核心价值观的重要源泉,也是我们在世界文化激荡中的坚实根基。增强文化自觉和文化自信,是坚定道路自信、理论自信、制度自信的题中应有之义。如果"以洋为尊""以洋为美""唯洋是从",把作品在国外获奖作为最高追求,跟在别人后面亦步亦趋、东施效颦,热衷于"去思想化""去价值化""去历史化""去中国化""去主流化"那一套,绝对没有前途。[①]

二 当代中华文化中的传统艺术

中华文化自成体统,源远流长。到了今天,中华文化经过100多年的革新、革命和发展,已经彻底改变了积贫积弱任人凌逼的屈辱状态,而崛起为世界第二大经济实体,世界军事强国和政治大国。特别是经过改革开放40年的快速发展,中国在物质财富积累、城市化进程、高科技创新以及军事实力等"硬实力"方面,正在迎头赶上世界发达国家,可以说中国人已经为自己的文化自信建立了一定的物质基础,但是,与中国历史上的盛世如夏商周、汉唐甚至明清盛朝(比较强大的历史时期)相比,中国人目前远未建立起自己的文化自信。不但没有文化自信,甚至还可以说中国人对于自己的文化认同还存在着"危机"。海外学者余英时认为:"近几年来,在一般中国人的意识中,中国文化传统的位置确

[①] 参见习近平《在文艺工作者座谈会上的讲话》(http://news.ifeng.com/a/20151014)。

有所提升。但文化危机则仍非短期内所能挽回。这里有多方面的原因：首先是1949年以后，由于民间社会被彻底改造，中国传统的文化价值已经失去了存在的依据，许多基本价值不是遭到唾弃，便是受到歪曲。据最近的实地调查，不但仁义道德、慈孝、中庸、和谐、容忍等传统德目失其效用，而且一切宗教信仰——包括敬祖先的意识——也在若存若亡之间。这种思想状况遍及于各年龄层，其主要造因则在1949年以后，而以'文化大革命'为最大的关键。旧的价值系统已残破不堪，但新的价值系统却并未出现。其次，大陆学人的反传统激情现在虽有开始退潮的迹象，但新的'国学'研究仅在萌芽阶段，目前还不足以承担阐明中国历史和文化的任务。"①

值得注意的是，就在当代中国人不得不面对自己的文化危机的同时，西方强势文化也在"冷战"之后的文化多元主义浪潮中，产生了自我怀疑甚至自我谴责的文化危机意识。西方世界的文化危机首先来自其学术界的文化反思，"西方的人类学家、文化评论家、历史学家、哲学家等，在最近二三十年间颇多质疑于所谓'启蒙心态'，因此不再奉直线社会进化论、极端实证论、现代化理论等为金科玉律"。以至于斯坦福大学的教授会以39票对4票取消了该校唯一的"西方文化"共同课程，而代之以"文化、观念与价值"的新课。②

正是在这种特殊的国际背景和当代中华文化认同"危机"与"契机"并存的语境之下，作为中华文化重要象征的中国传统艺术，也深深地打上了时代的烙印。由于100多年来的反传统和文化革命的不断"去中国性"，③犹如对于自己的文化失去自信和定力一样，当代中国人对于中国的传统艺术同样失去了自信和坚守的勇气。如果说在中国知识精英阶层始终存在"尊西人若天帝，视西籍如神圣"的文化自我矮化心态的话，在今天的中国艺术界（包括艺术理

---

① 《现代危机与思想人物》，生活·读书·新知三联书店2012年版，第36页。
② 同上。
③ 参见刘悦笛《当代中国艺术：建构"新的中国性"——从"去中国性"到"再中国性"之后》，《艺术百家》2011年第3期。

论和艺术批评界),同样存在"尊西人若天帝,视西艺如神圣"的艺术自我矮化心态。传统艺术(民间工艺、地方戏曲、传统建筑、传统服饰、方言文学等)被现代化、城市化浪潮所削弱、消减甚至有被彻底消灭的趋势,如某些当代艺术家为了迎合国际市场特别是西方人的文化想象,牵强附会地拼贴中国传统文化艺术元素制造"伪艺术形式",正如研究者指出的那样,当代中国艺术的总体发展趋势是:文化符号越来越集中,艺术家逐渐走向自我,艺术空间也越来越狭窄。北京的798和宋庄的艺术家们在表达他们的"中国化"诉求时,有意无意地对中国各个时代的文化符号进行借用、变形和操作。但是,往往被中国人和西方人忽略的事实是,这种"借用"往往是将这些"中国符号"拔离了原来的根基,随意将"中国符号"彻底空洞化,由于剔除了中国语境和中国氛围,这就好似将中国传统文化这根"萝卜"彻底拔出了土,然后去泥,切割、烹饪而成为了一道道地道的"西餐"或者"中西餐杂拌"。①

正是因为如此,包含"正能量"的中国传统艺术并未能积极有效地参与国家的"软实力"建设。研究者指出,中国文化在美国的传播和其移民数量难以成正比,甚至不如日本文化和韩国文化传播得更顺利和深刻。在那里,中国的绘画展览不算多,规模也很小。虽然随着中国在世界上经济地位的提升,中国艺术也逐渐受到美国人的重视,但对于普通的美国人来说仍是陌生的。相比于当代中国的作品,美国人更重视中国具有历史价值的传统艺术,比如瓷器、园林、剪纸以及古代绘画和传统书法。大型博物馆举办的也多是传统中国艺术展,如朝代的艺术展或者绘画主题展。② 以民间工艺而言,一方面环境不利于民间工艺的生存,另一方面当代艺术教育形式也在阻碍着民间工艺的良性传承。比如中国当代的设计艺术教学体系源于德国包豪斯学院,影响至今鲜有变化;绘画基础教学模式来自于苏联,虽然西方的教育理念和手段有其独特性与实用性,但

---

① 参见刘悦笛《当代中国艺术:建构"新的中国性"——从"去中国性"到"再中国性"之后》,《艺术百家》2011年第3期。
② 付阳华:《当代中国艺术与国家形象塑造》,《党政干部学刊》2014年第4期。

对传统艺术资源的淡忘正是对数千年艺术遗产的漠视。①

尽管如此，中国当代艺术经由"去中国性""非中国化"发生了"再中国性""再中国化"的微妙变化。一批先知先觉的知识分子和艺术家，感应时代的文化召唤，告别"以洋为尊""以洋为美""唯洋是从"的文化自我矮化心态，以特立杰出之作对于当代中国的文化现实和艺术现状做出"反省性"的反映，如"女子十二乐坊"、台湾艺术团队创作的互动装置作品《行气》等创新之作，都是在全球化语境下，在中国文化意识的引导之下，逐渐回归本土语境，深层铸造中国艺术意境和中国艺术品位的精品杰作。

正如习近平总书记《在文艺工作者座谈会上的讲话》中所指出的那样，没有中华文化的繁荣兴盛，就没有中华民族的伟大复兴。一个民族的复兴需要强大的物质力量，也需要强大的精神力量。文艺是时代的号角，"文变染乎世情，兴废系乎时序"，实现"两个一百年"奋斗目标、实现中华民族伟大复兴的中国梦，是长期而艰巨的伟大事业。伟大事业需要伟大精神。实现这个伟大事业，文艺的作用不可替代。中国当代文艺必须传承中华文化，"以古人之规矩，开自己之生面"，实现中华文化的创造性转化和创新性发展。中国当代文艺应通过更多有筋骨、有道德、有温度的文艺作品，书写和记录人民的伟大实践、时代的进步要求，彰显信仰之美、崇高之美，弘扬中国精神，凝聚中国力量，鼓舞全国各族人民朝气蓬勃迈向未来。②

第三节 中华传统艺术中的"正能量"元素

一 中华传统艺术中蕴含的信念和价值

正能量指的是一切予人向上和希望、促使人不断追求、让生活

---

① 王刚：《中国传统艺术资源的保护与发展研究》，《设计艺术研究》2012年第3期。
② 习近平：《在文艺工作者座谈会上的讲话》（http://news.ifeng.com/a/20151014）。

变得圆满幸福的动力和感情。① 上升到国家层面，中国"正能量"文化，是反映中华民族精神、主流意识、正确审美观，倡导以人民为价值中心的，深受广大人民欢迎的具有正面价值和积极意义的精神产品的总和。一般表现为格调健康、情趣美好、振奋精神、发人深省、催人向上的文化特质。②

艺术文化作为文化价值系统的有机组成部分，有效地承载着文化的正能量，发挥着文化的正能量效应。具体到中国艺术，中华艺术尤其是中国传统艺术文化作为中华文化价值系统的有机组成部分，有效地承载着中华文化的正能量，发挥着中华文化的正能量效应。

当代文化学者皮特·N.斯特恩斯指出："研究艺术创作是探索一个文明所蕴含的信念和价值的最有效的方式之一。"③ 我们在探索中华文化正能量，研究如何发掘传统文化的有价值的信念和思想时间，将目光投向中华传统艺术，博观约取，深长思味，同样是最有效的方法之一。在漫长的中国历史长河中，历代艺术家以不同的语言风格、形式意味、意象系统和符号系列表现世界、诠释人生和生命的奥妙，同时他们的艺术创作也深深地印刻着这个古老民族的宗教信仰、哲学理念、道德伦理、风俗习惯以及民族智慧。今天我们探求中华文化之道，除了可以运用宗教、哲学、道德、伦理、社会习俗等不同视角之外，还应该且必须运用艺术的视角和艺术文化学的方法。以文化学的方法来研究艺术，既是我们加深对于文化理解的重要途径，同时也是我们加深艺术研究的重要途径。

中华艺术尤其是中国传统艺术文化作为中华文化价值系统的有机组成部分，有效地承载着中华传统文化（中国文明）的正能量——在当下及将来仍然具有普适价值的文化理念，比如"仁、义、礼、智、信""温、良、恭、俭、让""忠、孝、勇、恭、廉、

---

① 宋海芽：《"正能量"一词的翻译和语义延伸的认知阐释》，《郑州航空工业管理学院学报》（社会科学版）2013年第3期。
② 常勤毅：《中国"正能量"文化内涵与构成分析》，《江西社会科学》2014年第1期。
③ ［美］皮特·N.斯特恩斯等：《全球文明史》上册，赵铁峰等译，中华书局2006年第3版，第413页。

悌、忍、善";比如被张岱年先生称之为传统文化中所包含的积极的健康的要素,中国传统文化中具有指导作用的推动历史前进的精神力量的"刚健有为、和与中、崇德利用、天人协调"①,"敬、诚、信、忠恕、仁爱、知耻、和而不同"等,②而传统艺术通常又是以特殊的风格、品相和气貌来委婉间接地表现中华文化中的正能量价值成分。今天,中国传统文化中具有人类性意义的价值理念,在新的话语环境下,得到了新的诠释和践行,如新加坡全民教育教材《儒家伦理》,将"五伦"中的"父子"改成"父母与子女","君臣"改为"国家与人民""兄弟"改为"兄弟姐妹"等,显示出中华传统文化的强大再生能力。新加坡前总理李光耀在1978年的国庆献词中说:"也许我英语比华语好,因为我早年先学会英语;但是即使再过一千世代,我也不会变成英国人。我心中所信守的不是西方的价值体系而是东方的价值体系。"③而当代中国核心领导层认为,中华优秀传统文化中很多思想理念和道德规范,不论是过去还是现在,都有其永不褪色的价值,如崇仁爱、重民本、守诚信、讲辩证、尚和合、求大同等思想,有自强不息、敬业乐群、扶正扬善、扶危济困、见义勇为、孝老爱亲等传统美德。我们要结合新的时代条件传承和弘扬中华优秀传统文化,传承和弘扬中华美学精神。中华美学讲求托物言志、寓理于情,讲求言简意赅、凝练节制,讲求形神兼备、意境深远,强调知、情、意、行相统一。我们要坚守中华文化立场、传承中华文化基因,展现中华审美风范。"以古人之规矩,开自己之生面",实现中华文化的创造性转化和创新性发展。

当代中国的社会主义核心价值观"富强、民主、文明、和谐、

---

① 张岱年、程宜山:《中国文化精神》,北京大学出版社2015年版,第14—15页。"天人协调"主要解决人与自然的关系;"崇德利用"主要解决人自身的关系,即精神生活和物质生活的关系;"和与中"解决人与人的关系,包括民族关系、君臣、父子、兄弟、朋友等人伦关系。而四者以"刚健有为"思想为纲,形成中国文化的基本思想体系。

② 刘梦溪:《马一浮与国学》,生活·读书·新知三联书店2015年版,第7页。刘梦溪先生认为这七重基本的价值理念,成为中华民族两千年来立国和做人的基本依据。

③ 王殿卿:《新加坡的文化再生运动与国家的共同价值观》,《思想教育研究》1994年第4期。

自由、平等、公正、法治，爱国、敬业、诚信、友善"，融合了传统文化有价值的部分，而进行了现代化的转化。如其中的"富强""和谐""爱国""敬业""诚信""友善"承接中国传统文化"刚健有为""崇德利用""和而不同""天人协调""仁爱""敬、诚、忠恕、让、忍、善"等价值理念，而"民主""文明""自由""平等""公正""法治"等核心价值，承接和借鉴西方文明的价值理念，融合中西，创化出新，当代社会主义核心价值观基本上契合人类对于美好未来的祈求和盼望。同理，当代中国艺术在承接传统文化的价值基因的基础上，在全球文化对话大环境中，有意或无意地借鉴融合非中华文化（如西方文化、日韩文化、非洲及美洲文化等）的价值理念，进行必要的艺术创新，从而真实地表现时代的精神底蕴和道德指向，如谭盾及其"中西异合"①"西音中韵"②的音乐作品，就是极为典型的成功案例。

　　彭吉象先生在其《中国传统文化与中国艺术精神》一文中，将中国传统艺术精神概括总结成了六个字："道、气、心、舞、悟、和。"具体为："道"——中国传统艺术的精神性，"气"——中国传统艺术的生命性，"心"——中国传统艺术的主体，"舞"——中国传统艺术的乐舞精神，"悟"——中国传统艺术的直觉思维，"和"——中国传统艺术的辩证思维。③彭吉象试图用现代美学范畴如"生命性""主体性""辩证思维""直觉思维"等来诠释中国传统艺术精神，不失为试图打通中西艺术范畴，并对传统艺术精神进行现代转化的有益尝试。实际上，传统各个艺术门类的艺术作品集中地表现出"道、气、心、舞、悟、和"，同时各个艺术门类的艺术作品又分别表现出"道、气、心、舞、悟、和"，而"道、气、心、舞、悟、和"又通向中华文化中的"仁、义、礼、智、信""温、良、恭、俭、让""忠、孝、勇、恭、廉、悌、忍、善"，以及"刚健有为、和与中、崇德利用、天人协调""敬、诚、信、忠

---

① 张娜：《谭盾音乐的中西异合》，《音乐创作》2014年第5期。
② 龚佩燕：《电影〈卧虎藏龙〉中的音乐艺术》，《大舞台》2014年第1期。
③ 彭吉象：《中国传统文化与中国艺术精神》，《光明日报》2015年11月5日第11版。

恕、仁爱、知耻、和而不同"等。尽管徐复观认为中国传统艺术精神——"虚、静、明",主要表现在传统绘画与文学两个艺术门类之中,且绘画又是庄学的独生子。① 但是,笔者认为庄子的"虚、静、明"的艺术心灵,实存在于中国传统艺术的整体大全之中,也散存于中国传统艺术的各个门类之中。

赫伯特·里德在《艺术的真谛》一书中专辟"中国艺术"一节论述中国艺术和中国艺术精神。赫伯特·里得认为"世界上没有任何一个国家能像中国那样,享有如此丰硕的艺术财富,从全面考虑,也没有任何一个国家能够与中国艺术的卓越成就相媲美。然而,中国艺术也有其局限性,从我们将要分析的原因看,中国艺术缺乏雄浑宏伟的作品",他认为中国建筑比不上希腊或哥特式建筑,但是绘画和雕塑完美无缺。"有史以来,中国艺术便是凭借一种内在的力量表现有生命的自然,艺术家的目的在于使自己同这种力量融会贯通",中国艺术浪漫而伤感,但是"中国艺术家总是奇迹般地从这种伤感主义的困扰中解脱出来,在一定程度上应归功于具有高深哲理特质的中国宗教","尽管艺术家不一定要像哲学家那样遵守一条不受情感摆布的理性原则,但却要遵守一条如上述的技巧原则,从这一原则出发,我们一定会找到关于浩大无际的中国艺术精神的完整而笃实的解释"。② 赫伯特·里德的论述中断断续续地表达了他对于中国艺术精神的判断,如中国艺术精神中"浪漫""伤感""生命性""解脱""情理并重"等,一定程度上道出了中华艺术精神的部分特质。但是正如大多数西方艺术史论家那样,赫伯特·里德也认为中国艺术缺乏"雄浑"悲壮之美,这是对中华艺术精神的片面认识,当代中国艺术理论家必须予以澄清和纠正。

因为中国传统艺术通过不同的风格、气象、品貌委婉曲折地传达中华文化之道,我们在分析中国传统艺术作品对于中华文化价值的承载时,可以就各个门类艺术的主要风格、气象、品貌进行研究

---

① 李维武:《徐复观与〈中国艺术精神〉》,载徐复观《中国艺术精神》,商务印书馆2010年版,第536—565页。

② [英]赫伯特·里德:《艺术的真谛》,王柯平译,中国人民大学出版社2004年版,第63—71页。

和综合归类,从而自不同的方面突出中华艺术之道和文化之道。中国古代音乐、诗歌、戏曲、舞蹈、书法、水墨画、篆刻、雕塑、建筑、工艺等,有效地承载着中华文化形而上层面的价值理念,这些价值理念,在今天人类文化对话和全球文明共建过程中,依然具有不可磨灭的参照价值,可以作为中华文化和中华艺术的正能量,发挥积极的建构作用。通过分析对比,综合归纳,并参照前人的经典分类,本章分别以"中和""生动""圆融""自然""情性""雄浑"等与其相对应的艺术门类,来诠释中国传统艺术的风格、气象、品貌承载以及其背后的文化承载。当然,艺以贯道,道艺相济,实际上所谓"中和""生动""圆融""自然""情性""雄浑"等艺术风格存现于中国传统艺术的各个门类,只不过我们认为某一类或某几类的艺术更为突出表现了上述的不同的风格,并以此种风格通向中国文化要义之本——中国传统文化的基本价值观。

二 中华传统艺术的信念和价值体现

(一)"中和"——中庸和谐的音乐艺术

在人类艺术史上,音乐自始至终都占据着举足轻重的位置,同理,中国传统音乐文化在中国传统艺术文化系统中占据着举足轻重的位置。中华民族文化塑形的夏商周时代,即开始了礼乐文化的建构。当代学者聂振斌在其《中国艺术精神的现代转化》一书中认为,礼与乐不是中国最古老的文化,而是中华民族走向文明时代所创造的文化。礼乐文化致使中国文化得到定向发展,是中华民族古代文明的标志。礼乐文化在几千年的中华文明史上具有本源地位,也可以说,它是中华民族的元文化。[①]

当代学者李心峰先生认为,三代文化的精神实质是礼乐,三代艺术的精神实质也是礼乐。三代礼乐文化在西周时期发展到极致,三代礼乐文明和礼乐文化代代相因沿革,损益增删,有其内在的贯通性和一致性。所谓"殷因于夏礼,所损益,可知也;周因于殷礼,所损益,可知也"(《论语·为政》),"三代之礼,民共由之"

[①] 聂振斌:《中国艺术精神的现代转化》,北京大学出版社2013年版,第68页。

(《礼记·礼器》)。当时的乐,不仅指音乐,学术界采纳郭沫若的看法,"乐"包括音乐、诗歌、舞蹈、绘画、雕镂、建筑、仪仗、田猎、肴馔等,凡是使人快乐、使人的感官可以得到享受的东西,都可以广泛地称之为"乐"。但它是以音乐为代表的。[①] 乐为礼服务,以礼为内容,以礼的实行为根本目的,而当时的"礼",也总是要诉诸使人愉悦的艺术——乐,以使人们心悦诚服地将外在制约转化为内在的精神需求。所谓"乐者为同,礼者为异,同则相亲,异则相敬;乐胜则流,礼胜则离,合情饰貌,礼乐之事也"(《礼记·乐记》)。

音乐诉诸听觉,发生学意义上的音乐早于语言,儿童在说话之前用声——声带发出的人籁之声表示他(她)作为一个生命体的存在,由声而带出音——带有一定曲调和音律并蕴含感情与观念的音声。[②] 也就是说,儿童在学会用语言及其他手段表情达意之前,使用本真的声音(含有乐的本真性)来表情达意。西方有所谓的逻各斯中心主义(Logocentrism),也叫语音中心主义,有人将逻各斯翻译成"道"。不过老子的"道"是不能用语言表达出来的,而西方的逻各斯却可以用语音表达出来,因为在语音中声音和意义清澈地统一在一起,也就是说原初给事物命名时的原始声音与事物的本性是一致的,声音里涵泳着原初的真理。[③] 中国自古重视诗的声律,并发展出一整套声律搭配的结构系统,说明中华先哲与西方先哲一样,也是认为声音具有非同小可的涵摄功能。

当代音乐学学者在反思中国古典音乐的精神特征时指出,中国以乐(天籁、太一)为本体的音乐观念往往过于强调音乐的中庸和谐之音,并以此为正统与标准,这便阻碍了音乐的多元发展,导致

[①] 郭沫若:《青铜时代》,文治出版社1945年版,第163页。

[②] 声——通过感官可以把握到的音响;音——声响之中所体现的音律以及在音律的运用中所包蕴的人的情感与心性;乐——天地自然之道(天籁、太一)。乐、音、声三者,乐为本体,声与音是乐的表现。但是中国哲学体用不二,所以三者叠相印证,审声以知音,审音以知乐。无乐,音失其本真;无音,声则成为无情感无节奏的响声。参见韩凌等《论中国古代的音乐本体——以乐、音与声的关系为向度》,《长春理工大学学报》(社会科学版)2013年第12期。

[③] 张隆溪:《道与逻各斯》,冯川译,四川人民出版社1998年版,第67页。

了中国古代音乐的单一性。① 同时，中国古代以"乐"为本体（乐、音、声三者，乐为本体，声与音是乐的表现）的音乐观念，容易形成重"道"而轻"器"的四相倾向，即重视对音乐义理的体验，而轻视对作为乐的表现的音与声的追求，对音乐演奏技艺的价值加以贬低，所谓"德成而上，艺成而下"（《乐记·乐情》），唱歌与弹琴这些音声上的技艺皆是乐之末节，难登大雅之堂，只有义理智慧才是乐的根本，因此乐"道"在上，而乐"器"在下。② 这种观点具有一定的说服力，但是，还是在与西方音乐进行比较特别是以西方音乐的标准来对中国传统音乐做出学术判断，如果我们将中西音乐的对比研究放在文化人类学的视野之内，比如我们将中西两种音乐审美理念放在两种文化的哲学背景中加以考察，则西方重分析、崇思辨、判二分的思维特性与中国重整体、崇综合、和圆成的思维特性，各自表现在音乐的"声"与"音"，则很难说西方音乐一定优于中国音乐。

　　研究者指出，就"和"而言，与西方认为音乐来自于"数"的和谐（也即外在的听觉和谐）不同，中国传统音乐虽然也强调和谐，但是受中国传统哲学影响，中国思维方式强调心灵的感悟而非科学的分析，主要从心理而非数理方面获得美感。中国人认为音乐之美来自于"心理"的和谐，即儒家强调的音乐与道德、人情的和谐（美与善的统一），来自于道家提倡的心灵与自然的和谐，而非单纯的节奏、旋律上"数"的和谐。简言之，中国音乐的和谐不在"声"与"声"之间，而在"情"与"声"之间，核心内容是"自然"和"情感"——儒道的"心理"和谐。典型如古琴音乐，不追求华丽的声音效果，而追求"止于邪""正人心"的道德责任，听之最容易让人体会"乐而不淫，哀而不伤"，中正平和，温柔敦厚、无过无不及的儒家思想。③

---

　　① 韩凌等：《论中国古代的音乐本体——以乐、音与声的关系为向度》，《长春理工大学学报》（社会科学版）2013年第12期。
　　② 同上。
　　③ 张春燕：《中国传统音乐之美及其内涵的跨文化传播》，《北京社会科学》2016年第2期。

近年来，中国音乐家谭盾以其融合中西、转换生成的系列音乐作品——《风雅颂》《死与火》《马可·波罗》《地图》《文书》获得了国际认同，谭盾用其包含民族文化底蕴和音乐美学内涵的创新之作，获得了中外音乐学界的广泛认可。谭盾音乐在结构、主题、和声、节奏、文化方面生动地传达了中西音乐异合后的独特韵味和魅力。美国当代音乐家约翰·凯奇评价谭盾："人类生存的宇宙，本身就是一个无限丰富、无比生动、极度艺术化的音响空间……从谭盾的作品来看，他是在力图扩展音乐音响范畴，包括找寻那些被音乐家们久已弃置、淘汰但却与人类生活密不可分的自然音响。"[1]约翰·凯奇所说的"自然音响"实际上是中国传统音乐中的"天乐"——天籁之声，庄子极力推崇的"大音"，这种"大音"（"天乐""天籁之声"）的美学极致是"和"（"中和"）。受中国传统哲学影响，中国人认为音乐之美来自于"心理"的和谐，即儒家强调的音乐与道德、人情。和谐（美与善的统一），来自于道家提倡的心灵与自然的和谐，而非单纯的节奏、旋律上"数"的和谐。[2]谭盾以其特具中国哲理内涵的音乐作品，打动后殖民语境中的中西方听众，说明中国传统音乐美学并未过时。

孔子在教育上主张"兴于诗，立于礼，成于乐"；在个人的综合素质养成方面，主张"志于道，据于德，依于仁，游于艺"，"游于艺"之"艺"即"六艺"——礼、乐、射、御、书、数，其中的"乐"主要还是音乐。而游于艺的美好境界是：暮春三月，春天的衣服穿定了，陪同五六位成年人，六七个小孩子，在沂水旁边洗洗澡，在舞雩台上吹吹风，一路唱歌，一路走回来。[3] 由个人的道德修炼和音乐涵养推而至于整个社会的和谐美善。

如果我们说音乐在人类艺术文化价值系统中占据重要的地位，则中国传统音乐凭借其独特的中国人文精神彰显中国文化中的"和谐"理念，而"和谐"理念正是应对全球化时代人类面临的

---

[1] 张娜：《谭盾音乐的中西异合》，《音乐创作》2014年第5期。
[2] 张春燕：《中国传统音乐之美及其内涵的跨文化传播》，《北京社会科学》2016年第2期。
[3] 凌继尧主编：《中国艺术批评史》，上海人民出版社2011年版，第19页。

文化危机的重要思想，"和实生物，同则不继"（《国语·郑语》）。《礼记·中庸》上说："喜怒哀乐之未发谓之中，发而皆中节谓之和。中也者，天下之大本也；和也者，天下之达道也。致中和，天地位焉，万物育焉。"艺术主要表现人类的情感（喜怒哀乐）并通向对于真理的认知，音乐表现情感（喜怒哀乐），推而广之，不仅音乐即其他中国传统艺术门类，无不蕴含着对于"中和"的追求和攀升，只不过中国音乐在这方面表现得更为显豁而已。

乐和是一个从个体生命到宇宙大全的圆融境界，《吕氏春秋·古乐篇》指出：先王作乐是为了调和阴阳之气，使五谷丰登，以定群生。"阴多滞伏而湛积，水道淤塞，不行其原，民气郁瘀而滞著，筋骨瑟缩不达，故作为舞以宣导之。"所以乐和首先关注的是个体生命，其次是为了政和、人和。由于乐和的调理，"于是乎气无滞阴，亦无散阳，阴阳次序，风雨时至，嘉禾繁祉，人民龢利，物备而乐成，上下不罢，故曰乐正"。① 乐和——正人正己，政治太平，伦理有序，季节调适，万物生长，天文物理人情和谐振动，天下齐治。

通过以上论述，我们可以看出，中国传统音乐具有其发乎文化本源的"声"与"音"以及一套完整的与"礼"相匹配的音乐教育模式，且与政治教化密切相关。与西方音乐尤为重视数理美感相比，中国传统音乐（国乐）更加强调政治功能，更加突出其正能量的传递。正如研究者在评价当代中国音乐时所指出的那样，当代中国音乐艺术在娱乐化、商品化的道路上越走越远时，仅仅追求娱乐至死的音乐也就失去了其文化根基和存在的根基。在走向现代化的今天，音乐不应该仅仅是一种娱乐和消遣的方式，它还应该是一种积极的文化行为，应该勇于承担其更为重要的历史使命和精神传承的责任，实现"乐而志清"的人文理想。②

---

① 聂振斌：《中国艺术精神的现代转化》，北京大学出版社2013年版，第68页。
② 张春燕：《中国传统音乐之美及其内涵的跨文化传播》，《北京社会科学》2016年第2期。

（二）"生动"——生生不已的国画艺术

中国画（国画）在人类艺术花园中一枝独秀。虽然中国画与西方以及世界其他民族的绘画一样，一开始都是"模仿"的产物，但是，从轴心时代中国产生了自己的原创性智慧——孔孟、老庄、墨子等原创思想——之后，中国画走上了独立演化的道路。徐复观认为，"所谓艺术精神，是指创作者在艺术创作中所赋予艺术作品的主观生命跃动以及所产生的精神境界"。[①] 如果我们认为中国传统艺术门类中的音乐、舞蹈、雕塑、建筑、诗歌、书法、绘画、园林涵蕴着中国艺术精神，并由这种艺术精神指向中国传统文化的要义之一——生命跃动，生生不已，自强不息，刚健有为，[②] 那么，我们可以说中国画特别是中国画中的山水画具有典型性和代表性。与西方绘画特别是油画相比，中国画在儒道释三家文化的渐次濡染之后，逐渐确立了写生、写意、写境的审美传统，与西画写静、写实、摹景的审美传统在历史的长河中，并行不悖，各得其所。只是到了晚近，中国文化在西方文化的整体冲击之下，中国人整体失去了文化自信之后，中国画也一并遭到了唾弃，至20世纪的中国"文革"时期，多少国宝级的书画艺术精品，惨遭灭顶之灾，令人唏嘘不已。改革开放之后，西方文化思潮包括艺术思潮夺门而入，对传统国画形成了另一轮冲击，以至于有研究者称在中国改革开放以后相当一段时间，中国又经历了一次"去中国性"的后殖民过程，经由历史语境的变换和中国文化主体性的觉醒，中国当代艺术又产生了"再中国化""再语境化"的文化诉求。[③]

张岱年、程宜山所著《中国文化精神》一书中指出：中国文化丰富多彩，博大精深，是一个包括诸多要素的统一体系，而这个体系的要素主要有四点：（1）刚健有为；（2）和与中；（3）崇德利用；（4）天人协调。其中"天人协调"主要解决人与自然的关系；

[①] 李维武：《徐复观与〈中国艺术精神〉》，载徐复观《中国艺术精神》，商务印书馆2010年版，第536—565页。

[②] 中国儒家原典《易经》概述三大基本原理：变易、简易、不易。变易即变化，所谓生命跃动、生生不已、自强不息。

[③] 参见刘悦笛《当代中国艺术：建构"新的中国性"——从"去中国性"到"再中国性"之后》，《艺术百家》2011年第3期。

"崇德利用"思想主要解决人自身的关系,即精神生活与物质生活的关系;"和与中"解决人与人的关系,包括民族关系,君臣、父子、兄弟、朋友等人伦关系;而"刚健有为"思想则是处理各种关系的人生总原则。四者以"刚健有为"思想为纲,形成中国文化基本思想体系。[①]"刚健有为"思想具体表现为《周易大传》里的"自强不息"和"厚德载物"两个方面,天行健之"健"是阳气的本体,地势坤之"坤"——"顺",是阴气的本体,阳健居于主导地位,与地坤和合同一,形成不即不离的整体。就个体来说,自强不息是自立之道,厚德载物是立人之道,[②] 成己立人,推而广之,它也是中华民族自立自强之道,成就圆满其他民族和文化之道。中华民族历经5000年文明而不辍,正得益于这种文化自立立他的伟大力量。中国画历来讲究"气韵生动",彭吉象先生认为"气"代表中国艺术的生命性。追溯中国艺术的精神气质,我们在中国画特别是中国山水画中发现了中国艺术与中国文化的深层关系,正如徐复观所指出的那样,宋代以后成为中国画主流的山水画,所追求和呈现的不是一种纯粹的自然景观,而实际是人的生命存在,是人的生命跃动,是人的生命存在、生命跃动赋予了山水画中的山水林木之美。[③] 基于上述论述,笔者认为中国画的"中国性"特征,是它的"气韵"所造成的"生动"——生机勃勃,活泼灵动。也就是说,中国画实际上涵蕴着对于当下及未来均具有正能量价值——中华民族"刚健有为""生生不息"的生命智慧。

"气韵"之说,始自六朝南齐人物画家谢赫的《古画品录》。谢赫提出绘画"六法"作为品评当时人物画的标准,六法为:

一、气韵生动是也;二、骨法用笔是也;
三、应物象形是也;四、随类赋采是也;
五、经营位置是也;六、转移模写是也。

---

① 张岱年、程宜山:《中国文化精神》,北京大学出版社2015年版,第15页。
② 同上。
③ 李维武:《徐复观与〈中国艺术精神〉》,载徐复观《中国艺术精神》,商务印书馆2010年版,第536—565页。

唐末荆浩的《笔法记》（一名《画山水录》），将谢赫的"六法"分析、整理，提出六要，即：

气、韵、思、景、笔、墨。

我们可以看出，中国绘画史从人物画的"气韵生动"第一义，延伸至山水画"六要"的第一、第二要旨：气、韵。"六法"的"气韵生动"与"六要"的"气、韵"实际上打通了人物画与山水画的界限，以人物画的价值标准来准则山水画，或者说以山水画的价值标准来深化人物画的价值标准，从此，山水画成为主流。徐复观在解释这个现象时认为，经由对于山水神秘气氛的祛魅，中国人逐渐发现自然之美比之人自身之美，更能体现出绘画作品中的"神"与"气韵"，因为在现实生活中，没有人在活生生的人世间，真能找到一个可以安顿自己生命的世界，这就使创作者的感情几乎不可能安放到所画的对象上去，从而使创作者的精神得到安息与解放。当传神的人物画创作成功时，固然能给创作者带来某种程度的快感，但这种快感只有轻而浅的一掠而过的性质，这与庄子及一切伟大艺术家所追求的完全把人安放进去，获得精神解放的世界，存在很大的距离。这就促使中国古代绘画由人物画转向山水画。[①] 而不管是人物画还是山水画，"气韵生动""气韵"都成为首要元素。

徐复观解释"气韵"之"气"——常常是由作者的品格、气概所给予作品中力的、刚性的感觉；"气韵"之"韵"——一个人的情调、个性有清远、通达、放旷之美，而这种美是流注于人的形象之间，从形象中可以看得出来的。把这种形神相融的韵，在绘画上表现出来，即是"气韵"的"韵"。气与韵都是神的分解性的说法，都是神的一面，所以气常称为"神气"，韵亦常称为"神韵"。[②]

荆浩《笔法记》："气者，心随笔运，取象不惑；韵者，隐迹立形，备仪不俗。"伍蠡甫解释：气——画家有度物取真的认识力或

[①] 李维武：《徐复观与〈中国艺术精神〉》，载徐复观《中国艺术精神》，商务印书馆2010年版，第536—565页。

[②] 徐复观：《中国艺术精神》，商务印书馆2010年版，第171页。

审美水平，它便随着笔墨的运使而指导着创作全程——这个贯彻始终的"心"力或精神力量，称为"气"；韵——风韵、韵致的表现，时常是隐约的、暗示的，并非和盘托出。①

从创作论角度来看，不管是人物画还是山水画，都是通过"六法""六要"将画家主体的精神力量和特有的精神气质灌注到作品中去，因此山水非人但仍可具人的"气"和"韵"和二者统一的"神"，气韵兼举，实契合中国哲学阴阳浑融、刚柔互济的宇宙创化论学说。如果我们用石涛的理论来看待中国画的"气韵生动"，则"气韵"混融所造成的"生动"——生生、生新、活泼灵转就是所谓的"太朴"，石涛认为画从心立，"见用于神，藏用于心"，② 所谓"神"也即人的生命力量和生命跃动。

当代有研究者认为，从唐代墨的技巧（水晕墨章）出现后，中国画从气韵并举转而为偏重韵格，尤其是山水画崇尚南宗，以清、虚、玄、远为"韵"的性格，韵的内容。黄山谷谓"凡书画以韵为主"；至石涛则拈出"不似之似似之"，追求象外之韵，不拘于原物之形，脱略形迹，以笔墨情趣去表现清、虚、玄、远之"韵"。至此，"气韵包举""六法兼备"的格局一变而为"唯韵独尊"的偏局，虽说从艺术精神上看，这种演化意在强化庄禅理念，也即徐复观先生所谓的中国纯艺术精神，但是它确实又导致黑格尔所谓的"理念胀破形式"并最终消解形式的危机局面的出现。清代正统文人画的没落，正是因为太迷信南宗画，只重仿作，不创生意，只重"神韵"，轻视"众法"，不能从时代的情境中创化绘画新语言，使"气"与"韵"不得周全所致。③

即从"笔、墨"成为山水画构成的两种根本的媒介语言之后，

---

① 伍蠡甫：《中国画论研究》，北京大学出版社1983年版，第25页。
② 石涛：《苦瓜和尚画语录》，山东画报出版社2007年版，第3页。
③ "四王"之首王时敏其画全出于模仿古人。其一，不仿南宋诸家，只限于董其昌的"文人画"系和"南宗画"。其二，以仿黄公望笔意最圆熟。其三是仿倪云林笔意，王赞黄公望"神韵超逸，体备众法，又能脱化浑融，不落笔墨蹊径，故非人所企及，此诚艺林飞仙，回出尘埃之外者也"。从"四王"的创作实践来看，他们是太注重于南宋的"神韵超逸"，而忽略了黄公望的"体备众法"。参见陈传席《中国山水画史》，天津人民美术出版社2001年版，第70页。

"气"与"韵"二者分别对应于"笔""墨,"从此,中国画的表现技法更加具体、细致化,恰如陈传席所指出的:"气、韵本指人物画,荆浩指的是山水画,山水的骨体以及所流露出的美感不同于人物,无法像人物那样取其气韵,只好以笔取气,以墨取韵,以笔取其山水的大体结构得其阳刚之美,以墨渲染见其仪姿得其阴柔之美。"①

如果我们从"气韵"所对应的"阴""阳"二原质的宇宙构成论的立场来看,则不仅仅就是"笔""墨"的问题,因为"阴"与"阳"是合体同胞相互涵摄的构成关系,"气""韵"亦然,所以"笔""墨"技巧和笔墨效果都不能分开来谈。因为,"笔"中自分阴阳、笔中有墨,墨中有笔。推而广之,"六法""六要"每一法每一要皆有气有韵,并且,也只有当"六法""六要"的每一法每一要皆有气有韵,一同结合起来一幅绘画作品才能达到"图真""传神""得其气韵"的审美效果。"六法"的其他五法骨法用笔、应物象形、随类赋采、经营位置和转移模写以及"六要"中的"景""笔""墨",每一种构成方法、每一种表现手法自身中都要求创作主体的画家"外师造化、中得心源",在创作中有规有矩,合乎法度,同时又能凭才学、性情和胆识脱逸而出,有所创造,不仅达到"生动传神"的效果,甚至别有生意、生气。②

"应物象形,不似而似,不求形似,而求神似"本身就是取自然万物的风姿神采,在"形"与"神"的对立统一中统一着"气"与"韵"的辩证组合。至于经营位置,也即画面的置阵和布陈,务求前后呼应,上下参差,左右敲击,借以体现出一种"气韵生动"的气势,③ 其宾主、疏密、顾盼、推让、照应、衬托等关系中实含

---

① "四王"之首王时敏其画全出于模仿古人。其一,不仿南宋诸家,只限于董其昌的"文人画"系和"南宗画"。其二,以仿黄公望笔意最圆熟。其三是仿倪云林笔意,王赞黄公望"神韵超逸,体备众法,又能脱化浑融,不落笔墨蹊径,故非人所企及,此诚艺林飞仙,回出尘埃之外者也"。从"四王"的创作实践来看,他们是太注重于南宋的"神韵超逸",而忽略了黄公望的"体备众法"。参见陈传席《中国山水画史》,天津人民美术出版社2001年版,第70页。
② 周逢俊:《中国画的"韵"》,《艺术研究》2007年第1期。
③ 徐建融:《中国绘画》,上海外语教育出版社1999年版,第195页。

有生命创化生生不已的内在规律。画面位置经营，还不限于物象的布局，自宋徽宗赵佶之后，画面题款也并入绘画章法之内。清代画家石涛在这方面高人一等，他人的题款，多用浓淡大体一致的水墨来书写。石涛用墨分五彩的水墨来书写，一如绘画形象的描绘，枯湿、浓淡的墨彩配合了轻重、缓疾的笔势，其画法既同于书法的用笔，其书法复同于画法的用墨，这样，就使题款与形象在布局的关系中，在笔墨的层面上更加显得水乳交融，化洽无痕。① 中国画发展到诗、书、画、印一体，实际上是在布局上讲究一种更加大气包举的"气韵生动"，诗书画印这些构成要素中各含"气韵"，就是四者联袂一体，也是"气韵"互补、相互涵摄、成一乾坤、自在整全合一的生命体。

我们知道，"线条"是中国画的主要表现手法，但是"线条"里有"气"有"韵"，线条运行过程中的方圆粗细、浓淡燥湿、转折顿挫、中锋侧锋等讲究中都暗含"阴阳"互补之道。虽然笔者通常认为"线条"对应于水墨画中的"笔"（用笔），而实际上从广义上讲，以毛笔或其他工具运墨、用墨时，还是在构成"线条"，因为一块块的"墨"联袂一气就是朦胧起伏的线条，所以"笔中有墨，墨中有笔"确乃至理名言，不可小觑。②

中国画要求一幅作品的方方面面皆不得马虎、草率，因为从"气韵"兼举所对应的东方式的宇宙创化论的立场上来看，"六法""六要"，甚至更多的新生的表现手法本身都必须遵循"气韵"兼到的创造原则。按照石涛的"一画"理论，"一画落纸，众画随之"，可是如果"一画落纸"，中间在用笔、用墨、物象、布局、题款、用章任何一方面、一个局部出了问题，也就破坏了整幅作品的"气韵生动"的格局。若创作主体在起笔绘写之前，并没有掌握那"一画之洪规"，那么他下笔以后，一笔不到，笔笔皆不到，则无可救药焉。总之，中国画的笔法、墨法、色法、线条、结构、款识、题跋等一切方面，都必须兼顾气韵周全，"一画落纸，众画随之"，众画周全，合而为一。从容观赏，则生气灌注，与我交感互动。

---

① 徐建融：《中国绘画》，上海外语教育出版社1999年版，第205页。
② 周逢俊：《中国画的"韵"》，《艺术研究》2007年第1期。

在全球文明对话的当下语境之下,中华民族如何向别的民族和整个世界显明、陈述自己的文化特性?如果仅以哲学理念的诠释或实物展示,恐怕多有障碍不易促成双方、多方准确的接受和理解。如果我们以包含中国生命智慧的中国画来昭示中国文化,则其亲切感人的文化气息,易于被人理解和接受。郭熙《林泉高致·山水训》:

> 山以水为血脉,以草木为毛发,以烟云为神采。故山得水而活,得草木而华,得烟云而秀媚。水以山为面,以亭榭为眉目,以渔钓为精神,故水得山而媚,得亭榭而明快,得渔钓而旷落。此山水之布置也。山有高,有下:高者血脉在下,其肩股开张,其脚壮厚,峦岫冈势,培拥相勾连,映带不绝,此高山也。

这是中国画论史上的一段名言,但如果我们把它作为文化信息的载体来看则生动可感,通俗易懂。它不但阐述了自古以来中国文化物我交感的生命态度,更上升至物物交感的大生命循环层次,虽然是一则画论,实则是中华民族文化精神的象征性言说。[①]

需要指出的是,就在东方人(包括中国人)狂热地膜拜西方的科学、民主、自由、人道、平等、博爱等文化理念之时,西方人却掀起了一股膜拜东方艺术的热潮。就绘画艺术而言,从19世纪60年代开始,西洋画家对写实主义画风产生了厌恶,始悟绘画不必写实。西方现代画之源头的印象派(Impressionism)大胆放弃传统的写实,而以"光"和"色"去描绘、表现物象,实际上就是以光色去表现画家的心灵感受。[②]自印象派之后,象征派、野兽派、表现派、达达派、抽象派、幻想写实派直到后现代艺术中的波普艺术、录影艺术等都一律摒弃写实,倾向表现,如野兽派画家们,惯用红、青、绿、黄等醒目的强烈色彩作画。他们以这些原色的并列,加上大笔触、单纯化的线条作夸张抑扬的形态,希望以此达到个性

[①] 邱紫华:《东方美学史》上卷,商务印书馆2003年版,第5页。
[②] 何政广:《写给大家的欧美现代美术史》,湖南美术出版社2005年版,第13页。

的表现，把内在的真挚情感，极端放任地流露出来。①"表现派"的作品，不是视野世界的印象，而是强烈地表现出人性赤裸的主观状态，挣脱一切外表的和自然的束缚，以精神的体验，涵蕴着神秘性与宗教热忱，达到忘我状态的呈现。② 甚至波普艺术中的人物表情、光色对比所造成的画面效果也连接着现代人任情肆意的艺术创作冲动，以与科学理性精神（确定性、能指性）展开新的对话，如汉密尔顿的《是什么使今日的家庭变得如此不同，如此有魅力？》以及利斯滕斯坦的油画《结婚戒指》等。③

瑞士现代派画家克利（1879—1990）的文字画，灵感来自中国文字的造型特点。有一个时期，克利把文字和画面糅合在一起，在画面上安排诗句，使之与画的内容相得益彰。他把画名写在画的空白处，有似于诗、书、画印一体的中国文人画。除克利之外，托比、亨利·米肖、莫里斯·格雷夫斯、圣·弗朗西斯以及曾到过日本一年并在一座禅寺学习过书道的乌尔弗特·维尔克，分别是30年代、40年代、50年代和60年代接受东方艺术影响的西方艺术家。④"达达"、超现实主义和"自动绘画"除了受到西方分析心理学派的美学思想影响之外，都受到了20纪以来在西方流行的新禅学的影响。波洛克（1912—1956）的滴撒画似具禅宗曹洞宗"活泼流转，随缘任运"的禅诗美学特质，兴来意往，洒脱无拘，个体生命与天地大心息息相通，这中间既有宁静淡远，繁华落尽的静谧之美，又有鸢飞鱼跃、生机勃发的流动之美。⑤ 克莱因的"行动绘画"、约翰·凯奇的《四分三十三秒》，都是因为画家、音乐家在感受了日本柔道精髓、铃木大拙的新禅学思想的影响之后而创作的成名之作，"欧美艺术在从现代到后现代的发展过程中，闪现出的若干面貌常令人想起东方艺术的特征。虽然如同西方人对待东方的其他事物一样，在对东方思想的理解和接纳过程中免不了也会出现自由解

---

① 何政广：《写给大家的欧美现代美术史》，湖南美术出版社2005年版，第42页。
② 同上书，第44页。
③ 黄永健：《艺术文化论》，文化艺术出版社2008年版，第261页。
④ 童炜钢：《西方人眼中的东方绘画艺术》，上海教育出版社2004年版，第157页。
⑤ 吴言生：《禅宗诗歌境界》，中华书局2001年版，第152页。

释和随意运用的情况。然而总体来说，他们明白所遇到的是一种与自己原有的西方传统截然不同的思想系统。这一思想系统的最大的特点是不相信由那个被片面强调的知性能够构造出一个真实可靠的世界，说到底，也就是反对西方式的知性思维方式。"①

（三）"圆融"其行——天人合一的戏曲、舞蹈、小说艺术

圆融一词，最早为天台宗所常用，署名慧思大师所著的《大乘止观》中，论述"自性圆融""圆融无二""圆融无碍法界法门"。智者《观音玄义》《法华玄义》等著述中，多次出现"法界圆融""三谛圆融"。圆融在华严宗哲学中更显重要，有"六相圆融""圆融行布""三种圆融"等说法。禅宗、真言、净土等诸宗著述中，也常见到圆融之说。圆者周遍之义，融者融通融和之义。② 冯天瑜等著《中华文化史》认为，相继成立于隋与初唐、盛唐的中国佛教宗派，不仅在佛理上是中国式的，而且在价值取向上也具中国性格。隋唐时代，在寺院经济高度发展，判教活动广泛展开的基础上，纯粹具有中国特色的佛教宗派相继展开，这就是天台宗、华严宗、禅宗和净土宗。而称以上四宗为地地道道的中国佛教宗派，至为关键的一点在于它们无不张扬"心性本觉"，从而与主张"心性本净"的印度佛教在佛学核心问题上划清了界限。③ 据此，我们可以推断，佛家（中国佛教）的圆融——周遍、圆概、融和义理，实与中国本土原发性智慧《周易》《老子》等文脉相通，互为发明。

凡事讲究圆满、圆融、圆成，强调矛盾的对立统一，并认定宇宙的本质是静谧和谐而不是争斗动荡，是中国文化的智慧发明，它直接连通中国古人的天人合一也即天人协调思想。《老子》第二十五章说："人法地，地法天，天法道，道法自然。"大自然——宇宙浑一圆和，生生不已。其道可用《太极图》加以说明，《太极图》是一个圆圈，中间以一个"S"形的曲线分开，左白右黑，形状恰似两条鱼。白鱼在左，头朝上，属阳；黑鱼在右，头朝下，属阴。

---

① 童炜钢：《西方人眼中的东方绘画艺术》，上海教育出版社2004年版，第166页。
② 参见百度百科："圆融"，http://baike.baidu.com。
③ 冯天瑜等：《中华文化史》，上海人民出版社2010年版，第392页。

表示"易有太极,是生两仪",阴气盛于北方,物极必反。其中阴气中一阳为震,随着阳气逐渐强盛,依次由震、离、兑至于乾,达到阳气的极盛;阳气生于南方,一阴生起为巽,随着阴气的逐渐强盛,由巽、坎、艮至于坤,为阴气之极盛。阴阳不相离,故两鱼回还互抱,象征阴中有阳,阳中有阴,阴阳互根,进退消长。阳中有个黑点,阴中有个白点,恰似鱼的眼睛。白色中的黑点,表示阳盛极时阴并未消失,只是潜藏起来,故藏于阳而根于阳;黑色中的白点,表示阴盛极时阳并没有消失,而是藏于阴而根于阴。太极图最外层的圆圈为太极或无极,表示宇宙万物是由元气化生的,同时又在进行着运动和循环。太极图整体显示出上阳下阴、左阴右阳的局势,并且阴阳互含。[①]

当代有研究者通过深入对比研究,发现中国原创智慧——阴阳逻辑,是以圆形运动做线性运动又构成更大的圆形运动,始终注意均衡运行,四平八稳。而西方形式逻辑(辩证逻辑)沿着直线运动,却在无形之中绕地球一圈回到起点衔接,看似排除矛盾的直线运动,却将矛盾扩大到更大层面构成了悖论,这是一个大起大落消极平衡的运动过程。观彼此(中西方)运动轨迹,最后都是呈螺旋形运动。从人类历史演进与文化整体层面来看,彼此(中西方)组成一队互为辩证关系的双螺旋运动整体,实为世界文化的阴阳图。[②]因此,从逻辑上看,中国原创阴阳逻辑实际上涵括了西方的原创形式逻辑智慧。中国传统艺术门类举凡音乐、绘画、建筑、雕塑、戏剧、舞蹈、诗歌、小说、古文、楹联、园林、书法、篆刻、民间工艺美术甚至中国人的礼仪文化、风水文化、红白喜事、饮食服装文化以及中国的语言文字,无不浸透着阴阳辩证逻辑。楹联上下联阴阳对举回护,统一为横批的义理还原;中国语言音节的声母和韵母是阴阳互补关系;汉字的形旁和声旁也是阴阳互补关系;书法笔势的无往而不还;绘画上的虚实、工写、古文及诗歌艺术中的起承转合、对仗、平仄都是阴阳辩证逻辑智慧的具体表现。而在这些艺

---

① 秦丽等:《从太极图视角解读中国舞蹈艺术之"圆和"美》,《唐山师范学院学报》2011年第2期。

② 刘浩锋:《和学——中国文化传承与开新》,九州出版社2013年版,第344页。

门类中，尤以戏剧、舞蹈和小说最能凸显出中国传统文化中的阴阳圆融智慧。

人法地，地法天，天法道，道法自然。人的艺术创作活动甚至日常生活中举手投足、一颦一笑都在有意无意之间与宇宙之道妙合无垠。艺术创作的技术技巧只有妙合天道，天人合一，才能达到庄子所谓的"大宗师"的境界，所谓大音希声，大象无形，大智若愚，大巧若拙。

中国古代戏剧没有严格意义上的西方悲剧，目前流行的"中国十大悲剧"的说法，只是在一定意义上借用"悲剧"这个概念，严格来说，中国只有喜剧、悲喜剧。所谓的"中国悲剧"只是"苦情戏"，或称"苦戏"。苦戏与悲剧不同，苦戏中的苦是为甜"团圆"做铺垫的，描写得越苦，就是铺垫得越成功，最后得来的甜（团圆）越有意义。例如，列为中国"中国十大悲剧"之首的《窦娥冤》，描写得悲天恸地，是一桩千古奇冤，窦娥3岁丧母，7岁离父，18岁守寡，被诬告药死公公，屈斩长街。最后，他的父亲为她昭雪，害死她的人——受到应有的惩罚。中国历史上著名的"悲剧"如《赵氏孤儿》《琵琶记》《娇红记》《长生殿》《桃花扇》《雷峰塔》等，都是以善终结局。喜剧更是如此，如《救风尘》《西厢记》《墙头马上》《李逵负荆》《看钱权》《幽闺记》《中山狼》《绿牡丹》《风筝误》等十大喜剧，都是好人团圆，坏人受到惩罚的结局。① 西方的悲剧如古希腊埃斯库罗斯的《被缚的普罗米修斯》、索福克勒斯的《俄狄浦斯王》、欧里庇得斯的《美狄亚》以及莎士比亚的四大悲剧《哈姆雷特》《奥赛罗》《李尔王》《麦克白》都是大悲大痛的结局。西方从亚里士多德开始，认为悲剧引起人的恐惧和怜悯，并使人在观看体会之后，产生"自尊心"和"自豪感"，悲剧因"性格"或"命运"引起，因此不可避免格外引起人类的同情。但是，如果我们用东方的阴阳互涵共生理论来看待西方的悲剧，则西方人只看到了事物因果链条上的局部而非全部，个人的命运实则融合于群体乃至宇宙的命运，"祸兮福所倚，福兮祸

---

① 郁龙余：《中国印度文学比较》，中国社会科学出版社2001年版，第118—127页。

所伏",祸中有福,福中有祸,祸福相互转化,正如上文所指出的,阴阳逻辑是以圆形运动做线性运动又构成更大的圆形运动,始终注意均衡运行,四平八稳。悲剧中的人物命运最终必融和于生命和宇宙本身的圆形运动。西方人只看到是与非、悲与喜的矛盾性,而忽视了其相互之间互为性和共生性,以为悲剧是人生的绝对的真实,而其实,人生最终是以悲剧作为过程的一个喜剧。

当代学者研究得出结论认为,清代以来中国文化精英人物比如胡适等人对于中国戏剧"大团圆迷信"的攻击,一是受到西方中心论的影响,二是因时代局限,处于被动挨打的窘境,便产生一切不如人的文化悲观幻觉。反过来说,西方除了有大悲大痛的悲剧之外,也有皆大欢喜的喜剧,西方人甚至也十分喜欢中国的团圆戏——如"劝善惩恶"的中国著名元曲《赵氏孤儿》,在18世纪大受欧洲人的欢迎,先后被译成法、英、德、俄文,后又改写成英文两种,法、德、意文各一种,其中伏尔泰的《中国孤儿》最负盛名。《红楼梦》被王国维称为"悲剧中的悲剧",它像人的大拇指,与四指(众多的团圆戏曲、小说)形成相向相抱之势,但是《红楼梦》也并未摆脱大团圆,尽管全书有悲剧的基调,但是结局却落在了一个希望的音符上,并未真的"白茫茫大地真干净"。①

中国舞蹈极其讲究"圆和"之美。当代学者通过研究得出结论,无往不复、动转不息的太极"圆和",在中国舞蹈中得到了极为突出的表现,构成了华夏初民思维经验的延续,也模塑了中国舞蹈艺术的尚圆精神。② 首先,中国古典舞蹈是典型的"画圆艺术","圆"贯穿于舞蹈形体活动的始终。其主要是"三圆""两圈",即"平圆""立圆""八字圆""大圈套小圈",其他如体态上的拧倾、扭旋、折曲转也属于"圆"的动律范围。"圆中生万变,万变不离圆",舞蹈艺术在舞姿造型、动作规律、节奏处理和流动路线上,都与圆有着千丝万缕的内外联系。也正是"圆"的存在,才产生无

---

① 郁龙余:《中国印度文学比较》,中国社会科学出版社2001年版,第118—127页。
② 秦丽等:《从太极图视角解读中国舞蹈艺术之"圆和"美》,《唐山师范学院学报》2011年第2期。

穷无尽、千变万化的创作原动力，给人留下了生生不息、循环往复的"圆"的美感。其次，中国古典舞蹈是典型的"尚和艺术"，用太极图加以阐释，白色阳鱼代表运动，黑色阴鱼代表放松，运动与放松犹如太极图中黑白二鱼妙合而凝的姿态。狭义来说，太极图中黑白二鱼代表组合指法里两种对立运动状态的融合，如"亮相"是静止的舞蹈，然而在静止的瞬间，却蕴含着"动"的因素——外形是静态的，可心里却充满着复杂激烈的动荡。这种在许多连贯动作中的静止，加深了观众对人物形态动作和面貌的了解和印象，很好地发挥了造型艺术的特点和魅力。①

中国舞蹈学者傅兆先认为，西方舞蹈以主题、变奏的方法发展、组合舞蹈语言，中国重诗体化，诗意浓，多以起、承、转、合的观念组合舞蹈语言。② 起、承、转、合全过程就是一个"圆"，由起、承、转、合所运转出来的一个舞蹈姿势或舞蹈造型，本身就是中国太极智慧的艺术呈现。

无论如何，艺术离不开文化的关怀和制约。当代舞蹈学者认为，正如舞蹈的人体美是社会、历史文化的产物一样，舞蹈的人体动态美也是社会、历史文化的产物。以古典芭蕾与中国古典舞蹈为例，则可以看出，西方人认为宇宙是直线前行的，是分层面的、有秩序的，因而古典芭蕾的动作多由一基点直线发展，并在各个层面上有秩序地变化中发展动作，从而形成了"开、绷、直、放"的人体动态美观念。中国人则认为宇宙是圆流周转的，恰如《易》之六十四卦环环相扣，周而复始，因而中国古典舞的动作多取圆的运动，其体态动作在总体风貌上是向心的而非离心的，由此形成"圆、曲、拧、含"的人体动态美观念。③

中国戏剧钟情于"大团圆"结局，舞蹈"圆中生万变，万变不离圆"，正体现了《老子》所言"道周行而不殆""大曰逝，逝曰远，远曰返"的哲学理念。张英《聪训斋语》谓："天体至圆，万物做到极精妙者，无有不圆。圣人之至德，古今之至文，法帖，以

---

① 向开明：《太极文化与东亚舞蹈文化》，民族出版社2006年版，第306—310页。
② 参见于平《舞蹈文化与审美》，中国人民大学出版社2005年版，第166页。
③ 同上书，第361页。

至一艺一术，必极圆而后登峰造极。"① 而这种"圆融""圆转""圆动"的叙事模式和结构模式，也突出地显现在中国古代小说文本中。当代研究者认为，西方小说注重以时间架构作为故事的组织原则，情节性特强；而中国古代小说注重其空间性，② 时间是线性运动的，而空间是圆形静止的。大观园的人和事纷繁复杂，作者巧妙地将发生在大观园里的各种情节，按照阴阳因果互动的原则，进行自然无缝的对接和"对话"，使得整个大观园像一个小宇宙般的"圆转灵活"。学术界认为《红楼梦》中钗黛双峰对峙而又一体互补，宝玉居间相生的所谓"三极建构"③ 模式，也是中国古典小说叙事讲究"圆转灵活"的典型案例。

四大名著《红楼梦》《三国演义》《水浒传》和《西游记》，从宏观布局上看，都透露出中国古代的宇宙智慧和生命智慧。《三国演义》始于"合久必分"，终于"分久必合"。《水浒传》"首尾大照应，中间大关锁"，始于洪太尉误走妖魔，放走了三十六员天罡星，七十二座地煞星，中经第七十一回"石碣天星"排座次，结于宋江等一百单八好汉死后赐庙成神，是一个圆形结构。《西游记》唐僧师徒历经九九八十一难，终于从西天取回真经，功德圆满，是一圆形结构。尽管人们认为《红楼梦》是悲剧性的小说文本，但是很明显《红楼梦》的结局与西方著名悲剧《俄狄浦斯王》《哈姆雷特》《李尔王》的结局是不同的，西方悲剧都是以彻底的无望绝望告终，而《红楼梦》中贾宝玉抛却红尘，跟随一僧一道消失于茫茫大雪之中，看似落了个白茫茫大地真干净，实则照应回应了《红楼梦》第一章的大因大缘。贾宝玉本为顽石，经点化脱胎换骨来到这红尘凡间走上一遭，最终又回归到那大荒山无稽崖青埂峰下，正是"从来处来，向去出去"。《红楼梦》的结构及全书的起承转合，正从艺术表现手段上对应了"因空见色，由色生情，传情入色，自色

---

① 参见杜贵晨《"天人合一"与中国古代小说结构的若干模式》，《齐鲁学刊》1999年第1期。

② 孙福轩：《中国古典小说叙事空间的文化论析》，《广州大学学报》（社会科学版）2008年第2期。

③ 参见杜贵晨《"天人合一"与中国古代小说结构的若干模式》，《齐鲁学刊》1999年第1期。

入空"的禅佛智慧,因此,全书主角贾宝玉的结局必须上升至文化解析的高度加以审视,才能得出较为合理的学理阐释。

通过以上论证,可以看出"圆融""圆转""圆动"的哲学智慧一直较为显豁地表现在中国传统戏剧、舞蹈和小说文本中,这种艺术表现上的以圆形运动做线性运动又构成更大的圆形运动,与而西方形式逻辑(辩证逻辑)沿着直线运动却在无形之中绕地球一圈回到起点的直线运动,具有很大的差别。正如上文指出的那样,中国原创阴阳逻辑实际上涵括了西方的原创形式逻辑智慧。如果我们用东方的阴阳互涵共生理论来看待西方的悲剧,则西方人只看到了事物因果链条上的局部而非全部,个人的命运实则融合于群体乃至宇宙的命运,"祸兮福所倚,福兮祸所伏",祸中有福,福中有祸,祸福相互转化,悲剧中的人物命运最终必融和于生命和宇宙本身的圆形运动。晚近以来,由于受西方话语霸权的强力渗透,中国学人在失去文化的判断力之后,有意无意之间只得随声附和西方学者对于中国艺术的价值判断,进而一边倒地用西方的哲学理念和价值观,来"剪裁"中国传统艺术。在今天全球化语境中,我们必须对此现象进行彻底反思。

(四)"自然"——天人协调的园林艺术

1. 自然美与人工美

"天人合一"(天人协调)是中国传统园林艺术的哲学、美学基础,并隐匿于其造园手法之中。是古人与自然的理想关系形态,山水自然环境,并不单一作为客观存在的审美对象,而通过发挥人之为人的主观能动性,使之与人一同成为审美的主体力量,建构同生并存的物我关系。在尊重自然的前提之下适度利用、改造自然,运用中国山水这一独特的地理禀赋塑造人居环境,是传统园林艺术涵养古人生产生活环境的生态内涵。

中国传统园林艺术注重自然美与人工美的结合。自然美指自然环境,主体则是山水;人工美则来自于对自然环境的合理利用和设计改造。平衡自然与人工环境,合理开发利用丰富的山水景观资源,在尊重自然环境的前提下构筑人工美,是为生态、科学、合理。中国传统园林中朴素的生态环境观沿袭至当代仍然具有其科学适用性。

　　"景物因人成胜概"，营造宜居宜游的环境自古需要发挥人的主观能动性；尊重自然地理条件，发挥主观能动性进行园林艺术的构建，是中国园林艺术的精粹，亦是古代朴素生态意识的集中体现。由于地理条件的特殊性，治水利水是几千年来华夏民族面临的主要课题，而治水当以疏导为主，截堵为辅。我国古典园林宝库中大型皇家园林和寺观园林在建造之前，都必将先考虑与水利工程建设的结合，在建造园林之时对水环境进行治理疏通。《史记·河渠书》记载："蜀守冰凿离堆，辟沫水之害。"由于李冰治理大渡河水，人为开凿了青衣江，形成了凌云山与乌龙山两山间以一水相隔的独特景观。结合水利工程建造后乌龙山寺四面环水、危峰矗立，治理大渡河水不仅造福百姓，更使乌龙山寺成为著名的园林胜地。

　　凡造山水之城隅，自然美人工美之外更追求生态安全之美。"水得潆带之情，山领迥接之势"，《园冶·题词》中这样描写传统园林"山环水抱"的山水形态组织关系。从造园手法看，指模拟自然山水形态进行景观要素的配置，再现自然山水掩映峻峭之态。但从生态环境安全的角度考察可发现，诸如颐和园的后溪河水体形状狭长悠远，营造了宜人舒适的景观环境。而在同样位于颐和园内的寅辉关和桃花沟水体出口处，水体形态相较于前段更多变化。寅辉关河道，以零星的岛状植物群点缀其间，桃花沟水体面积扩大，乍看都似为美而作的动态流水景观处理，其实更是为消减万寿山山体排水产生的动势过大对岸线造成冲刷产生的安全隐患。水体作弯曲处理可降低水流速度，减少水体对岸线的冲刷从而减少能耗，更有利于水环境安全的维系。如此"山环水抱"的园林景观在工程学上目的是使降水沿着山脊线有组织地自然排出，并可结合水体营造舒适的环境小气候。桃花沟作为颐和园一处标志性景观，在具备游憩性的同时作为排水渠道，是景观与功能的完美结合。颐和园于清代乾隆期间建造，其初衷是改善京城的给水系统，古人用一座巧思筑成的园林作为水利设施起着城市治水利水的作用，这是颐和园也是中国传统园林艺术的精妙所在。颐和园中精妙的景观配置手法彰显着水利工程措施与园林设计的巧妙结合，是工程更是景观，不禁让人惊叹古代造园者的智慧。

2. 虽由人作，宛若天开

山、水、石、建筑、道路或重叠、或平行、或交错于园林之中，人游走于其内所感受到的多变、惬意、恬静归因于其有层次秩序的空间序列组织系统。中国文化含蓄内敛的特质使园林艺术中的构成关系也同样隐藏于山水建筑交织的斑驳光影之中。自然环境、人工环境与人和而共生，形成有序健康的系统空间。

园林将自然环境引入人工环境之中，自然环境与人工环境如何契合并组合成为大的空间，其布局结构十分考究。俯瞰中国园林，似乎是在点线面间寻求平衡与变化。散落于大小园内的山石、花木，大到亭台楼阁多以散点点缀，这些形状大小不一的点打破了园林造景上的单调，丰富了园林造型，冲击人的视觉。道路的穿插、游廊、爬山廊、河道则作为空间分隔与连接的线性渠道，点与点之间由路与廊等线性要素相连，线与线之间的交会分割也形成了不同大小的空间。点线面间形成的空间组织序列是否合理关系到整个园林内部的生态环境、交通环境与人文环境。景观要素的不同组合构成的点线面形态在中国园林系统中缺一不可，散点景观离不开线性道路交通的连接，不同特质的景观空间更不可缺少亭台楼榭的点缀，若点与面的景观要素缺席线性交错的道路交通网络之中，也谈不上园林艺术中诗情画意、移步换景般的景致了。皇家园林中的代表颐和园，序列的开始由一系列四合院组成，行走至昆明湖畔，视线则豁然开朗，到达园内制高点佛香阁后，万寿山气氛幽静，直至到达谐趣园，即序列的尾声。在园内游历，人们坐小船、过拱桥、逛联廊、游石路，一个个标志性的亭台楼榭作为景观节点设置在线性交通中带给游客不同的惊喜。一路景致变换，人穿梭于自然与人工环境之间不亦乐乎，多空间、多视角、多变化的环境能够满足游人不同的体验需求。小园以静观为主，大园以动观为主，动静结合的线性交通系统结合地形变化，不仅疏通人流而且予人以丰富变化的景色与体验。而传统园林与西方园林虽都由点线面作为空间平面布局的基本三要素，但其差异则在于传统园林中线性要素的运用多作弯曲处理，线条串联起点，分割出面，也由此带来中国园林中所独有的"曲径通幽"之感。

"虽由人作,宛若天开",中国传统园林崇尚自然亦师法自然,其巧借自然资源造园,运用点线面要素的形式合理布局出井然有序又不失生趣的空间序列,人工环境与自然环境以点线面结合的平面空间布局模式编织出中国传统园林独特的内生系统。

3. 景以境出

中国传统园林重视意境的诠释,营造诗情画意的氛围与高于自然的审美境界是其所追求的终极造园精神。人置身园林之中,由意境而生情,惬意自然、心旷神怡。美学家李泽厚先生从美学角度总结传统园林艺术说"中国园林是人的自然化和自然的人化",人生活于园林中,园林筑情予人。

山水诗、山水画、传统园林互相融汇流传至今而不衰,积淀了深厚的中国山水文化根基。奠定中国园林基础的是中国文学,中国园林艺术乃综合艺术,熔诗书画于一炉。北方大型皇家园林或是南方私家宅园甚至山水盆景都渗透着人文写意的精气神。明代时期江浙一带徐渭,以"几间东倒西歪屋,一个南腔北调人"形容自己,而其屋内山水所置之石称"自在岩"。虽然将自然之山石引入自家宅园,却仍保持其本性不给予过多人工干预,只寓情于景。而徐渭宅园的精华更在于其在书房门前的一条空巷的处理上,巧妙运用"框景"的园林处理手法,以圆洞门框景,空巷景色好似画一般静立于此地,圆洞门上题字"天汉分源"寓意"人间仙境"。一座园林的内涵既是一段山水诗,又似一幅山水画,诗情画意创造的山水空间,这是中国传统园林独树一帜的特色。

静态空间与动态空间的交织运用在传统园林之中是组景的技法,也是营造意境恰如其分的手法。静态空间在园林中多指独立物体围和而成的空间,如苏州狮子林中假山与石头所构筑的静谧空间,它与周围物体没有产生联系,较为孤立。而动态空间则是指园林中物体间的间隙空间,又称流动空间。静态空间结合动态空间的手法,如拙政园中有意开放的视线走廊,各个单体空间之间虚实、大小、曲直、开合的对比,形成层次变化、有序多边的流动空间。移步换景,园林中的植物、山水、花鸟、诗词牌匾、流水声,全感官的体验穿插渗透，人们犹如置身包罗万象、清新宜人的自然之中，栖息于这样的环境，人自然也能找到灵魂的安神栖身之处。

中国传统园林是无声的诗，古典的画。情由景生，境由心造，景以境出，情景交融而产生意境。园林艺术中的文化内涵化作园林中的一诗、一词、一石、一木，在虚与实交织的流动空间中浸润心脾。

（五）"情性"——仁爱、求真的诗歌、书法艺术

1. 情理混融，仁而爱之

近年来有学者撰文指出，陆机在《文赋》中所提出的"缘情绮靡"相对于萧统在《文选序》里提出的"沉思翰藻"而言，更宜用作我国古代杂（大）文学体制中的"文学性"标志。

在"沉思翰藻"与"缘情绮靡"这两个命题中，"翰藻"与"绮靡"的含义大体相当，都是指文辞优美，是古代"能文"的重要标志。不过"沉思翰藻"主要讲究作品的精心构思和文采斐然，属于表现技艺方面，不涉及作品的审美内质，所以用来揭示文学的审美性不够全面；而"缘情绮靡"将文学本体与其表现形态连成了一体，由作品的内在生命推导出外在形式上的文采焕发，将文采视为生命本根的自然显现，故"沉思翰藻"适应古代整个杂文学谱系，而"缘情绮靡"则更多地偏向美文的传统，它不仅能将杂文学中的文学文本（美文）与非文学文本（实用性文本）区分开来，亦能用以探究和测定各类非文学文本（包括经、史、子书）中可能蕴含着的"文学性"成分（审美因素）。[①]

中国是诗歌大国，抒情诗尤为发达。"文以载道""诗以抒情"，诗一旦过于说理载道，变成了"学问诗"，诗必走入歧途。中国古代最早的散文集《尚书》中的《尧典》篇有言：

> 诗言志，歌永言，声依永，律和声。

这里的"诗言志"实际上也就是"诗言情"。虽然学者们对

[①] 陈伯海：《杂文学、纯文学、大文学及其他——中国文学传统中的"文学性"问题探源》，《红河学院学报》2004年第5期。

"诗言志"说颇多争议，但经典的解释是"诗言情志"。李泽厚认为"诗言志"便是抒个人的志趣以至情感，① 汉代的文献《毛诗序》认为"情"不仅是诗的源头，而且也是"歌""舞"的源头。

"情动于中而形于言，言之不足故嗟叹之，嗟叹之不足故永歌之，永歌之不足，不知手之舞之，足之蹈之也。"当代诗评家谢冕认为此处所说的感情不是一般的感情，而是饱满的、非常的激情，人的情感达到近于极限的状态时，诗就和音乐、舞蹈相和谐并归于一致了。②

西方哲人柏拉图说诗人泛滥情感，不但自己惑乱心智，而且会以诗徒误苍生，捕风捉影，永远也捉不住"理念"的影子。言外之意，人不能从"情"那儿取得生存的智慧，因为"情"不等于"智慧"。人活在世上需要"智慧"，只有"智慧"才能使我们看清楚生存的无量痛苦，超越生死大限，从不自由进入自由，从不自在进入大自在。情感不能提供给我们智慧，情感阻碍我们获得真知。因此，情商越高，智商越低，诗人都是一些情商特别高的人，可他们的智商却可能低于常人。如此说来，以"情感"为依托的"诗歌"无足可观，"诗歌"是"智商"较低的人以"一把辛酸泪"换来的"满纸荒唐言"。

柏拉图的弟子亚里士多德的见解有违乃师，他有一句著名的话：诗比历史更哲学。意即诗里面有哲理，诗人比历史学家更睿智，诗通过对"殊相"的特殊的"模仿"，而揭示生存的"共相"。柏拉图在他的《理想国》里要把诗人驱逐出境，而亚里士多德认为柏拉图的对话体哲学名著却类似古希腊"拟剧"，柏拉图是一个成功的模仿者，他嘲笑诗人，而他自己正是一个大诗人。③

相比较而言，中国古代先哲对"情"和"诗"的认识，跟西方人很不一样。中国古人认为"情"与"知"并不是截然分开的两个东西，"情天恨海"虽是说情深恨笃，但也是说，"情"可通"天"，"情深"的人"悟道"必深。禅宗五祖弘忍传偈曰："有情

---

① 李泽厚：《华夏美学》，天津社会科学院出版社2001年版，第56页。
② 《谢冕论诗歌》，江西高校出版社2002年版，第3页。
③ [古希腊] 亚里士多德：《诗学》，罗念生译，人民文学出版社2002年版，第4页。

来下种，因地果还生，无情亦无种，无性亦无生。"人秉七情，看似痴迷不悟，而实际上"有情人"身陷情窟，体情入微，情性相通却能通过"情"的无常暂驻，彻骨之痛，依境攀缘，始得省悟与"情"合胞同体的宇宙大道，这真是所谓"不入虎穴，焉得虎子"。《大乘起信论》谓如来藏"隐时能生出如来，名如来藏，显时为万德依正，名为法身"，它的意思可译为：被七情六欲烦恼隐覆的如来藏，因为会有如来本性，所以能够出生如来，除掉七情六欲烦恼，如来藏显现时，具有无量性功德，这就是法身。[①]

儒家的"仁爱"也诉诸情。当代研究者认为，仁爱观念以道德伦理为核心，强调了仁爱的道德伦理含义，在与周围人的交往中体现出来的具体而非抽象的爱，把敬畏、忠诚等情感转换为实际生活的体验。仁爱不局限于亲情之间的交流与沟通，还可以超越时空，仁爱之情也可以扩展至万物，达到"亲亲而仁民，仁民而爱物"。仁爱是一种践行的哲学，是通过践行礼来实现的，仁礼合一，情感的一面与理智的一面结合在一起。[②]

综合儒佛的认知，可以归纳为三点：第一，中国传统主流文化中的个体情感与理智同一于日常人伦生活中；第二，如来本性与"性情""欲望"相互涵摄，流荡不息；第三，如若要证知本性真如面目，则必在起心动性、情迷意乱的过程中，直觉地触悟生死不二、人我不二的大自在状态。"情性"最普遍地、日常化地存在于天地万物的本性之中，以至于离开了情性，则万物灭绝，所以诗人写诗，哲人冥思，渐修得道，顿修成佛，等等，不外借着"动心""忍性"之机缘，借境攀缘，一超而直入，像叔本华所说的"天才"地把握了存在的本质——生命的悲凄以及"无"。叔本华认为诗人是"天才"，"天才"的眼神既活泼又坚定，明明带有静观、观审的特征，而普通人的眼神里，往往迟钝、寡情，有一种"窥探"的态度。[③]

诗歌，作为"情性"的外化和敞明，也可以认为是叔本华所说

[①] 韩廷杰：《新译大乘起信论》，三民书局股份有限公司2000年版，第3页。
[②] 张少恩等：《仁爱、兼爱与博爱——儒、墨伦理文化与基督教伦理文化比较》，《贵州社会科学》2014年第5期。
[③] 李醒尘：《西方美学史教程》，北京大学出版社1994年版，第444页。

的"天才"的认识工具,具有审美直觉能力的诗人——天才,由情入幻,最后却又在诗歌文本里以声韵、意象、节奏敞开了真理的本来面貌。白居易把一首诗比作一棵生命完整的树——诗者,根情、苗言、华声、实义,由情激动,发而为"声言",枝繁叶茂、花香四溢,以至于果实累累,意蕴圆融。

中国诗论史上顶尖级的人物严羽说:诗有词、理、意、兴。南朝人尚词而病于理;本朝人尚理而病于意兴;唐人尚意兴而理在其中;汉魏之诗,词、理、意、兴,无迹可求。他认为汉魏诗歌"情理交融"是诗歌的当行本色,尤其是唐诗虽"尚意兴"而"理在其中",也就是"情感勃郁"而"真理自现"。

严羽《沧浪诗话》:"诗者,吟咏情性也。盛唐诸人唯在兴趣,羚羊挂角无迹可求。故其妙处透彻玲珑,不可凑泊,如空中之音,相中之色,水中之月,镜中之象,言有尽而意无穷。"

中国诗学有关诗的情本体论以及情理互证的论说俯拾皆是,再举两例:

> 焦竑《雅娱阁集序》:诗非他,人之性灵之所寄也。苟其感不至,则情不深;情不深,则无以惊心而动魄,垂世而行远。[1]

> 李重华《贞一斋诗说》:夫诗言情不言理者,情恔则理在其中,乃正藏体于用耳。故诗至入妙,有言下未尝毕露,其情则已跃然也。[2]

2. 诗歌表情,直抵真理

音即音声,鸟鸣兽吼、风穿林木都发出音声。庄子说人籁不及地籁、天籁,是说人为的乐器发出的音声不像水流虫鸣等大自然发出的音声那样美妙、浑融。可是如果是人的身体发出来的音声,则等同天籁,人是大自然无数生命物种之一,人的身体发出的音声如同虫鸣蛙鼓一样自然而然。古人说丝不如竹,竹不如肉,也是说人

---

[1] 萧华荣:《中国诗学思想史》,华东师范大学出版社1996年版,第283页。
[2] 陈应鸾:《诗味论》,巴蜀书社1996年版,第161页。

的发音器官声腔声带发出的音声美妙浑融有如天籁。

中国乐学元典《乐记》认为人的声带、口鼻腔发出音声，那是因为有所感的缘故，"乐者音之所由生也，其本在人心之感于物也"，有所触动，动了情感，于是"情动于中而行于言"，以致嗟叹、咏歌、手舞足蹈。不同的情感情绪会外化为不同的音声，"哀、乐、喜、怒、敬、爱"六种情感相应地产生肃杀、柔缓、散漫、悲厉、直廉、柔和六种音声。我们常说"动之以情"，可是如果情不表现出来，不变成节奏不同的音声，无论多么强烈的情感也打动不了谁。"声音感人如通电流，如响应声，是最直接的，最有力的。"[①]我们要知道这个声音的本体是人的情感，所以汉语词汇里有"情韵""情丝""情调"等词语，表示情感与音乐互为表里、相互依持。

中国诗学、乐学认为情动而声发，西方诗学认为声音自己就是意义本身，象征主义诗歌美学把西方的这个古老的信念推向极致。当然中国诗人中也有为了音声而音声的，如杜甫、韩愈，结果就遭到识家的诟病，顾炎武在其经典著述《日知录》中点名批评了杜、韩之后指出：诗主性情，不贵奇巧。唐以下人有强用一韵中字几尽者，有用险韵者，有次人韵者，皆是立意以此见巧，便非诗之正格。[②]

西方有所谓的逻各斯中心主义（Logocentrism），也叫语音中心主义。有人将逻各斯翻译成"道"，不过老子的"道"是不能用语言表达出来的，而西方的逻各斯却可以用语音表达出来，因为在语音中声音和意义清澈地统一在一起，也就是说原初给事物命名时的原始声音与事物的本性是一致的，声音里涵泳着原初的真理。[③] 这不禁让人想到了宗教咒语，佛教里有"声教""像教"的不同修行法门，"声教"认为反复吟唱某一句或某一段经文，可以在声音中见本性，悟佛法，开光明，登极乐，这也是一种语音中心主义。中国人如此重视诗的声律，并发展出一整套声律搭配的结构系统，说

---

① 朱光潜：《诗论》，安徽教育出版社1997年版，第115页。
② 赵俪生：《日知录导读》，巴蜀书社1992年版，第42页。
③ 张隆溪：《道与逻各斯》，冯川译，四川人民出版社1998年版，第67页。

明中华先哲与西方先哲一样，也是认为声音具有非同小可的涵摄功能的。根据朱光潜的看法，中西诗人很早就注意在文字本身上见出音乐，中国诗在音律技巧上的讲究比欧洲人要早1000多年，西方的诗至19世纪的象征派的所谓"纯诗"，甚至把文字的声音看得比意义更重要。深受象征派影响的德国现代诗人里尔克的作品就有语音中心论倾向，他在一首又一首诗中，以牺牲语义深度为代价，建立超声音效果的精致结构。[①] 波德莱尔、马拉美、兰波、魏尔伦的诗都是在象征的丛林里，将语言的音乐性强化到了最高程度。

可见东西方诗学都认为诗绝不是陆机所谓的"缘情绮靡"即罢，柏拉图所谓的"呓语"一番即止，诗通向本体，诗不仅仅具有感染教化功能，还有它独特的认识功能，因其思维及表达的方式不同于哲学，只能称它是一种建立在独特认识论和方法论基础之上的特殊哲学。不过，东西方的诗化哲学对于真理的认知路径是不同的，对于读者来说中国诗歌循着音韵—情韵—意蕴的路径认识真理，即循着诗语言的节奏、韵律进入情感实体，在玩味情感的百奇千幻、流徙不驻的瞬间，感悟生命的本相，以清代诗人黄仲则的一首七律为证：

> 络纬啼歇疏梧烟，露华一白凉无边。
> 纤云薇荡月沉海，列宿乱摇风满天。
> 谁人一声歌子夜，寻声宛转空台榭。
> 声长声短鸡续鸣，曙色冷光相激射。

此诗前面三联写诗人秋夜孤枕难眠、彷徨无着的情景，随着语言节奏的跳荡，我们也如同诗人一样经历了内心情感的奇幻变化，心驰神摇，如梦如幻。但就在断断续续传来的鸡鸣呜咽中，诗心认知从具体的场景和无名的情感中跃然升起，而进入一个永恒的时空之境，一个非时空或反时空的静默观审之中，在这个非来非往、即来即往的时空幻境中，一切皆归空幻，个体存在迅速化约为渺小以至虚无。

需要指出的是，中国诗歌依音寻情悟真，不是像坐禅家所说要

---

① 张隆溪：《道与逻各斯》，冯川译，四川人民出版社1998年版，第67页。

斩断六根、灭惑断情以后再能拨开尘障始见真如，中国诗歌在音声的节奏韵律里进入情感，体味情感，通过对情感苦谛的亲切体验而生悲智观照。因情中理、理中情浑然为一，而且理就在情中，因此灭绝了情感，等于也拒绝了发现真理的门径或者说灭绝了真理本身。当然，也有人认为"以情证道"无异于蒸砂成饭、磨石成针，此话对于出世修行的人来说，自有道理，可是对于诗人及芸芸众生来说，等于没说，毕竟像叔本华所说的干脆消灭自己的生命断绝意志之根或出家修行灭情断欲的人占人群中的少数。再说，大无情人也是大有情人，王国维说李后主俨然像基督、释迦一样担荷人类罪恶的意志，因而诗词有大境界，是说这些人都是钟情此世的大有情人，他们都是自情天欲海中悟出人类生命以及宇宙存在的本相。通常的情况是，诗人在情感的深处发现了生命无常的真理，对飞光不驻的无可奈何，往往就会采取反其道而行之的生活态度，并希望以这种个体化的、情感化的生活方式与宇宙洪荒打成一片，和其光同其尘，在有限中实现无限，在有限中超越无限，即所谓"难得糊涂"也。不过，这绝不是浑浑噩噩，糊里糊涂。

> 生年不满百，常怀千岁忧。
> 昼短苦夜长，何不秉烛游！
> 为乐当及时，何能待来兹？

这种态度绝不可以简单地理解为一般的"醉生梦死，及时行乐"，这是汉末中国人生命意识觉醒的标志。生命苦短，时光不驻，因此要格外珍视生命，珍视生命过程中所能感受到的一切。汉代以后的陶渊明、竹林七贤、李太白、苏东坡、杨升庵、龚定庵等组成了中国古代"以情悟真"的诗人群体形象。

朱光潜在讨论中西诗的情趣时说，中国诗人在爱情中只见到爱情，在自然中只见到自然，因而不具西诗的深广伟大，其深层原因是中国没有深广伟大的哲学和宗教。[①] 这是典型的以西方诗的

---

① 朱光潜：《诗论》，安徽教育出版社1997年版，第67页。

标准来准绳中国诗的文化偏执主义话语，且不说东西方哲学各有妙谛胜义自能相互打通阐释无间，就说具体的所谓"神韵微妙"和"深广伟大"两种风格，在东西方诗歌中都不乏卓绝伟大的篇章交相辉映，即以华兹华斯的宗教情感来说，就并不能高明过盛唐的王维。华兹华斯说："一朵极平凡的随风荡漾的花，对于我可以引起不能用泪表现得出来的那么深的思想。"王维用他的四句五言诗说明同样的道理且超越我执我相，绝不逊色于华兹华斯：

　　木末芙蓉花，山中发红萼。
　　涧户寂无人，纷纷开且落。

　　这是在自然中洞见超自然的永恒，它不显形迹地含蕴于声音节奏与意象暗示之中。西方诗从拼音文字本身上见出音乐，然后依循音乐的召唤性功能确认事物的本质、本性。这是西方逻各斯语音中心主义的诗歌语言哲学观，语音既然直接和意义相互指称，那么情感作为理智（理念）的对立面就是诗歌里无足轻重的东西，诗的目的既然是提示理念，何必又要绕道行走，徒费情感呢？这恐怕是柏拉图要将诗人驱逐出境的主要原因。不过，西方也有人认为情感对于诗歌来说非同小可，俄国别林斯基认为，诗的情感是"激情"，不是生理性的"情欲"，"情欲"这个字眼包含着较为感官的理解，"激情"这个字眼则包含着较为精神的理解……在情欲里，有许多纯粹感官的、血液的、神经系统的、肉体的、尘世的东西。"激情"指的也是情欲，并且像任何其他的情欲一样，也是和血液的波动、整个神经系统的震动联结在一起的；可是，激情总是在人的灵魂里被观念所燃烧，并且总是向观念突进的一种情欲——因而，这是一种纯粹灵魂的、精神的、天上的情欲。[①] 可见，依循诗歌语言中的音乐性或凭借诗的"激情"，目的都是达到对于逻各斯或纯粹灵魂的认知，还是以诗求智，这和中国诗学情理互征以达到高度的认知境界的诗的功能观是相同的。不过，有两点必须注意：（1）所求之

[①] 陈应鸾：《诗味论》，巴蜀书社1996年版，第161页。

智不同，西人以诗所求之智是基于西方哲学宗教理念之上的"智"，而中国诗人在诗中所求之智是基于东方哲学宗教理念之上的"智"；（2）求智之途径不同，西诗主要从音韵着手直接抓住意蕴，虽然也有人认为读诗要依循音韵—情韵—意蕴的认识途径，如上举的别林斯基的看法，但这毕竟不是西方主流诗学，从柏拉图到马拉美，诗歌语音中心主义取向一以贯之，并且成为西方人轻视表意文字的汉语及汉诗的逻辑依据，中国诗歌的真理认知途径为由音至情，由情悟真。

要言之，西方哲学有轻视感性的传统，所以西人认为以语音唤回的不必是感情，而径直为理念才是诗的正路；而东方哲学有重视感性的传统，认为感性中包蕴着理性、理念，通过敞露感性敞露真理和存在的本相，所以诗以音声的节奏、韵律唤回情感，在情感的世界里触悟生命的本质和存在的真实性，这才是诗歌的正途。唯心主义哲学家黑格尔把美定义为"理念的感性显现"，有类于东方式的情理不二观，这是西方哲人在认识论上有以深化的表现。但黑氏的命题依然存在"理念""感性"的二分论倾向，还未能深契东方式的"情理深融"观自在真谛，于是又出现海德格尔和伽达默尔等哲人对黑格尔的美学思想的进一步颠覆。海德格尔的诗思思想认为诗的语言直接唤回事物的本真状态，这固然与逻各斯语音中心主义不无关涉，但是海氏已摆脱了"感性""理念"二分论的顾固思维习性。至伽达默尔，更进一步指出诗的语言是"Stands Written"，"它就是自己的证明而不承认任何东西能够为它证明"，诗的语言是一种象征，象征既代表自己，与此同时又指向某种超越于自己的东西——因此，它不同于寓言，寓言仅仅为它的寓意而存在。[1] 诗及诗的语言都是一种广义的象征体，它既象征自我，也象征着终极的真理。诗的世界是一个自在圆融的实体，无须哲学来代替它或超越它。诗人，不管他是洞察事理的智者，还是一个捉笔成痴的新手，只要他以本真的感性驱使语言的言说（当然这样的语言依然遵循感性的起伏波动的节奏、韵

---

[1] 张隆溪：《道与逻各斯》，冯川译，四川人民出版社1998年版，第183页。

律）感人至深，发人深省，他就是一个伟大的艺术家。相比之下，海德格尔和伽达默尔的美学思想较为契合东方式的"情理浑融"观自在真谛。

诗的语言的音乐性暗示、象征宇宙真理，这是谁也否认不了的"真理"，这也是为什么音乐被称为最抽象的艺术以及音乐被视为诗歌的本质依归的主要原因。但是诗的语言的音乐性，不是凭空而来的，它来自于人的情感、情绪、情性，来自于人的活感性，[①] 因为人类的情性中包裹着宇宙的真理，音、情、意是统一的，不是分裂的，这是弘忍大师所说的"无情亦无种，无性亦无生"的宇宙真理。而诗既为象征，且为广义的象征，那么，在诗的文本中，拼音文字直接对应于音声，以音声暗示、象征宇宙运行的节奏、轨迹、规律，当然为诗的当行本色，而非拼音文字的汉语诗歌，既表音又表意，不但以音声而且在文本中以暗示宇宙秩序的汉字的构形及排列组合来暗示、象征宇宙运行演化的节奏、轨迹和规律，是一种双重的象征，这当然也是诗的当行本色。庞德和艾略特等人认为汉语诗是纯粹的"意象"诗，完全是一种未能深入中国文化及中国诗学思想深处的片面之见。中国的诗歌从来就不但以"意象"深契诗道，同时也以音韵婉转谨严呈示"逻各斯"的音容笑貌。

中国书法艺术源远流长，书法艺术讲究笔法、传承，更讲究个性和创新。上乘之作有迹可循，又似无迹可寻。二王、张旭、怀素的作品，道以济艺，艺以济道，道艺相同，浑入无我之境，而他们的巅峰之作无不是在激情催发之下的"神来之笔"，王羲之《兰亭序》是在觞咏之后情不自禁之下的得意之作，张旭、怀素往往都是在激情澎湃之时一挥而就。就书法艺术的"艺术性"而言，草书、行草书往往最能见个性，也最能见真性情，因此，艺术性要高出其他书体，这是因为最具抽象意味的中国书法艺术中的草书、行草书，以其无往不复的笔势、前呼后应的章法结构契合着道和意。但是，我们必须强调的是，中国书法在"体道""悟道""会意"的同时，其线条的方、圆、粗、细，其墨迹的燥、湿、浓、淡，运笔

[①] 王岳川：《艺术本体论》，上海三联书店1994年版，第123页。

的急、速、缓、滞都来自于书家的情感状态。历代代表性的书论家倾向于书法的"情性"本体观,汉代蔡邕《笔论》:"书者,散也。欲书先散怀抱,任情恣性,然后书之。"唐代书法家孙过庭《书谱》:"达其情性,形其哀乐。"清代文论家刘熙载在《艺概·书概》中指出:"写字者,写志也。"又说:"笔性墨情,皆以其人之情性为本。是则理性情者,书之首务也。"①

杜甫《饮中八仙歌》饶有趣味地描写当时的"酒中八仙人"——李白、贺知章、李适之、李琎、崔宗之、苏晋、张旭、焦遂。②

  知章骑马似乘船,眼花落井水底眠。
  汝阳三斗始朝天,道逢麴车口流涎,恨不移封向酒泉。
  左相日兴费万钱,饮如长鲸吸百川,衔杯乐圣称避贤。
  宗之潇洒美少年,举觞白眼望青天,皎如玉树临风前。
  苏晋长斋绣佛前,醉中往往爱逃禅。
  李白斗酒诗百篇,长安市上酒家眠,天子呼来不上船,
  自称臣是酒中仙。
  张旭三杯草圣传,脱帽露顶王公前,挥毫落纸如云烟。
  焦遂五斗方卓然,高谈雄辩惊四筵。

李白和张旭的豪饮和豪趣可谓旗鼓相当。传说张旭每当大醉,常呼叫奔走,索笔挥洒,甚至以头濡墨而书,醒后自视手迹,以为神异,不可复得。李白的经典之作大都是"觞咏"之作,在酒文化发达的唐代,两人的真性情一旦为酒所激发唤醒,则一书一诗,无不臻至美学上所谓的"无我之境"。

(六)"雄浑"——刚健有为的雕塑、篆刻艺术

正如上文所指出的那样,中国传统艺术通过不同的风格、气象、品貌委婉曲折地传达中华文化之道。我们在分析中国传统艺术作品对于中华文化价值的承载之时,可以就各个门类艺术的主

---

① 胡经之:《文艺美学》,北京大学出版社2004年版,第311页。
② 参见http://baike.baidu.com。

要风格、气象、品貌进行研究和综合归类，从而自不同的方面突出中华艺术之道和文化之道。同时，我们通过分析对比，综合归纳，并参照前人的经典分类，还可以从宏观上总结出中华艺术所承载的中国文化精神。中国文化精神散存于中国传统各个艺术门类，同时某一个或几个文化精神又必然突出地表现于某一个艺术门类，因此笔者分别从"传统音乐""传统绘画""传统戏曲、舞蹈、小说""中国园林"以及"传统诗歌"所突出地承载的"中庸和谐""生生之道""天人合一""天人协调"以及"仁爱求真"，来提取中国文化精神的主要方面，这几个方面基本对应着张岱年先生所指出中华文化精神四要素中的三个方面——和与中、崇德利用、天人协调。

"和与中"解决人与人的关系，包括民族关系、君臣、父子、兄弟、朋友等人伦关系；"崇德利用"思想主要解决人自身的关系，即精神生活与物质生活的关系；"天人协调"主要解决人与自然的关系，而中国"传统音乐""传统绘画""传统戏曲、舞蹈、小说""中国园林"以及"传统诗歌"分别较为突出地表现了中国人在处理这几种关系时所秉持的价值理念——和与中、崇德利用、天人协调。我们注意到，张岱年先生在论述中国传统文化精神实质时，将"刚健有为"放在首位，并且认为"刚健有为"思想则是处理各种关系的人生总原则——四者以"刚健有为"思想为纲，形成中国文化基本思想体系。① "刚健有为"思想具体表现为《周易大传》里的"自强不息"和"厚德载物"两个方面：天行健之"健"是阳气的本体，地势坤之"坤"——"顺"，是阴气的本体，阳健居于主导地位，与地坤和合同一，形成不即不离的整体，就个体来说，自强不息是自立之道；厚德载物是立人之道，② 成己立人，推而广之，它也是中华民族自立自强之道，成就圆满其他民族和文化之道。中华文明历经 5000 年挺而不坠，正得益于这种文化自立立他刚健有为的伟大力量。

作为中华精神文化之纲的"刚健有为"思想，与"和与中"

---

① 张岱年、程宜山：《中国文化精神》，北京大学出版社 2015 年版，第 15 页。
② 同上。

"崇德利用""天人协调"等价值理念一样，必然含蕴于中国传统艺术的各个门类之中，如中国传统音乐、绘画、戏曲、舞蹈、小说、园林、诗歌等艺术门类中，都具有"壮美""崇高""气势撼人"[①]甚至"粗狂""怪诞""惊奇""野蛮"的作品。刘勰在《文心雕龙》中将文学风格分为典雅、远奥、精约、显附、繁缛、壮丽、新奇、轻靡等八种。司空图在刘勰等前人探讨的基础上加以综合提升，将诗的风格细分为二十四种，即雄浑、冲淡、纤秾、沉着、高古、典雅、洗练、劲健、绮丽、自然、含蓄、豪放、精神、缜密、疏野、清奇、委曲、实境、悲慨、形容、超诣、飘逸、旷达、流动。刘勰所谓的"壮丽""新奇"，司空图所谓的"雄浑""劲健""豪放""疏野""悲慨""旷达"，实际上都通向中华传统艺术的阳刚之美。朱东润先生在分析司空图的《二十四诗品》时指出，雄浑、悲慨、豪放、劲健等品为阳刚之美，而典雅、飘逸、绮丽、纤秾等品为阴柔之美。[②] 实际上中国古代艺术一直存在着"阳刚之美"和"阴柔之美"相互颉颃。协同演化前行的状况。一个诗人艺术家一生之中可能青年时代偏于"阴柔之美"，中老年之后偏于"阳刚之美"，如李清照、陆游等；或在一个人身上同时存在"阳刚"及"阴柔"的和合品性，如曹植"柔情丽质，不减文帝，而肝肠气骨，时有块垒处，似为过之"；[③] 一个时代可能上升时期偏于"阳刚之美"，而衰退时期偏于阴柔之美，如唐宋等朝代等。

虽则有学者指出中国文学艺术不乏雄奇伟大之美，但与西方相比，的确显得重柔而抑刚，重平和而抑反抗。[④] 笔者认为，从更大

[①] 美国当代艺术史论家高居翰（Jame Cahill）在其著作《气势撼人——十七世纪中国绘画中的自然与风格》认为，17世纪中国是一个面临改朝换代、人心惶惶的混乱时代，但在艺术史上，却是画家创作力最旺盛的时代。高居翰在书中提道："即使在世界艺术史上，欧洲十九世纪以前的画坛，也都难与十七世纪的中国画坛媲美。"中国17世纪多位艺术大师——包括张宏、董其昌、吴彬、陈洪绶、弘仁、龚贤、王原祁、石涛等，其作品的"气势撼人"之美堪与西方艺术史上的"崇高之美"隔空对话，论道沧桑。参见 http://baike.baidu.com/view/6020343.htm。

[②] 参见曹顺庆《西方崇高范畴与中国雄浑范畴的比较》，《社会科学研究》1990年第4期。

[③] 同上。

[④] 近代以来梁启超、鲁迅等文化名人都持这种观点。见《饮冰室诗话》《摩罗诗力说》。

的时空背景来看，这种观点是站不住脚的，原因有二：（1）在中国历史上阳刚之美从来没有缺席过，它有时作为主导风格昭示时代精神，尤其是在中国处于文化盛世年代。（2）阳刚之美虽然有时蛰伏潜流于艺术文化的表层之下，但是，它从来都是中华艺术文化自身演化前进的"对话性"力量，没有这种无可替代的"对话性"力量的存在，则中华艺术不可能在人类历史的进程中，与中华文化一道，生生不息，创化前行。

桐城派文论家姚鼐论文分阳刚阴柔，"鼐闻天地之道，阴阳刚柔而已。文者，天地之精英，而阴阳刚柔之发也"，故或得阳刚之美，即如霆如电，如气如火；或得阴柔之美，则如霞如烟，如升如回，如幽林曲涧、如沦、如漾，如朱玉之辉，如鸿鹄之鸣而寥廓……曾国藩论文指出："大抵阳刚者气势浩瀚，阴柔者韵味深美。浩瀚者喷薄出之，深美者吞吐出之"，"阳刚之美者雄直怪丽，阴柔之美者茹远洁适"。[1]

这种表现了中华民族"刚健有为"精神气质的艺术风格蕴含于文学、音乐、书画、舞蹈、雕塑、建筑、戏剧、园林等各艺术门类之中，比如文学中的浪漫主义流派、豪放派诗歌、建安风骨、汉唐边塞诗、书法艺术中的"狂草"、盛北宋山水画、万里长城、唐宫廷舞蹈、庙堂建筑、云冈石窟、卢舍那大佛、乐山大佛，等等。《二十四诗品》首章"雄浑"，标举中国古典诗歌阳刚之美，虽则司空图本人的诗歌未必"雄浑劲健"，[2] 但是，在他的心目中，具有阳刚气质的诗歌，应该在中国的诗歌园地里占有重要席位。

中国艺术史上的"雄浑"范畴与西方艺术史上的"崇高"范畴都指向"壮美"——关于伟大、惊人、壮丽的美感，尼罗河、多瑙河、莱茵河，甚至海洋引起我们的惊叹甚至恐惧，而小溪潺潺只能给我们带来柔美——香甜、软弱无力的感受。英国美学家

---

[1] 参见曹顺庆《西方崇高范畴与中国雄浑范畴的比较》，《社会科学研究》1990年第4期。

[2] 司空图曾为唐朝礼部员外郎，生当乱世，隐退中条山，在山水之间寻求精神安慰，其诗："凡鸟爱喧人静处，闲云似妒月明时，世间万事非吾事，只愧秋来未有诗。"其诗追求"冲淡空灵"之美则是至为显豁的。

柏克认为"崇高"是一种由痛感转化出来的消极的快感，而"美"是一种积极的快感，因此，"崇高"和"美"其产生的根源及形态特征都不一样，"崇高"起源于"自我保护"的心理，而"美"则产生于"互相交往"的心理。互相交往的心理与爱联系在一起，分为两性的交往和一般的交往，它所产生的是满足和愉快，美产生于此。而"自我保护"的情绪与痛苦和危险密切相关，"任何东西只要以任何一种方式引起痛苦和危险的观念……那它就是崇高的来源"。美的特征是小巧、光滑、柔和，娇弱纤细；而"崇高"的特征则相反，它是体积巨大、凹凸不平、阴暗朦胧和坚实笨重的。在美与丑的问题上，美与崇高也截然不同：美丑对立，美不可包容丑，而"崇高"却可以包容丑，不少丑陋的、不和谐的、粗犷的甚至是邪恶的（如恶魔）东西，往往给人"崇高"感。[①] 中国古代的"雄浑"之美，在追求"壮美""阳刚之美"的趣味路径上与西方"崇高"美学若相仿佛，不过，中国古代的"雄浑"范畴并不强调"美"（优美、柔美）与"雄浑"之美的差别，反而强调刚柔相济，阴柔之美与阳刚之美的雄浑和谐。当代学者认为西方美学史上推崇"崇高"美，而中国古代更推崇平淡自然的柔美，更多强调温柔敦厚，乐而不淫，含蓄蕴藉。[②] 笔者基本上不同意这个观点。其一，正如上文所指出的，在中国艺术史和中国美学史上具有重要地位的《二十四诗品》首举"雄浑"，而属于柔美范畴的"冲淡""自然""含蓄""超诣""飘逸"等，都处于"雄浑"之后。其二，中国古代美学其实是经由了一个从"雄浑壮阔"到"含蓄蕴藉"的转变过程，三代、秦汉唐盛世（上古及中古时期），中国艺术与时代风气一并雄强阔大，只是从宋代开始而下，儒家思想特别是宋明理学和心学变为社会主流意识形态之后，中国艺术与时代风气一并敦厚恬淡起来。即便如此，作为"自强不息"的民族精神具体体现的艺术"雄浑"气势一直或隐或显地存在于中古以下的中国艺术的各个艺术门类之中。

[①] 参见曹顺庆《西方崇高范畴与中国雄浑范畴的比较》，《社会科学研究》1990年第4期。

[②] 同上。

就各个艺术门类而言，笔者认为表现了我们民族刚健有为、自强不息精神的"雄浑""阳刚"风格，较为突出地含蕴于中国雕塑和篆刻艺术之中。

李泽厚先生用"狞厉的美"四个字来形容三代青铜器的美学个性。所谓"狞厉"，也即"狰狞厉骇"，不管是动物形象还是人物形象，都充满了夸张的惊骇甚至恐怖的意味，相对于"炫人心目""轻灵奇巧"的战国青铜器，李泽厚认为人们更欣赏那狞厉神秘的青铜饕餮的崇高美，它们是那个"如火烈烈"时代的精神体现，它们才是青铜艺术的真正典范。① 当代有学者将三代艺术风格总结为（1）朴野之美（夏）；（2）庄肃神秘（商—西周前期）；（3）文质彬彬（两周后期—春秋早期）；（4）清新开放（春秋中晚期—战国早期）；（5）璀璨绚烂（战国中晚期）。② 其中朴野之美、庄肃神秘、璀璨绚烂应属于美学上的"雄浑"范畴。

根据李泽厚《美的历程》，汉代艺术首重"气势美"和"古拙美"，不事细节修饰，动作夸张，形象飞扬，表现出运动、力量和气势之美。汉代画像石、汉俑、汉代雕刻不免幼稚、粗糙、简单和笨拙，但是其生动活泼的气势力量，反而超越唐朝。如果与宋代相比，宋代画像砖细微工整，面容姣好，秀色纤纤，缺少的是一种浑朴的力度和整体性的民族精神。③

当代雕塑家吴为山将中国传统雕塑风格分为七类：（1）原始意象；（2）三星堆诡异的抽象风；（3）秦俑装饰性写实风；（4）汉代写意风；（5）佛像理想化的造型风；（6）帝陵程式化夸张风；（7）民间朴素的表现风。④ 其中三星堆诡异的抽象风、秦俑装饰性写实风、汉代写意风、佛像理想化的造型风、帝陵程式化夸张风以及民间朴素的表现风无不打上了"阳刚壮美"的烙印。

当代学者研究秦俑，认为秦俑通过庞大的军阵布局，力图再现

---

① 李泽厚：《美的历程》，生活·读书·新知三联书店2014年版，第50页。
② 李心峰：《从艺术种类与艺术风格看中国三代艺术的发展轨迹与辉煌成就——中国三代艺术的意义再论》，《云南艺术学院学报》2003年第1期。
③ 李泽厚：《美的历程》，生活·读书·新知三联书店2009年版，第87页。
④ 孙振华：《创造雕塑艺术的中国方式》，《文艺研究》2005年第6期。

秦军的规模和形制来宣示秦人的主体文化精神——强烈的尚武精神、现实的功利主义态度、求"大"崇"多"的审美观和价值观。到目前为止，已经发现的超过 8000 余件的陶俑，身高多在 1.75 米以上，秦俑的布局突破了艺术"以小示大""以少见多"的惯常通则，创造性地开辟了"以大示大""以多见多"、以整体见全局的新意境，在世界雕塑历史上堪称独一而无二。① 霍去病墓石雕雄浑朴拙，意象混融，研究者认为霍去病墓石雕群是古代工匠的主观感受与自然目遇而神化的结果，是源于物象、发自心源的动态美感，体现出静中含动的道家哲理。论者评价这批石雕，认为时代的影响不可小觑，西汉初这几十年的宽松无为政治环境造就了中国历史上第一个黄金时代，一种愉悦、快乐、非功利、非欲望、非一己嗜好的可能性，使得雕塑者"去伪存真"。他们充分尊重石头的形状、稍加雕凿，体现出汉代雕塑之美的内涵——形不至而意至。②

中国汉唐艺术代表两个盛世的精神气质，总体元气灌注，大气磅礴，但是又各呈异彩，分别代表中国古典艺术的两类风格。汉代艺术如"铺锦列绣，雕缋满眼"，汉代艺术通过琳琅满目、生拙飞动、气魄宏大的外在形式来表现丰盈、勃郁奔放的精神内涵。当代学者彭庆生在《中国文化研究》创刊号上撰文认为，唐诗和唐代艺术美学特征表现于"飞腾狂放的青春旋律""崇尚阳刚之美"和"天然去雕饰，清水出芙蓉"等三个方面，③ 汉代雕塑中的代表作唐代霍去病墓石雕，以及唐代的大足石刻、西安菩萨立像、龙门石窟、昭陵六骏、水陆庵以及著名乐山大佛等，无不与汉唐社会整体精神风貌互为阐释，相得益彰。

中国篆刻是以书法（主要是篆书）和镌刻（包括凿、铸）相结合，来制作印章的艺术。从明清流派篆刻算起已有近 500 年的历史。而明清流派篆刻是由古代印章发展而来的，古代印章以独特的风貌和高度的艺术性，为篆刻艺术奠定了优良的基础，所以篆刻艺

---

① 陈振昌：《试论秦俑的文化精神》，《文博》1996 年第 2 期。
② 闫松岭：《中国汉代雕塑研究——以霍去病墓石雕群审美取向的分析为例》，《雕塑》2011 年第 1 期。
③ 彭庆生：《唐诗和唐代艺术的美学特征》，《中国文化研究》1993 年第 1 期。

术史可以上溯到 2000 多年前的春秋战国时代。① 2008 年北京奥运会会徽"中国印·舞动的中国"将最具中国传统文化代表性的印章和书法等艺术形式与现代奥林匹克竞技体育运动相结合,获得广泛赞许。在促进中国文化传播及与世界融合等方面,北京奥运会会徽发挥了其应有的正能量作用。

与其他艺术门类相比,篆刻接受面及影响力似乎未为显豁,所谓"壮夫不为""雕虫小技"而已。但是正如当代研究者指出的那样,不可否认其为实实在在的传统文化和国粹。在近代学科细分人文社会科学研究日益精密化的时代语境中,尤其是在西泠印社(1904 年)成立之后,篆刻艺术作为国粹文化被珍视,并以此为"体",而将传入中国的西方近代学科设置与思维方法视为"用",篆刻及印学逐渐成为独立的艺术学科(门类)。②

印章起源于陶器时代,历代入印文字主要为古文、大篆、小篆、摹印篆,间亦有隶书、行书入篆。我国先秦古玺或错位求变,或疏密对比强烈以求险,散朗奇诡,灵活多变。这说明我国文明发祥之后,先人在篆刻艺术上追求"阳刚奇崛"之美,虽然历代印风多有变化,如魏晋南北朝印章风格崇尚稚拙;唐代官印刚劲婀娜;宋元文人印古朴雅致;明清印风或流利典雅,或沉着遒劲;至现当代开一代印风的吴昌硕(1844—1927),以石鼓文入印,雄浑苍茫,朴厚高古。代表作如"破荷亭",方笔粗朱文,结构气势雄伟,"亭"字的下部三根竖笔,如擎天大柱,稳稳地托住了上部。多方笔,刀法雄健,边框上细下粗,印内饱满之气破框外溢,境界开阔。③ 齐白石(1863—1957)认为,"刻印其篆法别有天趣胜人者,惟秦汉人"。其章法胆敢独造,奇肆朴茂,印风痛快淋漓,自然奔放。代表作"人长寿","长"和"寿"的横画多达 19 笔,然粗细、长短、疏密极尽变化,整方印,疏密对比强烈,气势雄健,很痛快。④

---

① 参见 http://baike.baidu.com/link。
② 卢雨:《西泠印社与中国印文化的近代转型》,《浙江艺术职业学院学报》2009 年第 4 期。
③ 楚默:《历代篆刻风格流变——隋唐至现代》,《书画艺术》2009 年第 4 期。
④ 同上。

近代以来，比篆书更早的文字甲骨文被发现之后，先是罗振玉将其引入艺术创作，后有简经纶（1888—1950）创制甲骨文篆刻印，成为现代开拓甲骨文篆刻的第一人。简经纶的甲骨文篆刻表现了甲骨形态的远古神秘气息和精神状态，章法厚重朴实，极具艺术感染力。[①] 由于甲骨文是以刀契刻龟甲兽骨，因此某种程度上讲，甲骨文本身就是一种篆刻艺术。而我国甲骨文的结体类型基本分为三类，即"雄奇型""宽阔型"和"婉转型"，其中"雄奇型"和"宽阔型"颇具阳刚雄奇之美。总之，我国近代以来的甲骨文篆刻接近先民造字初旨，表现出苍然高古、浑然天成的形式美，弥漫着旺盛的原始生命力。

因此，中国篆刻与中国雕塑一样，在其代表性的风格流派中，极为典型地蕴含沉积着古老中华雄浑朴茂、刚健有为的精神气质，并通过代代传承潜移默化地激发中华民族的奋发有为意识。

第四节　小结：艺以贯道，道艺合一

艺术文化作为文化价值系统的有机组成部分，有效地承载着文化的正能量，发挥着文化的正能量效应。中华艺术尤其是中国传统艺术文化作为中华文化价值系统的有机组成部分，有效地承载着中华文化的正能量，发挥着中华文化的正能量效应。

我们在探索中华文化正能量，研究如何发掘传统文化的有价值的信念和思想时，将目光投向中华传统艺术，是最有效的方法之一。在漫长的中国历史长河中，历代艺术家以不同的语言风格、形式意味、意象系统和符号系列表现世界、诠释人生和生命的奥妙，同时他们的艺术创作也深深地印刻着这个古老民族的宗教信仰、哲学理念、道德伦理、风俗习惯以及民族智慧。

中华艺术尤其是中国传统艺术文化作为中华文化价值系统的有机组成部分，有效地承载着中华传统文化（中国文明）的正能

[①] 吴榜华：《甲骨文篆刻艺术形式美论析》，《北华大学学报》（社会科学版）2013年第5期。

量——在当下及将来仍然具有普适价值的文化理念,比如"仁、义、礼、智、信""温、良、恭、俭、让""忠、孝、勇、恭、廉、悌、忍、善",比如被张岱年先生称之为传统文化中所包含的积极的健康的要素,中国传统文化中具有指导作用的推动历史前进的精神力量的"刚健有为、和与中、崇德利用、天人协调""敬、诚、信、忠恕、仁爱、知耻、和而不同"等,[①] 而传统艺术通常又是以特殊的风格、品相和气貌来委婉间接地表现中华文化中的正能量价值成分。当代中国核心领导层认为,中华优秀传统文化中很多思想理念和道德规范,不论过去还是现在,都有其永不褪色的价值,如崇仁爱、重民本、守诚信、讲辩证、尚和合、求大同等思想,有自强不息、敬业乐群、扶正扬善、扶危济困、见义勇为、孝老爱亲等传统美德。我们要结合新的时代条件传承和弘扬中华优秀传统文化,传承和弘扬中华美学精神。中华美学讲求托物言志、寓理于情,讲求言简意赅、凝练节制,讲求形神兼备、意境深远,强调知、情、意、行相统一。我们要坚守中华文化立场、传承中华文化基因,展现中华审美风范。"以古人之规矩,开自己之生面",实现中华文化的创造性转化和创新性发展。

当代中国的社会主义核心价值观"富强、民主、文明、和谐,自由、平等、公正、法治,爱国、敬业、诚信、友善",实融合了传统文化有价值的部分,并进行了现代化的转化,如其中的"富强""和谐""爱国""敬业""诚信""友善"承接中国传统文化"刚健有为""崇德利用""和而不同""天人协调""仁爱""敬、诚、忠恕、让、忍、善"等价值理念,而"民主""文明""自由""平等""公正""法治"等核心价值,承接和借鉴西方文明的价值理念,融合中西,创化出新,当代社会主义核心价值观基本上契合人类对于美好未来的祈求和盼望。同理,当代中国艺术在承接传统文化的价值基因的基础上,在全球文化对话大环境中,有意或无意地借鉴融合非中华文化(如西方文化、日韩文化、非洲及美洲文化等)的价值理念,进行必要的艺术创新,从而真实地表现时代的精

[①] 刘梦溪:《马一浮与国学》,生活·读书·新知三联书店2015年版,第7页。刘梦溪先生认为这七重基本的价值理念,成为中华民族两千年来立国和做人的基本依据。

神底蕴和道德指向。

中华传统各个艺术门类的艺术作品集中地表现出"道、气、心、舞、悟、和",同时各个艺术门类的艺术作品又分别表现出"道、气、心、舞、悟、和",而"道、气、心、舞、悟、和"又通向中华文化中的"仁、义、礼、智、信""温、良、恭、俭、让""忠、孝、勇、恭、廉、悌、忍、善",以及"刚健有为、和与中、崇德利用、天人协调""敬、诚、信、忠恕、仁爱、知耻、和而不同"等。笔者认为,徐复观所指出的中国艺术"虚、静、明"的艺术心灵,实存在于中国传统艺术的整体大全之中,也散存于中国传统艺术的各个艺术门类之中。

中华传统艺术通过不同的风格、气象、品貌委婉曲折地传达中华文化之道,我们在分析中国传统艺术作品对于中华文化价值的承载之时,可以就各个门类艺术的主要风格、气象、品貌进行研究和综合归类,从而自不同的方面突出中华艺术之道和文化之道。中国古代音乐、诗歌、戏曲、舞蹈、书法、水墨画、篆刻、雕塑、建筑、工艺等,有效地承载着中华文化形而上层面的价值理念,这些价值理念,在今天人类文化对话和全球文明共建过程中,依然具有不可磨灭的参照价值,可以作为中华文化和中华艺术的正能量,发挥积极的建构作用。通过分析对比,综合归纳,并参照前人的经典分类,笔者分别以"中和"——中庸和谐的音乐艺术,"生动"——生生之道的国画艺术,"圆融"——天人合一的戏曲、舞蹈、小说艺术,"自然"——天人协调的园林艺术,"情性"——仁爱、求真的诗歌、书法艺术,"雄浑"——刚健有为的雕塑、篆刻艺术,来诠释中国传统重要艺术门类集中体现出来的文化正能量。当然,艺以贯道,道艺相济,实际上所谓"中和""生动""圆融""自然""情性""雄浑"等艺术风格存现于中国传统艺术的各个门类,只不过笔者认为某一类或某几类的艺术更为突出表现出上述的不同的风格,并以此种风格通向中国文化要义之本——中国传统文化的基本价值观。

第四章

中华艺术创新之维

文化演化和变迁引发艺术的兴盛或复兴大约有以下三种情形：（1）文化创新引发艺术的兴盛或复兴；（2）文化传播引发艺术的兴盛或复兴；（3）文化涵化引发艺术的兴盛或复兴。其中文化创新最为重要。复兴中华文化，复兴中华艺术文化，必须充分认识当代的科学发现、发明以及思想创新、观念创新、形式创新的重要意义。

第一节 创新：建构中华艺术新文化

当代中国艺术繁荣兴盛，不仅仅指当代先锋前卫艺术，尤其是属于美术门类的前卫先锋美术文化的繁荣兴盛，当代中国艺术繁荣还包括当代语境下的中国文学、音乐、美术、舞蹈、雕塑、影视、戏剧、设计、动漫游戏、广告、新媒体及多媒体艺术，既包括高雅小众艺术，也包括通俗大众艺术，既指向艺术作品、艺术家，也指向动态的艺术创作过程、艺术欣赏活动、艺术批评实践以及艺术交流、传播、影响等。[①]

[①] 艾布拉姆斯在《镜与灯》一书中指出："每一件艺术品总要涉及四个要点，几乎所有力求周密的理论总会大体上对这四个要素加以区辨，使人一目了然。第一个要素是作品，即艺术品本身。由于作品是人为的产品，所以第二个共同要素便是生产者，即艺术家。第三，一般认为作品总得有一个直接或间接地导源于现实事物的主题——总会涉及、表现、反映某种客观状态或者与此有关的东西。这第三个要素便可以认为是由人物和行动、思想和情感、物质和事件或者超越感觉的本质所构成，常常用'自然'这个通用词来表示，我们却不妨换用一个含义更广的中性词——宇宙。最后一个要素是欣赏者，即听众、观众、读者。作品为他们而写，或至少会引起他们的关注。"参见 http://baike.baidu.com。

当然，中华文化复兴是由经济、政治、法律、市场、道德伦理、哲学、科学、医学、军事、学术以及艺术共同繁荣兴盛而促成的"文化愿景"。其中艺术在中国当代及未来文化特别是精神文化方面的建构作用，表现在两个方面。

其一，价值引领作用，通过激活中华传统艺术中所蕴含着的具有普适价值的精华部分，有力地矫正西方文化的负面影响部分，并引导国人对传统和外来文化进行深入反思，从而实现"推陈出新"和"融合创新"。欧洲文艺复兴时代以艺术唤醒人性，进而促成人的理性的觉醒和自尊，从而引发科学、政治、经济以及文学艺术各个方面取得了震古烁今的成就，并在人类文明史上久久回荡；中国汉唐时代的艺术精神有力地促成了整个社会"雄浑阔大"气象的生成，并进一步推动社会各个层面的创新和拓进，当代著名诗人余光中诗句"绣口一吐，就是半个盛唐"[1]，形象地说明了一个时代的艺术精神对于那个时代的文化建构的价值引领作用。

其二，艺术通过自身的创新实践，创造未来中华文化体系中的一种全新的艺术文化，与中华未来经济、政治、法律、市场、道德伦理、哲学、科学、医学、军事、学术等共同繁荣兴盛而形成"中华文化未来愿景"。中华艺术自身的创新实践和创新成就理应涵盖所有艺术门类，包括文学、音乐、舞蹈、美术、影视、动漫、书法、篆刻、工艺、建筑、设计、多媒体等以及正在生成的不同艺术门类。

按照党的十八大的既定目标，我们可以将中华文化复兴看作是

---

[1] 余光中《忆李白》全文：
千古诗才，蓬莱文章建安骨
一身傲骨，青莲居士谪仙人
李白追月逆江河
包黑斩龙顺民心
豪气压群雄，能使力士脱靴，贵妃捧砚
仙才媲众美，不让参军俊逸，开府清新
我辈此中惟饮酒　先生在上莫题诗
酒入豪肠　七分化作月光
剩下的三分　啸成了剑气
绣口一吐　就是半个盛唐

中国梦的具体体现,即"两个一百年"的发展战略构想:在中国共产党成立一百周年的21世纪20年代初,全面建成小康社会,使国民经济更加发展,各项制度更加完善。新中国成立一百周年时的21世纪中叶,基本实现现代化,建成富强、民主、文明、和谐、美丽的社会主义国家。

当代有学者指出,中国文化的现代化就是民族文化复兴的标志,但是中华文化复兴不是中国文化复古,更不是中国文化的西方化,中华文化的现代化是现代性和民族性的完美结合,韩国、日本及新加坡的现代化转型体现了这种结合的可能性。在中华传统文化中,我们可以找到三类要素:一是反现代性要素,如"三纲",必须加以扬弃、转化和更新。二是非现代性要素,如祖宗信仰、岁时习俗等思想观念和生活方式,我们应加以继承和发扬。三是类现代性要素,如儒家的天人合一思想,道家的自然无为思想和佛家的众生平等理念等,对于类现代性要素,我们要善加利用。在以上三类传统文化要素中,除反现代性要素之外,非现代性要素和反现代性要素就是我们常说的传统文化精华,在复兴民族文化时,西方文化固然是我们需要倚重的文化材料,中华传统文化精华更是不应忘却的文化宝藏。[①] 中国传统艺术作为中国传统文化的有机组成部分,其中的文学、音乐、戏剧戏曲、舞蹈、书法、绘画、雕塑、篆刻、园林、陶艺、茶艺、建筑等,包含着大量的非现代性和类现代性的文化要素,如上文所分析的"刚健有为""生生不已""天人合一""中庸和谐""仁爱求真"等价值理念。我们在复兴民族文化的伟大实践中,必须充分认知中国艺术文化对于中华文化现代转化的价值和作用,研究如何在继承传统艺术精华的基础上,进行中华艺术的当代创新;研究如何利用传统艺术的精神资源,促进中华文化在政治、经济、制度、市场、法律、道德等各个方面,与国际接轨,推动中华文化和人类文化走向大美之境。

文化创新或艺术创新,是从已知的文化或艺术条件、要素或符

[①] 参见李永富《超越"体用"和"古今"——多元文化视野下的民族文化复兴》,《中州学刊》2013年第5期。

号中组合出新的文化或艺术形态或艺术产品的过程。①"创新性"是艺术创作、艺术作品、艺术发展的本质规律，是艺术理论、美学理论、艺术实践的重大课题，这是因为：（1）美的创造性本质决定艺术的创新性本质；（2）艺术创新是艺术受众审美心理的必然要求；（3）艺术创新是时代变迁和艺术发展的必然要求；（4）艺术创新是创造标志性艺术精品的必然要求。创新绝不是空穴来风，创新是传承加创新，是在"批判地继承"和"批判地吸收"双向整合基础之上的创新。当代学者认为艺术创新的艺术规律和美学规律包括：（1）创造性继承本民族的传统文化是艺术创新的基础；（2）借鉴各民族文化各门类艺术是艺术创新的根本基础；（3）马克思主义实践美学是艺术创新的实践动力；（4）艺术家的直觉与灵感是艺术创新的心理动力；（5）虚静空灵的禅心道心是艺术创新的心灵活力。②当代中华艺术文化的创新不能割断传统，与中华文化复兴同步推进的中华艺术文化创新，必须是传承性和融合性相统一的文化创新实践。艺术创新必须寻求精品杰作作为创新的突破口，比如在不同的艺术门类中，我们必须高度重视并设法促成该艺术门类精品杰作的创作和传播。如我国的动漫创作，无须跟在外国人后面追求"前卫"，更不要崇洋媚外去一味模仿，而应依托我们民族的本土文化，开拓挖掘我们民族文化的沃土，培育我们民族的动漫之花。必须用全球化的眼光，对中国素材进行大胆挖掘整合，提炼其民族精神，同时吸收运用民族手法，创造出符合现代节奏和韵律，为广大受众喜闻乐见的精神产品。③

有的学者认为，当代艺术创新是一个复合工程，后技术时代传统意义上的"灵感突发、天才辉耀"式创新变得越发困难起来，今天的艺术创新依托多元共生平台，变成了一个复合性工作。当代艺术创新语境发生了六大转向：（1）媒介革命与视觉文化的转向；（2）日常生活审美化转向；（3）消费主义转向；（4）艺术交往的

---

① 王一川：《当代艺术创新人才及其创新素养》，《艺术百家》2011年第6期。
② 陈晓锐：《论艺术创新》，《艺术研究》2013年第2期。
③ 周建民等：《动漫创作的民族化及艺术创新探析》，《韶关学院学报》2008年第11期。

自然经济状态转向；（5）内容产业的转向；（6）文化产业的艺术保护转向。① 因此，在当代中华艺术文化的创新实践中，我们不但要重视个体的艺术创新，更要重视群体协同创新。此外，创新主体的创新素质尤为重要。积土成山，积沙为塔，中华艺术文化的整体创新最终还是要落实为当代艺术家群体和艺术家个人创新能力和创新成果，因此，时代呼唤具有创新素质的艺术人才。所谓创新人才，即富有创新精神并付诸实践的人，也就是善于利用已有条件组合出新知识、思想、方法或成果的个体。创新型人才必须具有五个必备素养：（1）好奇心；（2）跨学科综合才华；（3）想象力；（4）协作与务实精神；（5）韧劲。胡戈凭借《一个馒头引发的血案》一举成名，但是他缺少韧劲；陈凯歌的《无极》跌入低谷，但是他在遭遇挫折后能够及时调整自己，并能够推出《赵氏孤儿》这样不错的作品。②

艺术创新——艺术语言创新、符号创新、形式创新、意象创新——实际上是人类在历史的长河中突破陈见、发现新知的不可替代的途径之一。艺术价值结构中的核心价值和价值核心也即所谓的审美价值、世界价值、永恒价值，实即艺术的创新价值。③ 中华文化复兴中的中华艺术文化，也即通过语言创新、符号创新、形式创新、意象创新而产生的中华艺术新文化，是中华文化复兴的组成部分，同时也是中华文化复兴的精神性象征。

第二节　中华艺术理论和艺术批评的再出发

一　建立独立的中华艺术理论

艺术学升格之后，在国内学术界引起强烈反响。对艺术学为何升格的理由，到目前为止，只见到一些艺术界的学者在给予学理诠

---

① 金元浦：《当代艺术创新是一个复合工程》，《文艺研究》2003 年第 2 期。
② 王一川：《当代艺术创新人才及其创新素养》，《艺术百家》2011 年第 6 期。
③ 黄永健：《艺术文化学》，上海科学技术文献出版社 2016 年版，第 206 页。

释，尚未见到文学界的学者的学术言说，这不能不说与长期以来以文学统驭艺术所形成的惯性思维有关。"文学是一切艺术的源头"这个流行的口头禅，直到"艺术学"已经升格的今天，依然在很多文学界的学者以及普通人那儿脱口而出，其原因有二：其一，文学界长期固守文学的学理范畴，大多数文学从业者只是在文学里面兜圈子，或者以文学代替艺术，文学评论中常常提及的所谓"艺术风格""艺术技巧""艺术性""艺术价值""艺术形象"等等主要指向诗歌、小说、散文、戏剧（书面文本）等文学文体，久而久之，文学从业者误以为文学代表艺术的一切，文学涵盖艺术的一切，从不动用心思考察文学与美术、音乐、舞蹈、戏剧影视等以不同载体为表现手段的门类艺术的特点，不动用心思考察文学与美术、音乐、舞蹈、戏剧影视等以不同载体为表现手段的门类艺术的内在关系；其二，文学长期作为学科门类统驭艺术学的本末倒置结构所带来的"文学中心论"话语态势，造就了一大批文学理论界和文学批评界的文学理论权威、文学评论家等，不愿放弃据以为理论基石的"文学中心论"话语模式，因为一旦放弃"文学中心论"话语模式，其学术话语权力势必被削弱、被淡化，甚至遭遇被全盘解构的危机。无论如何，艺术学升格之后对于文学的冲击，对于整个人文社会学科甚至对于包括文理科在内的13个学科门类的冲击和影响，不可避免。现实的要求是，文学从业者必须放下"文学中心论"的话语立场，进入大艺术学术话语视野，重新审视人类艺术活动的广泛性、多样性，理顺文学与艺术的逻辑关系，这样才可以尽快地使得自己的理论思维与时俱进。

"文学中心论"的另一个思想来源为"诗歌大国说"。固然中国是诗歌大国，诗歌为语言艺术，为文学家族中的一个重要文体，可是诗歌从本质上来说还是艺术。[1] 晚近以来小说取得了主流文体的

---

[1] "诗歌为语言艺术"还是一个浅层次的看法，从发生学意义上看，诗歌以语音（音乐）打动听者，诗歌与音乐难解难分，诗歌艺术一些研究领域属于音乐学的一部分，二者有所叠合，所以诗歌与音乐同属于"美的艺术"。据法国美学家夏尔·巴托于1747年出版的著作《简化成一个单一原则的美的艺术》的界定，"美的艺术"包括"音乐、诗歌、绘画、雕塑和舞蹈"。

话语地位，并发挥重要的启蒙作用而被赋予不可替代的政治教化功能。20世纪的中国文学对中国的命运产生了重要的影响，从功能论角度来看，中国文学的作用似乎超过了文学以外的美术、音乐、舞蹈、戏剧影视等艺术门类所发挥的作用的总和，难怪随之产生了现象层面上的文学独大、独尊的话语格局。随着信息时代的来临，大众文化呼啸而起，科技昌明，影视艺术、网络影像、动漫图像、广告图像、时尚符号、多媒体艺术等以情感的直接性、直观性与芸芸众生狂欢拥抱，以纸质书面文字为载体的文学在大众文化时代失去了以往独大、独尊的地位。在某种程度上，文学的衰落是现代性中最为尊崇的人类理性的衰落，从西方移植本土的现代文学（包括现代艺术）的灵魂是理性的执着。回到一个终极真理的执着，文化人类学的研究成果告诉我们，任何一种理性的预设都是有限的，人类在21世纪超越现代性中的理性幻想重归感性实体，既可以看作是历史轮回的表演，也可以看作是人类试图在新的历史境遇之下，重新寻找一种更加高级的理性设计的努力，人类在信息时代拥抱艺术，淡化文学中的所谓"思想""内涵""理念"，正是人类试图重归感性母体、寻求新生的自发性尝试。

在惯性思维的左右之下，"文学为一切艺术的源头"这个经不起学理推敲的理论预设，今天依然顽固地盘旋于一般的学术人以及普通民众的脑海之中。因此，艺术学升格后，艺术学界要做的第一件事，就是做好学术宣传工作。我们已经见到艺术学界特别是艺术学理论学者的一些专家发表了系列文章，阐述艺术学升格的理由、价值和意义。[1] 但是，这远远不够，从学理上充分阐释艺术学与文学学科界限，充分阐释艺术学与美学、哲学、文艺学的学科界限，特别是充分阐释当代大众文化语境下"艺术性"和"文学性"实质内含和外延所属，对于确立艺术学独立学科门类的地位，显得尤为

---

[1] 如文化部副部长王文章发表的《中国艺术的当代性建构》，仲呈祥发表的《艺术学成为一级学科彰显艺术自觉、自信、自强》，李心峰发表的《艺术学升格为门类学科的思考》，徐子方发表的《中国艺术学学科错位及在中国大陆地区的出路——兼论艺术学升格为学科门类的问题》，黄永健发表的《艺术、文学与纯文学——关于艺术学升格的学理考辨》等。

必要和紧迫。只有通过集束式、规模性的理论阐释和学理宣传，让文学从业者和普通民众破除"文学源头说"的迷信，理解艺术和文学的逻辑关系，理解了艺术在文化价值系统中的位置和艺术自身的谱系学原理，才能真正让艺术学从目前国务院学位委员会所确立的13个独立学科门类中独立出来，得到人文社科学界和社会大众的广泛认同。在此基础上，充分吸纳文学、文艺学、美学、哲学、人类学、文化学、新闻传播学、社会学、经济学、管理学、法学等人文社会科学界有志于当代艺术学学理探讨和学科建设的学者，共同努力，实现中国艺术的当代性建构。

文学门类一级学科"中国语言文学"下辖的二级学科"文艺学"，在艺术学升格之后或多或少会与艺术学门类下辖的一级学科"艺术学理论"发生命名上的纠结。"文艺学"主要研究文学理论，兼及艺术和门类艺术的理论考量和对比性、补证性理论阐释；"艺术学理论"主要研究艺术理论，兼及文学理论考量和对比性、补证性理论阐释。从艺术本体论角度来看，艺术和文学是同质性的文化存在，即运用不同的意象符号和符号体系，敞露、演绎人类的情感实体（生成性的人类活感性、情意合一实相）。[①] 艺术学门类在将来甚或有囊括文学门类的发展趋势，因此，"文艺学"用艺术理论比附文学理论的方法论原则在"艺术学理论"升级为一级学科之后，必然遭遇质疑甚至颠覆。首先，"文艺学"这个名称恐怕要改为"文学理论"似乎更为合适，从学科架构上来看，它不必越俎代庖从事一级学科"艺术学理论"的本职工作；其次以艺术和门类艺术比附论证文学命题也必然会被新世纪的艺术学理论研究方法论所超越。

二 建立当代中国艺术批评立场

（一）文化人类学立场

文化平等是文化人类学的基本立场，以文化人类学和艺术人类学的立场评论文化和艺术，则当代欧美文化艺术和不断被欧美文化

[①] 黄永健：《情意合一实相——艺术本体论新探》，《艺术学研究》2009年第2期。

所涵化①的非西方文化艺术,与中国传统文化艺术以及当代国际范围内的"原始文化""边缘文化""落后文化"及其艺术,实无高下优劣之分。西方人类学家马利亚特·韦斯特曼(Mariet Westermann)从学科史角度对艺术进行了新的定义:"人类学中的艺术通常沿用的是西方意义上的初义,它由 ars 转化而来,意为由(令人羡慕的)技巧制造而成。由此,人类学的艺术品被剥离了它在文艺复兴以来尤其是德国浪漫主义哲学以来所获得的具有评判标准的内涵……对绝大多数人类学家和许多研究前启蒙时期艺术的艺术史家来说,美学并非只是由彻头彻尾的西方标准认可下的对美的鉴赏,那是一种客观的、康德哲学意义上的标准,具有理论的普遍性,而是在文化上包括某些具体的体系,这些体系具有某些视觉属性,并能引起特定群体观众的反应。"②

基于文化平等和价值多元的基本立场,文化人类学的艺术研究和艺术批评超越种族、国界、阶级、政治甚至性别,将"艺术品"(art object)和"艺术作品"(work of art)置于其所产生的语境中进行研究评判。③当我们将包含着西方审美主义价值观的"艺术作品",进行必要的祛魅,并将古往今来的一切审美的非审美的"艺术品"(art object)置于其所产生的语境中进行研究评判,并将人类心理、集体无意识、社会无意识、原始记忆、情感直觉等价值元素重新厘定为批评标准,当代艺术批评包括中国的艺术批评就会产生文化人类学的批评方法论转向。

艺术批评的文化人类学转向有其理论的自觉,同时也是被倒逼出来的。当代中国艺术作品,在审美唯美主义批评家看来,正无耻地从"艺术作品"下滑为"艺术品",主流批评家斥责韩寒、郭敬明低俗、媚俗,而韩、郭的"文学艺术品"及由其改编的影视艺术品一路飙升,追随审美主义道义取舍的"文学艺术作品"如所谓的

---

① 当有着不同文化的一些群体开始频繁而直接接触的时候,其中一个或两个群体原有的文化模式内部随之发生极大的变化,这就叫作涵化。参见[美]威廉·A. 哈维兰《文化人类学》,瞿铁鹏等译,上海社会科学院出版社 2006 年版,第 464 页。

② 李修建:《当代西方艺术人类学研究中的几个基本问题》,《内蒙古大学艺术学院学报》2010 年第 2 期。

③ 同上。

先锋诗歌、探索小说一路下滑,纯文学和纯艺术在20世纪八九十年代风光一阵之后逐渐沉寂。如今的歌剧、话剧、音乐剧、诗剧、交响乐当然包括传统戏剧、音乐、舞蹈越来越小众化,而具有民众性、娱乐性、互动性的感性主义小品艺术一路走红,与此同时,动漫游戏、网络艺术、影像(图像)艺术极度感性,回避理性和神性,批评家对此唉声叹气、指手画脚甚至破口大骂,同样无济于事。

  从文化史和艺术史的视角来看,如今艺术创作和艺术批评的人类学转向,同样契合文化艺术之道。文艺复兴以来人文主义的道德理想和价值取舍,一直左右着西方的艺术世界,现代化和现代主义艺术发展到20世纪50年代,出现了以杜尚为宗师的后现代主义运动。现代主义艺术追求终极理念,绘画从架上搬到架下了,音乐发展到无声演奏(约翰·凯奇),但是它还是在表述着对于生活和人生的终极思考,而这种思考的深度和真理性可以说是见仁见智,因为人类的理性毕竟是有限的,更何况这种"禅师"式的表演被少数精英搬弄进入了西方的文化语境。到沃霍尔一代,已经无法忍受这种由艺术刻意表达的意义神话,他们直接打通艺术与生活的界限,艺术就是生活,让我们都成为艺术家,让我们所有的人(艺术家和艺术接受者)都回到感性之根——理性是从感性中发生的,是从感性出发的,让我们回到感性之根重新发现更加深刻的真理,自此,后现代艺术诞生了。随着国际化程度的推进,我国的艺术家和广大民众同样对于统御整个社会的主流意识,对于改革开放以来自西方传入的价值观,产生了本能的质疑和反感,所以类似于艺术生活化的搞笑小品(赵本山、小沈阳)、无深度影视剧(《小时代》)、街舞、广场舞以及步趋西方的中国版当代行为艺术,突然火爆,人气鼎沸。

  用上述所谓游戏审美主义和神性审美主义立场,来打量当代中国艺术现状,必然惨不忍睹。但是我们应该明辨,上述三种不同的审美主义其终极旨归还是"审美""美的艺术",其所谓的"理性"和"神性"实际上是从西方搬过来的一套价值观——形式逻辑、合理性、二分式思维理路、神性的光晕等,也即黑格尔所说的"感性显现出来的理念",

而这些长期以来盘踞中国的霸权话语，在文化中国到来之际，必然会遭遇东方智慧的彻底解构。我们只能说，不是当代中国的艺术文化和艺术表现出了问题，而是当代的艺术批评观念陷入西化新传统而不能自拔。必须重新审视艺术审美主义的理论盲点，用文化人类学和艺术人类学的宏观视野，看待当代中国艺术，这样我们的批评阐释方式和价值判断定位，就会更为客观公允并重新获得批评的有效性。

（二）本土化立场

1. 理论的本土化

艺术批评的理论话语不再唯西是从，虽然目前西方艺术理论话语依然强势盘踞我国的艺术批评界，但是，试图以中国元典配合印度、日本以及阿拉伯世界的艺术理论融通西方艺术理论，并逐步构建中国本土的理论术语、范畴，以思考阐释本民族的文艺活动及观念的努力，渐见端倪。2011年凌继尧编著出版的《中国艺术批评史》，就是一次"寻找中国的艺术批评规律，寻找中国化的理论话语、理论范式"的较为成功的尝试。[1] 李心峰出版的《元艺术学》（1997），梁玖出版的《审艺学》（2007），都是中国当代艺术学界试图建立本土艺术理论体系的有益的尝试。关于艺术的本质和本体的探讨，国内学者试图打破西方艺术理论中"情"和"理"的二分式思维模式，提出超越"情本体论""理本体论""意本体论"的"情意实相"本体论[2]等。

2. 文本的本土化

一个世纪以来，在英语全民普及的直接影响和翻译汉语著作的间接影响之下，我国艺术评论写作洋腔洋调连篇累牍，民国时代宗白华、钱钟书、方东美，包括当代的徐复观、余英时等，一批吃透了中国元典的艺术批评家，尚能做到以中化西。至新中国成立后培养出来的艺术理论学者，因为特殊的政治语境的强烈干预，无有可能熟读精研我国艺术理论元典，写作风格由"党八股"至"洋八股"，食洋不化以致今天的硕士博士论文欧化长句类同天书，不堪

---

[1] 陈宗花：《中国艺术批评规律的新探索——凌继尧主编的〈中国艺术批评史〉解析》，《贵州大学学报》（艺术版）2012年第2期。

[2] 黄永健：《艺术文化论》，文化艺术出版社2008年版，第127页。

卒读，其极端者，专于西方现代层出不穷的理论界，拾取只言片语，强为阐释当代艺术现象。有的艺术批评写作，图解理论，毫无艺术的美感和语言的感染力、穿透力。思想的乖违引发语言逻辑的乖违，语言逻辑的乖违引发语言措辞的苍白无力。目前，我国艺术评论界还没有充分认识到这个问题的严重性，随着我国艺术批评学学科意识的强化，艺术批评语言措辞的本土化建设必然成为我国艺术学批评界的理论自觉和实践方向。

3. 批评主体的本土化

其一，随着中国的和平崛起，中国本土的文化精神内涵包括艺术精神内涵逐渐恢复其国际尊严，当代西方艺术学界有识之士（铃木大拙），实际上自20世纪早期开始，就逐渐认识到东方艺术精神所具有的普适价值，国际认同加上国内主流意识形态和学术界的推波助澜，必然使得当代艺术理论家和艺术批评从业者，在选择艺术批评的理论依据时，自觉或不自觉地拒绝崇洋媚外和崇洋媚俗，在学理认知层面会发生价值逆转。其二，随着本土化的中国艺术学学科体系包括艺术批评学学科体系的完善，新生代的艺术批评者特别是内地的艺术批评者，其学术涵养和写作风格，也会发生微妙的变化。

（三）本体论立场

有学者认为要为我国的当代艺术（当代先锋实验美术）建立一个新的阐释性批评机制，原因是当代艺术中技巧和手法被忽略了；创意—构思、意念和想象力更加重要，包括多种媒介的使用和拼贴，各种媒介方式的大胆融合等方面。在无法找到衡量艺术品质量高低的万能的标尺的情形下，当代艺术开辟了一条新的、阐释性的批评道路。鉴赏性判断、价值判断需要高度统一和稳定一些的标准，阐释性的批评没有标尺，因为阐释性批评遵循的是理由充足律，而不是排中律。当代艺术没有边界，艺术可以乱搞，批评也可以乱搞。[1] 与此同时，有的学者认为当代艺术的这种"反本质主义"的阐释性批评，虽然在国内艺术学界颇有话语势力，但是由

---

[1] 参见蒋原伦《当代艺术与阐释性批评——多媒介语境下艺术评价机制之探析》，《文艺研究》2010年第12期。

于这种来自西方特别是来自美国的艺术的实证研究和阐释,无法直接诉诸非经验或超验的形而上学领域,放弃对于价值和意义的判断,其科学性、肯定性和实用性的三大研究原则,落实于中国传统艺术的研究将无能为力。在后现代语境中下,艺术正在以各种各样的手段对这些沾染了形而上学色彩的概念进行嘲弄、解构。但它获得解放的一刹,也几乎被押上了另一个绞架——艺术的终结。[①]

当代美国硬实力和软实力相互作用在国际上造成的假象——美国文化即全球文化或普世文化,美国艺术即全球艺术或普世艺术,这种思维定式,在我国当代艺术界依然存在,当代美国用于树立国家艺术形象的把手就是它的反欧洲传统、自我标新立异的、五花八门的现代派后现代派艺术。从人类学意义上说,后现代放弃意义,回归感性——从五花八门的当下感性出发,重新寻找艺术创作、艺术传播和艺术领受的新的可能性,既是美国当代艺术的伟大之处,同时也是这个过于自由、过于放任和自信的国度的渺小之处。伟大的是艺术这种本质上的人类的情感活动在美国现当代重新获得了其本真的内涵,渺小的是美国当代艺术的这种无边放任,使得当代美国和世界都误以为人类的艺术找到了一条康庄大道,实则这整个局面成了标准的"皇帝的新衣"的现代版,观众被愚弄着,但谁都不敢说,谁敢担当不懂艺术的罪名?[②]

人类的文化和艺术创新发展之路遵循着感性—理性—新感性—新理性—整体意义和宇宙意义这个大生命的演绎逻辑,目前的美国文化经由对于欧洲文艺复兴以来所确立的价值体系的反叛和演化,达到了人类的新感性的生存状态,这是对于西方文化传统的一大超越。但是在此新感性的基础上,当代美国并没有或也不能够为整个人类重新创化出适合人类进而协调宇宙的价值理性。科学不是人类的坦途,发展不是人类的坦途,甚至可持续发展也未必是人类的坦途,在当代人类文明对话全球文明整合重建的历史进程中,东

[①] 参见沈亚丹《当代艺术学研究中的实证主义及其困境》,《文艺争鸣》2011年第12期。

[②] 参见王瑞芸《美国艺术史话》,金城出版社2013年版,第214页。

方智慧——和学,被推到了世界文化艺术复兴运动的前台。可以预见的是,在中国的市场经济逐渐成熟发达之际,中国传统艺术精神得到西方及其他非西方世界充分认识和必要领受之后,人类的艺术活动必将在人类学意义和宇宙意义上提升其价值尺度。一方面,中国的艺术创作不会继续步趋美风西潮;另一方面,中国的艺术批评必然会从目前的所谓"阐释性批评"回归"本体论批评"和"价值论批评"。

笔者认为,艺术的本体是情意复合体,或曰情意复合物,也即蕴含着"道""意""法""理念"等终极存在实体的自然的、真切的情感——人类学意义和文化学意义上的生成性、开放性的"活感性",这才是符合艺术自身的规定性的艺术本体。

这种蕴含着"道""意""法""理念"也即宇宙的终极秩序和生命法则的"活感性"实体——情意合一实相,与人类的生、成、驻、灭相始终,与人类文化的历史相始终,是人类艺术地掌握世界的终极性前提,是人类理性思维与感性思维"对话"性本体存在的不可或缺之一极。不管现代派艺术荒诞至何种程度,也不管后现代艺术"戏说""拼贴""混杂"至何种程度,实际上它们都是人类旧的情感经验在新的意象刺激之下所产生的活感性的艺术化的敞露、呈现,是人类艺术地掌握世界的新的方法论和认识论。正是在这种意义上,笔者认为人类的情道合一实相——人的活感性实体(生成性活感性)是艺术的本体性存在,是伽达默尔所说的"人类共在的原要求"。[①]

第三节 当代中华艺术的创作愿景

随着数字化、信息化和网络化的普及和深化,人类的艺术文化发生了新的变化,目前学术界对后技术时代的艺术实景,对于当前的艺术思潮、艺术表现形式以及以艺术风格或持否定态度,或持肯

---

① 黄永健:《艺术文化学》,上海科学技术文献出版社2016年版,第141页。

定态度。否定者（詹明信）认为以核和电子技术为生产力标志的消费资本主义时代的艺术，不像"现代主义"艺术那样悲剧性地希望为破碎的世界提供整体性，而是拥抱这种破碎、不连贯和当下性，后现代艺术（后技术时代艺术）因其虚拟性、事件性、观念性、拼贴性和流行性，而使生活变成了艺术，现实在某种意义上具有了艺术的特性，人人都是艺术家，阳春白雪等于下里巴人，因此，艺术必须走出后现代主义的困境，实行"美的回归"。[1] 有的学者甚至提出技术异化与当代艺术的独立性危机命题，认为20世纪60年代开始的现代信息技术革命使整个世界迅速进入后工业时代，技术理性对于审美意识的入侵和异化，使得高雅文化、高雅艺术不再具有神圣性，虽然神圣、美、特权、高雅和沉静的暗示依然附着在艺术观念上，就像缕缕云雾遮蔽了一棵大树的高枝一样，但是更明显的是地面上毫无价值的混乱，以及对商品化、挑逗、江湖骗术、变化无常和粗俗不堪的更不值一提的联想。[2] 这不禁让我们想到了近年来所谓的艺术消亡论和文学死亡论，在坚持文学艺术的审美主义立场的批评家看来，新媒体时代的图像文化满足了大众日常消费和消闲娱乐的浅层次需要，图码认知天然缺乏语码认知和全息认知中所蕴含的人类精神的超越性想象，因而导致艺术倒退，同时文学文本遭受图像符号的挤压而被边缘化，面临死亡的威胁。

与此同时，肯定当代艺术文化（艺术现象）的学者则认为，技术与艺术携手，相互融合带来了艺术形式和艺术观念的变革。此乃我们必须加以正视的艺术新现实、新景观，我们要做的工作是如何从理论上恰当地阐释这种新艺术形态、它的合理性以及它于人类存在的意义，因为在后技术时代，恪守前现代和现代艺术价值观，企图让日新月异的数码技术、信息技术和多媒体技术服务于艺术审美的需要而退出历史舞台，或不参与艺术设计、艺术创造，无疑是痴人说梦，就像人类既然进入工业社会，为了保持乡村牧歌情调而过

---

[1] 彭锋：《关于西方后现代时代艺术状况的研究》，《美术研究》2008年第1期。本章所指的西方的后现代艺术在我国已经悄然发生，随着全球技术一体化的推进，我国的当代艺术必然会跟进、吸收西方的后现代艺术的演进模式，并做出适当的调整。

[2] 仇国梁：《技术异化与当代艺术的独立性危机》，《画刊》2009年第7期。

回浪漫主义的田园牧歌生活一样，显得荒诞无稽。从起源学上看，如果不能说技术起源更早于艺术起源，①那么起码可以说技术与艺术因相互并存于物质形式而同时产生。实际上在人类艺术史上，艺术与技术始终处于一种动态变化过程之中，虽然在后工业时代，因为技术成熟而带来的批量生产造成了个性缺失，然而技术可以推动艺术进步，而且能够改变艺术的技艺和制作程序，因此，21世纪是一个艺术与技术交融的时代。②事实确实如此，如与电脑技术息息相关的多媒体艺术、互联网艺术、数码装置艺术以及电脑动画、卡通动漫、影视广告、网络游戏、数字设计、数字插画、CG静帧、数字特效、DV、数字摄影、数字音乐包括网络文学等由技术变革直接催生出来的新的艺术形态和艺术表现形式，相对于传统的造型艺术和纸本文学文本而言，都更能激发人们尤其是年轻人的强烈好奇心和求知欲，后技术时代的高科技含量艺术并不因为技术理性的干预而失去艺术的感染力。2008年法新社报道北京奥运会的开幕式："北京奥运会的开幕式唯美且充满力量，组织者成功地把科技手段和古老传统融合在一起，向世人展示了宏伟的画卷，开幕式包含儒家思想、四大发明和太极拳等充满中国特色的元素，整场表演震撼人心，毫无瑕疵。"③近年来美国梦工厂利用数码技术制作的大片《侏罗纪公园》《泰坦尼克号》《阿凡达》一再刷新票房纪录，高新科技以不可阻挡之势融入大众文化时代多种可视、可闻、可触、可言（对话互动）的新艺术形式当中，彻底改写了艺术的面貌。

面对汹涌而至的高新科技浪潮以及由此而来的艺术新现实，摆在我国当代艺术学学界的问题起码有两个：其一，如何评价后技术时代的艺术；其二，中国未来的艺术愿景若何？愿景简单地可以理解为"愿望"中的景象，实即理想的蓝图。从社会学意义上看，愿景是人

---

① 如姜振寰、袁晓霞在《历史中的技术与艺术》一文中指出，技术的起源与人类的起源一样久远，原因是人类制造简单的工具，利用工具进行采撷、捕猎时，原始性的技术已经出现。参见姜振寰等《历史中的技术与艺术》，《自然辩证法通讯》2009年第1期。

② 秦汉：《论技术与艺术》，《深圳大学学报》（人文社会科学版）2004年第3期。

③ 朱小龙：《浅析数码艺术是数码技术与艺术的结合》，《科技信息》2009年第4期。

们为之奋斗希望达到的图景，它是一种意愿，愿景概括了未来目标、使命及核心价值。① 中国未来的艺术愿景也即体现着中国文化核心价值的理想蓝图，一个饱含民族精神且具有其自身生发性和创化性的艺术生命实体，同时也是未来全球艺术文化的重要组成部分。

　　我们应该承认，没有人类即无所谓我们今天所说的"文化"，天文地理，平衡对称，线条节奏以至大自然的斑斓五彩（颜色），如果没有人类（先民）的情感和理智加以发现、概括和归纳整合，它们就不具有艺术和技术的价值。先民有意识制作的第一块粗糙的石器（石刀、石斧）当然已包含了技术的元素——石刃的砍研效果，就这件石器而言，其时技术成分多于艺术成分，因为原始人主要是在工具立场上来制作这件工具的。但可以想见不同性别、不同年龄的先民在制作这件石器时对石料、石材的颜色和手感还是会有选择的，在这个选择的过程中实已掺和先民的情感倾向。因此，最原始的石器制作实已是人类的理智与情感的双向合作，当然人类的艺术——人类的情感的自我表现，可以熔铸进器具（技术），当然也可以借身体（舞蹈、文身、装饰）以及语言（歌、诗、乐）、颜色（岩画、涂鸦）等加以实现，所以我们不能仅从器具（技术）发生的角度来论断人类艺术的起源。诗歌（音乐）艺术可能比雕塑、绘画起源更早，诗歌（音乐）艺术里面同样包含着先民情感直觉到的技术因素，如节奏感、韵律感等。先民一旦掌握了器具制作的技术，同时也就本能地在器具中加入情感选择和情感认知的艺术因子，人类的文化、艺术自始至终包含技术的因素、技术的创造，这应无疑义。

　　今天的高新技术与艺术融合所产生的新的情感表现方式——从电影、电视到多媒体、数字音乐，从人类学立场上来看，依然是先民的技术、艺术双向合成模式。用巴赫金的对话宇宙论来看，整个宇宙以及一切现存者无非是一种对话性的共存结构。就艺术文化而言，艺术以情感言说与哲学、道德、宗教等理性言说构成对话性实体，而艺术内部同样存在艺术（情感）与技术（理智）对话体制。高科技制作手段以及技术理性成为当今艺术创新不可或缺的一极，

---

　　① "愿景"的词语解释见 http://baike.baidu.com/view/27619.htm。

与此同时人类的情感——个体情感、民族情感、时代情感成为后技术时代艺术创作的另一极，二者在对话性共存中实现动态的平衡。尤其值得一提的是，技术归根到底是人的发明并置于人的控制之下的人化存在，一旦人意识到技术的力量过于强大，以至于破坏了技术与情感的对话性平衡，从人的情感里面派生出来的理性直觉又会对技术加以人性化的调整，比如目前的网络和手机，虽是高科技催生的产物，但是运用它们来方便快捷地传情达意，它们就成了技术与艺术高度结合的当代文学新形态——"网络文学"和"手机文学"，电脑和手机本来是用来传通信息的，一旦人意识到可以利用这种技术器具来传情达意，就会促成人性化的电脑软件和手机内存功能的产生，从语言的双向交流到形象、语言双重双向相互对读，它比以前的文本——读者的单重、双向对读更加人性化。

　　法国当代学者对于人类的未来整合做出这样的设想："人类不能简化为'制造工具的人'的技术性的面孔，也不能简化为'智慧人'的理性面孔。应该在人类的面孔上也看到神话、节庆、舞蹈、歌唱、痴迷、爱情、死亡、放纵、战争等。不该把感情性、神经症、无序、随机变化作为噪音、残渣、废料抛弃。……并且如同已经指出的，只有制订了一个关于组织的超级复杂性的理论才能以和谐的方式整合人类现象的不和谐方面，只有它才能合理地设想非理性的东西。"[1] 人性中本然存在着的对话性机制不可能使人在当代高科技的突飞猛进之下和技术理性的逼压之下，异化为非人，并且现当代的科学思维也在发生着微妙的变化。许多科学家如爱因斯坦将情感直觉用于科学思辨，在现代科学中，"心理动机的作用在增强，而且就其意义来看，它日益接近艺术创造中的心理动机的作用……在这种意义上，科学变得更接近艺术，接近对那种从艺术向科学过渡的东西的分析，成为科学分析的一个不可少的成分"（苏联文艺理论家库兹涅佐夫语）。[2] 一方面当代的科学思维具有了艺术思维的某些特性，另一方面当今的科学家也正因为意识到科学对于人性异

---

[1] 旷志华：《略谈现代设计中的艺术想象与科学技术的有机结合》，《美术大观》2009年第3期。
[2] 同上。

化的负面效应而主动加强情感培养和艺术素养,与此同时人类的集体情感自觉也在时时警惕着、校正着科技力量对人类情感的挤压和异化。有了这三个方面的条件,笔者认为后技术时代的艺术并不像危机论者们指出的那样陷入了绝境,需要来一次否定或超越,后技术时代的艺术是人类的科技文明发展到现阶段所本然创化出来的人类情感表现新形态。至于将当下高科技艺术如网络游戏、影视制作、动漫制作、网络文学贬低为亚文化、低俗艺术的论调,更不值一驳,所谓的高雅文化、高雅艺术纯粹就是站在某一种文化价值立场上(比如西方的价值立场)对艺术新生态的"欺生"和"歧视"。在人类学意义上,每一世代所存在的艺术现象皆是人类感性世界在新的意象的刺激之下,借助于不同的表现手段所构成的时代景观,它们自身的存在自有其人类学意义上鲜活的理由。

很显然,后技术时代的中国当代艺术深深地打上了技术的烙印,并且,高科技的电脑、网络和数码技术带动起来的网络文学、多媒体艺术、互联网艺术、数码影像艺术等大有取代传统艺术而渐居主导地位的趋势,年青一代不再费心阅读文学文本,当然更无心去剧场静心品赏一场大戏,只需随身携带一台多功能游戏机,便可以通过不同的功能点击置身视、听、玩、动的艺术世界,鲍德里亚和杰姆逊所说的"技术本体化"状况,似乎在21世纪的中国"复制"成功。[①]

当然,这是就这些新兴的艺术门类的影响力而言。其实在不同地域,不同的社会阶层和年龄阶层,传统艺术与新潮艺术、高科技艺术并存,仅就绘画而言,传统国画及其欣赏方式依然占有重要的市场份额,油画、古画复制品、先锋前卫绘画以至电脑制作的广告画等都在以不同的审美姿态吸引大众的眼球,各自发挥其不可替代的审美功能。人类存在的真实情景是一种整体性的情感与理智对话性结构,在原始初民时代,人类的理性开始萌芽,其时人类的艺术

---

① 鲍德里亚和杰姆逊认为,由于数字化信息技术和大众传媒的迅速发展,当今世界已进入一个由模型、符码和控制论所支配的信息和符号时代,同时也是一个类像(形象、照片、摄影、电视和广告等)的时代。艺术形象不再是模拟实体或感情显现,而是通过模型,以仿拟或拼贴的方式来生产一种"超真实"。参见贺丽《当代艺术精神变迁及其文化意蕴》,《社会科学辑刊》2007年第3期。

活动——歌唱、舞蹈（宗教仪式）、涂鸦、身体修饰包括文身、原始雕塑等所包含的情感成分更大，可以说初民时代情感与理智的对话性共存结构中，情感压倒理智。文明时代（通常指由轴心时代开启的人类几大文明模式）至现代化这个时段，人类的艺术活动与理智秩序的关系此消彼长，大致维护平衡的状态。从18世纪法国大革命以来以至20世纪人类进入资本主义时代，资本主义时代的实用理性和工具理性两大理性模式对人类的情感造成了巨大的压力。我们通常所说的审美现代性和制度现代性实际上是一种条件因果链，因为从人类的情感母体派生出来的理性模式——社会的制度现代性对人的情感实施压迫和异化，以致人类的情感激变为一种反现实的、震惊的、孤绝的"新感性存在"，这种新感性通过艺术手法表现出来即造就现代主义艺术。现代主义艺术发展至极致讹变为观念艺术如诗化哲学、诗化小说文本、偶发艺术、零度写作等。现代主义艺术悲剧性地追求意义的完整最终将理智置于感情之上，到了后现代社会（自20世纪60年代以来），势必激起人类的普遍情感的反弹，通常认为后现代艺术（后技术时代艺术）无深度、狂欢化、商品化、消费化、世俗化、互动化等，是后现代艺术的弊端。可是站在人类文化学的立场上来看，后现代艺术正是对于现代派艺术过于理智化的一种反叛和纠正，它使人类的艺术世界里情感与理智的失衡状态得到调整。有论者指出：当代艺术生产的目的并不是为了道德教化和精神提升，而直接是为了消费，为了满足大众日益膨胀的物质欲望和精神休闲的渴望，在当下的感情满足中，当代艺术似乎找到了自己生存的理由。[①] 这种指责无疑是站在审美主义"纯艺术"立场上，对于当代艺术存在价值的误读和低估。电脑、网络和传媒技术进入中国大众的日常生活，因为情感表现的需要，中国大众必然也会像欧美及其他发达国家的民众一样，利用技术之便设计出表现情感、沟通情感的高科技艺术作品（产品）。虽然技术以及技术理性确实对艺术创造有所限制，但当人类已经认识到这种"限制性"时，技术对于艺术的异化和宰制必然会被人为地加以克服。更

[①] 参见贺丽《当代艺术精神变迁及其文化意蕴》，《社会科学辑刊》2007年第3期。

何况现代科学理性本身已包含着感性直觉的成分。也有学者指出，我国当代艺术的火热无法掩盖其"西方化"和"去中国化"的实质，具有先锋性和试验性的当代艺术只是当代中国艺术的一部分，但其名称具有强烈的误导性，这种试验性、先锋性、反传统性的艺术可称为"当代主义"艺术，当代艺术延续了西方一贯的艺术精神气质，不断地求新求变。因为采用西方当代艺术形式，认同西方当代艺术观念和评价准则，从而成为西方中心主义的注脚。① 笔者认为目前中国部分先锋艺术和前卫艺术步欧美后现代主义艺术的后尘，或者极尽模仿之能事（如某些行为艺术），或者迎合西方人的认知偏见以负面性符号（"文革"历史人物、小脚女人、红卫兵、大字报、古旧民居等）异化当代中国形象，但是毕竟还有另外一些艺术家以后现代艺术理念，创造当代中国情感载体的先锋实验艺术，并且尚有一大批艺术家固守传统人文精神，以现代后现代艺术形式弘扬传统中国意象（上举 2008 年奥运开幕式就是显例之一）。因此，后技术时代中国艺术先是模仿西方，其后通过吸收消化和改造，实现中国艺术的"再中国化"，乃中国艺术通向未来的必由之路。所谓"再中国化"不是回归传统，而是在现代、后现代话语情境之下，用艺术语言、艺术形式、艺术意象倡导、阐发中国传统中具有普适价值的人文理念，如美、善、和、仁、义等价值理念。

当代艺术过分游戏、拼贴、狂欢之后必然会产生另一种反弹——理性、超越性想象、普适价值对于感情狂欢的反弹，正如现代艺术中人类的新感性对于现代价值理念的反弹一样。但是，可以预见的是，现代主义艺术中以西方文化理念为其终极理性诉求的西方精神意旨，将绝不会再一统天下地成为未来艺术世界中与情感对话的唯一性实在。具有五千年文化传承历史的中国价值，一旦被证明对于将来的人类大文化整合和大文化建构可以发挥不可替代的作用，那么，它必然也会成为后技术时代以至未来，人类艺术中与人类情感实行对话性建构和共存的极为重要的精神实体，成为未来艺术文本中新的具有普适价值的"超越性意旨"和"灵魂升华的境

---

① 时胜勋：《从"西方化"到"再中国化"——中国当代艺术的文化身份》，《贵州社会科学》2008 年第 10 期。

界"之一。因此,后技术时代以至未来中国艺术应是具有国际性和民族性(包括地方性),充分展示中国身份、中国意象、中国精神的一种艺术生命实体。

第四节　中华艺术的创新之维
——以汉诗诗体创新为例

一　重建汉语诗歌形式

中华民族是一个热爱诗歌的民族,号称"诗歌大国",但是以中国哲学和中国语言文字为依托的中国当代诗歌,在西方自由诗的强力牵引之下,走向了"自由的深渊"。80年代以来,汉语诗歌进一步追逐西方诗歌的后现代步伐,蜕变成为小众文化,且故步自封,裹足不前。21世纪,中国文化自下而上、自上而下开始觉醒,作为中华民族精神文化象征之一的汉语诗歌呼唤古老的汉语诗歌文化"魂兮归来",汉诗立体创化出新已成为诗歌理论界的共识。近年来,梨花体、羊羔体、乌青体、咆哮体流行网络,更有"微型诗""超短诗"的写作传播,其中遵循文化创新和艺术创新规律而产生的"松竹体十三行汉诗",具有一定的代表性,显示出汉语诗歌创新未来的某种发展和演化趋势。

近百年来,中国新诗经历了多次学术论争,到今天学术界又不得不讨论新诗的"二次革命"和"三大重建"——诗歌精神重建、诗体重建和诗歌传播方式重建。当代诗歌理论家吕进先生指出,新诗的第一次革命是爆破,当下的新诗二次革命是重建——重建中华诗歌的固定形式,重建中华诗歌审美风范,重建中华诗歌的传播方式。[1]当代新诗的审美定式、无边界放任和远离读者乖违当下的接受现状,已经到了忍无可忍的地步,要动摇其根基,突破其将近100年来所建立的审美标准和写作范式,通过三大重建达到现代汉语新诗的创化和新生,这无疑类似于一场革命。

---

[1] 吕进:《三大重建:新诗,二次革命与再次复兴》,《西南大学学报》(社会科学版)2005年第1期。吕进先生在这篇文章中提出的观点,无意中成为当代"松竹体十三行汉诗"创发的理论起点。

纵观新诗的世纪演化历程，刘半农、郭沫若、闻一多、何其芳包括试图以外来十四行诗固定汉诗形态的冯至等现代著名诗人都在诗体重建上做出了巨大努力。但是，正如吕进先生所指出的那样，新诗的诗体重建在20世纪里的进展比较缓慢，毛泽东的"迄无成功"说，也当指诗体重建。

近百年的新诗危机，从诗体看，也主要是自由诗的危机——太自由，正是当代新诗也是梨花体、羊羔体的最大问题。太西化，正是梨花体的卖点也是盲点。太哲学，搞出脱离人群的笑话。无论哪个民族的诗歌，格律体总是主流诗体，如英美十四行诗和其他形式的格律诗，日本的和歌和俳句、越南的六八体和双七六八体等。中国诗歌史上主要以三言、四言、五言、七言诗歌为主流，六言诗不及三言、四言、五言、七言诗广泛，但是骈赋、元曲中六言诗句比比皆是，中国诗歌一直以格律形式代代相传，那是汉语和汉字本身的逻辑使然，更是中国文化要义中诸如"阴阳""流变""轮回""和谐""中庸"等价值观念的形态化身。美国意象派另一代表人物洛厄尔认为："这些我们称为汉字的奇妙的笔画组合实际上是完整思想的图画式表现。复杂的汉字不是自然而然地组成的，它们是由简单的汉字组成的，每一个汉字都有其意义和用法。把这些汉字组合在一起的时候，每一个字都对整个汉字的音或意起到作用。……因此要了解一首诗中的全部意图，就必须懂得分析汉字的结构，这一点是十分清楚的。"[①] 今天的中国新诗作者似乎很少有人进行这样的思考。在西方话语的强力同化过程中，经由知识精英自上而下的"启蒙""灌输"，自由诗登上了历史的舞台。严格地说，自由诗只是汉诗历史长河中的一条支流，这条支流融汇中西，实际上是"西体中用"，到今天因为过于西化源头缺水几至枯水断流，它必须再次一头扎进汉诗的历史主流中，调整方向，强健流体，起死回生。种种迹象表明，现代格律诗才是汉诗诗坛的主要诗体。[②]

---

① 参见李平《西方人眼中的东方文学艺术》，上海教育出版社2004年版，第185—186页。
② 吕进：《三大重建：新诗，二次革命与再次复兴》，《西南大学学报》（社会科学版）2005年第1期。

手枪诗（松竹体新汉诗）依托手机微信平台始创、传播、互动、扩散、定名，一问世就引起了中国诗歌学界和美学界的热议。以网上"美学群"为代表的一类传统诗歌学者认为手枪体汉诗是对中国传统文化的糟蹋，应该制止。更有学者认为这可能已经走火入魔了，搞出一个世间怪物。但是更多的学者赞同手枪诗，认为这是对传统文化的继承与创新。韩国汉学家、诗人许世旭教授指出："中国诗人，必须立足中国！""一个人面临歧途，只有回顾既往的路，才能正确地摸索该走的路，也就是继往开来；中国本身有辉煌悠久的诗史，传承之间，更应如此。"①

二 松竹体十三行汉诗的创新理路

新诗走过近100年的演变历程，在人类诗歌史和中国文学史的视界之内，它可以被看成是中华主流诗体在近代以来西方文化和西方诗歌的强力同化过程中，因文化激变而形成的一种"汉诗变体"。如今在中华文化不断强化自身逻辑演变的新世纪话语环境之下，这种过多承载西方文化理念、过于自由、过于知识分子化的"汉诗变体"，即使在西方人看来，也是一种丢魂失魄的"盆栽"和"假花"，毕竟过于脱离母体文化的主脉，以至在母国和境外遭遇双重尴尬。举一个例子，当代著名新诗作者于坚甚至将他的诗作命名为《作品111号》，这是完全抽象化的西方乐曲的命名方式。而获得第五届鲁迅文学奖的车延高被指不停地按下回车键写作新诗，其作品被戏称为"羊羔体"。近年来网上热议的"梨花体"，不过是汉诗西化特别是美国化的登峰造极的案例而已。"梨花体"像模像样的代表作"一只蚂蚁，一群蚂蚁，也许还有更多的蚂蚁"，不过是美国意象派诗歌的汉语翻版，须知意象派深受中国古典诗歌和东方新禅学的影响，这种出口转内销的新玩意儿只能媚惑大众于一时，岂能凭借其高度抽象的思想——所谓哲理，与当下的生活打成一片？而"羊羔体"不过是进一步口语化、口水化同时也进一步西洋化的现代汉语自由诗。

---

① 罗四鸽：《新诗二次革命引发争议》，2004 年 10 月 29 日（http://www.people.com.cn/GB/wenhua/27296/2952445.html）。

在中国诗歌发展史上，"以乐从诗"（上古汉代）、"采诗入乐"（汉代至六朝）和"依声填词"（隋唐以降）构成了一条发展的风景线。后来诗与音乐逐渐分离，这种分离以新诗的出现为极致。但是，新诗离开了音乐，给自己带来很大的局限性，恢复和发展诗乐联谊，是新诗传播方式重建的重要使命。[①]

松竹体十三行汉诗押韵，调平仄，运用偶句、典故、粘连、回环、反复、感叹、疑问、夸张、排比甚至戏说、拼贴、蒙太奇、含混等一切行之有效的诗歌写作技巧，亦可换韵。其原创即主体形式（另有几十种变体）由三言、四言、五言、六言、七言传统主流诗体依次排列，从手机屏上三三、四四、五五、六六、七七、三三、七共13行纷披而下，起承转合，浑而为一，犹如松竹合体，又如高山飞瀑，气势轩昂，看起来美观大方。其形式便于记忆，即写即发，快如子弹出击，流星闪电，所谓"才下眉头心头，倏已出击八荒"，说明我国传统诗歌形式完全可以在当代高科技微信平台支持之下，实现"革命性"的转化。

松竹体十三行汉诗押韵，恢复和发展诗乐联谊，这是非常重要的。现代新诗渐行渐远，其中最主要的原因是难于朗诵和记忆，现代新诗名作《再别康桥》《采莲曲》《雨巷》《死水》《乡愁》取得成功的要诀是押韵，所以古人不韵非诗绝不是空穴来风。在押韵的大前提下，松竹体十三行汉诗将中国数千年汉语诗歌中的主流诗体——三言、四言、五言、六言、七言进行分解后再行组合，同时允许在使用各种诗歌技巧之余，使用高雅题材之余，用具有视觉美感和听觉美感的形式，贴近生活，贴近时代，贴近生活中的七情六欲和应有尽有的中外生活场景，尽情书写，可高雅如古诗词，通俗如顺口溜、打油诗。如：

大街长
窄巷深
红尘十丈

---

① 吕进：《三大重建：新诗，二次革命与再次复兴》，《西南大学学报》（社会科学版）2005年第1期。

地老天昏
毕巴复毕巴
三条碰五饼
歌堂舞榭歇火
麻将人气陡升
十亿人民九亿赌
小民百姓耽太平
渔家傲
沁园春
穷穷富富城中村！

　　这首松竹体十三行汉诗有感于如今都市城中村乱象，即兴而作，具有强烈的写实主义精神，在手机微信发表后，引来很多的点赞。文章合为时而作，歌诗合为事而作，当年白乐天的诗作走的是雅俗共赏的大众路线，现代汉语诗歌没有理由高吊胃口，甚至毫无理由地蔑视大众，在那儿自言自语沾沾自喜地"纯诗"一番。松竹体十三行汉诗原创形式为三三、四四、五五、六六、七七、三三、七共13行，但是考虑到我国古代并有二言诗（《弹歌》），可以变形为二二、三三、四四、五五、六六、二二、六共13行，还可以变形为二二、三三、四四、五五、六六、三三、七共15行，一一、二二、三三、四四、五五、六六、二二、六共15行，枪口朝上朝下排列皆可。可以仿照十四行诗分成起承转合四个部分，或两到三个情景的并列、拼贴、剪接（双枪、三枪、五枪、六枪、七枪、九枪以至多枪连发）等，① 所以有很多变体，可供当代诗人在充分认知我国古典诗词美学、积累古典诗词文化修养的基础上，吸收时代语词、语感，创新意象，拓展意境，施展才华，贡献佳作。如以二言诗起首：

　　鼓点
　　直击

---

① 松竹体十三行汉诗在手机屏上的视觉形象酷似"手枪"，其网名统称"手枪诗"。

涛声远
万人立
龙的传人
吴风楚俗
还之以魂魄
唱彻兮九歌
雄黄酒何处觅
白娘子昆仑月
兰溪
年少
赤足欢度端午节！

  如果在节日里，诗人和大众都能用这种诗体结合自己的亲身感受，以手枪诗（松竹体新汉诗）相互祝福，传情达意，比起相互恭喜发财，例行恭维，那就要文化多了。通过新的传媒，手机互动，在和风细雨中我国诗歌精神和中华诗歌正能量，又会重新回到人间，并有力地抵消外来低俗文化、功利文化和流行文化的无良影响，引导年轻人认知祖国文明，温习传统文化，拓宽创新思路。

  腾讯QQ、微博、微信等传播手段正改变着我们的日常生活，手枪体通过手机操作，即写即发，适合日常书写，抒发感情，温习古诗，抨击时弊，畅怀达意。篇幅不大不小，外形美观大方，最重要的是手枪体不致散漫无度，被人恶搞、追骂和唾弃，它有格式可循，生机盎然，慢慢为人理解、唱和。有人认为手枪体说白了就是手机体，是手机时代应运而生的一种文化传播火种，实际上是一种古典新潮的新汉诗和新诗体。

  通过对出、押韵、调平仄、意象经营、意境抵达、雅俗共融以及诉诸自由诗的各种表现手法如跳跃、穿越、含混、蒙太奇、联想、想象、夸张变形、冷抒情、讽喻、拼贴等，将中国数千年来汉诗的主流诗体和诗歌审美要素编织整合在一首诗里面，它是文化中国到来之际的文化觉醒和诗魂觉醒。白居易有首《一七令·诗》，将一言、二言至七言依次排列，称为一七令，后成为固定的词牌名，其形如下：

> 诗
> 绮美
> 瑰丽
> 明月夜
> 落花时
> 能助欢笑
> 亦别伤离
> 调清金石怨
> 吟苦鬼神悲
> 天下只应我爱
> 世间惟有君知
> 自从都尉别苏句
> 便到司空送别词

　　白居易时代，没有手机微信，他与一班诗友完全是就着我国历代主流诗体，通过对句的方式而产生的一种特别形式，这种诗体虽然暗含总括中国当时已经传承下来的主流诗体的用意，但是从创作传播角度来看，并不具优势。同时，一七令诗体，结构上欠缺回护——回环往复之美，形式堆砌，无有起伏跌宕之势，从完形心理学（格式塔心理学）角度来看，这个诗体并未完形——形成一个完整的形体，是未完成的残缺之形。手枪诗（松竹体十三行汉诗）不长不短（63字），形体起伏跌宕，讲究起承转合，回环往复，每首刚好填满手机屏。如果从文化演化的逻辑立场来看，这个带有传奇般发生学故事的新诗体，是手机时代中国五千年文化道统和诗歌学统，按照汉语和汉诗的演变逻辑，在手机微信时代的即时发声和优美显现——五千年诗歌文化的一个华丽转身。

　　因此，手枪诗（松竹体十三行汉诗）绝不雷同于楼梯、宝塔、海浪、回文、藏头等各种中外诗体，它的形式之内含蕴中华文化之道、汉语诗歌智慧以及外来文化和现代科技的积极干预，它的文化积淀、文化转化和文化创新性质，与为形而形的文字游戏决不可同日而语。手枪诗（松竹体十三行汉诗）是文化中国到来之际的诗魂觉醒，是诗的邂逅、诗艺的整合以及手机微信时代互动创意的结果。①

第五节　中华艺术的创新之维
——以中国当代摄影"中国风格"构建为例

一　"六法"绘画理论与摄影艺术

南齐谢赫在《古画品录》中提出了绘画"六法"，为历代中国画创作提供了实践和理论支持，历代画家对"六法"的理解各有发挥。不同门类艺术之间的理论是可以相互借鉴与利用的，中国古代文学、雕刻、戏剧、书法、建筑等诸种艺术门类中，对于"六法"都有一定程度的运用。虽然对"六法"的运用主要在水墨绘画上，但是，随着经济的发展和中外文化交流的不断加强，对绘画"六法"也必然会产生新的理解。"六法"的绘画技巧虽然源于南齐，但是在当下仍然具有新的实践意义。所谓"六法"即（1）气韵生动；（2）骨法用笔；（3）应物象形；（4）随类赋彩；（5）经营位置；（6）转移模写。

摄影是科学时代的大众艺术，是现代科学发展到一定阶段的产物，是人类文明进步历程中的一项重大发现。摄影技术的诞生，在社会的政治、经济、军事、文化、艺术等各个领域都发挥着极其重要的作用，并产生越来越大的影响，成为社会发展和人们日常生活所不可或缺的艺术门类。

摄影艺术与绘画艺术有着天然的联系，它们同属于视觉艺术，同样是空间艺术，并且注重对客观事物的再现，摄影艺术与绘画艺

---

① 梨花体、羊羔体、咆哮体、乌青体等借助网络轰然而起，短短数年，手枪诗（松竹体十三行汉诗）借助手机微信，优美出世。手枪体挑战梨花体、羊羔体、咆哮体、乌青体以及西方的十四行体，或可看作是中西文化巨大差异性的矛盾的总爆发，是文化矛盾与社会矛盾激化到一定程度的结果，是文化转型与中国文化华丽转身一个强烈信号。

术同样注重选材和构图、色彩（影调）等艺术语言。"六法"中的"应物象形""经营位置""随类附采"，以及"气韵生动"等都可以运用于摄影艺术，并且对中国当代摄影风格的构建有着重要的意义。

国内外的摄影艺术风格都受到了绘画风格的影响。欧美摄影风格的光线更硬朗，并且色彩饱和度高，对比度高，注重对实物真实细节与形态的再现，这是在一定程度上受到了欧美古典绘画风格的影响。日本摄影风格的照片色彩清新，对比度低，这也是受到了浮世绘绘画风格，以及日本漫画崇尚唯美的观念的影响。

虽然中国摄影在当代有了很大的进步与发展，并且出现了陈复礼大师一类的独具中国本土风格的摄影艺术家，但是很多摄影师仍然盲目崇拜欧美摄影风格，或者模仿日韩风格，中国当代独特的摄影风格在全球范围内仍然处于"无语"或"失语"地位。由于东西方文化背景和美学体系的不同，东西方传统艺术的重心也存在明显的差异：西方艺术重客观再现，以典型的塑造为目标；中国艺术重主观表现，以意境的创造为最高境界。重新解析"六法"本意，对于中国当代摄影借古开新，从而构建独具中国本土性格的摄影风格、继承和发展弘扬优秀民族文化有着积极的现实意义。

二　"六法"理论与中国当代摄影艺术的深度融合

（一）选材

谢赫"六法"中的"应物象形"是说画家要通过细致观察和主动分析，以达到对物像的外在形体和内在本质的准确表现（形神兼备）。对于摄影来说"应物象形"指的是两个方面，首先是哪些客观事物的再现，其次是要表现拍摄事物的哪些方面。

选材对于建构中国特色的摄影风格有着重要的作用。西方摄影多取材于人物以及富有冲击力的自然风光。中国古典绘画多取材于花鸟鱼虫、青山绿水。国际著名的集锦摄影艺术大师郎静山的早期创作，多是表现佛门的幽静、独坐的赏溪者、悠闲汲水之人，以及山水风光、亭台楼阁。后来，他以鹤、鹿为题材，创作了《翠竹仙禽》《绿荫双侣》《松鹤延龄》和《鹿苑长春》等作品。20世纪60

年代起,郎静山转而创作带人物的风景,模特儿主要是国画大师张大千。他将道家装束的张大千,作为集锦山水中的主角,创作了《松荫高士》《松荫静坐》《飞泉幽涧》等作品。这些作品,有的是模仿古代著名画家之作,如《松荫高士》,与南宋马麟的《静听松风图》十分相似。

"应物象形",是从模仿自然的角度出发来进行描述的。西方人对自然的模仿,特别是古典时期,由于采用较为写实的绘画方式,因而体现在画面中,总是客观多于主观。但是,就表现形式而言,传统中国画对于自然的模仿,大多经过了艺术家自身的心灵提炼,因而主观多于客观。一张有意义的照片,首先要让观看者注意到一些曾经见过多次,却没有真正看清的事物;可以让观看者看到一些他从没遇见过的事物。因此,要拍摄一张好的照片就不能简单地、真实地记录现实生活,它既不是对自然的机械再现,也非文人画为了追求笔墨的"似与不似",而是一种客观物像与摄影师主观思想的高度和谐。吕凤子在其《中国画法研究》中说道:"成画一定要用熟练的勾线技巧,但成画以后,一定要看不见勾线技巧,要只看见具有某种意义的整个形象,不然的话,画便成为炫耀勾线技巧的东西了。"有些摄影师一味追求将客观事物以最真实的方式再现出来,类似新闻摄影,当今摄影风格呈多元并抱态势,中国摄影家应该在理念和实践中敢于摒弃"西方画风",敢于并善于呈现拍摄者的诗化理想。

(二)构图

谢赫在《古画品录》中评吴暕说:"体法雅媚,制置才巧;搜美当年,有声京洛。"评毛惠远说:"画体周赡,无适弗该。"评顾恺之说:"格体精微,笔无妄下。"可见经营位置在一幅画中非同小可。经营位置对于摄影来说同样至关重要,摄影不像绘画一样可以根据主观想象在画面中添加或减少元素,而是要通过独特的视角或角度将现实生活中的场景真实地再现出来。"六法"中的"经营位置"是针对透视与构图而言的。摄影与中国古典绘画最大的不同在于透视方法:摄影采取的是焦点透视,虽然在拍摄一些大场景的风光时,运用小光圈可以最大限度地将整个风光清晰全面地展现出来，但是近景的细节还是由于对焦原因出现虚化。而水墨画是散点透视，远处近处的实物都可以在同一幅画作中完好地展现。然而，"经营位置"中的构图技巧仍然对于摄影艺术有很大的借鉴作用。画面形象诸因素的位置要经过精心的安排，如"疏可走马，密不透风""造险破险""匠心独运"等。一件完整的摄影作品，不能只靠个体形象的应物象形就能完成，还要将多个形象做聚散、大小等排列和摆布并使之与照片画面环境相融合，以达到照片画面的和谐均衡。

摄影创作在构图时要注意"正/负"空间之分，这也是摄影构图最有效的方法之一。眼前场景明亮和阴暗区域，以及照片中的明亮和阴暗区域，就是所谓的正空间和负空间。有时候正空间是溪间的岩石，负空间是流动的溪涧。摄影时要考虑正空间与负空间是否平衡，所谓平衡并不是明暗各半的天平式平衡，中国"老秤"的思想为我们解决了这个构图问题。所谓平衡是指整个照片正负空间的和谐统一，正负空间的比例可以相差很多，但所呈现在观看者眼前的一定是和谐统一的平衡。正负空间的相互作用是否令人兴奋？流动的线条是否有趣？这些都是需要我们考虑的，物体之间的相互作用产生的总体形状和图案对作品的整体设计很重要，我们不能太关注细节，而导致看不清总体的形状和图案或者正负空间的相互作用。中国画在画面布局方面的理论为摄影提供了很好的解决办法。处理背景讲究"虚实相生""计白当黑"，需要有相当面积的虚境甚至空白，通过对可视图形的精心处理，使空白或虚化部分经观赏者的审美活动，产生"无画处皆成妙境"的氤氲意境。著名摄影师陈复礼的名作《千里共婵娟》，构图采用对称性十字形结构，这种平衡法则的特殊形式有效地加强了平稳、静穆、庄重的情绪气氛，明亮的月光与湖面是正空间，阴暗的河岸是负空间，通过极简的构图，使正负空间比例不一，但是达到和谐统一的平衡。

（三）影调/色彩

如果说构图是一张照片的骨架，那么影调与色彩就直接触及照片的灵魂。"六法"中的"随类附采"讲的就是颜色与影调的运用方法。"随类附采"是从色彩的角度出发，来说明怎样赋予绘画对象以色彩，就是要根据自然物所属的类别来给它添上颜色。如果用西方色彩学的方法来考察中国绘画的颜色，就会发现，中国画的颜色正是按照自然物的类别来进行区分和制作颜料的，这些颜色的命名也采取分类法，如藤黄、煤黑、石绿等。藤黄到底是什么黄，没有一个具体的标准；煤黑到底是什么黑也无法准确地加以说明；石绿具体绿到什么程度，人们很难给出一个统一的颜色。由此可见中国的色彩带有很大程度的主观情感。其实"随类附采"是民族色彩审美心理的表现，它要求根据不同对象不同情感类型的需要而进行着色处理，形成一种主观与客观结合的"表情"色彩。"随类"并非是通常意义上的单线平涂赋彩，它既是客观对象的色彩分类，又是色彩审美心理、色彩表情在画家意识中的分类，这是一种充满了情和意的色彩观。

因此，在摄影时可以考虑用合适的颜色来增进摄影作品的情感。颜色大致可以分为冷色系和暖色系，人们对冷色和暖色会有情感和生理的反应。如果以冷色为主调来描绘风景和景物，就会传达出冷傲或者静谧的感觉；相反如果采用的是暖调就会传达出温暖、迷人和友善的感觉。

在实际拍摄的过程中我们还要注意以下两点：首先，拍摄物体的颜色必须与你表达的情绪相符。此外，拍摄物体所处的光线也有自身的颜色，数码摄影和胶片摄影的表现会有很大区别。如果使用传统的摄影方式，胶片的选择对环境光的反应可以强烈地改变整体色彩和气氛。每种彩色胶片都有自己独特的色彩平衡，有些胶片在暖色上比较强在冷色上比较弱，有些胶片则刚好相反。如果使用的是数码相机摄影，那么可以通过设置相机的自平衡或者采用一些强大的后期处理软件来修正。摄影师可以很容易地改变任何一种颜色或色彩平衡，使照片的颜色与主观情感保持一致。"随类附采"被谢赫列为第四法，如果一个画家只能根据对象的颜色来绘画，那他就只能是被谢赫列为末流画家了。真正的艺术家应该是"随心赋彩"，因为"相由心生"。正像张彦远在《历代名画记》中所说："草木敷荣，不待丹碌之采。"总之，"随类附采"不是具象写实的"写生色彩法"，而是得其意的"意象"赋彩法。它不斤斤计较对象的固有色彩，而是根据情的不同"随类附采"。这一"法"使中国画既源于生活又超越生活，可以表现作者的审美情思，追求完美的视觉构成和气韵表达。但要注意的是，这种修改最好是微妙的保守的调整，如果过度地把颜色调成偏暖或偏冷的色调，最终会使照片显得夸张和做作。如果技术压倒了图像本身，一切效果都会变得没意义。

"随类附采"色彩观后来发展成一种独具特色的色彩认识，如认为墨即是色、墨分五色、墨用得恰到好处可不必着色，等等。墨色的绘画理论同样可以运用到摄影中。黑白摄影是摄影的一种重要形式，在某种程度上影调就是一张照片的色彩，影调对于彩色照片也至关重要。想要拍出一张带有中国摄影风格的照片，不妨借鉴一下水墨山水画的用墨技巧，以中灰影调为主、大面积留白的照片会显得舒缓平静，让观看者更多地联想到水墨山水画。或者减少影调的层次变化，从而突出影调的反差，提高色相的纯度。著名摄影艺术家陈复礼的《白墙》1988年拍影于江西景德镇大门口，是以意象求胜的得意之作。手法洗练，结构严谨，要想在作品中找出一点儿多余的东西，是十分困难的。摄影家是以光来作画的，光线的运用是他实现艺术构思的重要手段，在自然光条件下，选择在均匀的近于正面的光线直接照射下的景物作为拍摄主体，削弱物体三度空间的立体感，墙壁与屋顶、墙角以及前面的枯木形成黑与白的强烈对照，衬托以灰蓝色天空。这种以黑白对比为主调的色彩结构，极具中国古典水墨画魅力。

（四）意境

绘画"六法"理论以"气韵生动"最为重要。"气韵"一词含有气与韵两层意思，本来是魏晋玄学与人伦鉴识有关的观念，"气"指人的精神、气质中所显露出的美感和令人敬慕的气度，它只能感受而无法具体指陈和触及。在中国传统美学中，气和韵既有区别又有联系。有韵必有气，有气就会有韵，气和韵是相互依存互为基础的，所以谢赫在"六法论"中将气、韵合为一体，"气韵"说后来由专指人物品鉴扩大到中国画的各种题材，进而扩大到笔墨技法及笔墨效果。"六法"中其他五法无不是围绕"气韵"而展开的，谢赫的"六法论"中,气韵生动是对绘画作品的最终要求,是在其他五法如期实现后的最终目的。西方艺术重客观再现,以典型的塑造为目标;中国艺术重主观表现,以意境的创造为最高境界,因此摄影作品的最高境界就是通过生动气韵的传达而达到感人至深的审美境界。

摄影艺术的审美意境是指摄影师通过创造性的劳动,将现实的自然景物和社会现象通过构图、用光、影调等融合在有限的画面空间内,并在画面内容中寄托摄影师丰富的情感,从而营造出情景交融、具有艺术感染力的精神境界。在摄影过程中,无论是选材、构图、影调和色彩都是为达成"气韵生动"的审美意境。拍摄者既要把主观的气韵融入到选材、构图、影调和色彩中去,又要通过这些方面达成某种动人的意境。我们衡量水墨画的中国气派中国格调,关键不在于画面有没有题字或印章,而在于它是否表现出一种鲜活的神气与韵味,以达成中国诗般的意境。同样对于摄影创作来说,意境不仅是主观与客观的高度统一,是心物应合、情景交融的艺术意象体系,而且还是虚与实的统一,是有限与无限的统一,它能够产生"象外之象""韵外之致"的审美效果。中国摄影艺术家孙郡的作品传承了古代文人画精神,被誉为"新文人画摄影",他的摄影作品《明月清风》,清风明月融于天地之间,达到物我两忘的意境,以中国古典美学的视角在一舟一叶、一花一径之间,感受自然与人的默契呼吸,其气韵生动既体现在舟、叶、花、径之间,也体现在孙郡自己的主观精神与修养上,从而抵达诗情画意般的境界。

气韵既体现在所拍摄的客观事物上,也体现在作者主观的修养上。摄影作品的意境表现,渗透着摄影家的文学修养、艺术修养,也取决于摄影家个人的气质,生活阅历和对生活的思考。它要求摄影家必须有觉察"石中有金"的灵感,有发现"小中有大"的悟性,有"以小见大"的灵气,有"点石成金"的能力,善于用照相机去抒发心中的感受。这样才能够创造出好的摄影作品,达到"出新意于法度之外"。摄影艺术形式美的追求,应该是力求题材内容和形式结合得天衣无缝,单纯追求技法的完善,简单地追求线、形的视觉表现力和感情冲击力,就会沦落到纯形式而无法透出思想的深度。因此,摄影家必须努力提高自己的文学艺术修养,广泛涉猎各类艺术作品,增强自身的哲学理论水平和逻辑思维能力。

三 摄影"中国风格"的构建

摄影艺术的发展史证明,摄影艺术作为一门独立的新兴艺术门类,无疑是人类社会诸多艺术门类中颇为民主、自由、个性化的大众化艺术。摄影易于融入日常生活,遂成为艺术百花园中的一株奇葩。摄影艺术同其他艺术形式一样,是通过摄影家的思想感情和对现实生活的认知程度来选择和表现艺术想象的,摄影家的拍摄目的,是要通过作品画面的艺术形象,把摄影家自己的喜、怒、哀、乐、爱、恶、欲传达给观者,要使观众在艺术的美感中产生共鸣,展开思路,调动其理解力和想象力。

在构建中国当代摄影风格的过程中,"六法"为我们提供了很好的理论依据,中国古典艺术理论博大精深,很多姊妹学科的艺术理论是很值得摄影艺术学习和借鉴的。我们既要继承我国传统艺术理论,又要借鉴西方文艺思潮和观念,建构符合东方审美意蕴的、具有中国特色的民族摄影艺术理论体系,为中国摄影艺术风格的创作提供可靠的理论依据,以繁荣民族摄影艺术。

第六节 小结:创新引领的中华新艺术文化

正如当代研究者指出的那样,"创新性"是艺术创作、艺术作品、艺术发展的本质规律,是艺术理论、美学理论、艺术实践的重大课题,因为美的创造性本质决定艺术的创新性本质,艺术创新是艺术受众审美心理的必然要求,是时代变迁和艺术发展的必然要求,还是创造标志性艺术精品的必然要求。因此,艺术创意、艺术创生、艺术创化、艺术创育、艺术创造在中华文化复兴的实践中,在中华艺术文化复兴的过程中,具有举足轻重的价值引领作用和自我建构作用。创新绝不是空穴来风,创新是传承加创新,是在"批判地继承"和"批判地吸收"双向整合基础之上的创新,艺术通过自身的创新实践，创造性地建构未来中华文化体系中的一种全新的艺术文化，与中华未来经济、政治、法律、市场、道德伦理、哲学、科学、医学、军事、学术等共同繁荣兴盛而形成"中华文化未来愿景"。中华艺术自身的创新实践和创新成就理应涵盖所有艺术门类，包括文学、音乐、舞蹈、美术、影视、动漫、书法、篆刻、工艺、建筑、设计、多媒体等以及正在生成的不同艺术门类。

文化创新或艺术创新，是从已知的文化或艺术条件、要素或符号中组合出新的文化或艺术形态或艺术产品的过程。[①] 依循此理，中华艺术文化创新就是中国传统的艺术条件、要素和符号中组合成新的艺术形态和艺术产品，比如我们从中国传统诗歌的已有条件（传统文化底蕴）、要素（押韵、平仄、对偶、意象、意境、起承转合）和符号（语言文字）组合出"松竹体十三行汉诗"，我们从中国视觉艺术的已有条件（中国绘画传统）、要素（绘画六法论）以及符号（经典图式、经典作品等）组合出符合东方审美意蕴的、具有中国特色的民族摄影艺术形态和艺术作品，这就是较为典型的文化创新行为。

我国台湾的刘国松在中国画创作上所做的创新努力，就是一个很好的例子。当代学者在深入研究刘国松国画制作方法、工具、材料以及诸如拓印法、水拓法、渍墨法、揉纸法、国松纸等之后，指出刘国松的创新国画具有一整套的创新思路和创新理念——刘国松的"抽象"不等于"现代"西方式的"现代艺术"概念，其抽象突破了中国古代绘画"似与不似"偏重于"似"的思维套路，转而在"似与不似"之间偏重"不似"、在具象与抽象之间偏重"抽象"的现代造型方法，重组中国山水画的当代意境——所谓抽象的自由表现。因此刘国松在遵循创新规律的基础上，实现了中国山水画的创新性突破，主要为真正摆脱笔墨的羁绊而使制作登上大雅之堂，向中国的"意境"和诗画结合传统回归而又予以革命性的升华。[②]

当今发达国家的艺术文化在其整个文化语境中占有重要地位，美国的文化创意产业在国民经济中占有重要份额，美国的艺术以及

[①] 王一川：《当代艺术创新人才及其创新素养》，《艺术百家》2011年第6期。
[②] 林木：《刘国松的中国现代画之路》，四川美术出版社2007年版，第249—266页。

艺术产业传播至世界各地，除了赚取巨额利润之外，还在潜移默化中传播着美国精神，制造美国文化产品的消费群体。伊丽莎白·科瑞德在《创意城市：百年纽约的时尚、艺术与音乐》一书中总结性地强调艺术对于城市发展的重要性。他总结纽约成功的经验，认为纽约给当代世界上的四门课是：

  1. 艺术和文化对经济增长作用重大，艺术和文化本身就是与金融业和管理业平起平坐的产业，最为重要的是艺术文化氛围吸引了具有创新能力的多产型知识分子，累积式地铸造城市的口碑。
  2. 艺术和文化在社会生活中的发展效率最高。
  3. 艺术和文化聚集程度越高，发展效果越好，城市不仅应该完善区域规划政策，允许修建兼顾工作和生活的多功能场所；还应降低租金，使艺术家能够在同一社区共同生活，向艺术家漫天要价等于用钱轰散了创造力和创意集聚区，这样一来，文化艺术的产业结构自然也就彻底瓦解了。
  4. 艺术和文化是统一的整体，城市制定政策的人应该把艺术和文化看为统一的整体，把艺术和文化看成一种集体力量，并且认识到中规中矩的正式机构里不可能创造出创意产品，一定是非传统环境中的各类创意产业通过自由流动的动力，才能孕育出创意产品——决策者应该按此思路制定政策，建设出适于培育活力产业并能展现其最大价值的发展环境。[①]

伊丽莎白·科瑞德对于纽约的观察，对我们构建中国民族的艺术新文化具有重要的启发价值。在某种意义上讲，艺术发达，文化必然发达，艺术发展态势是文化发展的晴雨表。中华艺术新文化必须在创新引领之下，自我转化，自我建构，自我升华，中华艺术新文化的建构与中华文化复兴相互协调，相互促成，中华艺术新文化建设是中华文化复兴和人类文化复兴中的重要组成部分。

---

  ① 林木：《刘国松的中国现代画之路》，四川美术出版社 2007 年版，第 208—211 页。

第五章

艺术参与国家经济发展和社会转型

艺术作为文化价值系统中的有机组成部分，与文化系统中的各个要素互为关联。虽然艺术通常被理解为精神劳动，似乎与社会经济的发展关系不大，但是实际上自古以来，艺术都与经济发展关系密切。其一，传统社会中手工艺术品本身就是社会的劳动财富，陶瓷、刺绣、文房四宝、雕刻、玉器、金银器等，都是社会的物质财富组成部分；其二，作为特定社会、民族的精神文化的载体和象征，艺术从精神涵育、精神激励以及精神引导几个方面促进或阻碍经济发展，通常在文化盛世如中国的汉唐时代，艺术文化以其正大光辉的艺术情感和精神感召力，激励社会在各个方面的文化想象力和文化创造力，推动文化整体呈现跃动高涨的态势。在中华文化呈现出全面复兴，中国人民又获得了空前的文化自信心的当下，中国当代艺术推陈出新，艺术文化呈现新的繁荣局面，艺术文化的正能量得到了理论和实践的充分认领。因此，艺术原创、艺术生产、文化创意产业和艺术精神的涵育、激励以及价值引导成为当代中国社会经济发展和社会转型的推动力量，成为中国文化"软实力"的象征和综合国力的重要组成部分。

第一节 艺术参与文化创意产业发展

文化创意产业作为国民经济新的增长极，越来越引起各国政府的高度重视。在中华民族文化复兴之路上，文化产业（文化创意产业）不仅仅以其创新性和增长率引领国家的经济发展方向，更重要的是，它是各民族文化遗产保护和再生的必要路径。文化创意产业中的核心部分是艺术产业，艺术产业大致有两个部分：一是利用本土艺术（包括"非遗"）进行粗放型开发的产业及产业链，如文化艺术遗址的旅游开发等；二是在对本土艺术或异域艺术的二度、三度开发的基础上，结合高科技手段特别是数字技术手段，打造文化产业新业态。无论如何，当今世界各国的文化实力竞争特别是文化软实力竞争，都与文化创意产业发展深度胶合在一起。例如，美国通过"芯片""薯片""大片"刷新经济增长点，同时通过高度发达的艺术产业传播美国精神和美国价值。文化创意产业的成功不断反哺其他产业，并给予国民强大的民族自信心和自豪感。

我国文化创意产业在规模、效益、影响等方面，与发达国家都存在着较大的差距。但是21世纪以来，中国文化创意产业呈现出较为强劲的发展势头，其中中国影视、中国动漫、中国互联网经济在国际市场不断发声，并表现了本国的文化立场和文化诉求，中华文化复兴理应涵涉中国当代文化创意产业的振兴和繁荣，一切优秀的中华传统艺术、当代中国的艺术原创以及人类优秀的艺术成果、艺术元素都可以成为中华民族未来文化创意产业发展的动力资源。

一　艺术参与当代文化创意产业发展的前提

在知识经济时代，人们不再羞于讨论艺术的价值，"艺术无价"这种唯美主义的知识价值论渐次遭遇了质疑和颠覆。与此同时，"艺术有价""艺术必须体现价值"的观点逐渐为时代所认可，经典马克思主义有关"价值""交换价值""使用价值"的论述，主要针对商品而言，不过，马克思认为艺术也是一种生产，"宗教、家庭、国家、法、道德、科学、艺术等等，都不过是生产的一些特殊的形态，并且受着生产的普遍规律的支配"。[①] 艺术是一种精神生产，可以不进入流通和消费领域，可是艺术家、艺术工作者的艺术生产成果一旦进入生产、流通和消费三方面组成的循环系统，艺术

---

① [德] 马克思：《1844年经济学哲学手稿》，人民出版社1985年版，第75页。

产品一旦采取商品形式进入流通领域,那它就必然具有商品的共同特征,即具有价值、交换价值和使用价值。[1]

马克思在界定"价值"这个词时,强调价值的属人性,即没有人类主体对于客体的价值认领,所谓价值也就是零价值(没有价值)。我国当代学者循着这一思路进一步拓展价值一词的外延,认为"事物,不管它是自然的,还是社会的,一旦进入社会联系之中,它对于社会的人就具有不依人的意志为转移的客观意义,我们称之为价值"[2]。美轮美奂的大自然在没有获得人类的认领或欣赏感发之前,是自在的,可是当人类出现之后,它们成为意识的对象,同人的物质生活和精神生活发生了联系,它们就从"自在"的变成"为人"的存在,获得了"属人"的品性,本来无价值的大自然获得了价值。[3] 从这个角度来看,艺术家和艺术从业者在创作一件艺术作品的过程中,在精神上与作品相互贯注,创作者通过创作(生产)的过程以及当他面对作品时的精神性满足,使艺术创作本身和仅为艺术家独赏的艺术作品具有属人的价值。同时,即使这些艺术品没有能够进入流通、消费领域(如展览馆的展品、街头小提琴演奏),只要进入观赏者的精神认知领域或情感互动之境,那么,它们也就获得了价值。

在知识经济时代,知识成了推动社会向前发展的最重要的生产力,艺术作为知识领域一个重要分支,是最具有原创性的知识存在模式和知识生产模式,因此,"艺术价值""艺术原创价值"不仅应该得到学理上的认领,而且"艺术价值"和"艺术原创价值"必须得到充分的体现和展开。"艺术价值"和"艺术原创价值"在得到充分体现和展开的过程中,人类的艺术行为(艺术实践)成为推动人类向更理想的生存境域演进的不可或缺的原动力之一。

在讨论艺术价值时,我们通常强调艺术的精神价值、超越价值、审美价值,认为它们是艺术的核心价值或价值核心,并且通常认为这些"无价值的价值"或"超价值的价值"比一般商品的使用价值

---

[1] 叶向东:《论艺术产品的价值转换》,《云南师范大学学报》1990年第4期。
[2] 胡经之:《文艺美学论》,华中师范大学出版社2000年版,第36页。
[3] 黄永健:《艺术文化论》,文化艺术出版社2008年版,第157页。

更有"价值",这种分析思路无可厚非。当代有学者再将艺术的价值解析成价值结构体系,如将艺术价值结构细分为静态结构和动态结构两部分:艺术的静态价值结构以审美价值为圆心,旁绕艺术的认识价值、教育价值、娱乐价值、宣泄价值、净化价值等。艺术的动态价值结构分为动态空间扩展的价值层级和动态时间延伸的价值层级。动态空间扩展的价值层级由近及远分为个体价值、社会价值,社会价值再扩展为民族价值和世界价值;动态时间延伸的价值层级又分为时代价值和永久价值。[①] 也有学者试图从共时性与历时性两个交叉坐标上认知艺术的价值结构。艺术共时性价值体现为艺术的相对稳定的结构与关系,不能理解为黑格尔式的抽象的绝对理念,也不应该界定为一种超历史的先验经验,它应该是一些基质和核心内容,约而言之即真、善、美、自由和创新。其中尤为重要的基质和核心内容是自由和创新,真、善、美是人类在不同历史时期对艺术品质的文化性规定,近代以来不断遭遇现代派艺术的冲击与摇撼,然而,真、善、美作为艺术价值的稳定结构,还会长久持续下去。从历时性坐标轴来看,艺术价值又分为积淀着历史经验和时代情感的时代性价值和永恒价值。[②]

纵观以上两位学者对于艺术价值结构的分析和解说,我们可以发现,所谓艺术的审美价值、世界价值、永久价值和永恒价值实际上也就是艺术的自由和创新价值。自由是艺术的天性,是指凝聚在艺术形式和艺术符号之中的情感自由活泼状态;艺术乃人类情性的表现,在人类的感性与理智的永恒对话性共存之中。艺术代表人类感性一极,感性最大的特点有三:其一,自由;其二,反理性;其三,纠正人类的理性预设偏颇。自由的人类的情感只有经过艺术家的(包括文学家)形式化、符号化、意象化创新,才能使人类的情感发现、情感创造得以定型,并不断感染激发后来者进行新的艺术创造。因此,艺术创新——艺术语言创新、符号创新、形式创新、

[①] 刘艳芬:《艺术价值结构新探》,《济南大学学报》(社会科学版)2005年第6期。

[②] 颜翔林:《论价值与艺术价值的逻辑联系》,《南京师大学报》(社会科学版)1994年第3期。

意象创新实际上是人类在历史的长河中突破陈见、发现新知的不可替代的途径之一，艺术价值结构中的核心价值和价值核心也即所谓的审美价值、世界价值、永恒价值，实即艺术的创新价值。

二　艺术原创的文创产业价值主导作用

1998年出台的《英国创意产业路径文件》认为："所谓的'创意工业'（文化产业）是指那些从个体的创造性、个体技术和才能中获取发展动力的企业，以及那些通过对知识产权的开展可创造潜在财富和就业机会的活动，它通常包括广告、建筑、艺术和古玩市场、工艺品、时尚设计、电影和音像、互动性休闲软件、音乐、表演艺术、出版业、软件和计算机服务、电视和电台等等，此外，还包括旅游、博物馆和美术馆、遗产和体育。"[①] 联合国教科文组织的定义：按照工业标准生产、再生产、储存以及分配文化产品和服务的一系列活动。[②] 国内对于文化产业的权威解释是："从事文化产品的生产流通和提供文化服务的经营性活动的总称。其特征是以产业作为手段来发展文化事业，以文化为资源来进行生产，为社会提供文化产品和服务。"[③]

文化创意产业是文化产业的延伸，简言之，它是文化产业与创意产业等新兴业态的结合，它突出创意、独创性。文化创意产业是文化产业发展到数字时代的必然逻辑结果，现代数字技术促成了产业之间的融合，如电影与电视的高度融合；现代数字技术促成了新兴业态的发展和融合；现代数字技术促成了文艺表演等各种文化表现形式之间的融合。

因为数字技术促成了产业之间的融合和文艺表现形式技术性一体化，因此，位于文化创意产业源头的文化创意、艺术原创、创意个性则成为当代文化创意产业凸显个性特征、彰显品牌魅力的最根

[①] 颜翔林：《论价值与艺术价值的逻辑联系》，《南京师大学报》（社会科学版）1994年第3期。

[②] 同上。

[③] 江蓝生、谢绳武主编：《2003年：中国文化产业发展报告》，社会科学文献出版社2003年版，第337页。

本的凭借所在。在如今国与国、地域与地域的文化产业竞争中，虽然技术的力量举足轻重（如最近出现的高科技含量的进口大片、国产大片的成功，其数字技术的作用甚至有超出文化创意作用的趋势），但是归根到底，饱含本地、本土、本民族文化元素、文化符号的创意理念，才是整个文化创意产业链的灵魂。例如，北京奥运会开幕式利用当代高科技传媒演艺形式渲染大国奥运的恢宏气势，可是如果中国元素缺席或被轻描淡写（如目前一些炫耀技术的国产大片），那么它所获得的全球性的赞誉以及其持续性的产业效益，将无法想象，因为在技术一体化时代，只是炫耀高科技而缺乏文化创意，高科技演艺等同于高科技杂技，再高明的杂技也是杂技。迪士尼公司文化产业的成功，虽然得益于精明的营销策略和营销手段，但是其所有的商品、品牌产品、主题公园都有其原创的动画形象所带来的追加效益。哈利·波特文化产业链以原创小说《哈利·波特》为同心圆圆心，在小说文本外围打造电影、游戏以及衍生产品，迄今为止《哈利·波特》一书已被翻译成 64 种语言，前 6 部小说的全球总销量超过了 3.25 亿册。由时代华纳投拍的《哈利·波特》，前五部电影的票房累计共 43 亿美元。游戏方面，Sony 公司的 PS2 自 2001 年开始与影片同步发行游戏软件，2007 年与《哈利·波特与凤凰社》同名的游戏首度在 Sony 的 PS2、PS3，任天堂的 Wii 上同步发行。在美国，Mattel 和 Hasbro 公司共同负责对衍生产品的开发，所有这些构成一个以艺术原创（文化创意）为核心的价值增值体系。[①]

　　文化创意产业与文化产业因为思维路径的不同，而产生了建构路径上的差异。通常我们所说的文化产业可以重视创意、原创的核心价值，也可以无视它的存在。澳大利亚经济学家大卫·索斯认为文化产业是圆形层级结构，同心圆的核心是音乐、舞蹈、戏剧、文学、视觉艺术、手工艺等创造型艺术，其次环绕的是电影、电视、广播、报刊、书籍，外围层是建筑、广告、旅游观光等。[②] 这种建构思路重视艺术原创，可是在我国政府有关文件的解释中，对文化

---

① 李涛：《文化产业对艺术创作与生产的影响》，《艺术百家》2006 年第 2 期。
② 同上。

产业结构有如下表述：文化产业分为9大类，核心层为新闻、出版发行和版权、广播电影电视、文化艺术，外围层为网络文化、文化休闲娱乐、其他文化服务以及相关层文化用品、设备及相关文化产品的生产、销售。① 在这个产业结构里面，艺术原创、文化创意的核心地位并没有被凸显出来。

进入20世纪90年代，由于文化创意产业成为促进城市经济发展和改善城市品质的重要手段，国内一些颇具文化创意的艺术产业取得了较为可观的社会效益和经济效益，如"印象·刘三姐"、"印象·西湖"、视觉大片《赤壁》等。因此，创意、艺术原创的重要性呼之欲出，其作为文化创意产业价值链中的价值核心的地位，得到了广泛的认同。

当代有学者将文化创意产业价值链描述为一种环形网络状结构，在这个产业结构链中，创意居于圆心，周围环绕动漫游戏、广告会展、文艺演出、网络传媒、音像图书、电影电视六大支柱产业。其中六大产业之间互相关联、衍生、增值、创化，它们之间建立了广泛的内在联系，在产业增值过程中彼此分工与合作，共同组成了文化创意产业增值的组成部分。② 这里的创意可以理解为艺术原创，其理由有二：（1）创意是艺术思维的结果，艺术思维也即人类的情感思维方式，有可能突破任何理性预设和道德伦理秩序，并建立新的认知真理的方式和途径，从这个意义上讲，创意即人类艺术思维的成果；（2）大多数文化创意产业的价值核心源自艺术创新——艺术设计创新、文学文本创新、音乐、舞蹈、雕塑、戏剧、诗歌、动漫形象设计等。杨丽萍的《雀之灵》舞蹈艺术原创，带动了以"云南印象"为代表的现代演艺文化产业的发展，就是一个成功的范例。湖北黄梅县组织作家、编剧、导演撰写有关黄梅戏宗师邢绣娘的传奇、编写剧本、拍摄影视作品，并策划以艺术原创为契机，着力打造黄梅戏故乡的文化创意产业链，这是黄梅地方政府在认识到文化创意产业增值的规律之后，出手不凡的一项文化创意产业工程。

---

① 邢华：《文化创意产业价值链整合及其发展路径探析》，《经济管理》2009年第2期。

② 江奔东：《论提高文化产业效益》，《山东社会科学》2009年第4期。

三 艺术原创的文创产业价值建构作用

文化产业效益，指文化产业运营带来的社会福利。文化产业效益既通过产出的数量、质量和结构反映出来，也通过投入与产出的比率反映出来。通常我们所说的文化产业产生两种效益，即经济效益和社会效益。在目前我国文化产业发展总体规模较小，经济效益不十分明显的情势之下，[①]人们期待文化产业的经济效益快速增长，相对于文化需求而言，我们大部分民众的物质生活需求更加迫切。

要提高文化产业的生产率，必先强化其生产力，除了加大投资、建立文化市场秩序、推进文化产业技术进步、推动文化产业结构升级等措施之外，增强文化产业的原创能力则显得尤为重要。上文已经提出，文化创意遵循艺术思维规律，许多文化创意本身就是艺术原创。艺术原创看起来不能和文化产业的经济效益直接联系起来，但是在当代全球经济一体化、技术共通化的时代背景之下，艺术原创、观念原创，直接与品牌和品牌战略联系在一起，没有原创，就无法铸就文化产品的个性和特质，该文化产品及其操持者的文化产业实体遂被淹没在庸品庸众的海洋之中。虽然专家们认为70%以上的文化产业创意是失败的，包括创意内容的失策和创意执行的失控，[②]但是毕竟还有30%左右的文化创意在当今的文化创意产业中发挥着举足轻重的作用。我国文化创意产业目前遇到的"瓶颈"问题，就是艺术原创能力不足，影响我国动漫产业经济增长值的负面因素主要在于原创能力的匮乏；相反，有些产业增加值较高的文化创意项目，都与其艺术原创个性和观念创新具有直接的关联，如湖南通过《超级女声》的文化创意，打造"电视湘军"，进一步拓展影视产品《还珠格格》《走向共和》《雍正王朝》和《汉武大帝》，

[①] 我国文化和相关产业创造的增加值约占国内生产总值的3%，而发达国家文化产业的这一比重普遍高达10%，美国400家实力最强公司有1/4属于文化产业。2000年美国文化产业出口创汇高达720亿美元，成为美国最大的出口创汇行业。参见罗贵权《把社会效益放在文化产业的首位》，《人民论坛》2008年第9期。

[②] 江奔东：《论提高文化产业效益》，《山东社会科学》2009年第4期。

2005年湖南广电、出版、报业、文化休闲娱乐业十大文化产业的增加值达到144.73亿元，占全部产业增长值的53.4%。① 可见对优秀的艺术原创理念和艺术原创作品，进行产业化的打造和完善，理顺其产业增值链，可以产生极为显著的经济效益。

艺术原创的社会效益，通常也被称为隐性效益，隐形在文化创意产品中的人类情感思维模式，其对于宇宙真理的创造性揭示以及其带给人类的参与性体验，皆非通过交换价值体现出来。艺术原创作品满足人类的审美需求而产生的超越性价值，通常因为无法估算且与实用价值形成悖论，因而在经济理性通行无碍的当下语境之中，人们往往会片面强调文化产业的经济效益而罔顾其创新价值，此即所谓后现代社会的文化"商品化"现象。过去，在传统经典的文化范式中，"美（艺术）是一个纯粹的，没有任何商品形式的领域，而这一切在后现代主义中都结束了。在后现代主义中，由于广告，由于形象文化，无意识以及美学领域完全浸透了资本和资本的逻辑"。② 面对传媒时代的文化范式转换与价值偏向，如何克服机械复制艺术和大众文化对于人的误导和诱导，成为当今文化产业界必须面对的重要课题，文化创意产业不仅肩负着创造经济奇迹的使命，更重要的是它也肩负着创新人类情感认知形式、拓宽人类认知视角的历史使命，而文化创意产业链中的艺术原创正是实现这一历史使命的必要手段。艺术原创通常都是艺术家个体通过情感直觉方式，运用特定的语言形式（艺术手段、艺术形式）所铸造出来的意象符号、意象体系。艺术原创以及体现在文化创意产品中的艺术原创元素，具有一种特殊的社会功能，它们通过情意互通交感的方式使广大受众（不管是高雅文化圈，还是大众文化圈）在人类学意义上的情感还原和情感直悟过程中，反观不同文化价值观的优劣得失，从而在一种狂欢性的对话境域中，打破文化价值壁垒，自觉或不自觉地冲破文化的老传统和新传统，不断开辟通往真理的认知路

---

① 李运祥：《文化产业链的培育与优化研究——以湖南为例》，《中国集体经济》2009年第4期。

② ［美］杰姆逊：《后现代主义与文化理论》，唐小兵译，北京大学出版社1997年版，第163页。

径。情感动人的力量自始至终内在于文化创意产业链中，这样它就有可能成为克服经济理性至上的一种内在平衡力量，因此，文化创意产业在创造出巨大的经济效益的同时，也发散着感人的艺术魅力，创造出巨大的社会效益。

艺术原创的社会效益还体现在其文化自守和文化建设的功能上面。所谓文化自守是说一种文化模式在外来文化的冲击之下，自觉地守护呵护本民族文化的价值观和行为规范。文化自守不同于文化固守、苦守和枯守，文化自守是积极防御，而文化固守、苦守和枯守是被动守成，不思进取，即明知道本民族文化的弱点和缺失，却以文化本位主义的姿态拒绝接受外来文化的优秀因子的积极影响；文化自守是在审己度人宏观考量的基础上，以本民族文化因子为根，广采博取世界文化优秀成分，所进行的文化创造行为。艺术原创强调传统、经典、本土的原生态价值，成功的文化创意都意识到了"越是本土的，越是世界的"这一文化创意规律。例如，北京奥运开幕式，以中国经典符号和中国哲学理念作为创意源头，以高科技含量融合人类优秀的文化成果，一炉而冶，气势雄浑，其文化自守的主场无比鲜明，但是，来自五大洲不同民族不同文化模式的广大观众无不深受感染，通过直接或间接的情意沟通，不同民族不同文化模式的人们重新认识和评价中国文化的独特性和审美价值，就此引发人们对于本民族文化传统的反思和瞭望。

艺术原创在显示其文化自守的姿态，努力实现其文化创新理想的同时，有力地向世人昭示文化平等、文化对话、人类大文化融合和文化建构的前途和远景。杰出的文化创意产业的艺术原创试图以情意感通的方式沟通人类的心灵世界，从而在不同的文化模式之间架起一座座桥梁，这样，艺术原创就以文化创意产业这个大平台唤醒人类的情感记忆，在理解、尊重、对话、创新的话语氛围中，引导我们走向人类大文化的和合创生之路。

第二节 艺术参与中国当代城镇化建设

一 城镇化建设与当代中国的社会转型

艺术通过自我创新构建为中国当代艺术文化，即中国传统的各个艺术门类通过创新转化，发展成为具有地方性和国际性的中国当代书画艺术、戏剧艺术、文学形式等，传统所无而新近生成的艺术形式如影视艺术、动漫艺术、多媒体艺术、数字艺术等，发展成为国际性和地方性相统一的中国当代影视艺术、动漫艺术、多媒体艺术、数字艺术等，实现了现代转型的传统艺术和不断生成的中国艺术新门类合为一体，共同成为承载当代中国精神、中国力量的文化实体，成为中国当代文化价值体系中的有机构成。同时，中国艺术精神和人类的艺术文化通过其正能量发挥，直接或间接地参与中国的经济建设和社会转型发展。

当整个世界都在发生前所未有的后工业化和信息化转型之时，中国也在谋求民族的富强、社会的进步和文化的创新。按照党的十八大的既定目标，我们可以将中华文化复兴看作是中国梦的具体体现，即"两个一百年"的发展战略构想。虽然现代化（Modernization）遭遇来自西方和非西方人士的学术质疑，但是，现代化是不可逆转的，由现代化所带来的现代性（Modernity）——社会结构分化、都市化、工业化、市场化、世俗化、民主化等，看似天经地义，实际上却也天生弊端，而正是因为现代化具有不可逆转性和天生弊端，正在走向现代化和后现代化的西方和非西方社会，才获得了谋求现代化、反思现代化、完善现代化的可能性和战略机遇。中国在走向现代化的进程中，并没有照搬西方的发展模式，但是中国的现代化与世界上很多非西方国家一样，通过城市化（都市化、城镇化），表现出现代化先发国家常见的特征。

方兴未艾的当代中国新农村建设、城镇化以及特色小镇建设正是中国走向现代化、全球化的标志。中国当代社会的转型既是国民精神的现代转型，也是从农业社会向工业社会和后工业社会的现代转型。在某种意义上来说，具有现代性特征的中国当代城镇化①建设发生于 20 世纪 50 年代，但在新的历史背景下，中国共产党十六届五中全会提出的建设社会主义新农村具有更为深远的意义和更加全面的要求。当代新农村建设是在我国总体上进入以工促农、以城带乡的发展新阶段后面临的崭新课题，是时代发展和构建和谐社会的必然要求。当前我国全面建设小康社会的重点难点在农村，农业丰则基础强，农民富则国家盛，农村稳则社会安；没有农村的小康，就没有全社会的小康；没有农业的现代化，就没有国家的现代化。世界上许多国家在工业化有了一定发展基础之后都采取了工业支持农业、城市支持农村的发展战略。我国国民经济的主导产业已由农业转变为非农产业，经济增长的动力主要来自非农产业，根据国际经验，我国现在已经跨入工业反哺农业的阶段。因此，我国新农村建设重大战略性举措的实施正当其时。②

2007 年以来，城镇化建设、新型城镇化建设以及特色小镇建设被提上了议事日程，党的十八大提出了"提高城镇化质量"的战略要求，十八届三中全会提出"推进以人为核心的城镇化""推进农业转移人口市民化"等重要决策。③

中国城镇化推动当代社会的结构性转型，但是在崇洋媚俗等不良社会风气的影响之下，中国城镇化出现了可以预见的问题和难堪，如自然历史文化遗产保护不力、城乡建设缺乏特色等。一些城市景观结构与所处区域的自然地理特征不协调，部分城市贪大求洋、照搬照抄，脱离实际建设国际大都市，"建设性"破坏不断蔓延，城市的自然和文化个性被破坏。一些农村地区大拆大建，照搬

---

① 国际上通常用"Urbanization"一词指涉城市化，实际上很多国家的"镇"（Town）很小，或没有"镇"的建制，因而，"Urbanization"往往仅指农村人口向城市（City）转移和集中的过程，故称城市化。中国历史上就有镇的建制，许多镇的人口和规模与国外小城市基本相当，人口不仅从农村向城市，也向城镇（Town）转移，这种情形是由中国独特的历史、政治、文化和制度等要素共同形塑的，因而，中国习惯上将"Urbanization"译为城镇化，或者城镇化和城市化可以互用。参见张占斌《新型城镇化的战略意义和改革难题》，《国家行政学院学报》2013 年第 1 期。

② 参见 http://baike.baidu.com/。

③ 徐选国、杨君：《人本视角下的新型城镇化建设：本质、特征及其可能路径》，《南京农业大学学报》（社会科学版）2014 年第 2 期。

城市小区模式建设新农村,简单用城市元素与风格取代传统民居和田园风光,导致乡土特色和民俗文化流失。学者马光远在其《记得住乡愁的城镇化》一文中指出:站在国家现代化和大历史的视角,中国的城镇化无疑是中国 5000 年历史上划时代的事件,城镇化的完成,意味着中国 5000 年农业文明的正式落幕,中华文明正式与国际城市文明接轨,如果这样的城市文明,有山有水有乡愁,则无疑会成为人类城市进程历史上最浪漫、最成功的范例。城镇化作为中国现代化建设中的历史性任务,如果顺利推动和完成,必将对中国经济、中国社会乃至中国政治的改变产生革命性的影响。① 新中国成立一百周年时的 21 世纪中叶,基本实现现代化,建成富强民主文明和谐美丽的社会主义国家。目前,中等发达国家和地区的城市化率是 85%,西方发达国家的城市化率都在 95% 左右,美国是 97%。② 2016 年中国城镇化率达到 57.35%。③ 未来 20 年是中国社会经济发展的战略机遇期,大力推进中国的城市化,是中国全面建设小康社会、实现现代化的历史要求。为了支撑中国未来实现现代化的总体进程,从现在到 21 世纪中叶,中国城市化率将提高到 75% 左右,才能满足中国现代化进程的总体要求。④

可见,从新农村建设到城镇化、新型城镇化再到当前的特色小镇建设,中国社会的转型升级处于稳步推进之中,当下的城镇化建设有加速提升的趋势。改革开放以来的几十年间,很多外国人来到中国的第一观感是"many new buildings"(很多新的建筑),这些新建筑便是如同雨后春笋般成长起来的高楼大厦、小区建筑群等,从中国必须发展、人类必须发展演化的大方向来看,中国以及世界上非西方国家的工业化、城镇化、都市化无可厚非,但是正如西方学者帕森斯指出的那样,"即使在相互依赖的世界中,诸社会也不是彼此复写的副本,它们在世界共同体中扮演不同的角色"。⑤ 当代世界文明对话与文化求同共生

---

① 马光远:《记得住乡愁的城镇化》(http://finance.eastmoney.com/news/)。
② 参见 http://www.mofangge.com/html/qDetail/08/g3/201408/cxagg308288106.html。
③ 参见 http://www.ciudsrc.com/new_chengshihualv/gedi/2017-01-23/110677.html。
④ 参见 https://zhidao.baidu.com/question/48739201.html。
⑤ 参见苏国勋等《全球化:文化冲突与共生》,社会科学文献出版社 2006 年版,第 127 页。

的大趋势已昭然若揭，一方面是咄咄逼人的现代化、全球化浪潮，其来势是如此迅猛，以致任何文明体和民族国家都难以置身事外。另一方面，正在加速演化的各文明体和民族国家在现代化的过程中，比任何时候都更加自觉地伸张各自的民族文化，提升各自的文明的文化地位，要求在这个有趋同倾向的世界享有自己的文化权力和权利，希望给全球化打上自己文化的烙印。事物发展的特征是，越是现代化、全球化，各文明体或民族国家便越是强调自身文化，不仅相对被动的东方这样，而且较为主动的西方也是如此。[1] 现代化和全球化带来了全球范围的地方化和本土化。

中国的城镇化、城市化随着现代化和全球化在继续推进、中国在扩散西方价值观和生活模式的同时，也一并致力于中国文化的地方化和文化的本土化，也即我们所说的"再中国化"——中国当代文化的融合创新并推及全球，以至于可能以中国影响全球人类——以中化西，以中化外。在这个过程中，艺术特别是本土艺术发挥了并将继续发挥重要的作用。针对快速推进的中国城市化、都市化浪潮，中国领导人在各种场合反复强调要避免文化的同质化，要留住民族的文化根脉，在自然生态和人文生态保护方面应汲取传统智慧，正是在这种人文语境之下，艺术对于中国当代社会转型升级的正面作用得以凸显。[2]

二 艺术建构中国新型城镇人文精神

城镇化和现代化是中华民族走向复兴，中华文化与世界文化接轨，中国文明迈向文化更高境界的必由之路。但是，正如研究者所指出的那样，如果仅仅将城镇化看成"经济事件"，[3] 而不顾及城镇化过程中人的现代化，只追求GDP，而漠视当代城镇人文精神建

---

[1] 参见苏国勋等《全球化：文化冲突与共生》，社会科学文献出版社2006年版，第200页。

[2] 2013年习近平在中央城镇化会议上指出，加强城镇化建设，要依托现有山水脉络等独特风光，让城市融入大自然，让居民望得见山、看得见水、记得住乡愁。参见李蕾蕾《"乡愁"的理论化与乡土中国和城市中国的文化遗产保护》，《北京联合大学学报》（人文社会科学版）2015年第4期。

[3] 马光远：《记得住乡愁的城镇化》，《南方都市报》2013年12月16日第AA23版。

设,那么中国的现代化就不是完整的现代化,更不是完美的现代化,目前已经出现的城镇化弊端——千城一面,环境污染,传统流失,贫富对立,诚信丧失,道德滑坡,幸福缺失,创新乏力,等等,足以引起国人的警惕。根据党的十八大所提出的创新、协调、绿色、开放、共享五大发展理念,2016年以来中国又提出"特色小镇"的城镇化发展思路。特色小镇要建设成为产业特色鲜明、体制机制灵活、人文气息浓厚、生态环境优美、多种功能叠加,"产、城、人、文"四位一体,[①]其中的"特色鲜明""人文气息""环境优美"等都离不开艺术的积极干预。艺术以其生动鲜活的情感力量和审美力量,介入当代中国的新型城镇化建设,可以发挥政治、经济、法律、宗教、哲学等其他文化无法取代的正能量作用。

首先,艺术文化特别是中国优秀传统艺术和本土艺术可以发挥文化校正功能,当西方各种价值观和生活方式随着中国城镇化浪潮蜂拥而至之时,当代中国的城市空间弥漫着"唯洋是从"的所谓时尚文化风潮,青年人以洋腔、洋调、洋服甚至韩腔、韩调、韩服为荣,建筑崇尚西洋风,日常生活追求享乐主义,待人接物功利至上,工具理性大行其道,资本主义城市生活中常见的孤独、焦虑、绝望、焦虑、怨恨、自闭、歇斯底里以及自残、自杀等"幽暗现象",幽灵一般挥之不去,如果我们的城镇化通向西方资本主义社会的末世景观,那还不如不要城镇化。西方现代社会的"城市病"肇因于启蒙运动以来的科学理性主义、实用工具主义对于人性的残酷宰制,现代人后现代人类面对科学理性主义对人的主体意识宰制、异化,出现了所谓主体的消失、灵魂家园失守的生存困局,甚至出现了以"不确定性""零乱性""非原则化""无我性""卑琐性"等为表现特征的无意义的生存空间。[②]在这种情景之下,人类则更需要艺术、神话和宗教的慰藉。艺术没有国度,艺术的情感性以及情感直观性可以在不同的时空背景下,对人类精神实施深度抚慰,大都市的歌剧院、电影院、音乐厅、音乐广场、街头音乐以及

---

① 宋鹤立:《特色小镇为何而建》,2016年11月7日(http://urban.people.cn/n1/2016/1107/c397284-28840923.html)。
② 王潮:《后现代主义的突破》,敦煌文艺出版社1996年版,第35页。

个人性的音乐、影视、视频、文创及艺术欣赏活动,都给当代的城市人群以感性的补充和理性的指引,城市公共空间的艺术雕塑、音乐喷泉、园林景观等都给劳碌的人群以无处无时不在的精神慰藉。许多国际性和地方性的城市甚至当代的乡镇地域都有意识地举办"诗歌文化节""国际民歌节""时尚艺术周"等,如安徽肥东北斗镇因历史遗留曹植衣冠冢,近年举办"曹植文化旅游节",这个僻处江淮丘陵腹地的地方小镇因此而充满了艺术的光晕和文化的情调;① 国际大都市深圳每年举办"国际文化产业博览交易会""读书月""创意十二月"等,这些文化艺术活动对于当代城市人文精神建设产生了积极的作用。

在中国率先实现现代化国际化的香港,国际艺术和传统艺术并行不悖,国际艺术(如建筑、水墨国际双年展等)给香港带来现代化的气息,而传统文化给香港人带来了诗意的慰藉。其中武侠小说崛起于港台并进而影响内地就很能说明问题,许多人称港台新武侠小说为"成人童话",童话几近神话,虽荒诞不经,但是对于处在一个充满了多重视角、充满了怀疑与讽刺、不安与焦虑、传统世界观支离破碎的现代社会的香港市民来说,这样的一种艺术形式给读者提供了一个清晰稳定,使人心安的经验空间。如今散布在中国广袤领土上的众多艺术作品和艺术活动,如少数民族艺术、民间艺术、乡土艺术、平民艺术、大众艺术、通俗艺术等却能够通过以情动人、以情感人的方式,让我们从忙忙碌碌的日常生活中回归感性直悟,在情感的激荡迂回状态中,反思西方文化的理性偏颇之处,以人类本真的情感和情感形式来纠正西化浪

---

① 该文化旅游节贯穿全年,包括第三届曹植诗歌节、"最美八斗"图片评选、八斗路名征集票选、曹植文学作品书法邀请赛、建安文化学术交流会、瓜果采摘节等活动。作为系列活动之一,第三届"中国·曹植诗歌奖"评选活动在开幕式现场举行了颁奖仪式。这项以"八斗镇"和"曹植"为创作中心的诗歌评选活动,自 2014 年举办首届大赛以来,截至目前,已经成功举办了三届,累计收到海内外参赛作品近万首(章),成为肥东县一张亮眼的文化名片。除此之外,开幕式现场还准备了美味的特色农产品可供游客品尝;当地绵延不绝的二万亩桃林,十里桃花落英缤纷,静待游客观赏;而三步两眼井、八斗老街、曹植衣冠冢和吴氏国公祠也是前来游览市民好的去处。参见 http://ah.people.com.cn/n2/2017/0326/。

潮的偏颇之处。[①] 山东高密东北乡充分利用莫言的乡土文学作品打造本土"红高粱文化",莫言小说及电影《红高粱》中半是传说半是虚构的本土风俗、本土说唱(《颠轿歌》《妹妹你大胆地往前走》)构成了"红高粱影视基地"的文化基调,围绕着"红高粱文化"所形成的"红高粱大酒店""影视基地""莫言故居"等,共同构成了"魔幻现实主义"文化氛围,而这种来源于乡土又超越于乡土的人文氛围,可以助力走向城镇化和市场化的当地居民,自觉或不自觉地抵御城镇化过程中的必然出现的工具理性和功利主义的负面影响。"红高粱文化"是当地人无比珍惜的一段"乡愁",通过旅游观光体验、网络传播互动,高密人留下来的一段"乡愁",成为来自全国以至世界游客的精神家园。

随着文化创新浪潮的兴起,学术界普遍认识到东西文化各有千秋,文化创新需要取长补短,中国传统艺术和地方艺术承载着优秀的中华文化智慧和具有普适价值的文化内涵,因此因地制宜激活传统艺术和本土艺术,或者在传承传统艺术和本土艺术的基础上,通过艺术的二度、三度创新,让传统艺术和本土艺术脱胎换骨,渔化鲲鹏,并通过当代艺术形式加以转化、传播,传统艺术和本土艺术中所承载的优秀文化基因就可以直接或间接地融入当代生活,并潜移默化地消解冲淡外来文化的负面影响。大到省市小到县镇乡的地方艺术如戏曲、民歌、舞蹈、歌谣、绘画、手工艺以及民俗、节庆活动等,在城镇化过程中大量流失,古民居、服饰、建筑、民间婚嫁礼俗甚至饮食习惯在现代化浪潮中被视为"落后文化"而被扫地以尽。全球化时代,本土文化艺术灵魂正在觉醒,传统艺术和地方艺术以及其中所包含的正能量,正有力地发挥其文化对话、融通和建设功能。

作为民间礼俗之一的婚俗包括其中的说唱音乐、舞蹈、服饰等,属于传统礼乐文化,至今依然存在于民间。例如,湖南嘉禾婚嫁礼俗既有维护传统文化中有关男婚女嫁、孝敬长辈、和睦友爱等内容,同时,也有突破封建礼教,大胆表示苦闷和抗争的内容。研究

---

① 黄永健:《全球化语境中的地方艺术和本土艺术》,《深圳大学学报》(人文社会科学版) 2012 年第 5 期。

者指出,在嘉禾伴嫁歌中,就有一些突破了传统的"礼"的界限,甚至把矛头直接指向了封建礼教,彰显出对封建礼教反叛的内容。《荀子·礼论篇》说:"礼有三本:天地者,生之本也;先祖者,类(族类)之本也;君师者,治之本也。"其中,天地代表神权,先祖代表族权,君师代表君权。礼乐制度主要就是用来维护封建等级制度和宗法制度的,包括君权、族权和神权。在封建社会,广大妇女不但要受到君权、族权和神权的压迫,还要受到夫权的支配。"三纲五常""三从四德"等宗教礼法,像一根根绳索束缚着她们,她们平时只能忍气吞声,敢怒而不敢言。但是在嘉禾,唯有在伴嫁歌堂这个只有女性存在的特有空间里,女性被赋予特权用歌声倾泻她们内心积压的苦闷,甚至公然在喜庆之礼时,以这类"非礼"痛快淋漓地控诉封建礼教和宗法制度对女性的迫害,向封建礼教发出大胆的挑战。[①]以嘉禾伴嫁歌这样的本土艺术融入当地的新型城镇或特色小镇的文化建设工程,它的本色鲜活的艺术感染力可以有力地促进当地的城镇人文环境建设和人文精神升华。

其次,优秀西方艺术所承载的优秀文化理念如男女平等、民主法治精神、生态美学理念以及科学世界观等,可以助力我们清理中国当代城镇化过程中的"文化积习"——迷信心理、权力崇拜、重男轻女、斗争情结、圈子文化、厚黑学,等等。如深圳的城市人文精神建设及其阶段性成果就具有示范性意义,深圳城市人文精神集中体现于"深圳十大观念","深圳十大观念"既有价值突破,也有文化传承。其中所包含的主要关键词如"金钱""效率""实干""敢为""改革创新""读书""宽容""市民""文化权利""玫瑰""余香""深圳人"等,蕴含着一个有机的价值体系,这个价值体系既有对于传统中国的价值体系和新中国成立之后的公有制价值的突破,也有对于传统中国的价值体系和新中国成立之后的公有制价值中有价值部分的传承光大。"金钱""效率""实干""敢为""改革创新""市民""文化权利"这几个关键词是经过反复辩论并经过深圳特区的经济建设成果的实验证明后,被确立下来的价值指标,

---

[①] 蒋笛:《民间礼俗对礼乐文明的继承与反叛》,《求索》2012年第10期。

它们直接颠覆了传统农耕中国的诸如"君子喻以义，小人喻以利""日出而作，日落而息""无为而治""祖宗家法"等主流价值观念，这些价值意识是从西方包括港澳进口深圳，并迅速影响内地，而其强大的生命力证明了西方文化中的现代资本主义精神依然具备普世性，我们不能用传统的"老花眼镜"和政治意识形态的"显微镜"看待西方文化，特别是其中有价值的精神理念。众所周知，深圳改革开放之初，就以"敢为天下先"的干劲和闯劲，冲破姓"资"姓"社"的无谓争论，大胆引进国外的管理模式和治理模式。同时，深圳又以海纳百川的文化胸怀，在精神文化建设方面，大胆创新升级，大芬油画村落户布吉，版画产业落户观澜，深圳大剧院、大家乐舞台、歌舞厅、酒吧文化、咖啡文化以及当年中国现代诗"86深圳大展"，等等，这些艺术事项在某种程度上促进了深圳人的精神现代化和精神环境的现代化。

三　艺术引领城镇文化发展方向

中国城镇化的发展模式还在继续探索之中，可以肯定的是，中国的语境决定了中国的城镇化不可能完全照搬西方的模式，而城镇化的现代化背景和未来愿景决定了中国的城镇化必然会沾染现代性中的负面因素，比如阶层分化、人欲膨胀、工具理性抬头、大众文化和流行文化甚嚣尘上、物质至上以及娱乐过度、单面人等，同时传统文化中负面因素依然会导致腐败滋生、权贵意识回潮等问题。物质现代化只是半个现代化，只有实现了人的现代化和美学化，而且实现了超越于西方及世界其他地区的中国人的现代化和美学化，那才是中国城镇化、新型城镇化乃至现代化的大功告成。城镇化过程中中国人的现代化和美学化离不开艺术的积极参与，不管是西方艺术还是非西方艺术，其"以情感人""以情化人"和"以情成人"的精神力量，都是我们在走向城镇化和现代化进程中不可或缺的文化要素。

20世纪早期，梁启超提出用小说塑造新民，实际上就是用艺术来推动中国人的精神的现代化。梁启超认为人人成为"美术家"必无可能，但是通过"趣味教育"，人人可成为生活向上并能够享用艺术的"美术人"①。蔡元培提出以艺术代替宗教提升中国人的精神素质,在一个艺术的国度,人人以情度理,以理约守,和平相处,美善共容,共守道德的底线,艺术行不言之教,艺术就是没有教堂的宗教,宗教就是诗韵朗朗的艺术。孔子《论语·泰伯》谓:"兴于《诗》,立于礼,成于乐。"其中诗和乐都是我们今天所说的艺术。梁蔡的以艺术立人立国的思想实际上与中国诗教乐化传统一脉相承。

有学者研究指出,在新型城镇化背景下,尤其应重视传统艺术的国民教育和文化涵育功能,积极推进传统礼乐文化的转型升级。当今世界是城市世界,城市文化是当代世界精神生产与文化消费的中心和主流。一方面,城市文化与生活方式迅速打断了传统农村、乡镇蔓延千年的文化与生活方式,具有无所不在的文化霸权与主导地位。另一方面,在后工业社会中,城市既是文化信息生产、交换与传播的中心,也是受各种信息冲击、干扰和影响最大的地方,其在文化上积极的引领作用与消极影响都十分明显。因此,把城市文化建设作为文化研究和文化强国建设的战略性任务,符合我国的现实需要与长远利益。在经济全球化背景下,城市发展的共同问题是"在物质建设上的最高成就以及社会人文中的最坏状况"。我国近年在城建上"大跃进"和文化消费的"三俗"问题也是如此。文化是城市的灵魂,其主要功能是引导人们"向善而在"与"为美而活"。前者用来调节生产秩序、规范行为,避免城市社会解体;后者用来调节情感,使人获得快乐与自由,从而兑现"美好生活"的"城市承诺"。从原型上讲,这与我国传统文化中最核心的"礼乐制度"高度一致。从现代西方城市发展的经验教训看,其长处在于建立了一整套相对完善的城市管理体系,但由于"制度""规范"仅相当于"礼",与之相伴生的则是城市个体的焦虑与压抑生活。为使紊乱的人际与社会关系重新有序化,我国出台了大量的政策、法规和制度,但这也仅相当于"礼至则不争",而未能做到"乐至则无怨",在使城市人感到幸福和快乐、有价值、有意义和有梦想方面

---

① 金雅:《人生论美学传统与中国美学的学理创新》,《社会科学战线》2015年第2期。

缺乏战略设计和手段。"十三五"时期，在大力推进"以德治国""以文化人"的同时，在新型城镇化背景下开辟出"为美而活""以乐感人"的新方向，对于完整地重建中华礼乐文化十分必要。当然，这个重建不是"照搬古代"，而是以中华礼乐文化的现代转化为前提。从"礼"的角度讲，关键在于破除以宗法制为核心的封建文化体制，实现从"乡土中国之礼"向"城市中国之礼"的版本升级，在这一点上我们仍需要学习西方的城市与社会管理经验。从"乐"（艺术）的层面上看，主要是应对甚嚣尘上的西方消费文化及腐朽生活方式的挑战，在正确认识、理性肯定当代人消费欲望与需求的同时，又把它限定在合理和可持续的范围内。而后者正是中国古代"礼乐制度"的精髓，因而与前者不同，在文化价值与生活方式上，在更高历史阶段上重建和回归传统，应作为建设社会主义文化强国的战略目标和主要方向。[①]

有的学者指出，如果我们要袭用"礼乐文明"一词来代表人们日常生活的基本秩序精神的话，那么在现代生活条件下，还需要为礼乐文明增加新的内涵，比如要让自由、平等、公正、民主、法治等现代性精神价值成为新的"礼乐文明"内涵。上述这些观念是现代社会人际交往的核心准则，应该增添到中华文明传统中并且形成最大共识。这样，我们就有可能抵御各种变相的等级观念、繁文缛节卷土重来，并重塑符合新时代精神的礼乐文明，不过这还有赖于我们对社会的核心价值予以认真审视并求得社会成员的广泛认同。另外，新的"礼乐文明"还要努力不复成为混淆公共性与私人性的生活规则，让公私之域界限分明。礼乐文明的现代性转化，不可能仅通过建立新的"典章"来完成，更绝非朝夕之功，而是需要对中国古典"礼乐文明"和现代"民主法治文明"都抱有好感的人们在理论上和日常生活中进行长期而深入的探索。[②]

总之，中国当代的城镇化必须在转化传统和借鉴新学的前提之

---

① 刘士林等：《"文以载道，富而好礼"——"十三五"时期建设社会主义文化强国的主题研究》，《河南社会科学》2015年第7期。
② 朱承：《礼乐文明与生活政治》，《中山大学学报》（社会科学版）2014年第6期。

下，开创其物质、制度和精神文化的"中国之路"，社会主义核心价值观三个层面12个价值理念——富强、民主、文明、和谐（国家层面），自由、平等、公正、法治（社会层面），爱国、敬业、诚信、友善（个人层面），其中的"文明、和谐、自由、平等、诚信、友善"都是承载着东西方优秀文化基因的价值准则，并且和艺术对于人的教育涵成具有深厚的内在关联。城镇化带来富强、民主、公正、法治、爱国、敬业，确立现代中国之"礼"——向善而在。同时，城镇化还必须带来社会的和谐、文明、自由、平等、诚信、友善，确立现代中国之"乐"——为美而活，生活得更加幸福美满。有学者指出中国当代美学既从引入西方的"粹美""唯美"也即理念之美的维度之后，中国美学实现了并在继续强化其"人生论"美学的实践深度。① 人生论美学紧贴中华美学"主情论"的思想文脉，升华了传统"德情论"的理路意向，知、情、意合一，真、善、美同构，超越"唯美""粹美"，试图打通主体与客体，超越与当下的美学"鸿沟"，从主体的当下生活语境中，不拘形迹，抉发幽微，从人生的"活感性"中，触发意象，妙通理路，圆成艺术实境，从而实现主体精神的审美跃动和现实生活的审美升华。走向城镇化以至现代化的中国人在人生态度和生活状态上应该是"艺术的""审美的"，这就需要我们在设计、规划、建设城市、城镇、特色小镇的过程中，始终保持着艺术的自觉和美学的自信，并通过广泛动员和全体参与的艺术活动、艺术创造、艺术工程促进个体和社会的动态平衡发展，调和人类感性和理性的矛盾冲突，从而生成既真且善并美的"人间乐土"。

四 艺术参与特色小镇建设

（一）艺术小镇——特色小镇中的"特强者"

随着新农村建设、城镇化、新型城镇化逐步推进以及文化产业的蓬勃发展，中国的城市化和现代化也出现了可以预料的新问题，如城乡发展不平衡、城市病频发、留守儿童问题、城市生活休闲场

---

① 金雅：《论美情》，《社会科学战线》2016年第12期。

所短缺等。① 为了破解城镇化过程中出现的困局，中国"十三五"规划纲要中提出"因地制宜发展特色鲜明、产城融合、充满魅力的小城镇"。《文化部"十三五"时期文化产业发展规划》也提出"以文化创意为引领，加强文化传承与创新，建设有文化内涵的特色城镇"。② 从 2016 年开始，"特色小镇"成为中国当下的热门话题。2016 年 7 月 1 日，中国住建和城乡建设部、国家发改委、财政部联合发布《关于开展特色小镇培育工作的通知》，决定在全国范围内开展特色小镇培育工作，并明确提出，到 2020 年，培育 1000 个左右各具特色、富有活力的休闲旅游、商贸物流、现代制造、教育科技、传统文化、美丽宜居等特色小镇。

　　根据相关学者的研究，特色小镇是中国经济步入新常态的大背景下，不得不采取同时又必须谨慎推进的国家战略。一方面，中国经济社会发展迫切地需要新的增长点，特色小镇通过对传统资源和高端要素进行配置重组，从供给侧和需求侧双向发力，既激活了本土特色产业和文化内涵，同时提供了高端要素资源配置的空间产品，满足了人们多角度、多层次的差异性消费，搭建了有效供给和有效需求对接的平台，为中国经济社会转型增添了新的动力。③ 另一方面，又有人认为，由于中国区域经济发展差距较大，西部地区特色小镇建设面临很大挑战。因此，如果不考虑区域发展差异和广大城镇的实际条件，大规模推进特色小镇建设，盲目开展造镇运动，不但不能通过创新形成特色，反而导致同质化建设，造成千城一面、恶性竞争的局面，浪费大量社会资源。④ 无论如何，特色小镇建设已经纳入国家的战略规划，而特色小镇的经济增值能力和文化理想又具有优越于大城市和新农村、新城镇的"审美"亮点，因此，特色小镇的文化方向和目标诉求，与中华民族文化复兴的方向目标是一致的。

---

　　① 薛江：《特色小镇的文化生命力——以艺术小镇为例》，《建筑与文化》2017 年第 1 期。
　　② 《文化部"十三五"时期文化产业发展规划》（http://www.ccdy.cn/chanye/dongtai/201704/t）。
　　③ 宋鹤立：《特色小镇为何而建》，2016 年 11 月 7 日（http://urban.people.cn/n1/2016/1107/c397284-28840923.html）。
　　④ 韦福雷：《特色小镇发展热潮中的冷思考》，《开放导报》2016 年第 6 期。

特色小镇目前并无明确的概念定义，但按照住建部、发改委、财政部关于开展特色小镇培育工作的通知，特色小镇应具有特色鲜明、产业发展、绿色生态、美丽宜居的特征。特色小镇是相对独立于市区，具有明确产业定位、文化内涵、绿色宜居、旅游和一定社区功能特征的发展空间平台。显现出在产业上"特而强"，功能上"聚而和"，形态上"精而美"的独特魅力。①"特""和""美"——既特又和且美，仅就"特"而言，一些单打冠军式的业态和技术就可以形成特色小镇，如浙江余杭梦想小镇、桐庐健康小镇、海宁皮革时尚小镇、诸暨大唐袜艺小镇②等。特色小镇要引领时代，集聚正能量、传播正能量，提升生活质量和幸福指数，就必须既"特强"又"和美"，这就需要艺术的积极参与，包括艺术思维、艺术行为、艺术创新、艺术传播和艺术教育等对于特色小镇建设的全方位引领、跟进、渗透。因为艺术可以发挥"聚集人气和合万类"的社会功能，艺术可以助力特色小镇实现"向善而在"与"为美而活"的审美理想。③

因此，艺术参与当代中国特色小镇建设，首先表现为艺术主导特色小镇，以艺术产业为主导，与相关行业融合发展来建构特色小镇，带动当地经济发展。相关学者的研究表明，艺术小镇是特色小镇里面的重要门类，因为艺术与文化的高度融合性以及艺术本身的创造力，艺术小镇在所有特色小镇里面，表现出极强的创新性和文化生命力。其原因有五：（1）艺术设计的介入，创新性地改善小镇的环境并节约资源；（2）艺术和设计的结合可以有效地保护、开发、再利用原有的文化资源；（3）艺术节庆活动形成特色产业，拉动周边旅游业的发展；（4）艺术小镇建设属于"轻资产"文创产业发展形式，避免了过去城市化过程中的资源浪费现象；（5）艺术和设计服务业具有"亲民"的特点，比较接地气，老百姓乐于接受，

---

① 宋鹤立：《特色小镇为何而建》，2016 年 11 月 7 日（http://urban.people.cn/n1/2016/1107/c397284-28840923.html）。

② 《浙江诸暨袜艺特色小镇取经记》（http://news.163.com/16/0407/07/BK1J0B3B00014AED.html）。

③ 刘士林等：《"文以载道，富而好礼"——"十三五"时期建设社会主义文化强国的主题研究》，《河南社会科学》2015 年第 7 期。

容易成为参与者,可以快速带动乡民就业和进城农民工回乡创业。①

韩国的南怡岛共和国原本是垃圾堆放地,经过艺术家康禹铉的艺术改造,小镇起死回生,小镇以艺术和垃圾再利用作为发展的文化,目前已经吸引了世界各地游客的光顾。与此同时,世界级知名艺术家纷纷落户小镇,中国知名乡土雕塑家于庆成的雕塑馆、安徒生馆、电视剧拍摄地等落户小镇,成为联合国儿童基金会认可的"儿童友好型公园"。美国的卡梅尔文艺小镇人文荟萃,艺术家集聚,充满波西米亚风味。这个小镇的4000多名居民中,艺术家占90%,目前居住着纽约60%的诗人、作家、艺术家及演员,被称为"艺术家、诗人和作家创作的圣地"。小镇由沙滩、大海、古老的欧式建筑、200多年历史的西班牙教堂以及几百家大大小小的画廊和艺术家工作室组成。小镇的画廊区位于小镇的中心地带,大街上到处都是艺术衍生品商店和咖啡店,每年吸引大量的观光客慕名而来,消费着这里的艺术品,拉动当地的旅游业等相关服务业的发展。中国浙江乌镇由于"艺术和设计服务业的完美介入以及互联网的充分利用",使得这个昔日被遗忘的角落如今成为中国特色小镇的成功典范之一,即乌镇模式。乌镇国际戏剧节、乌镇国际当代艺术邀请展、乌镇大剧院、木心美术馆等一系列艺术创意,使得乌镇名扬海外,成为中国跨界小镇、特色小镇的先锋。2015年全球互联网大会永久落户乌镇,乌镇俨然成为世界文化、艺术、科技、未来生活方式的中心。②

从目前公布的127个国家级特色小镇来看,旅游型64个,历史文化型23个,合占68.5%。因此,未来在全国范围内,以文化旅游为主或将成为特色小镇的发展趋势。③ 而上述三个案例告诉我们,在旅游文化型的特色小镇中,艺术小镇因为其超强的创新能力而成为特色小镇中的"特强者"。

---

① 薛江:《特色小镇的文化生命力——以艺术小镇为例》,《建筑与文化》2017年第1期。

② 同上。

③ 陈敏翼、刘永子:《广东特色小镇发展现状及对策建议》,《广东科技》2017年第3期。

（二）艺术建构特色小镇的"文化氛围"

对于非艺术类特色小镇，艺术的文化建构作用同样不可或缺。当代专研特色小镇的学者指出，与历史悠久、文化资源丰富、文化积淀深厚的传统小镇相比，特色小镇尤其是新兴产业特色小镇往往文化积淀相对薄弱，文化基础不深，与具有共同历史、价值、习俗、方言的传统行政区域相比，来自四面八方的创业创新主体带来了各自的文化，形成了多样化的文化背景，构成了一个包容性极强的新聚落。"镇民"之间缺少共同的精神纽带，共同的文化体验，共同的家园感和归属感。与传统乡村共同体相比，特色小镇"镇民"之间主要是职业关系，职业关系代替了家庭血缘关系，传统社会链条断裂，社会整合的传统基础弱化，"非个人化的、专门化的、没有感情牵挂的"交往形式应运而生，人们之间的交往关系往往具有冷静、务实、理性的特征。①

可以想象，与特色小镇中的"艺术小镇"相比，非艺术类特色小镇的"镇民"因为缺乏艺术的涵养和共同的艺术爱好，有可能变成"原子化的团体"——没有感情牵连，人们只能像物理或化学复合物的原子一样相互联系，人们在精神上可能会跌落至无所归依的虚无感之中，②一盘散沙，缺少心理凝聚力和文化感召力的物理性群体，看似强大，实则外强中干。因此，文化氛围、文化凝聚力对于非艺术类特色小镇来说，就显得尤为重要。文化氛围具有难以言说的吸引力——吸引人才，留住人才；文化氛围具有难以言说的凝聚力——将不同价值观、不同理想整合在一起。而营造宽松的文化氛围，从容化解不同背景、习俗、理想和行为习惯并自然自觉地建构起特定人文氛围的文化元素，非艺术莫属。通过哲学、宗教、政治理念、法律以及传统文化规约来建构一个地方一个城镇的"文化氛围"，都是相当困难的，因为只有人类的艺术以其情感的穿透力和直觉能力，打破种种文化禁忌和价值壁垒，助力人类进行自我反思和创新衍化。

我们注意到特色小镇之特的重要表现为"A 而 B"——"特而

---

① 陈立旭：《论特色小镇建设的文化支撑》，《中共浙江省委党校学报》2016 年第 5 期。
② 同上。

强""聚而和""精而美""新而活",产城人文相结合,特色小镇不等于各子系统文化特色的简单叠加,而是各子系统协力作用所产生的新质,是自然、人文、景观的相互交融、动态美和静态美的和谐统一,艺术和合万类,圆成大同,特别是优秀的中国传统艺术及其精神内涵——"中和""生动""圆融""自然""情性"等。通过协调特色小镇顶层设计、艺术规划、公共艺术配置和公益艺术服务等具体环节,可以在当代语境中促进非艺术类特色小镇的人文氛围建设。

中国传统艺术(特别是音乐)凭借其独特的"乐和"理念,彰显中国文化中的"和谐"特质,"和实生物,同则不继"(《国语·郑语》)。《礼记·中庸》上说:"喜怒哀乐之未发谓之中,发而皆中节谓之和。中也者,天下之大本也;和也者,天下之达道也。致中和,天地位焉,万物育焉。""原子化团体"的特色小镇为了避免"物理化和化学化"——没有感情牵连,人们只能像物理或化学复合物的原子一样相互联系[1],可以充分考虑运用中国传统音乐(包括现代创新音乐)来营造小镇的听觉氛围。

中国画历来讲究"气韵生动","气"代表中国艺术的生命性,追溯中国艺术的精神气质,我们在中国画特别是中国山水画中发现了中国艺术与中国文化的深层关系。正如徐复观所指出的那样,宋代以后成为中国画主流的山水画,所追求和呈现的不是一种纯粹的自然景观,而实际是人的生命存在,是人的生命跃动,是人的生命存在、生命跃动赋予了山水画中的山水林木之美。[2] 中国画的"中国性"特征,是它的"气韵"所造成的"生动"——生机勃勃,活泼灵动。也就是说,中国画实际上含蕴着对于当下及未来均具有正能量价值——中华民族"刚健有为""生生不息"的生命智慧。特色小镇相对包容、开放,但是特色小镇又是"冷静、务实和理性"的,[3] 也就是说,自觉或不自觉地服从于特色小镇商业理性和市场

---

[1] 陈立旭:《论特色小镇建设的文化支撑》,《中共浙江省委党校学报》2016年第5期。

[2] 李维武:《徐复观与〈中国艺术精神〉》,载徐复观《中国艺术精神》,商务印书馆2010年版,第536—565页。

[3] 陈立旭:《论特色小镇建设的文化支撑》,《中共浙江省委党校学报》2016年第5期。

导向,特色小镇行业之间、居民之间可能各自为限,门户森严,互为壁垒。而中国山水画气韵流注,生机勃勃,将传统绘画特别是山水画元素植入特色小镇的视觉传达,可以潜移默化地助推特色小镇营造各呈其能、相互助动、流转不息的诗性人文氛围,克服惰性,刺激活力成长。

讲究"圆融无碍""天人合一"的传统戏曲、舞蹈、小说艺术以及讲究"自然天成"的传统园林艺术,都可以给当代特色小镇建设带来智慧和启示,"圆融""圆转""圆动"的哲学智慧一直较为显豁地表现在中国传统戏剧、舞蹈和小说文本中。这种艺术表现上的以圆形运动做线性运动又构成更大的圆形运动,与西方形式逻辑(辩证逻辑)沿着直线运动,却在无形之中绕地球一圈回到起点的直线运动,具有很大的差别。而中国原创阴阳逻辑实际上涵括了西方的原创形式逻辑智慧。因此将传统戏曲、舞蹈、小说艺术及其"圆融"意境与特色小镇的整体氛围和建筑风格、建筑结构进行通盘考量,必然有助于特色小镇的审美形象呈现,并由外而内地滋养镇民的心理情绪,拓宽镇民的文化视野和文化想象。"虽由人作,宛若天开"的中国传统园林艺术崇尚自然亦师法自然,将传统园林艺术及其所表现出来的绿色、环保、生态意识,融入当代特色小镇的环境和生态建设中,可以充分表达并伸张"怀旧""闲适""自在"等中国审美情调。

仁爱、求真的中国传统诗歌、书法艺术,情理混融,仁爱并包,往往最能见个性,也最能见真性情,因此,将中国传统诗歌、书法艺术及其仁爱、求真的价值意识,融入当代特色小镇的人文环境建设,可以从主客观两个方面不断唤醒激活小镇"镇民"的情感直觉,并通过这种"诗性"的情感直观和触悟,不断克服各种文化惰性,创新理念,培育个性,从而实现特色小镇的可持续性发展。

当代中国的社会主义核心价值观"富强、民主、文明、和谐,自由、平等、公正、法治,爱国、敬业、诚信、友善",实融合了传统文化有价值的部分,而进行了现代化的转化,如其中的"富强""和谐""爱国""敬业""诚信""友善"承接中国传统文化"刚健有为""崇德利用""和而不同""天人协调""仁爱""敬、诚、忠恕、让、忍、善"等价值理念，而"民主""文明""自由""平等""公正""法治"等核心价值，承接和借鉴西方文明的价值理念，融合中西，创化出新，当代社会主义核心价值观基本上契合人类对于美好未来的祈求和盼望。同理，当代中国艺术在承接传统文化的价值基因的基础上，在全球文化对话大环境中，有意或无意地借鉴融合非中华文化（如西方文化、日韩文化、非洲及美洲文化等）的价值理念，进行必要的艺术创新，从而真实地表现时代的精神底蕴和道德指向。特色小镇人文环境建设既要充分认知并创造性地运用传统艺术"意象符号"，激活优秀的中华传统智慧，同时又必须充分借鉴非中华艺术"意象符号"，营造别开生面的"陌生化"人文氛围。总之，未来中国特色小镇应该既具有"中国文化、中国精神、中国形象、中国表达"的文化身份象征意味，同时又具有生动活泼的时代气象。

第三节　小结：艺术推动经济增长和社会转型

人类步入后工业化社会，知识经济、体验经济、审美经济成为新的经济增长极，正是在这个前所未有的话语环境中，文化创意产业成为各国寻找经济转型发展的重要抓手。文化创意产业中的核心成分是艺术产业——艺术原创以及艺术原创的多层极开发产业链。而尤为重要的是，艺术家的创新思维模式与文化创意产业中的创意思维模式同属于人类的情感思维领域，创新离不开人类的艺术思维，因此，艺术思维、艺术原创（美术、工艺、影视、动漫、剧本、音乐、舞蹈、诗歌、多媒体艺术以及传统书画、雕塑、篆刻、戏剧、口传文学等），成为文化创意产业的价值源头。要大力发展文化创意产业，推动国民经济持续健康发展，就必须从民族文化身份维护、中华文化正能量传播的战略高度，培育艺术人才，鼓励艺术原创，激励艺术原创与科技创新文化的紧密结合。由饱含民族优秀文化基因的当代艺术原创所开发出来的文化创意产业新兴业态，得益于不断创新的制度保障,逐渐成为中国经济的新的增长极,推动中国经济的创新性发展,从而快速缩短与发达国家的"硬实力"和"软实力"差距。

中国当代的社会转型——从传统农业社会和传统中国升华为工业化后工业化社会和文化复兴的中国,城镇化、城市化、都市化(包括当下的特色小镇建设)是实现中国社会转型升级的不二选择。方兴未艾的当代中国新农村建设、城镇化以及特色小镇建设正是中国走向现代化、全球化的标志,中国当代社会的转型既是国民精神的现代转型,也是从农业社会向工业社会和后工业社会的现代转型。

中国的城镇化、城市化随着现代化和全球化在继续推进,中国在扩散西方价值观和生活模式的同时,也一并致力于中国文化的地方化和文化的本土化,也即我们所说的"再中国化"——中国当代文化的融合创新并推及全球,以至于可能以中国影响全球人类——以中化西,以中化外。在这个过程中,艺术特别是本土艺术发挥了并将继续发挥重要的作用。

艺术可以建构新型城市人文精神。中国传统艺术和地方艺术承载着优秀的中华文化智慧和具有普适价值的文化内涵,因此因地制宜激活传统艺术和本土艺术,或者在传承传统艺术和本土艺术的基础上,通过艺术的二度、三度创新,让传统艺术和本土艺术脱胎换骨,渔化鲲鹏,并通过当代艺术形式加以转化、传播,传统艺术和本土艺术中所承载的优秀文化基因就可以直接或间接地融入当代生活,并潜移默化地消解冲淡外来文化的负面影响。而优秀西方艺术所承载的优秀文化理念如男女平等、民主法治精神、生态美学理念以及科学世界观等,可以助力我们清理中国当代城镇化过程中的"文化积习"——迷信心理、权力崇拜、重男轻女、斗争情结、圈子文化、厚黑学,等等。

艺术引领城市的文化发展方向。中国当代的城镇化必须在转化传统和借鉴新学的前提之下,开创其物质、制度和精神文化的"中国之路",社会主义核心价值观三个层面12个价值理念——富强、民主、文明、和谐(国家层面),自由、平等、公正、法治(社会层面)、爱国、敬业、诚信、友善(个人层面),其中的"文明、和谐、自由、平等、诚信、友善"是承载着东西方优秀文化基因的价值准则,并且和艺术对于人的教育涵成具有深厚的内在关联。城镇化带来富强民主、公正法治、爱国敬业,确立现代中国之"礼"——向善而在;同时,城镇化还必须带来社会的和谐、文明、自由、平等、诚信、友善,确立现代中国之"乐"——为美而活,生活更加幸福美满。

艺术可以积极干预特色小镇建设。艺术参与当代中国特色小镇建设,首先表现为艺术主导特色小镇,以艺术产业为主导,与相关行业融合发展来建构特色小镇,带动当地经济发展。国内外的成功案例启示我们,建设好艺术特色小镇,树立标杆型艺术特色小镇,可以在创新、开放、包容等方面对非艺术型特色小镇进行文化"启蒙";其次,艺术积极参与当代特色小镇的文化氛围建构,文化氛围具有难以言说的吸引力——吸引人才,留住人才;文化氛围具有难以言说的凝聚力——将不同价值观、不同理想整合在一起。而营造宽松的文化氛围,从容化解不同背景、习俗、理想和行为习惯并自然自觉地建构起特定人文氛围的文化元素,非艺术莫属。通过哲学、宗教、政治理念、法律以及传统文化规约来建构一个地方一个城镇的"文化氛围",都是相当困难的,因为只有人类的艺术以其情感的穿透力和直觉能力,才能打破种种文化禁忌和价值壁垒,助力人类进行自我反思和创新衍化。优秀的中国传统艺术及其精神内涵——"中和""生动""圆融""自然""情性"等,通过协调特色小镇顶层设计、艺术规划、公共艺术配置和公益艺术服务等具体环节,在当代语境中促进非艺术类特色小镇的人文氛围建设。

第六章

艺术参与建构国家制度文化

1912年西方学者罗素发表其论著《中国问题》，他认为中国文化延续数千年而不衰，实在了不起。"从孔子时代以来，古埃及、巴比伦、马其顿、罗马帝国都先后灭亡，只有中国通过不断进化依然存在，虽然也受到诸如昔日的佛教、现在的科学这种外来影响，但佛教并没有使中国人变成印度人，科学也没有使中国人变成欧洲人。"[①] 罗素认为，"中国人如果对我们（西方）的文明扬善弃恶，再结合自己的传统文化，必将取得辉煌的成就。但是在这个过程中，要避免两个极端的危险。第一，全盘西化，抛弃有别于他国的传统……第二，在抵制外国侵略过程中，形成拒绝任何西方文明的强烈排外的保守主义"。罗素再三强调继承中国传统文化的重要性，他告诫说："中国文明如果完全屈从于西方文明将是人类文明史的悲哀。"[②] 罗素的观点正在被中华民族的文化创新实践所证实，中华文化不能全盘西化，不能盲目排外。中华传统艺术中所含蕴的"中和""生动""圆融""自然""情性""雄浑"等文化因子，中华传统艺术中的"礼乐"文化因子，以及其感性活动中的理性精神、美感形式中生命精神、自然山水中的乐天精神、现实环境中的自由精神，[③] 不仅可以成为我们进行中华未来艺术文化创新的动力源泉，同时也可以成为我们在政治文

---

① 参见王京生《文化的魅力》，人民出版社2014年版，第3页。
② 同上书，第8页。
③ 参见聂振斌《中国艺术精神的现代转化》，北京大学出版社2013年版，第3页。作者认为"礼"是中国的元理性，"乐"是中国的元艺术，儒家思想、道家思想及其所

化、外交文化、法律等各个方面进行文化创新实践的智慧力量和精神资源。

第一节　艺术参与中华政治文化建设

一　政治艺术学、艺术政治学与政治艺术化

自古以来，政治家都讲究从政、为政和施政的方式方法，也即获取政治权威、保持政治权威和运用政治权威的方式方法，政治既讲本体论——以德为本，[①]也讲方法论——法、势、术。政治谋略、政治手段、政治策略从某种意义上看，就是从政、为政、施政的"技能""技巧""技术"，于是，政治谋略学应运而生。当代学者高民政在《政治艺术论纲》一文中指出：政治艺术是值得政治学拓展的一块与政治哲学和政治科学并驾齐驱的政治学研究领域。[②]所谓政治艺术，即"人类运用公共权威，协调、控制、管理社会，寻求和谐、稳定的发展的理想生活的谋略和技巧"。[③]政治艺术研究内容包括政治控制艺术、政治领导艺术、政治决策艺术、政治管理艺术、政治教育艺术等，时空不同、环境不同、施政对象有别，迫使政治的方方面面都必须讲究谋略和技巧。因此，政治艺术学作为一

（接上页）追求的审美境界，是中国艺术精神形成的主要思想之源，禅宗思想及其所追求的审美境界，进一步丰富、发展了中国艺术精神，使得中国艺术追求更加空灵、玄远，更加心灵化，致使意境理想、妙悟方法走向成熟。聂振斌认为中国艺术精神可以概括为四个方面。（1）感性活动中的理性精神；（2）美感形式中生命精神；（3）自然山水中的乐天精神；（4）现实环境中的自由精神。这些精神在现代转化过程中，有的被继承下来并发扬光大，有的被丢掉了。我们应该认真总结成功经验，吸取失败的教训，认真研究历史，反复思考前人的经验，以便为我们继续前进找到正确的历史起点和逻辑起点。

①　《论语·为政》：为政以德，譬如北辰，居其所而众星共之。孔子强调道德对政治生活的决定作用，主张以道德教化为治国的原则。德派生出德性、德行、德政。

②　高民政：《政治艺术论纲》，《政治学研究》2000年第1期。

③　同上。

种交叉学科或一种新兴的学科，与政治心理学、政治病理学、政治人类学、政治社会学一样，在当今学科融合创新的语境中，有其应运而生的必然性和必要性。

我们知道，当代艺术学与相邻学科交叉形成了系列边缘学科——艺术思维学、艺术文化学、艺术考古学、艺术社会学、艺术心理学、艺术经济学、艺术教育学、艺术伦理学、宗教艺术学、工业艺术学、环境艺术学、艺术法学，还有艺术人类学、艺术传播学等，但是还没有艺术政治学一说。政治学和艺术学交叉融合大概只能首先产生政治艺术学，就像宗教学和艺术学交叉融合只能首先产生宗教艺术学而不会产生艺术宗教学一样。政治可以从艺术那儿拿来"技能""技巧""技术"为政治服务，但是艺术从政治那儿拿来政治的法、势、术服务于自身，只能令艺术失去它最宝贵的价值——真情、自由、创新性，也就是说艺术政治化的结果，只能产生伪艺术。同理，宗教可以从艺术那儿拿来"技能""技巧""技术"为宗教服务，但是艺术从宗教那儿拿来宗教的绝对信仰、偶像崇拜和仪式仪轨服务于自身，只能令艺术失去它最宝贵的价值——真情、自由、创新性，因此，艺术政治化和艺术宗教化是危途。

艺术政治学目前难以成立，因为"艺术政治学"通常会被理解为"以政治学的研究方法来研究艺术"。当然，如果我们将"艺术政治学"理解为"艺术化的政治的学问"，那么艺术政治学依然可以成立。就目前艺术与政治交叉融合的现状及学术界研究进展来看，可以先研究探讨政治艺术化的可能性及其愿景，在此基础上，建立艺术政治学。

当代已有学者就政治艺术化问题进行过探讨，认为政治化的艺术和艺术化的政治都有其存在的合理性，因为政治和艺术作为两个最需要勇气和创造力的领域，具有天然关联性，两者之间绝对的相互独立似乎是不可能的。政治艺术化的愿景起码有两点：（1）由政治派生出的艺术，不仅有可能是艺术的，而且有可能比政治更持久，艺术以暂时的附属地位换取了恒久的存在；（2）艺术化了政治，便已不再是政治，而变成了艺术，如莫斯科"艺术家之家"旁的艺术公园的"露天雕塑博物馆"陈列展示的列宁、斯大林、加里宁、捷尔任斯基、勃列日涅夫和柯西金的雕像，列宁等人物本来是政治或政治符号，经由雕塑化（艺术化）变成了艺术，艺术像一种神奇的仙药，能使灰色甚至是黑色的政治幻化出生命的绿色，有时政治的严峻和冷酷，被历史的沉着和艺术的温馨所化解了。[①] 这里所说的政治艺术化，是说政治人物、政治事件被艺术家加以艺术化所产生的积极作用，尚未触及政治家主体的艺术化、政治活动的艺术化、政治作品的艺术化。也就是说，用艺术作品将政治人物、政治事件加以艺术化，只是政治艺术化的细枝末节，并不能对政治产生积极主动的正面作用。本节所说的政治艺术化，触及政治思维的艺术化、为政施政的艺术化以及政治行为结果——政治作品的艺术化。其中为政施政主要指行政路线、行政规划、行政策略、行政技巧的艺术化。

二 政治艺术化的内涵

政治艺术化至少有三种内涵。

（一）政治形象化

如将政治人物和政治事件通过艺术雕塑进行艺术化，淡化政治人物和政治事件的政治色彩，使政治人物和政治事件超越政治而具有历史文化启示价值、历史文献价值和艺术收藏价值。例如，《毛主席去安源》这幅油画固然记录了政治伟人、政治事件，但是时至今日，这件作品已经超越了政治而获得了历史研究价值、艺术文献价值、艺术收藏和商业运作价值。余华的小说《活着》、陈忠实的小说《白鹿原》、莫言的小说《红高粱》分别被拍成了电影在海内外产生了巨大的影响，这些艺术作品对辛亥革命、抗日战争、土地改革、人民公社、大炼钢铁、三年自然灾害以及"文革"等政治事件进行艺术的形象化的表现，高超的艺术手法和艺术表现手段使得这些政治事件变成了小说和电影中的背景、氛围或意象符号，今天的读者观众包括那些亲历这些政治事件的人们超越了当时的政治意识形态，从艺术的历史的辩证的角度反思政治，从而更加理性地设

---

① 刘文飞：《艺术政治化与政治艺术化》，《世界知识》2000年第6期。

计未来。"文革"期间艺术政治化登峰造极,但是就在艺术政治化的同时,政治也被艺术化了,如八大样板戏既是政治化的艺术精品,也是艺术化的政治杰作,作为艺术精品不管是当时还是当下,它们的情感力量、审美力量是撼动受众的第一要素;作为政治杰作,它们只能令身在庐山的当时的受众群体慷慨激昂不已,在今天就变成了人们反思的对象。

(二) 政治美学化

美政是战国屈原提出的政治理念,美政一词出自《离骚》,屈原针对楚国政治昏暗的现实无力回天,仰天长叹:"既莫足与为美政兮,吾将从彭咸之所居。"屈原心中的美政用今天的话来说即完美的政治,容含民本思想、法制思想和大一统理想,是吸收了儒法道诸家政治制度的优越性而又避免其缺失的新型政治制度。[①] 当代有学者提出政治美学的论题,认为政治秩序感、政治意识形态、政治制度、权力运作、政治家的风格、想象的共同体、政治等级结构、政治权利的感性存在方式等,都深刻地表现为审美的价值取向,如政治统治使权力成为魅力、权利结构进入情感结构。[②] 有学者提出以"审美共通感"来克服现代自由主义的"程序宪政学"的局限,具体的操作方法为提取现代性的重要成果——美,校正自由主义政治学"自主"特权的偏颇,以审美的非功利的合目的性为内核来对抗契约论中的功利(手段、工具)正当观,用审美共通感的"扩展性思维"组构意义社群,通过美的邀请、审美交往得到由"共通感"至"共同体"的尝试,重振公共领域,以判断力的提升,来皈依高贵,抗拒恶俗趣味,切实引领时尚社会式的"无人统治",维护公共和私人世界的和谐……[③]

(三) 政治情感化

政治的艺术形象化只是停留在浅层次的政治艺术化,因为对于政治领袖人物,政治意识形态、政治事件,通过艺术形象、艺术手

[①] 黄崇浩:《屈原美政思想考论》,《湖北行政学院学报》2003年第5期。
[②] 骆冬青:《论政治美学》,《南京师大学报》(社会科学版) 2003年第3期。
[③] 李河成:《政治美学话语、审美共通感问题与美政预设——当代政治美学研究综述》,《天府新论》2012年第2期。

段、艺术技巧进行展示、传播，只能后发性地发挥作用。并且它很可能使政客助纣为虐，为错误的政治意识形态推波助澜，为政治事件煽风点火，"文革"期间观念先行的高大全红光亮艺术作品、"大跃进"时期的新民歌运动都是典型的案例。美政化容含民本思想、法制思想和大一统理想，在今天依然具有现实启发意义，不过它过于浪漫，是屈原作为一个志士仁人对于明君清政的一厢情愿式的向往。通过"审美共通感"和"审美的非功利合目的性"来整合人心社会，也主要对当代公共社群的自觉构建发挥作用。它没有上升到顶层设计的政治发生学层面来思考问题，即还没有充分考虑到现代国家、社团的政治主脑包括政治领袖和政治领袖团队的政治思维艺术化、决策艺术化、政治活动艺术化、政治作品艺术化这些可以对政治正面发挥作用的政治艺术手段。

政治美学化就像艺术美学化一样只关注美而失之偏颇，以美来指称艺术领域一切现象，必然以偏概全。艺术乃人类一切情感的自发形式和表现形式，其中引起愉悦和谐快感美感的只是其中的一部分。政治美学化企图以秩序美、直觉美、结构美等来规划行政路线和行政目标，都会因为过于蔑视人类的情感的复杂性而遗恨无穷。例如，1943年盟军轰炸德国鲁尔地区，很多大都市遭严重破坏，但希特勒说这些大都市都"没有美学吸引力"，应该重建，美比人更重要。[①] 因此，政治美学化与美政一样，都具有幻想性质。政治本来就不是风花雪月，政治应对人性而设（马基雅维利），政治需要理性思维，需要法律、法令、法规、权威、国家机器包括战争这些并不给我们带来愉悦美感的东西，因为从人类学意义上看，群体乃乌合之众（古斯塔夫·勒庞），个体乃感性与理性混杂的个人，要使小至个人、家庭、社区，大至国家、民族甚至人类全体获得自由、幸福和尽可能的完美，必须对人类的感性放纵和理性偏颇实行政治协调、政治控制和政治管理。

政治情感化，实含有情感对等于艺术的内在逻辑。艺术不等于美，这是艺术学独立于美学或囊括美学于自身的前提。在我国自

---

① 参见 http://wenku.baidu.com/view/1907。

2011年艺术学从文学学科门类独立出来，成为与文学地位平等的学科门类，与此同时，美学属于哲学学科门类下一级学科哲学之下的二级学科。当代艺术学主要研究人类的情感因现代后现代的时代意象的刺激而产生的种种艺术新生态、新形式、新规范和新范畴，并对基于美学学理无法解释的艺术新生态、新形式、新规范和新范畴进行诠释、归类、整合，试图建立文化人类学视野中具有广泛包容性和解释力的艺术学理论体系。艺术学要取得对于美学的突破，必须打破西学的樊篱，打通中西融汇东西学理，克服二分思维模式，汲取传统智慧，建立新的具有广泛包容性和解释力的艺术本体论学说。当代艺术学所抉发创化出来的艺术本体——活感性、情意合一实相，是当代学者试图打破感性理性的二分思维模式，在分析人类艺术思维个性的基础上，提出的不同于传统的艺术情感本体论的艺术学新范畴。所谓"活感性"，即人类的感性在不断接受新的意象刺激的过程中，变成了一种开放性的生成性的系统，尤其是在现代异化社会，"活感性使人失落了的生命活动、节律、气韵回到个体，从而避免了物性和神性的异化，使人的感性有普遍必然性的历史社会的超生物素质，并不断生成完美的感觉和感性的反思"[①]。"活感性"又不是后现代主义的所谓"离散性""飘移性"，"活感性"依然是涵蕴着真理和智慧的人类的自性，"因此，活感性与那种否定理性的纯感性本能的后现代艺术判然有别，它是生命总体升华中所达到的理性与感性的整合，是包括认识、情感、意志、想象、直觉等意识向度的总体结构"[②]。活感性也可以描述为情意合一实相，或曰情意复合物，也即蕴含着"道""意""法""理念"等终极存在实体的自然的、真切的情感——人类学意义和文化学意义上的生成性、开放性的"活感性"，这种蕴含着"道""意""法""理念"也即宇宙的终极秩序和生命法则的"活感性"实体——情道合一实相，与人类的成、驻、坏、灭相始终，与人类文化的历史相始终，是人类艺术地掌握世界的终极性前提，是人类理性思维与感性思维

[①] 王岳川：《艺术本体论》，上海三联书店1994年版，第125页。
[②] 同上。

"对话"性本体存在的不可或缺之一极。①

马克思在《〈政治经济学批判〉导言》中指出的人类对于世界的领受和通过这种改造世界的方式有四种,即理论、实践—精神、艺术和宗教,其中理论、实践—精神和宗教这三种掌握世界的方式以理性思维为主,而艺术认知掌握世界的方式以情感思维为主。艺术不仅是情感的载体,情感的符号世界,而且还通过情感直观、情感触悟、情感抵达的方式来获得对真理的把握。在情感思维中,艺术作品和艺术语言中皆暗含着理论、实践—精神和宗教认知所抵达的真理。② 政治思维既是理论思维,同时也是人类的实践活动。政治理论预设贯彻到政治实践中,从政治实践中不断总结经验,上升到对于世界普遍政治真理的认知和把握。如果我们在政治思维、政治实践和政治作品中融合艺术的情感直观、情感触悟,在政治思维、政治实践和政治作品中融合中国传统艺术"中庸和谐""生生不已""天人合一""天人协调""仁爱求真""刚健有为"的价值理念,那么,艺术的这种情感直观、情感触悟思维方式和融合着传统文化儒释道精华的价值理念,就会在一定程度上帮助我们克服政治理智中的理性偏颇或感性执拗。而理性偏颇和感性执拗从人和文化产生以来就一直困扰着人类,并将继续困扰着我们。在实现"中国梦"的征途上,在促进中华文化全面复兴的过程中,我们必须时时刻刻警惕着理性偏颇和感性执拗给我们带来的可能的负面影响,自觉地运用艺术的思维模式,特别要自觉地运用中国传统艺术的思维模式,来调整我们的政治思维模式。

政治艺术化,并不意味着政治家要变成艺术家,政治活动变成艺术狂欢,政治成果——政治作品变成务虚的精神性符号,政治艺术化不能改变政治的务实性和功利性。政治艺术化过程中,艺术思维、艺术手法、艺术精神始终发挥辅助、纠偏、警醒和完善的作用。

三 政治艺术化的实现路径

笔者认为,政治艺术化的实现遵循自上而下的实践路径,即从

---

① 黄永健:《艺术文化论》,文化艺术出版社2008年版,第136页。
② 同上书,第99页。

政治顶层设计艺术化至政治活动也即行政艺术化,再到政治成果——政治作品艺术化。

《尔雅·释政篇》云:"政者,正也。其身正,不令而行。其身不正,虽令不从。"这是中国历代对政治家尤其是政治领袖提出的基本要求。进一步推理所谓"政者,正也",不仅要求政治家政治领袖行为要正,同时其思想和政治见解也要正。在当下语境中即要求制定政治路线、方针和政策的领导者和领导者群体不仅品行正大光明,同时要有政治上的正见和正思维。顶层政治设计中的正见和正思维犹如源头活水,如果顶层政治设计违背宇宙生命之道,或出现了理性的疯狂如"大跃进""文革""大东亚共荣圈"、纳粹运动等,或出现了感性的疯狂如希特勒的美比人更重要,则其后发的政治活动行政过程必然殃及人类包括政治家本人,其政治成果——政治作品难免遭遇被唾弃的命运。所以政治家和政治家群体在政治决策过程中,不能盲目迷信科学、理性、理智,政治家和政治家群体在政治决策过程中,一定要充分动用自身或群体的情感直观和情感触悟能力,当然这意味着当代的政治家和政治家群体必须同时兼具政治智商和艺术情商,并且时刻保持着以情感直观和情感触悟纠正理性偏颇的艺术自觉性,自觉地运用我国传统艺术中的情感思维模式和价值立场,不断调整并完善政治的顶层设计。

行政艺术化当然是一个很大的理论话题,政策、政令、法规、条例的执行过程中,同样需要动用艺术情感力量和艺术技巧。政策、政令、法规、条例天然地冲撞压抑人类的自由本性,"抗美援朝,保家卫国"这句政治口号里面包含着国家的政治意志,是铁的律令,不容违抗,但是这句口号巧妙地用近于诗歌的语言和贴近老百姓日常行为理性的道理,获得了当时人民群众的情感认同,并合乎人性地化解了战争与和平之间的对立关系,可以说抗美援朝战争是行政艺术化的典范。"中国梦"与"美国梦"这两个政治口号,也是巧妙地用近于诗歌的语言和贴近老百姓日常行为理性的道理,获得了当时两国人民群众的情感认同,并合乎人性地缩短了理想与现实之间的距离,是人类历史上行政艺术化的典范。

当下语境中出现的政府与民众的、政策与执行的紧张关系，其中就有一部分是因为没有虑及政令如何艺术地与施政对象进行对接所造成的。

政治成果有精神和物质两种存在形式，改革开放精神是数十年来中国共产党几代领导人推动中国政治改革和经济改革的精神成果，通过艺术形象化地再现或表现，可以继续发挥鼓舞人心开启未来的积极作用，《春天的故事》《走进新时代》《走向复兴》等音乐作品，唱出国人的心声，有力地推动着当代中国政治革新进程。深圳的莲花山上昂首阔步开创未来的邓小平铜像，既是邓小平作为一个伟大的政治家的精神呈现，同时也是一件非同寻常的艺术杰作，它高高地站立在深圳市民中心（深圳市政府）背后，发挥着前所未有的精神支柱作用和政治指向作用。作为中国40年改革开放的物质成果——国际化大都市深圳，通过艺术设计使得整个城市变成一件艺术品，被联合国教科文组织命名为"设计之都"，这是政治成果艺术化的当代典范，有力地印证着当时的政治顶层设计的政治智慧，饱含着改革开放总设计师的人性关怀和情感力度。

政治艺术化的最佳状态是各个实践环节环环相扣，相互给力，顶层政治艺术化设计、行政艺术化和政治成果艺术化相互呼应，在理智和情感两方面不断校正方向，使得政治环境、政治氛围成为一个培育并发挥正能量的场域，这正是政治艺术化的中国梦和世界梦，也是人类圆成中国梦和世界梦的重要环节和理智抉择。

第二节　艺术参与中华外交战略设计

一　以艺术推动文化外交

"外交"一词最早来源于希腊文 diploun，原意是"折叠"或"证书"，古代指一国君主颁布的折叠文件，后来借指代处理外部事务。《牛津英语词典》中给"外交"下的定义是："外交是通过谈判来处理国际关系，并由大使和使节调整或处理这些关系的方法，外交是外交官的业务或艺术。"这个定义认为外交只是外交官的事情，没有把外交上升到国家战略的高度。国内有学者认为："外交是国家对外政策的一种工具。"① 这一观点在《辞海》中也有体现："国家为实现其对外政策，由国家元首、政府首脑、外交部、外交代表机关等进行诸如访问、谈判、交涉、发出外交文件、缔约条约、参加国际会议和国际组织等对外活动。"从定义中我们不难发现，外交涉及最基本的四个要素包括外交目的、外交实体、外交政策、外交方式和手段等。

按照不同的划分标准可以将外交做以下分类：按照外交涉及的内容来划分，可以分为：政务外交、经济外交、文化外交、军事外交、体育外交、环境外交、能源外交、人权外交等；按照外交实体来划分，可以分为：首脑外交、议会外交、政党外交、城市外交、公共外交和中国独有的人民外交等；按照外交的手段划分，可以分为：电话外交、礼仪外交等；按照外交涉及的国际关系划分，可以分为：多边外交、双边外交等。

"文化外交"一词最早出现在1934年的《牛津英语大词典》中，"英国议会创造了一种新的文化外交手段，就是致力于海外英语教学"，显然这个概念带有一定的时代局限性。目前国内外学者对现代意义上文化外交的概念也有不同的见解，一批学者是从文化服务于政治的层面上定义文化外交的，其中最具代表性的是美国学者弗兰克·宁柯维奇的观点。他认为文化外交"是在国际政治中运用文化影响的一种特殊政策工具"②。国内学者李智在其《试论文化外交》一书中也提出了同样的观点，他认为文化外交就是主权国家利用文化手段达到某种政治目的或对外战略意图的一种外交活动。这种观点强调了文化外交作为外交手段在实施国际战略中的重要作用。还有一批学者是从推行文化是目的层面上定义文化外交的，美国霍普金斯大学的卡明斯教授认为："文化外交是指国家及其人民之间的观念、信息、艺术以及文化的其他方面的交流，以加强相互

---

① 周硬生：《国际法》，商务印书馆1981年版，第506页。
② Frank A. Ninkovich, *The Diplomacy of Ideas: U. S. Foreign Policy and Cultural Relations, 1938 – 1950*, Cambridge: Cambridge University Press, 1981, p. 182.

之间的理解。"① 这种观点认为政府推行文化外交的主要目的是为了对外发展本国的文化。

　　文化外交与一个国家的对外政策和国家利益密切相关，因此，文化外交首先应该服务于国家的政治、经济利益。邓小平也曾指出："无论哪一种势力哪一种派别的文化工作，都应该服务于政治任务，各种势力的文化工作都是与其政治任务密切联系着的，所谓超政治的文化是不存在的。"② 同时，文化外交作为一种国与国之间的文化交流活动，对国际文化关系也产生了重要的影响。文化外交的目的就是促进本国的价值观念和生活方式被他国公众的认同和理解，塑造良好的国际形象，从而对受众国的外交政策造成影响，使他们能够朝着有利于增进本国利益的方向演变，以顺利实现本国的总体外交目标。

　　在中国的文化外交活动中，艺术作为文化的一种表现形式，可以传播中华传统文化，维护文化主权。中国艺术中蕴含着丰富的中国文化外交理念，通过国际艺术文化交流可以增强理解和包容，产生文化认同感，减少冲突。同时，国家领导人在文化外交活动中运用艺术思维进行决策也会有效实现国际文化合作与双赢。因此，艺术在中国文化外交对话中发挥着重要的作用。

　　中国文化和艺术形象长期以来在西方被妖魔化，"中国威胁论""中国崩溃论"此起彼伏。在文化冷战中，西方一些国家对中国的文化崛起加以遏制，长达千年的汉字文化圈已经在半个多世纪的"去中国化"中消解了，"汉字文化圈"已经被"美国文化圈"所取代，导致中国的文化主权受到威胁，文化形象也处于不利之境。目前，在中外文化交流中大幅提升中国文化战略和国家话语，加大中国传统文化传播力度迫在眉睫。

　　文化外交作为一种国与国之间的文化交流活动，其目的之一就是传播本国优秀的传统文化，促进本国的价值观和生活方式被他国认可和理解，提高本国的文化形象，维护国家文化主权。艺术作为

---

① Cummings, Milton C., *Cultural Diplomacy and United States Government: A survey*, Washington: Center for Art and Cultural, 2003, p. 1.
② 《邓小平文选》第 1 卷，人民出版社 1994 年版，第 22 页。

文化的一种表现形式,可以担负起传播中华传统文化的重任。艺术是民族文化的精华,是符号中的符号,尤其是在中国文化外交活动中,用艺术文化现象来展示中华民族文化可以产生以一当十的效果。中国的书法、国画和传统工艺品等都是中华文化的精华,承载着中国文化的哲学智慧和价值取向。2014年3月28日,习近平主席访问德国期间,为默克尔带去了一套中式瓷器花瓶,既传统又美观;2013年3月22日,在俄罗斯中国旅游年开幕前,习近平主席所赠国礼是国家级非物质文化遗产沈绣精品《普京总统肖像》。中国瓷器、丝绸和刺绣等中国传统工艺品都是中国传统文化的载体,习近平主席在外交活动中将带有中国传统文化精神的工艺品赠予他国,显示了对他国的尊重和友好,但更重要的是以艺术品的形式传播了中华传统文化,中国的传统工艺品有其民族文化的独特性,内含中华文化的丰厚内涵和历史积淀。加大中华文化的传播力度可以增强世界对中华文化的理解,有效维护国家的文化主权和文化形象,以实现中国的文化外交目的。

中国书法是中国文化精髓和代表,中国书法艺术与中国传统文化互为表里,与中华民族精神连成一体。书法是中外文化交流的重要使者,在孔子学院遍及全球、全世界学习汉语的人已经达到7000万之多的情况下,书法的国际传播具有重要的文化外交意义。书法作为一门独特的中国艺术,利用毛笔和宣纸的特殊性,通过汉字的点画线条,在字体造型的组合运动与人的情感之间建立起一种同构对应的审美关系,体现出书法内在的精神气质与审美追求。书法作为中国传统文化的重要载体,在其艺术形象中凝结着丰富的历史文化信息和中国人的感情色彩。文化外交中利用书法艺术可以传播中国优秀传统文化,这一视觉艺术可以跨越国界,促成中国书法文化的复兴和逐步世界化。

在外交活动中,中国书法艺术中圆润柔美、或刚或柔的精神意蕴承载中国独立自主的和平外交理念。中国书法艺术中蕴含着中国传统文化中的四个主要思想:一是作为基本哲理的"阴阳五行"思想,二是关于人与自然关系的"天人相应"思想,三是关于处理社会人事的"中庸中和"思想,四是关于如何对待自身的"克己修身"思想。其中书法艺术中的"中庸中和"思想在我国文化外交活动中起到了深刻的指导作用。所谓"中和",即"和谐",是书法的理想境界,这种和谐不是简单的线条均衡分割,等量排列,而是通过参差错落、救差补缺、浓淡相间等艺术手段的运用,达到一种总体的平衡状态,即"中""和"意义上的平衡。书法艺术中的"中和"思想融入文化外交中,要求领导人在处理国际关系时要有广阔的胸怀、海纳百川的气概和兼容并包的心态,努力与他国形成和谐统一的状态,以实现国家间的长久合作与双赢,外交活动中的"和为贵"价值观,通过书法艺术的"中和"之美得到了完美体现。在处理与其他国家之间的关系时,既不要"不足",也不要"太过",以达到既不稚嫩也无"火气"的精练与和谐,此为"中庸"之道。在近些年的外交活动中,我国一贯坚持与各个国家和平共处的外交原则,平等对待发达国家与发展中国家,反对武力战争,提倡各国友好相处。2014年3月,在美国第一夫人米歇尔来华访问期间,彭丽媛曾在北师大二附中写书法"厚德载物"赠予米歇尔。2014年9月,习近平主席偕夫人彭丽媛访问印度新德里参观泰戈尔国际学校时,彭夫人用毛笔书写成语"温故知新",并给学生逐字讲解,引起了国外学生对中国书法的兴趣,中国的书法艺术在近几年的文化外交活动中得到了广泛传播。中国书法艺术对中国文化外交理念的诠释深刻而周详,对中华文化的体现博雅而细腻,我们也看到了书法艺术中所蕴含的生生不息的民族精神。

二 艺术情感外交

艺术家在创作的过程中始终伴随着强烈的情感活动,艺术是情感的表现形式,没有情感就没有艺术。艺术家的生活情感通过升华、转化、提炼成艺术情感之后,才成为艺术作品中的情感,艺术情感是自然情感的提升和超越,具有象征结构与审美品质。2013年6月28日,习近平主席偕夫人彭丽媛在访问韩国时赠送了收录有彭丽媛歌曲的DVD,里面包含了部分中国民歌,彭夫人作为国家一级艺术家,《沂蒙山小调》《谁不说俺家乡好》和《在希望的田野上》等都是她的代表作品,其音乐作品中充满着对故乡的赞美和对亲人的思念之情。音乐是通过听觉感官及与之相适应的审美手段，传达和接受审美经验的艺术，音乐是有感情的艺术，具有"以情动人"的审美魅力。艺术情感的突出特征是共通性和审美性，彭丽媛在外交活动中赠送的音乐作品可以通过听觉直接将内在思想情感传达出来，与其他国家人民产生共同的情感体验。艺术家的情感表达能广泛地为世界上不同民族所直接感受，成为各民族间进行精神文化、思想情感交流的特殊桥梁。

艺术作品具有强烈的感性色彩，用艺术作品既能直接说明民族文化的独特性，又能体现世界文化的共性。在文化外交中，通过本国艺术作品透出来的亲切感人的文化气息，与他国人民的情感和价值观产生共鸣，这就是艺术在文化外交中桥梁作用的体现。习近平主席在2014年7月的拉美之行时为阿根廷带去了一套光盘作为国礼，其中包括了赵宝刚执导的两部作品《北京青年》和《老有所依》以及滕华涛执导的《失恋三十三天》。习近平主席之所以选这几部影视作品作为国礼主要基于两个原因：第一是因为影视剧作为最为大众化和形象化的沟通"媒介"经常被提及，亲切又易引起共鸣；第二是因为这几部片子所反映的社会题材和现象有一定共性，容易使各国人民产生共鸣。赵宝刚的《北京青年》讲述了四个家庭背景不同、性格迥异的北京青年为了实现自己的理想和爱情而努力奋斗的故事；电视连续剧《老有所依》直击当代中国社会对老龄化问题的思考，展现了中国人的浓厚亲情和以孝为先的家庭观；电影《失恋三十三天》则通过一个中国女孩充满喜剧色彩的失恋疗伤之旅，展现中国年青一代的爱情观。三部片子将中国传统的爱情观、家庭观和奋斗观通过艺术作品的形式呈现在银幕上传播到其他国家，"爱情""家庭"和"奋斗"无论在哪个国家都是热点话题，都是各国人民所关注的，通过艺术作品中共同的情感表达产生文化认同和理解，在文化外交中减少了文化冲突和对抗。影视剧作为一种艺术作品首次成为国礼，不仅改写了中国长期以丝绸、瓷器、绘画等艺术品作为主打国礼的外交历史，刷新了中国的文化外交内涵，使得中国外交国礼更具时代感，同时也为外国友人打开了一扇了解中国的窗口。

三 艺术思维助力实现国家之间的合作双赢

艺术思维是指在艺术创作活动中，想象与联想、灵感与直觉、理智与情感、意识与无意识、形象思维与抽象思维经过复杂的辩证关系构成的思维方式，它们彼此渗透，相互影响，共同构成了艺术思维。在艺术思维中，感性思维是主体，遵循个性的情感逻辑，在创作中起主要作用，另外，"直觉"在感性思维中也有一定辅助作用。

在国际文化外交活动中，领导人往往是理性思维为主导，忽视甚至拒绝感性思维。在与其他国家谈判过程中如果只是以理性思维进行判断决策，很容易使双方陷入僵局，达不到和谐共赢的理想效果。谈判的艺术很多时候体现在感性思维和直觉的引导上，在决策中适当加入感性思维有助于决策的人性化，不仅能实现国与国之间的合作与双赢，而且能提升国际地位，维护国家和领导人的形象。诸葛亮当年北伐中原失败，导致街亭失守，而此时魏国司马懿统领的大军杀到城下，在万不得已之际诸葛亮用一"空城计"将魏国大军吓得弃甲抛戈而逃，一向行事谨慎的诸葛亮之所以敢用这一险计是因为凭着他的直觉判断司马懿定会中计，这也是艺术思维对于决策的指导作用的典范。感性是生命的本能、生物的条件反射，在生命形式的进化过程中，基于本能的感性，逐渐上升为理性，才有了生命形态的逐步完善。感性永远是理性的基础，离开了感性也就谈不上理性。

四 艺术在中国外交文化建设中的未来展望

21世纪以来，中国与世界各国的双边文化关系得到了巩固和加强，艺术在传播中国优秀的传统文化和承载丰富的外交理念方面起到了举足轻重的作用，因此要继续发挥艺术在中国文化外交中的积极作用就要加强与各国之间的艺术交流，弘扬中华优秀的传统文化，创新发展当代优秀的艺术元素，优化文化外交的艺术人才结构，增强文化软实力和文化认同感，以便更加顺利地实现文化外交的目标。

第一，努力开展同其他国家之间的艺术交流，加强高层互访，鼓励政府艺术代表团与文化官员代表团去其他国家进行访问交流，同时邀请其他国家政府文化代表团来华访问。制订双边计划，加强艺术项目交流，派出艺术团组赴发展中国家访问演出，不仅带去了中国的艺术文化，也带去了中国人民的诚挚友谊。同时要热情接待发展中国家的艺术团组，加强交流互动，增进文化认同文化理解，积极接纳吸收他国的艺术文化精华。

第二，积极参加国际艺术节，展示我国优秀的艺术文化精神风貌，积极组织双边文化活动，引进文化精品，促成高质量的文化活动。例如，在奥地利总理和德国总统访华期间，中国举办了《西方油画精品展》和《奥地利珍宝展》等，并引进七个高水平的外国音乐团体来华演出，如法国国家交响乐团、美国费城交响乐团、荷兰阿姆斯特丹管弦乐团、奥地利维也纳爱乐乐团等世界著名的交响乐团。不同国家之间的艺术交流可以增进不同文化间的理解，从而增进国家之间的认同，减少冲突和对抗。中国积极发展与其他国家之间的艺术文化交流，可以逐渐走出一条独具特色的中国文化外交道路。

第三，要继承保护中国优秀的传统艺术，维护我国文化形象，提高国际地位。我国是一个拥有 5000 年悠久历史的国家，很多传统艺术传承着中华民族的文化精髓，传统的书法、国画、音乐、工艺品等都是中华文化的瑰宝，承载着中华民族的文化价值理念。国家要颁布有关保护传统艺术的法律法规，加大投资力度，大力弘扬和继承中国传统文化。政府要鼓励各大媒体、单位、学校等加强宣传传统艺术力度，加大传统艺术教育，让越来越多的中华民族儿女去关注、了解中华民族传统艺术，鼓励新一代年轻人去继承、传承中华民族传统艺术，让中国优秀的传统艺术发扬光大、生生不息，增强我国的文化软实力，让优秀传统艺术成为中外文化外交的持久资本。

第四，要创新发展当代的艺术元素，营造当代艺术创新发展的氛围，努力培育新的艺术形式。制约当代艺术发展的原因之一在于中国的艺术体制不健全，西方现代艺术体制是一个由艺术家、批评家、经纪人、博物馆和收藏家共同构筑起来的复杂体系，而我国由于经济实力、艺术素养与鉴赏水平等因素的限制始终未形成一个强有力的推出当代艺术的机制，也没有出现一个当代艺术的收藏家阶层。因体制内缺少独立的批评家，艺术家及批评家与投资者合谋操作，忘却了艺术品自身的价值指向，严重阻碍了当代艺术的创新和发展。既然本土不具备资助中国当代艺术成长的肥料，一些艺术家便盯准西方标准，紧随西方当代艺术主流一哄而上，用一种"文化阿谀主义"来博取西方批评家、收藏家和经纪人的认同，导致中国的艺术家急功近利，不能独立自主，必须依附国外资本的力量才能生存。在这样的艺术体制背景下，艺术家陷入一种民族自卑当中，艺术创作也失去原本的意义，我们的民族复兴与富国强民的追求也将失去强大的艺术关怀。因此，中国的艺术体制改革迫在眉睫。

第五，优化文化外交人才结构，大力发展艺术教育。在中国的文化外交活动中，习近平主席与其夫人彭丽媛的完美结合在国际外交史上成为一段佳话。习近平主席多次偕夫人参加外交活动，彭丽媛作为艺术家在中外文化外交中起到了极其重要的作用，艺术家的感性思维与政治家的理性思维巧妙互补，政治家的头脑与艺术家的手法相结合，在国际上显示出一个大国形象。艺术作为国家之间的交流桥梁更容易产生文化上的认同感和情感上的共鸣，进而顺利达成政治、经济和军事等方面的合作，在中国文化外交中提升了我国的国际地位，这也是中国文化外交之所以取得巨大成就的重要原因。在中国的外交史上，多是政治、军事家担当重任，忽略了艺术家在文化外交中发挥的不可替代的作用。我国目前应大力发展艺术教育，培养高质量、高水平的艺术人才，优化文化外交的人才结构。

传统培养艺术人才的教育体制已落后于时代和社会的进步，国家应该加大扶持力度，对当下的艺术教育体制进行改革。首先，要明确不同艺术教育类型的培养目标，提倡普通艺术教育，全面提高学生艺术素养。其次，要走出艺术教育本身的狭窄圈子，提倡整体的艺术化教育模式，使艺术与现代生活相结合，与科学、技术、伦理、人文相结合，将艺术教育扩展为最终的文化教育。最后，要提倡社会化艺术教育，充分利用博物馆、美术馆、音乐厅等艺术教育资源，只有这样才能培育出我们需要的艺术人才。

文化外交是国家间文化交流发展到一定阶段的产物，随着全球化的兴起与发展，文化外交被赋予了新的内涵、地位和价值。文化外交不仅成国家外交政策的"第三支柱",而且成为国家总体外交战略的核心所在。艺术作为文化的一个重要内涵和独特组成部分,在中国的文化外交活动中发挥着不可替代的桥梁作用。中国的文化外交的成功实践表明,将艺术形式、艺术精神和艺术思维融合到文化外交中,不仅对国家的外交决策有辅助、警醒和完善的作用,也是人类圆成中国梦和世界梦的重要环节和理智选择。

第三节 艺术参与中国法律文化建构

在人类文化价值系统中,法律文化占据举足轻重的位置。法律是人类文明的标志之一,四大文明古国,无不具备其各得其所的道德规范和法律法规。人类早期文明所派生出来的道德规范和法律法规,甚至可以影响到今天的日常生活,比如古代印度的种姓制度,在今天的印度社会依然发挥着强大的精神笼罩和制度约束作用。公元前1800年前后,为了处理诸多犯罪、财产及家庭争端问题,巴比伦汉谟拉比创立制定了法典,这个法典是建立在更早的苏美尔的国王所制定的诸法典的基础之上的,《汉谟拉比法典》是巴比伦文明昌盛的重要见证,而雕刻着《汉谟拉比法典》的汉谟拉比石柱,却是巴比伦雕塑艺术、书法艺术(楔形文字)和人物造型艺术的典范。石柱的上方是以浮雕和圆雕技艺表现出来的汉谟拉比和太阳神沙马什的全身塑像,其下部即汉谟拉比法典全文。[1] 浮雕刻画了汉谟拉比王肃立在太阳神的宝座前,听他口授法典。太阳神的威严和汉谟拉比的谦恭形成有力的对比,整个场面充满了宗教的虔诚和严肃。就中国而言,早在距今约5000年的黄帝时代,便产生了中国文明初级形态的法律文化。[2]

法律文化属于社会的制度文化范畴,之所以特别重要,是因为它与政治文化一样,是人类理性的标志。人类从动物界走向自我设

---

[1] [加]约翰·基西克:《全球艺术史》,水平等译,海南出版社2012年第2版,第55页。

[2] 刘砺:《中国法律文化的传统及其价值评价》,《法制与社会》2015年第11期。

定的"自由王国",理性发挥着并将继续发挥着举足轻重的文化引领作用,而艺术从来都是人类感性的存在和人类感性存在的外在显现,相对于政治、法律而言,艺术与哲学、宗教一样,是生活的某种间接的反映和投射,政治和法律直接产生社会的治理效果,而艺术、宗教、哲学通过政治和法律产生社会的治理效果。

政治、法律在人类文明史上,在现实生活中始终发挥着主导作用,艺术有时随着社会人文环境的相对宽松繁荣兴盛,有时在政治高压法律苛刻的人文社会环境中,不能充分伸张它的自由天性,有时甚至沦为政治法律等主流意识形态的附庸。有时候,艺术与政治及法律相互对峙,艺术家常常以艺术情感直觉有意无意地抵制、建构社会主流意识形态——一个社会当时主流的政治和法律意识,但是法律并不是以其貌似刻板的理性态度予以"清除殆尽",比如艺术家们的臆想与虚构,普通公众的酗酒与狂欢,等等,由于这些行为对于人类社会的理性秩序构成的危害是微弱的、间接的,因而得到了法律的承认,虽然法律在承认这一类反理性的行为的过程中,也经常处于犹豫不决的状态。[①]

中华文明源远流长,中华文明如今有望在东方崛起。中华文化复兴是中华文化价值系统中的各个子文化协同复兴和全面复兴的宏伟工程,其中政治文化和法律文化的复兴尤为重要。在当今全球化语境中,国与国的竞争已上升至"软实力"层面,而"软实力"的魅力源自该国的文化、政治理念、政策。一个国家的政策在别国眼里看起来合法合理,那么该国的"软实力"就会得到提升;一个国家的文化、价值体系有吸引力,那么其他国家就会追随;一个国家能够用自己的文化和价值体系塑造世界秩序,它的行为在其他国家眼里就更具有合法性,它也可以通过自己的价值和制度力量来规范世界秩序,而不需要诉诸武力和经济制裁。[②] 文化看似静止,实则运动不息,文化系统内部的各个子系统环环相扣,相互影响、给力或羁绊纷扰。政治文化的创新发展需要文化系统内部其他子系统的

---

① 喻中:《法律与艺术的对峙》,《法制资讯》2012年第7期。
② 参见蒋传光《当代中国特色先进法律文化创建的路径思考》,《河南财经政法大学学报》2007年第5期。

协调给力，法律文化的创新发展同样需要文化系统内部其他子系统的协调给力，艺术特别是优秀中国传统艺术在中华法律文化的创新发展中可以发挥其独特的建构作用。

一 中国当代法律文化存在的问题

"法律文化"一词源于西方，美国学者劳伦斯·弗里德曼在其《法律文化与社会发展》一文中最先提出"法律文化"一词并界定了"法律文化"的含义。他认为，"法律文化"是指"与法律体系密切关联的价值与态度"，这种价值和态度决定法律体系在整个社会文化中的地位。这种价值和态度涉及的问题包括：律师和法官的训练方式如何？民众对法律有何想法？团体或个人是否愿意求诸法院？人们为何求助于法律职业者、其他官员或仲裁者？人们是否尊重法律、政府以及传统？阶级结构与法律制度的运用与否之间存在着怎样的关系？正规社会管理之外还有哪些非正规方式？哪些人喜欢哪些管理方式？为什么？弗里德曼认为"法律文化"可有变通的表达方式，即"法律文化是关于法律体系的公共认知"。[①] 而法律体系包括：（1）法律规则得以运作的架构，如政治体制和司法机构等；（2）法律规则本身；（3）法律文化的法律价值和态度。法律制度是文化价值观的体现，所以法律文化（一个文化模式之内的价值观和对于日常生活的态度）对于法律制度（法律设施、法律组织、法律规则、原则和程序）的运行具有重大影响，法律制度变化容易，而法律文化变化较慢，甚至出现"复古主义"的反弹和回潮。例如，中国早就规定"一夫一妻"制度，可是近年来变相"一夫多妻"现象有所回潮。20世纪60年代以来的伊斯兰法复兴运动，可以看作是伊斯兰法律文化反弹回潮的表现。[②]

可见劳伦斯·弗里德曼的"法律文化"相当于"法律体系"中的上层建筑部分，中国当代学者延续西方学者有关"法律文化"理念，认为"法律文化"概念受到狭义文化概念的影响，是指"法律观念和法律价值体系"，法律观念是指人们对于法律的认识、态度、

---

① 高鸿钧：《法律文化的语义、语境及其中国问题》，《中国法学》2007年第4期。
② 同上。

评价等主观心理，如中国人遇到法律纠纷，倾向于用非法律的手段（如调解、协商、跳楼、上访等），对于法院判决不信任。价值体系指法律背后的指导思想、理想、信念、文化信仰、价值取向、价值评价等，我国当代的法律价值体系的指导思想是四项基本原则，而西方国家的法律价值体系的指导思想是自由主义。在法律信仰方面，中国坚持的是马克思列宁主义、毛泽东思想、邓小平理论等，西方坚持基督教信仰和自由主义信仰。

也有学者依据"广义文化"概念范式，将法律制度、法律设施和法律实施都放进"法律文化"的义涵之中，认为"法律文化是一个国家、一个民族在漫长的历史长河中积淀出的对于法的认识以及在这些人士指导之下形成的法律制度、法律设施和法律实施的统称"。法律文化以法律观念为核心，以法律制度、法律设施为载体，以法律实施为生命。[①] 同样，法律文化与人类的文化模式（本尼迪克特）一样，不能简单用对与错、优与劣进行评价，历史造就的法律文化有其存在的合理性，但是新的社会现实需要并且能够造就新的法律文化。

中国当代的法律文化脱胎于中国传统的法律文化，它与中国文化一样，优劣并存，其错谬之处表现为特权、等级思想严重，家国一体皇权至上，礼教立国普遍缺乏权利观念，法律工具主义——法律沦为政治的工具，[②] "乱世用重典"导致严刑峻法，[③] "礼尚往来"思想导致腐败痼疾。但是，我们不能因为中国法律文化存在上述负面因素就全盘否定中国传统法律文化。当代有学者指出，中国古法律文化源远流长，其发展脉络为"众议法文化—神判法文化—先例

[①] 曾粤兴：《中国法律文化的再造》，《法治研究》2015年第2期。

[②] 如汉代的立国之初淡化法律，中后期强化法律等，1997年党的十五大确立"依法治国"方略，1999年修订《宪法》确认该方略，法律工具主义观念才逐渐萎缩。

[③] 明朝以来"乱世用重典"成为统治者治国原则，中国大陆恢复法制以来，《刑法》35次修订，外加全国人大常委会9个立法解释，法网不断扩张，其中最近几年的修订虽然有一定程度的宽缓迹象，如部分死刑条款的废除，但是在社会转型时期"乱世用重典"的思想仍在发挥影响，这与全球刑法不断走向宽缓、开放的大趋势是不一致的，应当引起足够的重视。参见曾粤兴《中国法律文化的再造》，《法治研究》2015年第2期。

法文化—定式法文化—制定法文化—混合法文化"。① 世界范围的法律样式有三种，即成文法、判例法、混合法，而混合法是最为理想的法律样式。值得我们自豪的是，中国传统法律文化以其特有的样式和精神预示着世界法律文化的到来，如今"成文法"的大陆法系与"判例法"的英美法系已经并且正在日益靠拢。在中国传统法律文化史上占主导地位的"成文法"与"判例法"相结合的"混合法"，是人类法律实践活动客观规律的体现，是人类法律实践的内在规律的反映，预示着世界法律文化的共同的发展趋势。

中国传统法律文化并非一无是处，其中共分三类成分。第一，积极成分，如朴素唯物主义、辩证法和无神论精神，"人治"和"法治"相结合的治理方式，娴熟的立法和司法技术，独特的"混合法"法律模式。第二，中性价值成分，如"集体本位"的法律文化精神，行为的多元规范结构，司法中的温情主义色彩。第三，消极成分，如维护特权和等级差别，"重狱轻讼"的封建专治主义色彩等。②

而当代中国法律文化的问题集中表现为价值体系的混乱，改革开放以来，我国立法工作成效显著，有中国特色的社会主义法律体系已经形成，包括了宪法、行政法规、地方性法规等。但是这个庞大的法律体系包含了来自多方面的法律制度，既有来自英美法系国家的法律制度如合同法、诉讼法，又有来自德国、日本等大陆法系的刑法，还有来自苏联的法律制度如宪法、民法以及来自中国传统的法律制度包括当代我国独创的制度等，如《刑法修正案（8）》规定的对75岁老年人一般不判死刑，这是传统"矜老恤幼"原则在现代法律中的体现；现行刑法中的死缓制度，是中国当代自创的法律制度。

中国当前法律文化建设的短板是法律价值混乱，整合乏力。表现在两个方面：（1）中国当前的法律制度背后的文化价值和文化理念不同，相互之间存在潜在的冲突；（2）法律制度与法律价值体系之间存在潜在冲突，我们引进西方的法律制度，而我们的法律价值

---

① 刘砺：《中国法律文化的传统及其价值评价》，《法制与社会》2015年第11期。
② 同上。

体系是马克思主义,因此,必须创新我国的法律价值体系,以便包容和革新现有的法律制度。其外,法律观念处于混乱之中,既有"杀人偿命,欠债还钱"的传统法律观念,也有镇压阶级敌人、保护人民的马克思主义法律观念,更有保障人权、制约权力的自由主义法律观念;还有政治权力对法律制度的不恰当干预,法律主体的法律理性、法律意识处于整合创化之中等。

因此,不管从法律文化的上层建筑来看,还是从法律文化的器物层面、制度层面来看,中国当代法律文化都有待转化提升,创新格局,积极应对中华文化复兴的时代命题和人类文化精进的伟大目标。

二 艺术与法律文化融合创新的可能性

艺术与法律都属于文化价值体系中的独立文化要素,艺术具有其不可替代的情感圆融性和真理显现途径,法律同样具有其不可替代的制度规约性和历史时限性。法律文化中的最重要成分——法律观念和价值意识,直接来自文化的意识形态,而文化的意识形态主要由哲学、宗教和艺术组成,一个民族以至人类文化的艺术所承载的民族或人类的人性内涵、人性光辉直接或间接地映射至一个民族或人类的法律文化之中——包括其器物层面、制度层面以及价值理念层面。人类一切法律都是人化自然的结果,也是人化自身的结果,也就是说,人类的法律设计的终极来源是人性以及基于人性基础上的理性发现和理性预设。人发明法律来自于人对于自身缺陷的认知,子曰:兴于诗,立于礼,成于乐,人类是感性和理性的有机混成者,"诗"和"乐"固然美好,一旦沉溺不醒,社会秩序和人伦道德必然沦陷甚或崩溃,孔子所说之"立于礼"之"礼"就是规范,就是法律。

哲学家休谟指出:一切科学对于人性总是或多或少地有些关系,任何学科不论似乎与人性离得多远,它们总是会通过这样或那样的途径回到人性。[1]

法律也一样与人性——艺术的主要表现对象——保持着或多或

---

[1] 黄洁亭:《浅析人性及其与法律的关系》,《法制与社会》2009年第23期。

少的联系：其一，法律的产生以人性观为出发点，现代法产生于对"人性善"的质疑，现代社会加剧了人与人之间的竞争，放大了人性恶的一面。为了遏制人性恶的一面，保护人性善的一面，即为了惩治恶人，保护善良之人，必须制定法律条文，建立法律制度，完善法律手段并严格司法、执法。其二，法律与人性的价值目标是一致的，法律追求自由、正义、秩序，自由是法律进步与否的标志，自由可以衡量一个国家的法律是不是真正的法律，因为自由是人性的最深刻的需要，人类活动的基本目标之一便是满足自由需要，实现自由欲望，达成自由目标。法律的终极目标是人文关怀，是为了提高人的生活质量，为人类的生活创造良好的社会环境。① 而艺术的最大价值和永恒价值正是它的自由价值，艺术共时性价值体现为艺术的相对稳定的结构与关系，不能理解为黑格尔式的抽象的绝对理念，也不应该界定为一种超历史的先验经验，它应该是一些基质和核心内容，约而言之即真、善、美、自由和创新，其中尤为重要的基质和核心内容是自由和创新。② 因此，艺术的目标和法律的目标是一致的。

在现实生活中，我们总以为法律与艺术格格不入，法律人与艺术家是两类人，这是因为现代主流法律观念包括大陆法系、英美法系、中华法系以及现代主义法学和后现代主义法学，以"工具理性"取代了"价值理性"，以"科技理性"取代了"人文理性"，以"理性"取代了"非理性"，或以"非理性"取代了"理性"。③ 其后果是将现代法律特别张扬的理性精神从人类的感性海洋中抽离出来，反过来无情地奴役人性。正如当代有的学者指出的那样，如果法律以理性的名义粗暴地禁止了所有的反理性行为，那么，这种禁止态度的本身很可能也是远离理性的，它可能导致的结果就是：绝对地"存天理"（保存理性），绝对地"灭人欲"（消灭反理性）。

---

① 黄洁亭：《浅析人性及其与法律的关系》，《法制与社会》2009 年第 23 期。
② 颜翔林：《论价值与艺术价值的逻辑联系》，《南京师大学报》（社会科学版）1994 年第 3 期。
③ 李庚香：《法美学是人学》，《中州学刊》2004 年第 4 期。

在这种情况下,人不再是目的,而是异化成了为了保证天理的工具。①

正是因为现代化过程中形成的"法律科学帝国主义",法学陷入自我设陷的迷途,艺术作为人类感性之根和真理探索途径之一,恰好可以参与人类对于当代法律文化的转化创新事业。正如有的学者所指出的那样,当代法学对于人类行为及其动机的认识显然是过于简单化了,因此,不管是中国还是世界,当代法学除了要关注人类的行为外,还要关注人类的思想、意志、感情、潜能和动机,关注人类的理性和非理性存在(如故意和过失),关注人类的发展和命运,关注人与自然、人与生态的关系。艺术关注情感、关注非理性、关注人类的行为动机,艺术通过情感把握存在之真,必然关注人类的命运和人类的未来走向,因此,在当代中国法律文化建构中,艺术可以发挥它应有的建构性作用。

韩非子指出:"凡治天下,必因人情。"托克维尔说:"法律只要不以人情为基础,就总是处于不稳定的状态,民情是一个民族唯一坚强耐久的力量。"休谟指出:"理性在事实上是隶属于情感的,理性是并且也应该是情感的奴隶,除了服务和服从情感之外,再不能有任何的其他职务。"② 如果说将来的法律文化建设必须将人性结构中"情"的层面提高到空前的高度加以认知,并付诸法律文化的整体建构之中,那么我们可以说,艺术在今天对于法律文化建构的正面作用可能要比哲学和宗教更为重要。

三 艺术参与当代中国法律文化建构的路径

(一)法律观念与艺术精神及艺术思维的整合创新

晚清以来,中国文化包括法律文化深受西方文化影响,产生了从观念到体制的巨大变化。中国当代法律制度主要来自西方和苏联,而苏联的法律文化和法律制度具有与生俱来的西方文化背景。这就产生了一个很大的问题,这个问题是现代西方法律文化和法律制度本身的问题。当代有学者相当尖锐地指出了西方现代法律制度

---

① 喻中:《法律与艺术的对峙》,《法制资讯》2012年第7期。
② 参见李庚香《法美学是人学》,《中州学刊》2004年第4期。

的内在困扰：第一，法律脱离生活世界，成为相对独立的系统，法律的正当性脱离了宗教、道德和文化基础，要么与政治互相"循环论证"，要么通过法律内部诸要素的互动悖论式地实现循环的"自创生"；第二，价值虚无主义，具有形式主义的明显特征；第三，自19世纪后期以来，各种形态的法律实证主义成了西方法学的主要思潮，呈现为法律与道德和文化相分离的实证化趋势。有的学者认为这是现代社会分化的产物，理所当然。有的学者认为，到了后自由主义时代，形式主义的法律秩序面临严重危机并将走向崩溃，批判法学的代表人物昂格尔主张超越西方自由主义法治，在新的基础上复归习惯法。① 新自然法学的代表人物德沃金认为，现代法律的实证化倾向及法律实证主义会导致恶法之治，只有举起"道德权利"的王牌才能走出法律形式主义的困境。当代交往行为理论的代表人物哈贝马斯认为，实证化的现代法律导致了"生活世界的殖民化"，解救之道在于使法律与生活世界重新挂钩。②

东西方传统的法律制度与文化背景是相互融合的共生关系，文化始终可以直接或间接地左右法律的制度和程序。而现代社会，法律通过形式逻辑自我论证，变成了理性的独断独为者。不管是中国还是西方世界，法律文化一旦脱离了文化基础，就失去了直接形塑和影响法律制度的整体性内在力量，而被外在的利益所左右。法律文化一旦受到法律制度的左右，社会就会形成自上而下的强加法律价值的恶性导控，就会出现哈贝马斯所说的"生活世界的殖民化"的局面，③ 可能的解救之道是进行文化创新和法律观念创新，以文化创新和法律观念及法律制度的创新带动法律文化的创新。即在借鉴和吸收传统文化合理内核的基础上形成现代文化，然后将现代法律文化植根于这种现代文化，并通过这种现代法律文化将现代法律制度与现代文化加以连通。只有这样，才能确保生活世界对于法律制度价值和精神的良性导控，从而避免规则专政事实，形式宰制内

---

① [美]昂格尔：《现代社会中的法律》，吴玉章等译，中国政法大学出版社1994年版，第47页。
② 高鸿钧：《法律文化的语义、语境及其中国问题》，《中国法学》2007年第4期。
③ 同上。

容,功能消解意义。①

法律观念是文化观念的直接或间接的反映,有什么样的法律观念就会有什么样的法律价值观和什么样的法律制度建构。中国传统法律文化中的三类成分中,②有促进法律文化建设良性发展的优质因素,如其中的朴素唯物主义、辩证法和无神论精神,"人治"和"法治"相结合的治理方式,娴熟的立法和司法技术,独特的"混合法"法律模式。又如其中的"集体本位"的法律文化精神,行为的多元规范结构,司法中的温情主义色彩等,而其中维护特权和等级差别,"重狱轻讼"的封建专治主义色彩等与当代中国法律文化中的源自西方法律理念的"唯理主义""形式主义""科技理性""工具理性"等,成为我们建设中华未来法律文化的负面因素。

如何克服中国传统法律观念以及西方观念中的不利因素,发扬光大中国传统法律文化和西方法律观念中的积极因素,通过文化反思和文化创新重建新型法律文化,成为我们建设社会主义新文化,从而实现文化大发展大繁荣的重要命题。而艺术精神以及艺术思维的方法论和目的论可以帮助我们克服法律文化建设过程中的从传统和西方所带来的负面因素。

人类的艺术精神首先是人本主义——关怀人类的心理、情感,表现并完善人性。其次,人类的艺术精神是理想主义——通过艺术揭示客观和主观真实,超越当下,祈求永恒。各个民族在漫长的历史长河中又发展了自己的民族艺术精神,中华民族在五千年的文明建构中,形成了以"中和""生动""圆融""自然""情性""雄浑"为主要特征的艺术精神,既是人类艺术人本主义精神的体现,也是人类理想主义精神的体现,中华艺术精神中正能量因素至今依然具有极大的现实启发价值和理论指导价值。

艺术思维是指人类艺术活动中常用的情感思维、意象思维、直

---

① 高鸿钧:《法律文化的语义、语境及其中国问题》,《中国法学》2007年第4期。
② 三类成分:第一,积极成分,如朴素唯物主义、辩证法和无神论精神,"人治"和"法治"相结合的治理方式,娴熟的立法和司法技术,独特的"混合法"法律模式。第二,中性价值成分,如"集体本位"的法律文化精神,行为的多元规范结构,司法中的温情主义色彩。第三,消极成分,如维护特权和等级差别,"重狱轻讼"的封建专治主义色彩等。

觉思维、反理性思维、非逻辑思维,等等。按照马克思的说法,艺术思维是不同于理论思维、宗教思维以及实践—精神思维的一种特殊的思维方式,艺术思维与理论思维、宗教思维以及实践—精神思维的目的都是为了揭示真理——事物的内在规律和主体的内在真实。艺术思维的基本特征表现为:(1)特别关注人类的思想、感情、心理、愿望、性格、精神世界等;(2)艺术思维与人类的情感高度融合,艺术思维摆脱了理性的严酷的限制与束缚,听从欲望、心灵和情感的指挥;①(3)艺术思维在一种类似于无意识的混沌状态,打通了人性和物性的壁垒,物我两忘,与当代生态主义思想不谋而合;(4)中国传统艺术思维模式——禅宗顿悟思维不立文字,当下了断,一悟直入,涵盖乾坤。禅思通常借助具体可感的生活事象,引领联想驰骋八极,顿悟宇宙实相,觉悟生命的本质和奥秘。②

因此,艺术精神的"人本性"和艺术思维的方法论和目的论可以引入当代中国法律观念的革新和创新建构之中,中国古代法律观念中的朴素唯物主义、辩证法和无神论精神,重视人本的温情主义色彩等,都与艺术精神特别是中华艺术精神中的"中和""性情""自然"等密切相关;而其中维护特权和等级差别,"重狱轻讼"的封建专治主义色彩,与人类的艺术精神及中华艺术精神背道而驰。当代中国法律文化中的源自西方法律理念的"唯理主义""形式主义""科技理性""工具理性"等,不但与人类的艺术精神背道而驰,同时也与中华传统艺术精神背道而驰。我们在重新构想中华未来法律观念的时候,必须首先运用艺术思维的方法——情感思维、物感思维③、移情思维④和直觉思维突破当代中国法律观念中根深蒂

---

① 王旭晓:《试论艺术思维的特征——从文化创意谈起》,《艺术百家》2011年第1期。
② 曾佳:《禅宗顿悟与艺术思维的异质同构关系》,《艺术百家》2005年第2期。
③ 物感思维强调由物而引发主体的情感、情思,并通过主体和物的交流互感而达到情景交融、物我两忘的混融境界,其情感是宣泄的,而西方艺术的模仿思维强调创作须追寻"典型"事物,其情感是克制的。
④ 德国美学家立普斯创立"移动说"。审美者在情感的强烈作用下,通过主体意识活动,把自己的情趣、性格、生命、能力等主观拥有的东西外射、移注给观赏对象,使原本没有生命、没有情感的事物变成有生命、有情感的物体,同时审美者自己也由于受到这种错觉的影响,而达到一种物我交融、物我同一的境界。参见 http://baike.baidu.com。

固的"唯理主义""形式主义""科技理性""工具理性",以及二分思维模式。

根据当代学者的研究,世界范围的法律样式有三种,即成文法、判例法、混合法,而混合法是最为理想的法律样式。中国古代法律文化源远流长,其发展脉络为"众议法文化—神判法文化—先例法文化—定式法文化—制定法文化—混合法文化"。① 可见由中国优秀传统文化和艺术精神所滋养的中国传统法律观念——人情观念,天人合一观念,本来就高度契合人类法律文化的主流走向。面对现代法律的实证化倾向以及法律实证主义所导致的"恶法之治"的法律困境,我们可以另辟蹊径,运用艺术精神和艺术思维路径,对当代中国法律观念进行必要的反思、整合和创新转化。

(二)法律制度与艺术精神、艺术思维的整合创新

正如上文所指出的那样,不管是中国还是西方世界,法律文化一旦脱离了文化基础,就失去了直接形塑和影响法律制度的整体性内在力量,而被外在的利益所左右。法律文化一旦受到法律制度的左右,社会就会形成自上而下的强加法律价值的恶性导控,就会出现哈贝马斯所说的"生活世界的殖民化"的局面。② 可能的解救之道是进行文化创新和法律观念创新,以文化创新和法律观念及法律制度的创新带动法律文化的创新。即在借鉴和吸收传统文化合理内核的基础上形成现代文化,然后将现代法律文化植根于这种现代文化,并通过这种现代法律文化将现代法律制度与现代文化加以连通。只有这样,才能确保生活世界对于法律制度价值和精神的良性导控,从而避免规则专政事实,形式宰制内容,功能消解意义。③

所以建立了较为完善的现代文化之后,随即法律制度的改良和创新必被提上议事日程。

法律制度是指法律调整各种社会关系时所形成的体现社会制度的各种法规和政策。从宏观上看,有所谓"母法""最高法"之称的宪法,是国家的根本法,也是治国安邦的总章程,在本质上同普

---

① 刘砺:《中国法律文化的传统及其价值评价》,《法制与社会》2015年第11期。
② 同上。
③ 高鸿钧:《法律文化的语义、语境及其中国问题》,《中国法学》2007年第4期。

通法律一致。由于宪法所规定的是国家生活中最根本、最重要的原则和制度，宪法就成为立法机关进行日常立法活动的法律基础。因而宪法被称为"母法""最高法"，普通法律则被称为"子法"，但是宪法也只能规定立法原则，而不能代替普通立法。①

从微观上看，法律在调整不同的社会关系时形成了具体的法律制度，如政治法律制度、经济法律制度、家庭法律制度、文化法律制度等。② 从宏观层面的国家治理到微观层面的交通治理，法律制度逐渐形成体系。根据相关学者的统计，我国现行有效的法律共229件，涵盖宪法及宪法相关法、民商法、行政法、经济法、社会法、刑法、程序法七个法律部门，现行有效的行政法规近600件，地方性法规7000多件。③ 比较而言，日本、英国及美国的法律制度都远比中国的法律制度要繁密得多：日本的法律制度总计9803件；英国现有法律法规42000余件；美国自罗斯福实施新政大规模立法以来的80年间，所制定的法律法规可谓多如牛毛。④

不管是宏观层面的宪法——"母法""最高法"，还是微观层面的民商法、行政法、经济法、社会法、刑法、程序法——"子法"，在当代话语环境下，都有与艺术精神和艺术思维进行整合创化的必要性。

正如政治艺术化的实现路径遵循自上而下的实践路径一样，法律艺术化（美学化）也遵循着自上而下的实践路径，即从宪法顶层设计艺术化至法律法规艺术化。当代学者研究得出结论也认为，在当代的国情背景之下，政府（自上而下）推进型模式是我国法制建设有效可行的模式。目前西方发达国家在21世纪的背景下也大都注重政府在治理国家、发展经济和促进社会进步方面的主导作用，在21世纪的时代背景下，我国的法制建设应继续采取政府推进模式。⑤

就宪法顶层设计而言，我们必须克服当代法律唯理主义倾向，

---

① 参见《宪法》，http://baike.baidu.com/link。
② 参见 http://baike.baidu.com。
③ 参见《十届全国人大常委会工作报告》，中国人大网（http://www.npc.gov.cn/）。
④ 张羽君：《21世纪的中国法律制度与社会建设》，《政治与法律》2009年第6期。
⑤ 同上。

不能盲目迷信科学、理性、理智，需要国家的顶层设计者融合艺术精神包括中国传统艺术精神和艺术思维来进行宪法的制定和修改。一定要充分动用宪法设计者和社会群体的情感直观和情感触悟能力，并时刻保持着以情感直观和情感触悟纠正理性偏颇的艺术自觉性，自觉地运用我国传统艺术中的"以情窥理"情感思维模式和"中庸和谐"价值立场，不断调整并完善国家的根本大法。

就具体的法律法规而言，我们同样需要充分运用艺术精神包括中国传统艺术精神和艺术思维来进行法律法规的"艺术性"整合创化，也就是微观层面的民商法、行政法、经济法、社会法、刑法、程序法的制定和执行都有必要与艺术"嫁接"。正如有的研究者所指出的那样，中国当代社会环境不同于传统的"差序格局"社会，血缘和道德伦理已经失去其约束力，随着"陌生人社会"的兴起，道德规范的作用逐渐削弱，"道德滑坡"成了一种社会必然趋势，需要用法律来填补道德削弱空缺。也就是说，我们必须提倡法制，但是在法制中我们要注意法律的人性基础，法律的制定和执行要体现人的真正内在需求，以人的实际需求为出发点来完善法律。人的需要是法律发展的原动力，只有迎合人的需求的法律方为人所遵守和维护，违背基本人性的法律只能是废纸一张。[1] 国家的各种法律法规的制定和执行，不但要做到"以理服人"，同时还要做到"以情服人"——合情合理，合理合情。法律、法规、条例不能只认死理呆法，更为重要的是在执法过程中，运用艺术思维——情感思维的方法来破除法律迷信，当代不少冤假错案都是由法律迷信造成的，在这方面，中国古代"罪疑从轻"和"原情定罪"[2]的执法判案方法值得借鉴。"罪疑从轻"和"原情定罪"实际上就是在运用情感思维来对法律思维进行必要的调整和平衡，在今天依然具有重大的启发价值。而一旦艺术精神和艺术思维与法律法规的制定和执行巧妙嫁接，就有可能达成当代学者所向往的"法律美学化""法律艺术化"的理想境界。这种"法美学"在中国和平崛起的过程中，既能够满足适当的物质需要，同时也能够重视非物质的精神享

---

[1] 黄洁亭：《浅析人性及其与法律的关系》，《法制与社会》2009年第23期。
[2] 刘砺：《中国法律文化的传统及其价值评价》，《法制与社会》2015年第11期。

受；既确认合理的外在功利，同时也重视内在生命意义的追求；既注意维护适当的社会竞争，也重视人与人之间的合作，使生产方式与人性，使人类的竞争与合作，使人与自然、人与社会，使真、善、美，使自由、平等与正义，使法理、权力、权利（利益）之间达到适度的均衡，名副其实地成为正义的形象。①

（三）艺术教育与法律教育的合力共进

法律教育是实现"依法治国"的重要前提。而当代中国的普法教育效果并不理想，其主要问题表现在：（1）自上而下的灌输式普法教育，由于无视中国的文化语境的特殊性，很难取得预期的效果，现代法律制度及其价值观来自西方，中国民众难以直接认同这种价值观，因此，必须改变思路找到适合中国语境的法律教育途径；②（2）普法形式化——轰轰烈烈走过场，认认真真搞形式，普法工作没有落到实处；（3）普法目标定得过高，要求民众知法、懂法、用法、守法，现代法律体系复杂，用语抽象，专业性和技术性极强，只有经过专业训练的律师才能理解和掌握；（4）强调公民守法，对于公民如何利用法律维护权益强调不足，从而产生"以法治民"的导向，使民众对法律产生畏惧心理。③

而艺术作为文化价值体系中与法律相互关切联动的文化成分，恰恰可以在两个方面弥补我国当代法律教育的不足之处。

其一，通过艺术欣赏、艺术体验，民众可以从艺术作品、艺术氛围中获得法律所没有的或欠缺的感情直观能力。也就是说，通过艺术教育、艺术体验和艺术熏陶，社会公众可以从一种集体性的感性直观和感性触悟中，理解现代法律精神如正义、公平、理性、科学、民主等，优秀的艺术品之所以流传到今天，其中主要原因之一

---

① 李庚香：《法美学是人学》，《中州学刊》2004年第4期。

② 可行的方法是承接传统，融合外来。如将"民贵君轻"的"民本"思想与现代民主意识对接，将"法不阿贵"的平等思想与"法律面前，人人平等"的思想对接，将"天人合一""道法自然"的天道观，"到并行而不悖，万物并育而不相害"的宽容观，"一言既出，驷马难追"的信义观，"天下人皆相爱"的兼爱观，"己所不欲，勿施于人"的同情观，"暴君放伐"的抗议精神与西方类似的价值观进行阐释学的对接并发扬光大，使得当代民众在"现代适应性"的基础上理解接受现代法律思想。参见高鸿钧《法律文化的语义、语境及其中国问题》，《中国法学》2007年第4期。

③ 同上。

是其所含藏的普适性价值观和人性内涵，具有跨越时空的生命力。比如《包青天》电视连续剧在现代社会依然被热捧；《水浒传》以及改编的影视、动漫即使在现代都市中，依然引起情感共鸣，因为其中的"清正廉洁""刚正不阿""智慧判案"以及"仗义执言""替天行道""大碗吃肉，大秤分钱"等价值理念与现代法律精神所倡导的正义、公平、理性、科学、民主等，相互连通，互为发明。因此，在今天法律法规不断繁复细化的背景下，通过艺术潜移默化的教育和熏陶，可以培养国民的法律正义感。

其二，艺术化的法律案例——法律案例艺术作品，如《窦娥冤》《罗生门》《威尼斯商人》以及《秋菊打官司》《我不是潘金莲》等，作为承载着伦理精神的"道德场域"，[①] 可以发挥通常的普法教育无法达到的教育广度和深度。《罗生门》全球放映，经久不衰，数十年来它对于全球人类的道德教育和法律意识启发，绝不是某一个国家一段时间的普法教育所可以比拟的。而法律案件艺术作品对于民众法律意识及人性意识的启蒙，也不是一般的普法教育所可以比拟的，《威尼斯商人》既宣示法律的正当性，同时又揭示法律的非正当性和人性的孱弱。《秋菊打官司》《我不是潘金莲》都是通过法律案例的艺术化呈现，在我国公民中宣传法律，同时又通过艺术思维和艺术形象来展现人类复杂的内心世界的幽暗性，并触及社会治理所存在的种种弊端，引起法律界人士和非法律界人士的深刻反省。因此，艺术化的法律艺术作品作为国家普法教育的辅助手段，有时会产生比正常的普法教育大得多也高明得多的法律教化作用。

第四节　小结：艺术参与国家顶层设计

"顶层设计"本是工程学术语，本义是统筹考虑项目各层次和各要素，追根溯源，统揽全局，在最高层次上寻求问题的解决之

[①] 参见宋铮《论艺术场域与法律场域的伦理同一性》，《沈阳师范大学学报》（社会科学版）2016年第2期。

道。"顶层设计"在中共中央关于"十二五"规划的建议中首次出现，中国共产党十七届六中全会提出中国文化的"顶层设计"，"顶层设计"正成为中国新的政治名词。学者王一木在《中国文化顶层设计的基本内涵和路径选择》一文中，提出所谓"文化顶层设计"，就是从国家层面上就文化发展进行全方位、深层次和战略性设计，包括国家文化发展的指导思想、方针原则、发展目标、发展模式。其中，指导思想是文化顶层设计的方向引导，发展目标是文化强国顶层设计的战略部署，发展模式是文化强国顶层设计的主导样式，文化顶层设计是中国社会主义文化强国战略的具体化。"文化顶层设计"不仅是文化设计，而且是政治、经济、文化和社会"四位一体"的全方位"系统谋划"——全方位设计，目的是克服我国当代社会管理体制和文化体制不适应经济发展而出现的短板效应。"文化顶层设计"不是浅层次设计，而是深层次设计，不断化解产业结构矛盾、地区发展不平衡矛盾、两极分化矛盾等。"文化顶层设计"不是战术性设计而是战略性设计，就整体性、全局性、长远性和重大性目标进行预先设定。[①]

在国家的顶层设计中，政治文化的顶层设计尤为重要。其次，外交模式创新、法律文化创新性建构，都关乎国家的大政方针、治理模式能否适应国情、顺应民意和科学真理，圆满推进，引领国家民族以至人类社会和谐发展，健康发展，美丽发展。艺术与政治的关系错综复杂，但是历史和现实的经验告诉我们，艺术可以对国家的政治文化积极干预，正面引导。虽然当代学者对政治形象化、政治美学化进行了深入的探讨，但是，我们还必须更进一步从政治思维艺术化、政治决策艺术化、政治活动艺术化、政治作品艺术化等具体路径入手，探讨可以对政治正面发挥作用的政治艺术手段。

政治思维既是理论思维，同时也是人类的实践活动，政治理论预设贯彻到政治实践中，从政治实践中不断总结经验，上升到对于世界普遍政治真理的认知和把握。如果我们在政治思维、政治实践和政治作品中融合艺术的情感直观、情感触悟，在政治思维、政治

[①] 王一木：《中国文化顶层设计的基本内涵和路径选择》，《江西社会科学》2012年第2期。

实践和政治作品中融合中国传统艺术"中庸和谐""生生不已""天人合一""天人协调""仁爱求真""刚健有为"的价值理念，那么，艺术的这种情感直观、情感触悟思维方式和融合着传统文化儒释道精华的价值理念，就会在一定程度上帮助我们克服政治理智中的理性偏颇或感性执拗。而理性偏颇和感性执拗从人和文化产生以来就一直困扰着人类，并将继续困扰着我们，在实现"中国梦"的征途上，在促进中华文化全面复兴的过程中，我们必须时时刻刻警惕着理性偏颇和感性执拗给我们带来的可能的负面影响，自觉地运用艺术的思维模式，特别要自觉地运用中国传统艺术的思维模式，来调整我们的政治思维模式。

政治艺术化，并不意味着政治家要变成艺术家，政治活动变成艺术狂欢，政治成果——政治作品变成务虚的精神性符号，政治艺术化不能改变政治的务实性和功利性。政治艺术化过程中，艺术思维、艺术手法、艺术精神始终发挥辅助、纠偏、警醒和完善的作用。

外交是国家的政治工具和政治手段，也是一门与艺术相通的"实用艺术"，其中文化外交就是主权国家利用文化手段达到某种政治目的或对外战略意图的一种外交活动。"文化外交是指国家及其人民之间的观念、信息、艺术以及文化的其他方面的交流，以加强相互之间的理解。"[1] 艺术作品具有强烈的感性色彩，用艺术作品既能直接说明民族文化的独特性，又能体现世界文化的共性。在文化外交中，通过本国艺术作品透出来的亲切感人的文化气息，与他国人民的情感和价值观产生共鸣，充分发挥了艺术在文化外交中的桥梁和纽带作用。中国的文化外交的成功实践表明，将艺术形式、艺术精神和艺术思维融合到文化外交中，不仅对国家的外交决策有辅助、警醒和完善的作用，也是人类圆成中国梦和世界梦的重要环节和理智选择。

现代主流法律观念包括大陆法系、英美法系、中华法系以及现代主义法学和后现代主义法学，以"工具理性"取代了"价值理

---

[1] Cummings, Milton C., *Cultural Diplomacy and United States Government: A Survey*, Washington: Center for Art and Cultural, 2003, p.1.

性",以"科技理性"取代了"人文理性",以"理性"取代了"非理性",或以"非理性"取代了"理性",①其后果是将现代法律特别张扬的理性精神从人类的感性海洋中抽离出来,反过来无情地奴役人性。正如当代有的学者指出的那样,如果法律以理性的名义粗暴地禁止了所有的反理性行为,那么,这种禁止态度的本身很可能也是远离理性的,它可能导致的结果就是:绝对地"存天理"(保存理性),绝对地"灭人欲"(消灭反理性)。在这种情况下,人不再是目的,而是异化成了为了保证天理的工具。②

正是因为现代化过程中形成的"法律科学帝国主义",法学陷入自我设陷的迷途,艺术作为人类感性之根和真理探索途径之一,恰好可以参与人类对于当代法律文化的转化创新事业。艺术关注情感、关注非理性、关注人类的行为动机,艺术通过情感把握存在之真,必然关注人类的命运和人类的未来走向,因此,在当代中国法律文化建构中,艺术可以发挥它应有的建构性作用。例如,艺术与法律结合可以实现"法律观念与艺术精神及艺术思维的整合创新","法律制度与艺术精神、艺术思维的整合创新",以及"艺术教育与法律教育的合力共进",等等。

---

① 李庚香:《法美学是人学》,《中州学刊》2004年第4期。
② 喻中:《法律与艺术的对峙》,《法制资讯》2012年第7期。

第七章

艺术参与建设中华民族精神文化

　　艺术、哲学、宗教、道德、科学理念共同构成精神文化体系。按照马克思主义哲学观来看，物质文化发挥决定性作用，但是精神文化对物质文化和制度文化具有强大的回应作用，物质产生了精神，精神反作用于物质甚至制约引导物质文化和制度文化的发展；而中国传统文化强调"道"的本体性，精神文化制约着物质文化和制度文化的发展方向。笔者认为精神文化与社会的物质文化和制度文化互为体用，进入轴心时代以来，人类的精神文化在各个文明体系中，其重要性已经超越物质文化和制度文化，具有超越物质的"文化本体"作用。

　　在精神文化体系内部，艺术与哲学、宗教、道德、科学理念相互融通，艺术作为"活感性存在"形态，与"哲学、宗教、道德、科学"形上层面深度关联，并且与"哲学、宗教、道德、科学"形下层面互为关涉。中国当代文化建设，特别是文化软实力建构，主要集中在精神文化层面，艺术本身的创新性建构以及艺术参与的"哲学、宗教、道德、科学"文化建构共同凝神形塑为民族的精神文化和国家综合实力中越来越重要的组成部分——国家的文化软实力。

第一节　艺术参与中华哲学文化建构

一　艺术哲学作为当代哲学文化的有机构成

　　当代中国哲学由马克思主义哲学、传统中国哲学、西方哲学共同组成。当代中国哲学文化,与当代中国的宗教文化、道德文化和科学文化等构成当代中国的精神文化部分。当代中国哲学学术成果、哲学体制、哲学教育、哲学传播、哲学创新能力等共同构成当代中国哲学文化。

哲学之所以在民族文化结构中占据显要位置,乃是因为哲学穷究天人,是一个民族中的"圣贤""哲人""智者"的哲理运思成果,是一个民族的思想沉淀,具有超越时代的精神品性和文化参考价值。中国文化内传不绝,外传广大,在外来文化的"刺激—挑战"过程中,始终能够化纳转生,甚至绝处逢生。中国先贤自"轴心时代"开创生发"易道""中庸""自然"等思想理念以及历代圣哲所开创的"天理""心性""知行"等哲学思想,发挥了巨大的文化奠基作用和文化开拓作用。

马克思在其《〈政治经济学批判〉导言》中提出人类掌握世界,揭示真理的四种方法和途径:(1)理论方法,通过哲学思考和科学探索;(2)实践精神方法,通过社会的道德和伦理活动;(3)宗教方法,通过宗教和巫术活动;(4)艺术方法,通过艺术(包括文学)活动。而这四种活动对于宇宙人生及社会历史的真理性揭示,最终都必须以理论话语加以凝定,所以道德、科学、宗教及艺术理论又可称为道德哲学、科学哲学、宗教哲学及艺术哲学。我国当代艺术学蓬勃发展,艺术学包括艺术理论、艺术批评、艺术史论及艺术实践论(文化创意产业)。其中,艺术理论研究人类艺术的普遍规律,研究各门类艺术共同的创作心理、创作过程、艺术接受规律、语言结构、文化机理、传播规则以及教育规律等,具有总结人类艺术实践又指导当下艺术实践的功能和价值,在目前的中国艺术学门类里面,艺术学理论处于其他四个一级学科之首,凸显出艺术理论的"理论"价值。艺术理论或艺术学理论当然研究艺术美的起源、艺术美的理论依据、艺术美的历史变迁、艺术美的普遍规律等,因此,艺术理论或艺术学理论研究中包括"美学"中的"艺术美学"研究。"美学"因其研究对象的普遍性和理论意义的普适性而具有"哲学"的理论高度和理论品质,因此,"美学"属于哲学门类,"艺术美学"又称"艺术哲学"。当代中国艺术理论、文艺学理论与当代中国美学，各有研究重点：艺术理论重点研究包括文学在内的艺术规律、文艺学研究文学理论并兼及艺术规律以及二者的理论融通等，美学重点研究包括艺术美在内的美的普遍规律。艺术理论、文艺学和美学的学科交叉互补态势，有力地增扩了中国当代哲学研究的广度和深度，使得当代中国哲学的理论导向更增添了艺术理论的直觉渗透。

作为当代中国哲学文化的有机组成部分，艺术理论的研究成果，如艺术美学（艺术哲学）、艺术社会学、艺术人类学、艺术文化学、艺术语言学、艺术宗教论、艺术掌握论、艺术本体论、艺术价值论等学科的学术成果，与当代中国的哲学学术成果相互发明，它们本身也可以被指认为当代中国哲学文化体系中不可替代的组成部分。当代中国艺术理论的振兴繁荣，表征着中国哲学文化的振兴繁荣。

二 艺术传承传播哲学文化

艺术传承中国优秀传统哲学文化。艺术和哲学分属文化价值系统中的不同层面，各有其独立性，但是文化价值系统中的各个组成部分及各个层面相互渗透、相互作用。经济基础决定上层建筑，但是上层建筑反作用于经济基础，经济基础内部各个要素相互制约，上层建筑内部各个要素相互制约、相互作用。一个民族的哲学本体论、世界观、价值观和思维方式与其社会的意识形态和道德意识互为涵摄。中华民族"天地一体""变化日新"的世界观，以和谐为最高价值原则的价值观，以及重和谐、重整体、重直觉、重关系、重实用的思维方式，[1] 与当今中国的社会主流意识形态——社会主义核心价值观，与国家的主要发展理念——创新、协调、绿色、开放、共享，与社会的道德意识如"以人为本""科学理性""文明进步""和谐包容"等互为涵摄，哲学世界观、价值观和思维方式，体现于社会的方方面面，社会文化的各个层面通过各自的文化实践巩固或消解其哲学文化。

经 20 世纪外来文化的冲击，中国传统哲学几乎力不能支，从

---

[1] 张岱年、程宜山：《中国文化精神》，北京大学出版社 2015 年版，第 153—179 页。

"中学为体，西学为用"至"西学为体，中学为用"，"西学为体，中学为用"，[1] 以至"西学为体，西学为用"（全盘西化），中国哲学中的"天人同构""体用不二""和合圆成""中庸适道"等基本理念，遭遇西方哲学（包括马克思主义哲学）的轮番解构，其间虽然有新儒家试图挽狂澜于既倒，时至"文革"历劫以至今天，传统哲学的重要范畴如"道""器""体""用""仁""义""心""性""空""有"等，已基本从当中国人的知识视野中，消失殆尽。在西学和马克思主义哲学话语权至上的现当代语境中，中国传统哲学中的优秀思想理念如"刚健有为""和与中""崇德利用""天人协调"等[2]也消失于当代的哲学文化视野中，直至改革开放年代，中国哲学渡过"文革"艰难，才有了创新。当代中国哲学界开展了哲学方法论、传统文化与现代化、"郭店楚简"与儒道经典，儒学和宗教、和合学创新——未来哲学等问题的讨论和话语建构。[3]

艺术与哲学同属于精神文化层面，二者不可相互取代，但二者又在目的论层面互为关涉：哲学以概念和逻辑推理的方法最终把握真理。"艺以载道"和"艺以体情"为中国艺术史两大文脉，而载道艺术又一直居于主流位置，中国传统艺术所载之道——中国哲学本体论、认识论、价值论和方法论，在传统中国语境中，始终发挥着社会道德主导作用。"艺以体情"始终发挥着适当的文化校正功能，每当文学艺术过于"艺以载道"，艺术变成了道德理念和社会政治的传声筒和附庸工具时，艺术的本体力量——人类的情性就会通过艺术家、艺术作品、艺术风潮、艺术流派、艺术思想等，对"载道艺术"进行必要的批判、反思和校正，对"载道艺术"所载

---

[1] 于光远、黎澍提出，李泽厚进一步加以阐发。李泽厚借用人类学本体论中的"社会存在本体"概念，认为"体"有两重含义，一是工艺社会结构（物质文明结构），二是文化心理结构（内在的精神文明结构），中国当代的社会本体意识——马克思主义和现代科学理论来自西方，因此，"西体"就是现代化，"西体中用"就是如何将"现代化"进行"中国化"。可见，这个"西体中用"已经与通常所谓的"西体中用"大相径庭。参见张立文、段海宝《中国哲学三十年来的回顾与展望》，《社会科学战线》2008年第3期。

[2] 张岱年、程宜山：《中国文化精神》，北京大学出版社2015年版，第14页。

[3] 张立文、段海宝：《中国哲学三十年来的回顾与展望》，《社会科学战线》2008年第3期。

之"道"——历史上不断出现的人类的理性的偏颇,进行必要的批判、反思和校正。当代中国艺术同样以其情感的直觉力量、融通中西的创新方式以及紧贴时代的表现方式,克服当代中国过于西化、"去中国化"的哲学理念和哲学思维方式。

传承发展优秀传统文化,特别是其中的优秀传统哲学理念、哲学思想和哲学思维方法,除了学术阐释、教育推广、融入生产生活、加大宣传力度等有效方式之外,① 还可以运用文艺创作有效传承优秀传统文化。例如,国家出台的相关指导性文件指出,当代的文艺创作要善于从中华文化资源宝库中提炼题材、获取灵感、汲取养分,把中华优秀传统文化的有益思想、艺术价值与时代特点和要求相结合,运用丰富多彩的艺术形式进行当代表达,推出一大批底蕴深厚、涵育人心的优秀文艺作品。此外,运用中华诗词、音乐舞蹈、书法绘画、曲艺杂技、历史文化纪录片、动画片、动漫制作、出版物、戏曲"像音像"、② 网络文学、网络音乐、网络剧、微电影等,创作能够传承中华文化基因,具有大众亲和力的文艺作品、节目栏目。同时通过加强文艺评论,改善文艺评奖,建立具有中国特色的文艺研究评论体系,倡导中华美学精神,推动美学、美德、美文相结合。③

在当代艺术创新性作品中,已经出现能够表现《周易大传》"自强不息""厚德载物"等哲学理念的优秀作品。例如,中国篆刻艺术追求"阳刚奇崛"之美,可以说是用于表现中国哲学"自强不息""厚德载物"精神价值的典型艺术门类,虽然历代印风多有变

---

① 参见中共中央办公厅国务院办公厅印发《关于实施中华优秀传统文化传承发展工程的意见》(http://news.xinhuanet.com/politics/2017-01/25/c_1120383155.htm)。

② 2016年3月,在中宣部支持指导下,文化部成立京剧"像音像"工程办公室,加大工程组织实施力度,在天津市先行先试、积累经验的基础上,将这一工程向全国推开。京剧"像音像"工程是深入贯彻习近平总书记文艺工作座谈会重要讲话精神、传承和弘扬中华优秀传统文化的一项重要举措,是列入《中共中央关于繁荣发展社会主义文艺的意见》和国务院办公厅印发的《关于支持戏曲传承发展的若干政策》的国家文化工程。工程选取当代京剧名家及其代表性剧目,采取先在舞台取像,再在录音室录音,然后演员给自己音配像的方式,运用现代科技手段,反复加工提高,留下最完美的艺术记录。参见 https://baike.baidu.com。

③ 同上。

化，如魏晋南北朝印章风格崇尚稚拙，唐代官印刚劲婀娜，宋元文人印古朴雅致，明清印风或流利典雅，或沉着遒劲，一直到现当代吴昌硕、齐白石，中国印始终以"阳刚之美"著称于世。2008年北京奥运会会徽"中国印·舞动的中国"将最具中国传统文化代表性的印章和书法等艺术形式与现代奥林匹克竞技体育运动相结合，获得广泛赞许。

艺术传播中外优秀哲学文化。就中国当代哲学文化建构而言，学术界提出了若干建设性的思路，张立文等在《中国哲学三十年来的回顾与展望》一文中总结为以下几种建构路径：（1）综合创新论。抛弃中西对立，体用二元的僵固思维模式，排除华夏中心论和欧洲中心论的干扰，开放包容，对古今中外文化系统的组成要素和结构形式进行科学的分析和筛选，根据中国社会主义现代化建设的实际需要，发扬民族的主体意识，经过辩证综合，创造出一种既有民族特色又充分体现时代精神的社会主义新中国文化。（2）西体中用论。"西体"就是现代化，"西体中用"就是如何将"现代化"进行"中国化"。（3）创造建设论。即儒家文化接受西方文明的挑战，从宗教、社会和心理三个层次进行创造性建设。（4）创造性转换。自由离不开有生机的传统，自由、理性、法制和民主不能经由打倒传统而获得，只能在旧传统经由创造转化而建立起一个新的、有生机的传统的时候才能逐渐获得。（5）返本开新说。以"曲通"或"曲成"的方式，实现中国内圣的"新外王"转化。

我们看到，以上五种哲学建构路径都在强调创新，而创新离不开中外哲学文化的相互了解和融通，也即哲学的相互传播交流，不同哲学文化之间的相互借用需要首先"知彼知己"，而哲学与宗教一样，"知己甚易"而"知彼甚难"。从轴心时代开始，早期人类圣哲们的哲学领悟和哲学理念分道扬镳，由这些成熟的早期智慧所塑造的当代各个民族的哲学精神、哲学思维方式要实现平等对话、理性交流则十分困难，甚至几无可能。而艺术文化首先"以情动人""以情感人""以情近人"，然后才是以"艺理""艺道""艺教"感化人类，艺术因而可以充当不同民族、不同文化模式之间哲学对话、哲学交流、哲学沟通的桥梁。

第一，艺术向内传播国外的优秀哲学理念，比哲学说教的直接"进口"更容易被人接受。国外优秀的哲学理念通过哲学著作只能影响到部分从事哲学专业的从业人员和知识分子，而优秀的外国文学作品、影视、动漫、绘画、雕塑、舞蹈、音乐作品，特别是那些沉潜着先进的哲学理念和普适价值的艺术作品，可以形象化地将艰深的哲学观点、哲学思想推送到广大的艺术受众面前，以其感人的艺术魅力打破哲学原理的"理解壁垒"，20世纪80年代西方存在主义哲学在中国的传播就是一个典型的案例。

存在主义一词的拉丁文为 existentia，意为存在、生存、实存。存在主义哲学论述的不是抽象的意识、概念、本质的传统哲学，而是注重存在，注重人生。但也不是指人的现实存在，而是指精神的存在。存在主义的集大成者萨特在研究基督教存在主义哲学的基础上，抛弃了克尔凯郭尔的宗教神秘主义，继承并发展了胡塞尔的非理性主义，形成了他自成体系的哲学思想——无神论的存在主义。从此，存在主义哲学的发展跨入了一个新阶段，这就是通常所说的当代存在主义哲学。存在主义哲学提出了三个基本原则：其一是"存在先于本质"，认为人的"存在"在先，"本质"在后。首先是人的存在、露面、出场，后来才说明自身。所谓存在，首先是"自我"存在，是"自我感觉到的存在"，我不存在，则一切都不存在。所谓"存在先于本质"，即是"自我"先于本质，也就是说，人的"自我"决定自己的本质。其二是"世界是荒谬的，人生是痛苦的"。认为在这个"主观性林立"的社会里，人与人之间必然是冲突、抗争与残酷，充满了丑恶和罪行，一切都是荒谬的。而人只是这个荒谬、冷酷处境中的一个痛苦的人，世界给人的只能是无尽的苦闷、失望、悲观消极，人生是痛苦的。穷人是如此，富人也如此。其三是"自由选择"。这是存在主义的精义。存在主义的核心是自由，即人在选择自己的行动时是绝对自由的。认为人在这个世界上，每个人都有各自的自由，面对各种环境，采取何种行动，如何采取行动，都可以做出"自由选择"。"如果存在确实先于本质，人就永远不能参照一个已知或特定的人性来解释自己的行动，换言之，决定论是没有的——人是自由的。人即自由。"萨特认为，人在事物面前，如果不能按照个人意志做出"自由选择"，这种人就等于丢掉了个性，失去"自我"，不能算是真正的存在。萨特的存在主义哲学不仅是存在主义文学的思想核心，而且成为后现代主义文学各个流派的思想基础。① 萨特的存在主义哲学并不比中国古代的禅佛哲学高明到哪儿去，禅佛"随缘任运，悟在刹那"与存在主义哲学认识论处于同一层次，而禅佛哲学目的论远高明于存在主义哲学，存在主义人生实践的目的和理想似乎只停留于"声闻""缘觉"的小乘"罗汉""辟支佛"境界，禅佛破除"我执""法执"，最终攀升至佛菩萨的宇宙永恒真如实境。尽管如此，发生在20世纪80年代中国的"萨特热"仍然是促进当代中国思想界进行反思和哲学重构的重要标志之一。

20世纪80年代，从"文革"噩梦中惊醒过来的中国青年一代，信仰坍塌，革命理想主义价值观"风光不再"，中国当时的主流哲学思想和价值观，在荒诞不经的现实面前，不能支撑青年一代的人生信仰。这时候，具有破除迷信和人文新启蒙性质的西方存在主义哲学，通过学术译介进入中国知识阶层，但是真正让萨特的思想影响及于普通青年学生和普通人的还是萨特以及与萨特相关的文艺作品。

萨特认为，上帝是不存在的，除了人的存在之外，世界上没有任何先验既定的价值系统。"人是一切价值的创造者"，人的一切都是自己自由选择、自由规划、自由设计的结果，"是懦夫把自己变成懦夫，是英雄把自己变成英雄"。长期以来中国的传统观念是只讲个人对社会的无私奉献和义务，而个人的自我价值却不被认可。"文革"十年浩劫过后，经历了"理想主义精神"破灭后的青年从噩梦中醒来，开始了极端痛苦的反思。他们渴望求解这一灾难形成的历史原因，渴望求解人的价值、自我存在、生活意义等这些严肃的人生课题，并渴求在意识形态上有相应的、新的精神支点和理论武装自己。这个时候，理论界由于仍然无法摆脱教条主义的束缚而对这些问题的解答显得苍白无力，无法满足他们对新理论的呼唤。

---

① 参见 http://baike.baidu.com。

于是，当萨特的自由选择与自我设计的理论传入时，青年人开始阅读萨特，普遍接受了他的观点，并从中寻找心灵的安慰和人生的答案。"自我选择""自我设计""自我奋斗""自我实现"等词汇成了青年一代激励自己的座右铭。

当代学者研究认为，1980年萨特的逝世，可以看作是在中国青年中产生"萨特热"的标志性事件。当他们在电视上看到5万人为萨特送葬的场面时，完全被萨特的人格魅力吸引住了，并由此出现了持续时间长达10年之久的"萨特热"。那么，"萨特热"在青年中如何表现呢？我们不妨通过一些事例和数据来了解当时的一些情况。首先，萨特的戏剧《肮脏的手》在上海演出时，场场爆满，引发了广大青年观剧狂潮。1981年春，上海青年话剧团在上海艺术剧院舞台上演出了萨特的这部名剧。虽然这是萨特的剧作首次与中国观众见面，却引起了观众的强烈共鸣。导演胡伟民说："不少观众看了演出后，热情地说：'40年代异国发生的斗争，对于我们是亲切的，雨果、捷西卡、贺德雷、路易、奥尔嘉等人物，都是我们生活中可以见到的，就是你、我、他。'"对当年青年人抢购剧票的现象，十年后，刘翔平仍记忆犹新：在演出最后一场时，"只见前来'截'票的人越聚越多，一双双焦急期盼的眼睛，一张张十元的大票。当演出的铃声响起时，焦急的人群终于失去了理智，随即爆发了一场数百人冲剧场的'闹剧'。冲剧场的年轻人看上去并不野蛮，大多数戴着一副近视镜，动作笨拙，一派书生模样，他们拼命涌向剧场去寻找什么？"

萨特的存在主义对80年代知识青年的影响甚大，是其他西方思潮无法相比的。首先，萨特对个体主体性的强调，在一定程度上激发和增强了青年人的主体意识和责任意识。在当时我国正面临社会一系列改革的转型期，自我意识觉醒的青年人参与社会改革的热情高涨，纷纷为改革建言献策，并对社会上仍然残存的官本位观念提出了严正的批评。在这"思想凸显"的时代，他们扮演着"公共知识分子"的角色，以实现国家的民主、富强为己任，并勇于承担责任，渴望在改革中大展宏图，成为时代的弄潮儿。其次，萨特的自由观，在一定程度上促进了青年人的自由意识和自主意识的觉醒。

经历过"文化大革命"的浩劫后,不少青年不再遵从"他人的设计",更不想让别人来塑造自己;他们力求通过"自我选择"和"自我奋斗"来实现"自我"的人生价值。同时,这种自由观的传入,对于那些自主性差、依赖性强、缺乏自我选择勇气的青年有激励作用,促使他们转变观念,顺应时代潮流,培养开拓精神。[1]

美国学者威廉·迪安在《美国的文化精神》书中指出,美国的精神文化——看不见的上帝,似乎隐藏在美国的爵士乐、橄榄球和电影中,美国的音乐和电影以艺术形式、艺术语言、艺术形象向全世界传播美国的价值观和人文信仰,[2] 即便是橄榄球、NBA以及奥运会、世界杯足球赛等,也是通过类似于艺术狂欢、艺术感化等方式,向全世界传播来自西方的深层价值意识和哲学理念。

第二,艺术向外传播本土优秀哲学理念。德国学者赫伯特·曼纽什认为,中国哲学是我们这个精神世界不可缺少的要素。他认为这个世界的精神孕育者,应当是柏拉图和老子,亚里士多德和庄子,以及其他一些人,可惜的是,我们这个时代的许多哲学著作总是习惯于仅提到欧洲的古代的一些哲学家,却忽视了老子的《道德经》,从而很不明智地拒绝了一种对欧洲文化极为重要的源泉。[3]

随着中国综合国力的提升,国家有意主动向国外"输出"中国文化,中国以其大国担当意识,有意向西方及其他非西方社会传播具有普适价值的本土哲学理念,不仅是提高国民文化自信的需要,更是和谐构建更高文明实体的需要,相对于学术传译输出,孔子学院、国家形象宣传视频、影视、文学艺术作品海外传播、展演、参赛等,效果则更为显著。哲学理念很难直接通过语言翻译进入异质文化圈,哲学范畴、概念很难找到相应的词语直接贯通,这时候,诉诸人类感觉和感性直观的艺术作品,便可以充当哲学理念的"引渡者"。

---

[1] 刘大涛:《萨特与中国八十年代的知识青年》,《遵义师范学院学报》2012年第3期。

[2] [美]迪安:《美国的精神文化爵士乐、橄榄球和电影的发明》,袁新译,商务印书馆2013年版,第1—26页。

[3] [德]赫伯特·曼纽什、古城里:《中国哲学对西方美学的意义》,《华南师范大学学报》(社会科学版)1996年第1期。

例如，2007年奥地利电子艺术节上出现的互动装置作品《行气》——在一个铺满白沙的封闭空间里面，一面屏幕正对着两个座位，参与者可以坐到上面去，在古典音乐的伴奏下，利用自己的气息去调节屏幕上徐徐写出的书法的速度、力道和进程。艺术家以"阴阳"概念进行互动设计，一位以呼吸的速度来控制书法的行进，一位以呼吸的深浅来影响书法的浓淡，观众透过彼此互动的过程，体会人与他人、人与万物微妙不可分的共鸣和协奏。与此同时，屏幕上的书法也倒映在白沙之上。这样的作品，可谓真正把握了中国古典文化的"魂魄"。

再如，2008年法新社报道北京奥运会的开幕式："北京奥运会的开幕式唯美且充满力量，组织者成功地把科技手段和古老传统融合在一起，向世人展示了宏伟的画卷，开幕式包含儒家思想、四大发明和太极拳等充满中国特色的元素，整场表演震撼人心，毫无瑕疵。"[1]

又如，近年来由李安执导的电影《卧虎藏龙》，在巧妙借用西方的价值观如"自由""抗争"以及"悲剧美"等之外，利用极具画面感的电影情节，向西方观众阐释中国哲学博大精深的哲理内涵，从本片获得的国际荣誉和收视率来看，《卧虎藏龙》向西方世界所传达的东方哲学理念，得到了西方观众的"同情和了解"。本片"竹林之战"画龙点睛。竹，是一种外刚内柔型的植物，片中此段打斗都是在竹子上进行的，胜负就看二者怎样利用竹子的特性了。古书有云：不战而屈人之兵，乃用兵首善者。李安将这道理视听化。从动作设计上可以看出，李慕白几乎不用出招，只需凭借竹子的韧性便可轻胜不谙此道的玉娇龙。玉娇龙主动进攻都是徒劳的，招招落空，而且也没能摆脱李慕白悠闲自如地穿梭于竹林的追逐。当二人同时立于竹竿之上时，李慕白的平稳与玉娇龙的摇晃形成鲜明的对比，玉娇龙是如此躁动不安，玉娇龙的"生硬""好胜"的力量，在李慕白那里被"柔道"溶化掉了。玉娇龙步步充满"杀气"的招式，是战胜不了李慕白内敛、虚静的内力的。最终李慕白

---

[1] 朱小龙：《浅析数码艺术是数码技术与艺术的结合》，《科技信息》2009年第4期。

把玉娇龙逼下竹枝。在这场戏中，李安不仅展现了武当武术以柔克刚的飘逸潇洒，而且借此也展现了臻于道的奥妙，正可谓道家所师之"上者水也"。① 道家"柔弱胜刚强""以柔克刚"的哲学理念，于这场精彩的电影桥段中，进入了西方观众的理解视域。

三 艺术直觉校正哲学理性偏颇

哲学——Philosophia 是距今 2500 年前的古希腊人创造的术语。希腊文 Philosophia 是由 philo 和 sophia 两部分构成的动宾词组：philein 是动词，指爱和追求；sophia 是名词，其指智慧。Philosophia——爱智慧，追求智慧。1874 年，日本启蒙家西周，在《百一新论》中首先用汉文"哲学"来翻译 philosophy 一词，1896 年前后康有为等将日本的译称介绍到中国，后渐渐通行。②

英国哲学家罗素认为哲学是介于科学和神学（宗教）之间的一种学问或存在。罗素的定义："哲学，就我对这个词的理解来说，乃是某种介乎神学与科学之间的东西。它和神学一样，包含着人类对于那些迄今仍为科学知识所不能肯定之事物的思考；它又像科学一样是诉之于人类的理性而不是诉之于权威的，不论是传统的权威还是启示的权威。一切确切的知识（罗素认为）都属于科学；一切涉及超乎确切知识之外的教条都属于神学。介乎神学与科学之间还有一片受到双方攻击的无人之域，这片无人之域就是哲学。"③ 哲学中的"道""本体""逻各斯"科学无法以实验加以证明，宗教特别是基督教、伊斯兰教的终极信仰为人格神，"道""本体""逻各斯"不具备人格、人性，因此，宗教不能认为宇宙的本体是所谓的"道""本体"或"逻各斯"。中国古代的圣贤、哲人"究天人之际，通古今之变，成一家之言"，他们的思考和言说成为中华民族智慧的结晶，成为中华文明不断演化前进的原动力。中华民族几千年来在外来民族的冲撞和挑战过程中，曾经遭遇巨大的危险和灾难，特别是 20 世纪遭遇西方文化的强势"涵化"而仍保持其文化

---

① 马俊艳、李悦婷：《〈卧虎藏龙〉之道家思想》，《美与时代》2009 年第 11 期。
② 参见 https://baike.baidu.com。
③ 同上。

的根脉不变，其中代表着中华民族原创智慧的先秦哲学宇宙观、道德观及其所生发出来的社会管理法则——治统等，发挥了至关重要的作用。

天不变，道亦不变。虽然中国古人对于他们仰观俯察所得出的哲学结论深信不疑，但是正如历史事实所显示的那样，中国古代的思想家一直都在就"天人之际""人我之际""心性之际"进行反思、探索，中国哲学智慧的包容性也在不断的进化之中合理地容纳外来之学，纠正因过于自信而产生的认识偏误。因此，马克思主义引进中国必然发展成为毛泽东思想和邓小平理论，苏俄社会主义治理模式引进中国必然成为具有中国特色的社会主义道路。时至今日，中国思想界依然在苦苦思索如何从中国传统和人类一切的优秀文化传统和思想资源中，建构并推进"指向新文明类型的可能性"。[①] 中华文化复兴不可以仅被理解为中国崛起而已，中华文化复兴也绝不是中国传统哲学重新"霸权"人类的思想领域，其具有前驱意义和指引作用的当代中国精神、中国哲学，只能靠依循当代中国的历史性实践所产生的可能性来取得其规定性，并在未来凭借其创新性和普适性，圆成为人类的集体智慧。

面对传统文化如何实现现代性转化，马克思主义如何中国化未来化，如何实现外来哲学为我所用，如何突破当代中国哲学困境，[②] 如何超前并合理地建构中国的哲学话语，当代中国哲学界在进行着艰苦的探索。令人振奋的是，具有理论勇气和创新意识的思想界有识之士，已经就中华文化复兴之路的合理性进行了逻辑缜密的辨析。例如，有学者指出，当我们充分把握了西方——资本主义文明获取其内容的种种显示的具体化之后，那种所谓一般的发展模式、

---

① 吴晓明：《当代中国的精神建设及其思想资源》，《中国社会科学》2012年第5期。

② 当代学者指出中国当下的"体制哲学"和"哲学体制"严重制约中国思想的生长和创新。所谓"体制哲学"是指，我们要么为一种新体制辩护，要么站在体制的边缘说一些无关要旨的话。所谓"哲学体制"是指近30年来，马克思哲学研究所形成的思维、概念、话语、命题、结论，这些话语和结论表现为一种强烈的思维方式和价值立场，那些可以自如、流畅地使用这些话语和结论的哲学工作者，经常不允许他者对他们的"绝对真理"提出质疑，他们不再关注社会的重大问题，也忘记了哲学所具有的反思和批判的品格。晏辉：《中国问题与中国当代哲学》，《山东社会科学》2008年第2期。

完全齐一的现代文明等抽象的普遍性也就无法真正立足了。中国的发展并非以基督教教化为前提，换言之，不是以具有抽象人格的个人即"原子个人"为前提的。如果说，西方资本主义的现代建制是以原子个人作为前提条件的，那么彻底西方化的可能性就在于把中国人先验地置放在欧洲中世纪的废墟上，使之成为黄皮肤黑头发的堂吉诃德或浮士德。又如，中国的发展部分地从属于现代资本主义文明，而这种具有部分从属关系的大规模发展如今迅速抵达该文明的历史界限；中国的发展是在与西方完全不同的历史前提的基础上开展出来的，因而这一发展不可能完全进入到现代资本主义文明中去，这意味着，我们很快会面临一个转折点，在这个转折点上，中国实际地参与到（而不是拒绝）现代世界中去的发展因素，将不可避免地——辩证地——转化为使现代资本主义文明处于解体状态的因素。因此，中国的未来要么仅仅作为从属的一支而一并（甚至更快）进入到此种解体状态中去，要么在自身的发展的独立性中开启出新的文明。①

这种辨析是建立在问题意识和现实考量的基础之上的哲学思考，不仅如此，全世界的哲学工作者、人类学学者都在从哲理层面考量着人类的思想成果，如法国当代学者对于人类的未来整合做出这样的设想："人类不能简化为'制造工具的人'的技术性的面孔，也不能简化为'智慧人'的理性面孔。应该在人类的面孔上也看到神话、节庆、舞蹈、歌唱、痴迷、爱情、死亡、放纵、战争等。不该把感情性、神经症、无序、随机变化作为噪音、残渣、废料抛弃。……并且如同已经指出的，只有制订了一个关于组织的超级复杂性的理论才能以和谐的方式整合人类现象的不和谐方面，只有它才能合理地设想非理性的东西。"②

文化价值体系中的各个组成部分各个层面都是相互关联、相互制约并相互完善的，哲学文化的理性偏颇需要哲学思辨给予辨析、

---

① 吴晓明：《当代中国的精神建设及其思想资源》，《中国社会科学》2012年第5期。

② 旷志华：《略谈现代设计中的艺术想象与科学技术的有机结合》，《美术大观》2009年第3期。

批判和不断地正本清源,同时也需要其他文化因子给予必要的警醒和纠偏。艺术作为人类掌握真理的途径之一,在哲学理性发生问题的时候,就可以发挥其特殊的警醒和纠偏作用。人类面孔上的神话、节庆、舞蹈、歌唱、痴迷、爱情、死亡、放纵、战争以及感情性、神经症、无序、随机变化正是人类的艺术文化,也是艺术所要探索和表现的对象,人类从这些感情性的实践活动中发现真理。不仅如此,艺术思维、艺术作品还可以对哲学文化进行反思和纠正,尽可能减少哲学的理性偏误,抑制哲学理念的偏执,引导人类社会从真向善尚美。

哲学思辨遵循形式逻辑。当代已有学者指出,形式逻辑是将事物从宇宙中与内在双重隔离开来的一种违背宇宙事物真相的判断形成的结果。导致对事物的判断停留在一厢情愿的假设和背离事物的真相的基础上,导致对事物的判断停留在构成事物辩证关系的极端,这种思维的演绎形成的轨迹,是一个极端连接又一个极端,人们被蒙在鼓里而不自知,最终形成了各种层面事物的畸形格局,出现了分裂失衡。①

梁漱溟在分析知识论的三种方法时,依据唯识学提出现量、比量、直觉三个概念,现量——感觉(Sensation),比量——理智,将种种感觉综合其所同,简别其所异,从而构成正确明了的概念。直觉——非量,也即唯识学的"受""想"二识,"受""想"二识能得到一种不甚清楚说不出来的意味,比量智根据"受""想"二识的多次直觉意味,施展其简别、综合作用形成概念。如人欣赏书法第一次就可以认识其意味,或精神,甚难以语人,然自己闭目沉想,固跃然也。这种意味,既不同于呆静的感觉,亦且异乎固定的概念,实一种活形势也。② 梁漱溟认为,"现量和比量对于本质不增不减,此二者所得皆真,然非其本性,而且时有错误,唯直觉横增于其实则本性既妄,故为非量。直觉或附着于感觉,或附着于理智,如听见声音而得到妙味等等,为附着于感觉上的直觉,读诗文所得之妙味。其妙味初不附着于墨字之上,而附着于理解命意之

---

① 刘浩锋:《和学——中国文化传承与开新》,九州出版社2013年版,第274页。
② 梁漱溟:《东西文化及其哲学》,商务印书馆2006年版,第80页。

上，于是必借附于理智之直觉而后能得之。一切知识都由这三种作用构成。"① 笔者认为，梁漱溟所谓的直觉即艺术的特殊思维方式——艺术直觉和艺术想象，具有超越于逻辑思维、因果思维之上的本然力量。当代学者指出，艺术思维具有四大明显特征：（1）艺术思维以人为中心，以人的思想、感情、心理、愿望、性格、精神世界等为中心；（2）艺术思维注重意象的美或美的形式；（3）艺术思维特别强调与情感的融合；（4）艺术思维具有强烈的主体性特征，也就是说，艺术思维所受限制最少，主体的自由创造性得到了最大限度的发挥和生成。② 可见，艺术思维即是运用情感想象和情感直觉进行意象创造，并直接揭示"物性天理"的先天禀赋或后天习得能力。

人的大部分记忆经验是以模糊的情景图像方式存入右脑，在特定情形下，这些记忆的储存被激发，右半脑的直觉想象与左半脑的语言抽象交互作用，完成人的思维的符号转化及言语显示。③ 哲学家通常具有超长的语言抽象能力，但是，他们的直觉想象依然或隐或显地参与并影响其抽象思辨过程，他们从来也离不开那种与艺术感官体验相一致的"本体感受思维"。从根本上说，艺术同样是对真理的沉思，对本体的沉思，艺术的直觉体验正是在此得以与哲学的理念思想相生互动，从而制约和塑造人们对于世界的基本认识。④ 所谓"制约"，笔者认为即是艺术思维可以协调哲学思辨，防止哲学思辨"独持偏见"，并"一意孤行"，当哲学思维在前提荒谬固执推论并呈现出哲学的"傲慢"的时候，个体、他人或整个社会的情感直觉和情感想象，可以有效地发挥"制约""纠偏"作用。

作家丁玲是一个典型案例。当代学者研究丁玲的名作《太阳照在桑干河上》，认为作者依照战争时期形成的主流文化规范进行创

---

① 梁漱溟：《东西文化及其哲学》，商务印书馆2006年版，第80页。
② 王旭晓：《试论艺术思维的特征——从文化创意谈起》，《艺术百家》2011年第1期。
③ 张婷婷：《试论艺术的智性价值》，《艺术百家》2015年第2期。
④ 同上。

作，自然要依循一系列政治意识形态对文学的要求[①]，如重视文学作品表现历史的主要矛盾、主要斗争和重大变革，强调"宏大叙事"的重要性，强调揭示历史和现实斗争的本质，以及要求作品揭示出历史发展的正确走向，等等，这种特殊时代条件下源于"政治理性"的要求，必然会使作品打上主流意识形态的鲜明印记，从而决定了它不可能成为一部具有作家独特创造性的严格意义上的现实主义杰作。但如果将其视为一部完全缺乏作家个人切身感受的政治传声筒，恐怕也有失公允。小说中对次要人物黑妮的描写和刻画，可以说是整部小说中最为动人的部分，正是这部分，唤起了读者对于社会变革中人的遭遇与命运、人的精神痛苦以及人性美好的联想，使作品的主题表现具有了张力。这个被伤害、被误解却又倔强而自立的农村少女形象，并不是依据理性的阶级分析或者概念化的所谓"典型化"方式来完成的。根据丁玲的回忆，这个形象的"质感"来自于作家的生命感受和艺术直觉。丁玲自己说："我在土改的时候，有一天我看到从地主家的门里走出一个女孩来，长得很漂亮，她是地主的亲戚，她回头看了我一眼，我觉得那眼光表现出很复杂的感情，只这么一闪，我脑子里忽然就有了一个人物。……我想这个女孩在地主家里，不知受了多少折磨，她受的折磨别人是无法知道的。马上我的感情就赋予了这个人物，觉得这个人物是有别于地主的。"[②] 现实中一个普通女孩子的饱含复杂情感的目光，"触发"了丁玲的艺术直觉，凭借艺术直觉，作家展开艺术的想象。出乎意料的是，正是这个普通不过的偶遇和情感的"触发"，使得作家丁玲的艺术想象具有了突破当时政治意识形态制约的深层力量。

毫无疑问，哲学的某种思维模式一旦被社会主流艺术形态所放大、所复制并被赋予特定的话语霸权，不仅哲学家和哲学工作者会被其强行同化，如"文革"时期中国著名的哲学家冯友兰等自觉或不自觉地认同附和当时的主流哲学理念和哲学思维模式；并且普通人和艺术家也会自觉或不自觉地被"绑架"和"裹挟"，部分或完

[①] 单元：《徘徊在"政治理性"与"艺术直觉"之间——重读〈太阳照在桑干河上〉》，《嘉兴学院学报》2013年第4期。
[②] 同上。

全失去理性思考能力,这时候艺术的直觉思维以及艺术作品、艺术的表现形式,可以助力普通人和艺术家反思当时政治意识形态及其背后的哲学理念的悖谬和荒诞。例如,"文革"后期"四人帮"继续推行"左"倾政治路线,在周恩来总理逝世以后,终于爆发了一场"四五运动"。"四五运动"中出现一个特殊的艺术景观,当时的政治中心天安门广场,人们情不自禁地吟诗、诵诗、传抄,这些诗歌发自群众诗人的情绪深处,为肺腑之言,表达了当时整个社会对于当时错误的政治意识形态的否定、疑问和担忧。虽然当时的这场群众自发运动和"诗歌运动",并未能立即颠覆或修正当时整个社会的思维模式和主流意识形态,但是,大量传抄的诗歌作品包括当时的文化名人的诗词作品,有力地制约了"四人帮"的倒行逆施,有力地消解了"左"倾政治路线背后的"哲学的傲慢",如其中一首五言诗在哀悼周总理的同时,表达了对于当时的政治意识形态的质疑以及对于国家前途的担忧,原诗:

噩耗惊四海,哭声遍九州。碑如朔风啸,哀似寒水流。天亦为之痛,地亦为之愁。行路原多难,此去更堪忧。①

同一时期文化名人赵朴初的《金缕曲·于西山得一幼松移植盆中持归供周总理像前因作》,同样表达了对于当时流行的政治意识形态以及哲学理念的否定态度,并从历史和文化的高度俯瞰当时的社会现实,认为当时的"左"倾路线和荒谬行径不值一哂,中国文化自身的内在逻辑必然会克服暂时的困扰,并大胆预言春雷滚滚,中华大地越冬迎春,前景美好——"大地春雷摧蚁梦,喜兴邦渐展身前稿。唱不尽,千秋调。"②

---

① 参见《天安门诗抄》(https://baike.baidu.com/)。
② 1978年3月5日,中共中央党校校刊编辑室编辑的《理论动态》第47期上,刊出了赵朴初怀念周总理的词《金缕曲·于西山得一幼松移植盆中持归供周总理像前因作》。全文:莫道盆松小,是移来,雪山筋骨,霜崖新貌。遗像瞻前欣得地,已见稚虬腾踔,待他日撑天夭矫。自是扶持缘正直,信人心所向关天道。今与昔,长相照。每因睹树思周召,最难忘,天安门外,万株衣缟。泪涌江河流德泽,袂举风标节操,知激励人群多少!大地春雷摧蚁梦,喜兴邦渐展身前稿。唱不尽,千秋调。参见http://blog.sina.com.cn。

"文革"的阶级斗争哲学曾经被认为是"真理""革命",曾经被认为是推动社会进步人类发展的不二选择,就在"文革"进行之中,就有当时的诗人以油印诗歌刊物在民间传播,这些诗人从个人的经历或情感体验出发,抒发他们的喜怒哀乐,引发读者对于"文革"革命理念的反思和质疑。"文革"之后,中国一代"朦胧诗"诗人,以"个人的感情、个人的悲欢、个人的心灵世界"作为思考个人命运和人类命运的出发点,进一步颠覆解构了"文革"国家主流意识形态背后的荒谬"哲理",以"朦胧诗""85文艺思潮"等为标志的文艺潮动,有力地推动了20世纪下半叶中国的思想解放运动,从"革命有理"到"告别革命"再到"和谐发展",中国主流意识形态的变化实际上透露出中国当代主导性哲学理念的变化,中国今天的发展现实和未来愿景无可争辩地说明错误的哲学思辨和哲学理念,必须也必然会被人类的情感直觉所抵触、反思,并被适时地加以纠正。

在西方哲学的长期笼罩之下,中国当代哲学思维以其"理性的优越感"凌驾于艺术思维之上。有学者指出,即使在教育界全面呼吁国民教育向素质教育转型的21世纪初,艺术由于不具备"科学"的身份,也被排挤在国家教育主体结构之外,仅仅作为高考加分的项目,充当从属边缘的"配角"。直到2011年,国家教委将艺术学从文学学科门类的下位升格为第十三个独立学科门类,情况才有所改观。艺术的哲理把握功能一旦为整个社会所认领,艺术思维的纠偏作用被恰如其分地运用于哲学思辨之中,国家的哲学理性就会减少偏误,社会发展就会更加稳健平和。

第二节 艺术参与中华宗教文化建构

一 中华宗教文化现状

中国不仅是一个多民族国家,同时也是一个多宗教国家。1997年,国务院新闻办公室发布了《中国的宗教信仰自由状况》白皮书,在"中国的宗教现状"部分谈道:"中国是个多宗教的国家。

中国宗教徒信奉的主要有佛教、道教、伊斯兰教、天主教和基督教。"① 除却五大宗教，中国还有其他宗教形式存在。例如，国家宗教局局长王作安在《中国的宗教问题和宗教政策》一书第二章中专门谈到东正教、民间宗教和一些少数民族特有的原始宗教。② 另外，中国社会科学院卓新平教授提出了当今中国宗教存在三大"板块"一说，三大板块即"'护持'型的'核心板块'，包括'五大宗教'；'自发'型的'新生板块'，包括'五大宗教'之外的任何宗教和其教派；'模糊'型的'边缘板块'，即大众信仰、民间信仰、神灵崇拜、英雄及领袖崇拜等"③。

我国宗教信徒的人数统计，进一步说明了我国的宗教现状。1997 年《中国的宗教信仰自由状况》白皮书显示，"中国现有各种宗教信徒一亿多人"。2010 年，美国皮尤研究中心发布的《世界主要宗教群体规模和分布报告》显示，中国有 7 亿"宗教无隶属"群体（占全国人口的 52.2%）、2.94 亿"民间宗教"群体（占全国人口的 21.9%）、2.44 亿佛教徒（占全国人口的 18.2%）、6841 万基督徒（包括新教徒、天主教徒和东正教徒，占全国人口的 5.1%）、2469 万穆斯林（占全国人口的 1.8%）、908 万"其他宗教"信徒（应该是指道教徒，占全国人口的 0.7%）。2012 年，北京大学中国社会科学调查中心发布的中国家庭追踪调查《全国成年人的宗教信仰情况》（数据调查范围不包括新疆、西藏、青海、内蒙古、宁夏、海南等省份）数据显示，我国无宗教的人数占 89.56%，信仰佛教、基督教、道教、伊斯兰教、天主教的人数呈递减态势，分别占 6.75%、1.89%、0.54%、0.46% 和 0.41%。④ 不同年份的数据，不同的研究方法，信仰人数有一定的出入，但以上数据可以确定我国大部分人没有具体的宗教信仰。五大宗教中，信仰佛教的人数最多，信仰其他四种宗教的人数相

---

① 参考中国政府门户网站：http://www.gov.cn/test/2005-06/22/content_8406.htm.
② 王作安：《中国的宗教问题和宗教政策》，宗教文化出版社 2010 年版，第 15 页。
③ 陈庆宗等：《华中讲堂 2014》，社会科学文献出版社 2015 年版，第 88 页。
④ 北京大学宗教文化研究院课题组：《当代中国宗教状况报告——基于 CFPS (2012) 调查数据》，《世界宗教文化》2014 年第 12 期。

对较少。同时，不可忽视的是，我国还有较多的民间宗教的信仰群体。

中国现存宗教中，五大宗教是主体，其中，道教是中国本土自发生长的宗教，其他四种都是外来传入的宗教。而一般我们在谈到中华传统文化的主体结构时主要是指儒释道三教。此处的"教"，中央民族大学刘成友教授将其理解为汉语言文化语境中的"教"即"教育、教化"之意，非西方基督教文化语境和马克思主义中的宗教内涵[1]。那五大宗教除却佛教和道教，伊斯兰教、天主教和基督教是否属于中国的宗教？关于这个问题，清华大学哲学系的王晓朝教授认为，"这个问题的实质是外来宗教本土化、中国化的问题"[2]。并且他认为："佛教、伊斯兰教、天主教和基督教在传入中国并与中国文化相融合以后已经是中国的宗教了，佛教文化、伊斯兰教文化、天主教文化和基督教文化已经是中国传统思想文化的重要组成部分。"[3]

关于宗教文化的看法，不同的学者视角不同，观点不一。魏德东认为："宗教文化就是弱化各个宗教所特有的排他性的信仰因素，抽象出超越具体宗教范畴，能为不同宗教的人群所共享的成分。"[4]他以道教太极拳举例，认为其是"中国最典型的宗教文化产品"[5]。同时，他特别指出宗教文化不同于宗教信仰，两者"主要关系不是冲突，而是互补"[6]。在此，魏德东对于宗教文化的认识主要将其认为是一种可以为大众而不仅是宗教信仰者认识的大众文化。2008年7月17日，学诚法师在西班牙马德里"世界对话大会"上做了《开展多元宗教对话共建和谐世界》的演讲，认为"对于宗教文化而言，至少可分为宗教艺术文化、相关仪式制度方面的文化、宗教

---

[1] 中央民族大学刘成友教授在《宗教的内涵与宗教的民族性》一文中系统梳理了不同语言环境（包括西方基督教文化语境、汉语言文化语境和马克思主义）的宗教内涵。参见刘成有《宗教的内涵与宗教的民族性》，《宗教与民族》2012年第1期。

[2] 王晓朝：《中国宗教要为中华文化建设出大力》，"北京论坛2012"论文，北京，2012年11月，第377页。

[3] 同上，第376页。

[4] 魏德东：《为宗教脱教》，民族出版社2015年版，第187页。

[5] 同上。

[6] 同上。

精神文化等多个层次"①。贺彦凤认为:"中国宗教文化主要由以下几部分构成:一是流传下来的宗法性传统宗教;二是土生土长的宗教,即道教;三是从国外传入并逐渐中国化的宗教,包括佛教、伊斯兰教和基督教;四是流传于民间的各种民间宗教。"② "宗教文化"是由"宗教"和"文化"联结起来的复合词。学诚法师和贺彦凤对于宗教文化的划分分别站在"文化"和"宗教"的角度进行探讨,各有偏重。

长期的历史发展形成了我国现阶段佛教、道教、伊斯兰教、天主教和基督教这五大宗教并存的宗教格局。五大宗教本土化的过程中与中国传统文化互相生发,分别形成中国化了的宗教文化,也即王晓朝教授指出的"佛教文化、伊斯兰教文化、天主教文化和基督教文化",它们共同构成中华宗教文化,也是中华传统文化的重要组成部分。

佛教于公元前 6 世纪诞生于古印度,并于两汉之际传入中国,对中国的传统文化产生了深远影响。2007 年,方立天教授在深圳市民大讲堂讲授《中国佛教的文化内涵》,主要谈到中国佛教文化内涵的五个方面,分别是信仰、哲学、伦理道德、文学艺术和习俗。③ 2014 年 3 月 27 日,习近平主席在巴黎联合国教科文组织总部发表演讲时特别提及佛教,指出:佛教"传入中国后,经过长期演化,佛教同中国儒家文化和道家文化融合发展,最终形成了具有中国特色的佛教文化,给中国人的宗教信仰、哲学观念、文学艺术、礼仪习俗等留下了深刻影响。……中国人根据中华文化发展了佛教思想,形成了独特的佛教理论,而且使佛教从中国传播到了日本、韩国、东南亚等地"。习近平主席的讲话强调了中国佛教文化是中华民族的伟大创造,是具有中国特色的佛教文化。而中国特色的佛教文化包含的很重要的一点即佛教中国化产生了可以代表中国佛教独

---

① 学诚法师:《信仰与对话》,国际文化出版公司 2015 年版,第 95 页。
② 贺彦凤:《当代中国宗教问题的文化研究》,吉林大学出版社 2008 年版,第 56 页。
③ 吴忠主编:《深圳市民文化大讲堂 2007 年讲座精选》,社会科学文献出版社 2009 年版,第 38—50 页。

特面貌和精神的禅宗。同时，佛教对中国哲学和文学艺术都产生了深远的影响。哲学方面，如儒学在汲取佛教、道教理论性和思辨性的基础上逐渐形成宋明理学，将儒学发展推向一个新的阶段；受到佛教思想的影响，中国文学艺术也产生了新的内容，如展现中国佛教文化的四大石窟艺术宝库——敦煌莫高窟、云冈石窟、龙门石窟、麦积山石窟——是我国古代文化艺术的瑰宝，并且都被列入《世界文化遗产名录》。

道教是中国本土产生的宗教，和儒、释共同构成中华传统文化的三大支柱。鲁迅先生在1918年8月20日《致许寿裳》的信中说："前曾言中国根柢全在道教，此说近颇广行。以此读史，有多种问题可以迎刃而解。"[①] 可见，鲁迅先生认为道教是中国传统文化之根柢，对其在中国传统文化中的地位持有非常肯定的态度，但鲁迅先生没有具体阐发。詹石窗教授在《道教文化十五讲》一书中谈道："道教文化之所以能够存在并且在历史上发生影响，是因为有它自身的特色。"特色表现在两个方面：一是"具有强烈生命意识"，二是"自觉地运用象征符号来传递生命意识"。而道教文化的特色又与道教的基本宗旨有关，道教文化的基本宗旨是"延年益寿，羽化登仙"。[②] 通过数据，我们可以注意到今天信仰道教的人数较佛教和基督教人数都少，那道教文化在今日的作用如何呢？2015年6月27日，中国道教协会第九次全国代表会议开幕式上，国家宗教事务局局长王作安指出："道教是我国五大宗教中唯一土生土长的宗教，具有深厚的文化底蕴，是中华传统文化的重要组成部分，对中国人的思维方式、行为方式产生了深刻影响。道教最重要的经典《道德经》，是中华传统文化的代表作，直到现在仍然具有巨大的影响力。"道教文化中的优良传统和文化资源在今日都具有非常重要的意义。例如，道教《灵宝无量度人上品妙经》中有："不杀不害，不嫉不妒，不淫不盗，不贪不欲，不憎不忌，言无华绮，口无恶声，齐同慈爱，异骨成亲，国泰民安，欣乐太平。""齐同慈爱，异骨成亲"的爱人，超越一切利害关系，平等对待一切的伦理

---

① 《鲁迅全集》第11卷，人民文学出版社2005年版，第365页。
② 詹石窗：《道教文化十五讲》，北京大学出版社2012年版，第10—14页。

思想表现了道教独特的思想和胸怀;"国泰民安,欣乐太平"的理想世界也是爱国的一种美好祝愿。可见,道教文化中的很多思想具有积极意义,对于中华文化的建设具有强有力的推动作用。

中国伊斯兰文化从历史厚度上来看,源远流长;从包含内容上看,广博丰富。伊斯兰教是世界三大宗教之一。公元7世纪,伊斯兰教产生于阿拉伯半岛。7世纪中叶,伊斯兰教由阿拉伯传入我国。我国信仰伊斯兰教的有回族、维吾尔族、哈萨克族、东乡族、柯尔克孜族、撒拉族、塔吉克族、乌孜别克族、保安族和塔塔尔族10个少数民族。伊斯兰教进入我国,不仅是一种宗教信仰,同时还是一种文化形态,其与中国传统文化互相影响、互相吸收的过程中,形成了中华民族特色的伊斯兰文化,并成为中华民族传统文化的重要组成部分。20世纪90年代初,我国多位学者撰文提出"中国伊斯兰文化"一说,中央民族大学马启成教授还提出其所具有的四个特点,分别是大文化的属性、宗教的属性、民俗和生活方式的属性、与民族共同体相结合的属性。[①] 随后,中央民族大学胡振华教授在《中国伊斯兰教民族文化》一文中提出了"中国伊斯兰教民族文化"一说,认为其"既包括中国境内信仰伊斯兰教的各民族有关宗教的文化,也包括这些信仰伊斯兰教的各民族的世俗文化"。同时,其提出要研究中国伊斯兰教民族文化,还要熟悉"各民族人民在伊斯兰文化和中国传统文化的影响下,结合中国社会现实和本民族社会现实而创造出来的民族文化"[②]。也即是说中国伊斯兰文化或者说中国伊斯兰民族文化是随着社会发展不断丰富、变化的,在伊斯兰文化的基础上不断被赋予新的时代内涵和民族内涵。2001年,中国伊斯兰教教务指导委员会成立,正式开展"解经"工作,到2014年陆续出版了5辑《新编卧尔兹演讲集》,对伊斯兰经典做出既符合基本精神,同时又符合时代要求的解释,进而推动伊斯兰教的健康发展。伊斯兰教中的爱国爱教、和平宽容、团结合作、中道平等、

---

① 马启成:《中国伊斯兰的大文化属性》,《中央民族大学学报》(哲学社会科学版)1992年第6期。

② 胡振华:《中国伊斯兰教民族文化》,《中央民族大学学报》(哲学社会科学版)2002年第5期。

两世吉庆的思想,还是构成中华宗教文化的积极力量,可以为社会主义和谐社会的建设发挥正能量的作用。

世界三大宗教之一的基督教先后于唐代、元代、明末清初、鸦片战争前后四次传入中国,开启了与中国文化交流、碰撞与融合的历史。1954 年,中国基督教三自爱国运动委员会成立。1980 年,中国基督教协会成立,两者共同组建了基督教两会组织体系。在基督教全国两会的指导下,中国基督教的各项工作蓬勃开展,并在中国基督教神学思想建设和实践方面取得了一定的成绩。1998 年,中国基督教三自爱国运动委员会第六届和中国基督教协会第四届第二次全体委员(扩大)会议通过了《关于加强神学思想建设的决议》,中国基督教神学思想建设"继承基督教一向重视神学反思的优良传统,立足于《圣经》的教导,坚持《使徒信经》和《尼西亚信经》所归纳的基本信仰,吸取中国优秀文化之养分……逐步探索建立具有中国特色的基督教神学思想体系;其最终目的是帮助基督徒建立纯正的信仰、活泼的灵命和积极向上的人生态度,促进中国基督教更好地发展,使中国基督教与社会主义社会相适应,并在构建社会主义和谐社会中为基督作出美好的见证"[①]。到 2008 年中国基督教开展神学思想建设已十年,十年取得的主要成果表现为:(1)取得了推动神学思想建设重要性的共识;(2)活跃了教会的神学思考;(3)深化了信徒对信仰的理解;(4)丰富了教会的讲台信息;(5)弘扬了基督教的伦理道德;(6)增强了基督徒的社会责任感和服务意识。[②] 到 2018 年,中国基督教神学思想走过 20 年的发展历程,其在丰富中国基督教文化,甚至是中国宗教文化方面都具有积极意义。从基督教实践成果、基督教信众人数方面,中国社会科学院世界宗教研究所课题组 2010 年发布的《中国基督教入户问卷调查报告》指出,我国现有基督徒 2305 万人,占全国人口总数的 1.8%,且近年来,基督教的信教人数在不断增长。[③] 美国皮尤研究

[①] 高峰:《继续加强神学思想建设努力办好中国教会》,《天风》2008 年第 23 期。
[②] 同上。
[③] 金泽、邱永辉主编:《中国宗教报告》,社会科学文献出版社 2010 年版,第 191—192 页。

中心"宗教与公共生活论坛"发布的《全球基督教：关于世界基督徒规模与分布的报告》显示，中国是基督徒数量最多的十个国家之一，2010年基督徒人口统计为6707万人，占全世界人口比例的5%，占全世界基督徒人口总数比例的3.1%。这两份资料虽然统计数据相差较大，但是我们可以得出近年来我国基督教信仰人数在不断攀升的结论。清华大学王晓朝教授在《文化传播与基督宗教的深度中国化》一文中认为："中国基督徒人数之多寡可以帮助了解中国基督宗教的现状，也可给判断基督宗教有无中国化提供佐证。"基于以上判断，王晓朝教授认为"基督宗教已经中国化"，当然还需讨论"基督宗教的深度中国化"。① 宗教学者卓新平教授认为："基督教与中国文化的相遇迄今仍是'没有结束的'相遇。"② 这一观点与王晓朝教授基督宗教还需深度中国化的观点是有相似性的。同时卓新平教授还指出："中国基督教的文化表述显然会更多、更成熟地运用中国文化资源，表现中国文化精神。"③ 所以，2016年，国家宗教事务局局长王作安在中国基督教三自爱国运动委员会成立60周年纪念会上的讲话对推进基督教中国化提出三点建议，其中一点即"要深入推进中国特色神学思想，一是要发掘基督教教义中与社会主义核心价值观相融通的内容，二是要深入研究基督教文化与中国传统文化的深度融合，用中国文化诠释经典教义和表达宗教信仰，用中国文化丰富基督教文化，形成具有中国特色的基督教文化"。可见，中国基督教文化的建设虽然取得一定的成果，但是还需继续努力，进而成为中华宗教文化的一支重要力量。

作为外来宗教，天主教中国化经历了一个漫长的过程。早在元朝，天主教教会的使节即来华传播天主教。元朝灭亡，天主教的传播暂时中断。16世纪，天主教再度传入中国，此时期比较代表性的人物是意大利人利玛窦（1552—1610），1582年，他先进入广东省肇庆县进行传教，并于1583年在肇庆建立起中国内地第一座天主

---

① 王晓朝：《文化传播与基督宗教的深度中国化》，《清华大学学报》（哲学社会科学版）2013年第5期。
② 卓新平：《基督教与中国文化处境》，宗教文化出版社2013年版，第1页。
③ 同上书，第12页。

教堂,利玛窦和其他修士"为了能够在中国站稳脚跟……他们决定改变传教方式,使天主教教义儒学化,这符合中华民族的传统文化",使得明末之时中国的天主教徒人数达到 15 万人。到了清初时候,天主教徒人数大量增长,达到了 30 万人。然后来因为罗马教廷规定中国教徒不能祭祖、祀孔,于是发生了"礼仪之争",这一事件在一定程度上阻碍了天主教在华的发展。1840 年,鸦片战争打开了中国的大门,教会利用不平等条约取得在华自由传教的特权,天主教教徒的人数在不断增长。19 世纪末,天主教教徒发展到 70 多万人;到 1921 年,天主教在中国发展教徒已达 200 多万;到 1949 年,天主教徒人数已增至 300 多万[1]。新中国成立以来,天主教在"神职""制度""礼仪""圣乐艺术""教堂建筑"和"圣像绘画艺术"等方面努力实现中国化进程,并取得了一定的成绩。[2] 1957 年 8 月 2 日,中国天主教友爱国会(后更名为中国天主教爱国会)成立,实现了中国天主教的"自治、自传和自养",是中国教会融入中华民族大家庭的标志。[3] 有学者开始构设"当代中国天主教文化"的概念,认为当代中国天主教文化主要包括三大生态系统,即平信徒文化、修院文化和学术文化[4],并认为"当代中国天主教文化"的主体内容主要表现为以下几个方面:继承利玛窦传统,继续推进耶儒对话;梵二神学、梵二精神的研究;以体现社会关怀为中心的天主教社会学研究、人学研究和灵修理论及实践。[5] 可见,天主教文化在当下已经成为中国人可以选择的一种具有中国特色的宗教文化,与其他四种宗教文化一起构成中华宗教文化的重要组成部分。

---

[1] 乐峰:《天主教与中国文化》,《山西大学学报》(哲学社会科学版)2006 年第 5 期。

[2] 马英林:《天主教中国化的历史经验和未来展望》,2017 年 9 月 6 日(http://news.sina.com.cn/c/nd/2017-09-06/doc-ifykpysa3624624.shtml)。

[3] 刘柏年、傅先伟:《中国天主教与基督教 60 年新生与辉煌》,《中国宗教》2009 年第 8 期。

[4] 王玉鹏:《"当代中国天主教文化"概念之构设》,《中国天主教》2015 年第 3 期。

[5] 同上。

二 艺术参与中华宗教建构路径

美国人类学家威廉·A.哈维兰指出,"艺术作为一种有利于人类福祉和有助于赋予生活以形式和意义的活动或行为,常常错综复杂地卷入宗教与灵性中。……我们很难确切地说明哪里是艺术止步、宗教开始的地方。"[①] 中国人民大学牟钟鉴教授在《中国宗教与文化》一书中提道:"宗教并非一种孤独的思想游魂在空中飘来飘去,它总要附着在某种文化实体上,通过一定的文化系列在社会生活中发生实际的作用,例如通过宗教道德、宗教哲学、宗教文学、宗教艺术、宗教习俗、宗教典籍、宗教活动等,影响人们的思想情趣,成为社会精神生活的一个组成部分。"[②] 两位学者的表述都表明了艺术和宗教有着难舍难分、纠缠不清的关系。根据艺术的美学原则,可以大致将艺术划分为五大类别,包括实用艺术(建筑、园林、工艺美术与现代设计)、造型艺术(绘画、雕塑、摄影、书法)、表情艺术(音乐、舞蹈)、综合艺术(戏剧、戏曲、电影艺术、电视艺术)和语言艺术(诗歌、散文、小说)。[③] 不同类别的艺术主要通过以下三条路径参与中华宗教的建构。

(一)艺术弘扬宗教正能量

当下宗教工作中,"宗教正能量"成为热门语汇,不断被提及。2013年8月,习近平总书记在全国宣传思想工作会议上重点强调要"弘扬主旋律,传播正能量"。党的十九大报告中习近平总书记谈及过去五年的工作和历史性变革,其中的思想文化建设部分,再次提到"主旋律更加响亮,正能量更加强劲"。具体到宗教领域,应当弘扬宗教文化,挖掘宗教正能量,促进宗教的和谐发展。

"正能量"一词本是物理学名词,源自英国物理学家狄拉克的量子电动力学理论。英国心理学家理查德·怀斯曼在《正能量》一书中,认为正能量"指的是一切予人向上和希望、促使人不断追

---

① [美]哈维兰:《文化人类学:人类的挑战》,陈相超等译,机械工业出版社2014年版,第347页。
② 牟钟鉴:《中国宗教与文化》,巴蜀书社1989年版,前言第5页。
③ 彭吉象:《艺术学概论》,北京大学出版社2015年版,第88页。

求、让生活变得圆满幸福的动力和感情"①。北京大学社会学系李建新教授认为，正能量"其实是对于'善'的倡导，是对每个人个体内'善'的成分的提醒"②。可见，正能量主要指的是一种积极的、向上的力量。

关于"宗教正能量"，学界和政界都有一定的讨论。中国人民大学何光沪教授在《宗教：正能量还是负能量？》一文中肯定了宗教的正能量作用，认为："宗教确实有很大的能量。但所谓正能量、负能量，应该是指它们对社会发挥的功能是正还是负，即是好还是坏。这就要看是针对什么事情。"③梁惟在《发挥宗教对促进社会和谐的正能量作用研究》一文中也肯定宗教在促进社会和谐方面具有的正能量作用，主要表现在四个方面，即宗教在公益慈善事业中具有独特优势，宗教具有心理抚慰功能，宗教具有道德教化功能，宗教有助于促进民族团结、增进国际交往、打击邪教和宗教极端主义。④美国前国务卿奥尔布赖特认为："宗教是一种强大的力量，但其作用则完全取决于它激励人们所做的事。对决策者的挑战就是如何来利用宗教信仰团结的潜力，同时又限制其分裂的能量。"⑤可见，奥尔布赖特充分肯定宗教在国家战略层面发挥的正能量作用，也谈及要积极遏制宗教的负能量作用。

可以说，宗教正能量即指宗教中所具有的能够促进社会和谐、让人奋发向上的积极思想。中华宗教文化作为中华文化的重要组成部分，宗教教义、教规和宗教道德中含有大量的有利于民族团结、社会发展、人民生活幸福安康的某些积极因素⑥都可被视为宗

---

① ［英］理查德·怀斯曼：《正能量》，李磊译，湖南文艺出版社2012年版，导言第1页。
② 于丽丽：《一个天文学词汇在中国流行》，《新京报》2012年8月6日第C07版。
③ 何光沪：《宗教：正能量还是负能量？》，《中国民族报》2016年2月2日第07版。
④ 梁惟：《发挥宗教对促进社会和谐的正能量作用研究》，《重庆社会主义学院学报》2015年第6期。
⑤ 参见卓新平等《渤海视野：宗教与文化战略》，社会科学文献出版社2014年版，第40—41页。
⑥ 2009年1月16日举行的中国宗教界和平委员会第二届委员会第六次会议指出，要努力挖掘和弘扬宗教教义、宗教道德、宗教文化中有利于社会和谐、时代进步、健康文明的内容，发挥宗教在促进我国社会和谐方面的积极作用。

教正能量。具体谈及我国现存的五大宗教正能量，即需分别挖掘佛教、道教、伊斯兰教、天主教、基督教宗教教义、教规和宗教道德中有利于国家、社会和谐健康发展、人民幸福的积极思想和精神。

"艺以载道"，艺术承载着积极的、正面的宗教思想，具有弘扬宗教正能量的作用。艺术和宗教作为文化价值系统的有机组成部分，互相影响、生发。彭吉象认为艺术通过参与宗教活动、宣扬宗教思想、强化宗教氛围影响宗教。[①] 2016年11月30日，习近平总书记在文联十大、作协九大开幕式上的重要讲话中提出："广大文艺工作者要对生活素材进行判断，弘扬正能量，用文艺的力量温暖人、鼓舞人、启迪人，引导人们提升思想认识、文化修养、审美水准、道德水平，激励人们永葆积极向上的乐观心态和进取精神。"可知，今日国家在顶层设计层面已经注意到艺术在弘扬正能量方面具有独特的地位和作用。具体到中华宗教建设方面，可知艺术具有弘扬宗教正能量、发挥宗教思想的积极作用，可以为中华宗教文化甚至是中华文化建设添砖加瓦。

以佛教为例。佛教于公元前6世纪诞生于古印度，并于两汉之际传入中国，其与中国本土的儒家文化和道家文化融合发展最终形成了中国特色的佛教文化。佛教作为一种精神文化资源，教义、教规和道德中含有宗教正能量。佛陀悟道、鹿野苑初转法轮即包括八正道，即正见、正思维、正语、正业、正命、正方便、正念、正定。八正道以正见为首，各个支道联系紧密，有助于人们在当下社会环境中积极调节个人内心思想和实践行为，进而获取个人成功。2015年4月21日，中国佛教协会第九次全国代表大会通过的《中国佛教协会章程》总则第三条中明确将"践行'人间佛教'思想，庄严国土，利乐有情"作为本会的宗旨。"庄严国土，利乐有情"的思想蕴含着个人与国家、社会、自然和合共生的理念，承载着佛教文化的正能量。2015年6月10日，习近平总书记接受班禅额尔德尼·确吉杰布拜见讲话也指出："要积极开展教义阐释，弘扬藏

---

① 彭吉象：《艺术学概论》，北京大学出版社2015年版，第68页。

传佛教教义中的扬善抑恶、平等宽容、扶贫济苦等积极思想。"此外,"诸恶莫作,众善奉行""自利利他,广种福田"等佛教思想皆承载着佛教的正能量思想,亦需要积极弘扬。

九色鹿本生故事是世界范围内佛教艺术表达的一个热门题材,讲述了鹿王九色鹿在恒河江边救起溺水人,此人获救见利忘义,报告国王捕捉九色鹿,最后受到惩罚的故事。这个故事主要表现的就是佛教"六度"思想中的"布施"思想,也即弘扬了"布施奉献,利乐众生"的宗教正能量思想。我国表现九色鹿本生故事的艺术形式众多,北魏敦煌莫高窟257窟西壁以壁画形式刻画了九色鹿本生故事。到1981年上海美术电影制片厂根据敦煌《九色鹿经图》壁画改编、出品动画美术作品《九色鹿》,使得九色鹿故事家喻户晓。1985年,该片获水墨动画片制作工艺国家文化科学技术一等奖。2010年,甘肃省重磅打造了神话剧《梦幻九色鹿》,该剧除却表现九色鹿的故事情节,还通过原生态歌舞展示甘肃省的历史文化元素,当年还作为代表舞上世博会。2016年,获得《中国好舞蹈》亚军的张娅姝作为舞剧《九色鹿》的出品、制作和主演又将九色鹿本生故事搬上舞剧舞台,该剧有幸入选2016年中国文联青年艺术创作扶持项目,还受邀于2017年7月参加"中国舞蹈十二天"大型舞蹈活动,在北京国家大剧院进行演出。550个本生故事之一的九色鹿本生故事作为佛教正能量思想的代表和承载者,通过多种艺术形式,如壁画、动画片、神话剧和舞剧进行表现,同时这些艺术作品跨越1000多年的时空一直表现这一个故事,可见九色鹿本生故事蕴含的奉献、牺牲、利乐众生的宗教思想具有强烈的时代性,是弘扬佛教正能量的一个典型代表。

除却佛教艺术,道教艺术、伊斯兰教艺术、基督教艺术和天主教艺术因为承载着各大宗教的积极有益思想,在弘扬宗教正能量方面也扮演着重要的角色。

(二) 艺术丰富宗教内涵,涵育文化氛围

"文化"一词,学界的定义有多种。美国学者克鲁伯和克拉克洪在《文化:概念和定义的批判性回顾》一书中对1871年至1951年出现的文化定义进行统计,有164种之多。英国人类学家爱德华·泰勒在《原始文化》一书中所界定的人类学意义上的文化定义较为经典："所谓文化，或文明，就其广泛的民族学意义来说，是包括全部的知识、信仰、艺术、道德、法律、习俗以及作为社会成员的人所掌握和接受的其他的才能和习惯的复合体。"① 从文化结构角度来看，文化一般可以划分为三个层次：物质文化、制度文化和精神文化，艺术和宗教（隶属于信仰一层）是文化大系统子系统——精神文化的重要组成部分。

宗教学研究至今已有近150年的历史，然东西方学者对于宗教内涵的界定却未有一致。当下我国学术界对于宗教的认识以我国著名宗教学学者吕大吉先生提出的"宗教四要素说"为代表，即"宗教是关于超人间、超自然力量的一种社会意识，以及因此对之表示信仰和崇拜的行为，是综合这种意识和行为并使之规范化、体制化的社会文化体系"。简单说来，吕大吉认为"宗教是一种社会文化体系"，由宗教的内在因素——宗教观念、宗教体验和宗教的外在因素——宗教行为和宗教体制四要素构成。后来，牟钟鉴教授提出了宗教"四层次"说，包括宗教信仰（核心教义），宗教理论（经典、神学、戒律等），宗教实体（信众、教职人员、场所、教团经济与活动），宗教文化（哲学、心理学、伦理学、文学、艺术等）。②

纵观宗教艺术史，可以注意到艺术的五大类别都有参与宗教活动。具体到各大宗教，主要表现为佛教艺术、道教艺术、伊斯兰教艺术、天主教艺术、基督教艺术在丰富宗教内涵、涵育文化氛围方面做出了巨大贡献。

一方面，艺术可以表达宗教思想，同时，加深了人们对于宗教内涵的理解。关于这个问题，国内外学者都有关注并有所论述，别林斯基认为："艺术从来不是独立——孤立地发展的；相反地，它的发展总是同其他意识领域相联系着。在各民族的婴儿和青年时代，艺术或多或少地总是表现了宗教思想，而在成年时代，则或多

---

① ［美］爱德华·泰勒：《原始文化》，连树声译，广西师范大学出版社2005年版，第1页。
② 牟钟鉴：《宗教文化论》，《宗教与民族》2012年第2期。

或少地总是表现了哲学概念。"① 时胜勋在《中国艺术话语》一书中谈道："在古代，艺术具有和现代的科技一样的地位，艺术具有四大功能，一是精神性的功能，包括宗教、文化，艺术是某一时代的精神表征，或者表征某种精神，比如原始艺术、宗教艺术以及偏于某种民族文化精神的艺术等。艺术关注的不是形式美，而是深刻的宗教内涵。"② 别林斯基和时胜勋都关注到一个内容，即艺术与宗教相伴相生，艺术具有形象性、情感性和精神性的特征，其可以以自己独有的方式关注、表达并丰富着宗教内涵。

以造型艺术为例。绘画、雕塑和书法都参与了宗教内涵的表达，丰富了宗教内涵。中国的四大石窟是佛教艺术的宝库，西伦这样谈到唐代龙门石窟的大佛："任何一个接近这尊大佛的人都会体认到它的宗教意蕴，而无须知道有关它主旨的任何东西……无论我们把这尊佛称为先知还是神，都无关宏旨，因为它是一件完整的艺术品，浸透着某种精神性的意愿，这种意愿把自己传达给观看者……这样一尊佛像的宗教因素是内在的，是'某种呈观'或某种氛围，而不是一种清楚表述的观念。……这种因素不能用言语来加以描述，因为它存在于理智的界限之外。"③ 西伦在这里即谈到了接近石窟大佛既等于体认宗教意蕴，然后又不完全等同于宗教意蕴，其是通过艺术的形式进行表达。赵朴初先生在《佛教和中国文化》一文中，总结了中国佛教特征，概括为中国佛教的"三性"说和"三化"说。其中，"三化"即学术化、艺术化和社会化。具体到"艺术化"指的是"在佛教传入以前，中国的艺术和工艺已达到极高的水平，书法、绘画、制造工艺、纺织、建筑等的精美在世界上都冠绝一时。大乘佛教传入后，吸收了汉文化这一方面的长处，引起画像、造像、寺塔建筑等艺术和工艺的发展，使佛教面目焕然一新"④。赵老这一观点侧面强调了艺术更新了佛教在中国的面貌，创

---

① [苏] 阿尔巴托夫、罗斯托夫采夫编：《美术史文选》，佟景韩译，人民美术出版社1982年版，第29页。
② 时胜勋：《中国艺术话语》，中央编译出版社2015年版，第193页。
③ [德] 鲁德夫·奥托：《神圣者的观念》，丁建波译，江西教育出版社2014年版，第63页。
④ 《赵朴初文集》，华文出版社2007年版，第700页。

新了中国佛教的内涵,艺术在佛教中国化过程中扮演着重要的角色。

另一方面,艺术是文化价值系统的核心组成部分,满足人的超越性精神需要,涵育文化氛围。黄永健教授在《艺术文化学》一书中把文化价值系统分为三个层级:第一层即能够满足人的物质需要的物质文化部分;第二层为满足人的社会交往、身份认同等需要的社会功利价值文化;第三层则为满足人的超越性精神需要层面的第三种文化形态,包括艺术、哲学和宗教。[1] 我们可以注意到,艺术和宗教作为满足人的超越性精神需要的文化形态存在于文化价值系统,成为文化价值系统的核心组成部分,主导着文化大系统的精神层面,进而将这种影响扩散到文化大系统的各个层面。王世达在《中国当代文化理论的多维建构》一书中单列一章讨论"文化氛围",认为:"文化氛围就是指在特定的时空内的某一文化单元的各要素所构成的一种文化效应场:人置身或观察这一文化效应场时,会与它发生感应关系,从而不自觉地获得特殊的体认、熏染和感受,而从侧面感悟某种文化的精神、情调、气质和状态。"[2] 艺术作为文化价值系统中的一个重要组成部分,是构成"文化效应场"的核心要素之一,它可以为人提供超越性精神需要,让人在艺术中感受到中华宗教文化甚至是中华文化的独特精神和气质,涵育了文化氛围。

以实用艺术中的建筑艺术为例。建筑与宗教结合,产生了一种新的艺术形式——宗教建筑,其主要是供人们进行宗教活动的场所。在我国,宗教建筑种类较为丰富,有佛教建筑、道教建筑、基督教建筑、伊斯兰教建筑和天主教建筑,除了我国本土宗教道教的建筑以外,我国存有的其他四种宗教建筑在保留其宗教特色的同时,在发展过程中积极吸收中华文化的元素,形成了具有中国特色的宗教建筑体系。宗教建筑作为多种文化元素集结的"文化场域",不仅成为一地的文化标志和城市文化的代表,而且对人们的认知结构、

---

[1] 黄永健:《艺术文化学》,上海科学技术文献出版社2016年版,第192—195页。
[2] 王世达:《中国当代文化理论的多维建构》,电子科技大学出版社2014年版,第162页。

精神思想产生影响，丰富了一地的宗教文化，同时涵育了大的文化氛围。例如，北京的天主教堂——东堂、上海最大的天主教堂——徐家汇教堂、南京石鼓路天主教堂、青岛圣弥艾尔天主教堂和广州石室圣心大教堂都是中国天主教的建筑艺术，其不仅具有宗教活动场所的功能，也即人们置身其中，不仅可以感受到一种独特的宗教氛围，同时在涵育一地宗教文化氛围和城市文化氛围方面具有重要作用。

以表情艺术中的音乐艺术为例。音乐与宗教相结合产生了宗教音乐，是我国非物质文化遗产的重要组成部分。2008年6月，国务院公布了第二批国家级非物质文化遗产名录，传统音乐（民间音乐）共计67项，包括两项宗教音乐——佛教音乐（天宁寺梵呗唱诵、鱼山梵呗、大相国寺梵乐、直孔噶举派音乐、拉卜楞寺佛殿音乐道得尔、青海藏族唱经调、北武当庙寺庙音乐）和道教音乐（广宗太平道乐、恒山道乐、上海道教音乐、无锡道教音乐、齐云山道场音乐、崂山道教音乐、泰山道教音乐、胶东全真道教音乐、腊山道教音乐、海南斋醮科仪音乐、成都道教音乐、白云山道教音乐、清水道教音乐）。2011年5月，国务院又公布了国家级非物质文化遗产扩展项目名录，传统音乐共计16项，包括两项宗教音乐，即佛教音乐（楞严寺寺庙音乐、觉囊梵音、洋县佛教音乐、塔尔寺花架音乐）和道教音乐（东岳观道教音乐、澳门道教科仪音乐）。佛教音乐和道教音乐多次被纳入国家级的非物质文化遗产名录，显示出宗教音乐不仅具有丰富的宗教内涵，同时其在构建国家层面的文化建设、文化氛围方面具有重大的战略意义。

（三）艺术促进中华宗教文化广泛传播

在党的十九大报告中，习近平总书记两次同时提到"国家文化软实力"和"中华文化影响"，第一次即在过去五年的工作和历史性变革中的"思想文化建设取得重大进展"部分，指出"文化自信得到彰显，国家文化软实力和中华文化影响力大幅提升"；第二次即在决胜全面建成小康社会，开启全面建设社会主义现代化国家新征程"2020年到2035年的规划"中提出的目标即"社会文明程度达到新的高度，国家文化软实力显著增强，中华文化影响更加广泛深入"。同时,在报告中,习近平总书记还单独提到一次"国家文化软实力",即在坚定文化自信,推动社会主义文化繁荣兴盛部分,指出:"推进国际传播能力建设,讲好中国故事,展现真实、立体、全面的中国,提高国家文化软实力。"

"软实力"一词是由美国哈佛大学教授、原助理国防部长约瑟夫·奈于20世纪90年代初提出的一个概念,认为一个国家的综合国力不仅包括经济、科技、军事实力等表现出来的"硬实力",也包括以文化和意识形态吸引力体现出来的"软实力"。"文化软实力"已经成为衡量一国世界竞争力的重要参考,也是各国制定文化战略和国家战略的重要一环。中华宗教文化作为中华文化和国家文化软实力的重要组成部分,主要包括中华佛教文化、道教文化、伊斯兰教文化、天主教文化和基督教文化。如何讲好中国宗教故事,传播中国宗教声音,展示好中国形象,传播中华宗教文化,是当下我国宗教领域的一项重要工作。

艺术文化作为表达中华宗教文化的重要载体,能够代表其所归属的文化,进行文化交流、对话,传播中国宗教的声音,进而达到促进中华宗教文化传播的作用,这离不开艺术文化所具有的独特的社会功用、多功能性和其所具有的"价值超越性"[①]。

苏联美学家卡冈在《美学和系统方法》一书中《艺术的社会功用》一部分对艺术社会功用系统进行研究,提出分析艺术的社会功用系统必须考察五个子系统,在"艺术—文化"子系统中的功用部分提到艺术对文化的两种主要功用,第二功用表现在"艺术成为每种具体文化在同其他文化交往过程中的'密码'的能力","它能够'代表'它所归属的文化,并向其他文化的代表'揭示'这种文化"。

苏联美学家鲍列夫在《美学》一书中谈道"艺术的多功能性",提出艺术的九种功能,其中,第五种功能即信息功能和交际功能(作为信息和交际的艺术)。

用舞蹈语言、绘画语言、建筑、雕塑、实用—装饰艺术语言交

---

① 黄永健:《艺术文化学》,上海科学技术文献出版社2016年版,第204页。

流思想是比较通俗易懂的，比用语言交流更易于为其他国家和人民所接受。所以，艺术交流思想的可能性要比普通语言更加广泛，而且质量也更高，因为艺术语言和文化语言总是比喻更多些，更灵活些，更富于寓意，更富于离奇色彩，比自然的口头语言从情感和审美上更丰富些。①

鲍列夫所提出的艺术的信息功能和交际功能得益于艺术语言的灵活性、寓意性、审美性。中国佛教协会会长学诚法师的一个观点与此说法不谋而合。"如果说，由于各教教义有别，直接在哲学、信仰层次进行对话存在相当难度的话，以'文化为纽带'的交流则显得更为切实可行。'文化'本身可以含摄很多内容，对于宗教文化而言，至少可分为宗教艺术文化、相关仪式制度方面的文化、宗教精神文化等多个层次。其中，宗教艺术通过音乐、美术、建筑等形式，不仅宗教与宗教之间可以展开交流，乃至于可以向不信仰宗教的人士展示宗教文化的魅力，因为艺术本身就是超越国界、种族和宗教的语言。相比于世俗艺术，宗教艺术有一种超凡脱俗的美感，使人的精神在真善美的欣赏中得以升华、净化，并由此对宗教本身产生认同感。"② 艺术所具有的形象性和审美性等本质特征使得艺术可以在中华宗教文化传播方面具有公共外交的意义，所以黄永健教授指出："艺术作为文化（精神文化）的典型代表，在未来的全球文化对话语境下，将担当准确描写、陈述本民族文化特性的重任，原因之一，是艺术是民族文化的精华，是符号中的符号，用艺术文化来展示民族文化可以起到以一当十的效果。"③

2014年9月1日，首届中国宗教艺术展在北京大学图书馆开幕，此次展览汇集五大宗教的艺术作品，在中国宗教艺术史上都具有一定的开创意义。北京大学张志刚教授在首届中国宗教艺术展前言《从美出发，大美无疆》中写道：首届中国宗教艺术展的学术立意主要系于三个关键词，即此展首先是"中国的"，其次是"宗教的"，最后是"艺术的"。第一个学术立意即"中国的"，具体说来

---

① [苏] 鲍列夫：《美学》，修业等译，中国文联出版公司1986年版，第213页。
② 学诚法师：《信仰与对话》，国际文化出版公司2015年版，第94页。
③ 黄永健：《艺术文化学》，上海科学技术文献出版社2016年版，第57页。

"就是要弘扬中国文化的优秀传统,以'和而不同、求同存异、海纳百川、有容乃大'的人文精神,有所创意,首次将具有中国特色的诸种宗教艺术精品济济一堂"。此次宗教艺术展是通过艺术作品的形式展现中国五大宗教的文化,进而促进中华宗教文化广泛传播。

以表情艺术中的音乐艺术和舞蹈艺术为例。中国首部佛教交响乐《神州和乐》即向世界传播了中华佛教文化。该作品是2006年为配合首届"世界佛教高层论坛"召开所打造的佛乐精品,作品名称即取自会议主题"和谐世界,从心开始",该作品由五个部分构成,分别为:序曲为"九龙浴佛"、第一乐章"华藏世界"、第二乐章"慈悲愿怀"、第三乐章"禅悦慧风"和第四乐章(终曲)"莲幢光明"。2006年4月,《神州和乐》在上海东方艺术中心首演,随后在广州、深圳等国内城市演出,之后又被邀请到新加坡、马来西亚、印度尼西亚、韩国、印度等地巡演。《神州和乐》通过佛教音乐和西方交响乐的结合将西来的佛教思想和深植的中华文化巧妙地表达出来,以人类可感共通的音乐形式向世界展示了中华佛教文化的博大胸怀和永恒魅力。国家宗教局局长叶小文评价说:"《神州和乐》带着大众超越了宗教的形式,它像一个和平的使者,带着艺术的交响、生命的交响、和谐的交响,建造起一座座友谊的桥梁。"2005年的中央电视台春节联欢晚会,由张继刚编导、以邰丽华为代表的中国残疾人艺术团表演的舞蹈节目《千手观音》荣获中央电视台春节联欢晚会节目特别金奖和最受观众喜爱的歌舞类节目。2005年夏,张继刚接受太原市委市政府的邀请创作舞剧《千手观音》。历经7年时间,2011年,舞剧《千手观音》在北京国家大剧院隆重首演。2016年6月,舞剧《千手观音》巡演马来西亚,受到公众的热捧。舞剧《千手观音》根据我国古代代国公主舍身救父、最终化作"千手观音"的佛教传说故事进行创作,作品不仅表现了佛教"六度"思想中的极度"布施"的观念,还表达了中华民族传统文化中"舍己为人"的崇高精神。所以太原舞蹈团团长韩林表示:"希望通过15天的巡演,让更多华人了解中华文化的魅力,通过舞剧所传达出的至真至善至美,带给马来西亚观众不一样的文化体验。"①

第三节　艺术参与中华道德文化建构

在文化价值体系中，道德文化与宗教、哲学、艺术、法律、政治、经济文化等一样，具有其不可取代的意义和价值。"道德"之"道"指向特定社会的宗教理念、哲学观念，在中国哲学话语中，"道"是形而上的存在，"道可道，非常道；名可名，非常名"，"道"不可称说，它是永恒、绝对的形而上存在；"道"既超越主客观的差别，又超越时间、空间、运动和因果等经验范畴，是不可见、不可闻、不可说、不可思议的一种绝对实在。②世界主要文明无不具有其哲学本体论意义上的"终极存在"，如道、法、无极、太极、据对理念、上帝、真主、佛、禅、梵天、马纳、太一、马兹达、逻各斯等。③通俗来说，"道"是各文化群落得以生长繁衍的根本依据，"德"是世界各文明的具体呈现，"轴心时代"以来东西方圣哲所发现并加以命名的原创性理念，作为目前人类主要文明的理论依据，依然发挥着强大的辐射作用。

"德"又同"得"——获得，依据终极真理"道"，在语言、行为、事业、家庭、社会、团体、婚姻等个人生活和社会生活中身体力行，功德圆满，身心愉悦就是有"德"——功德。中国古代道家诸子特别强调"体道"，要求修道者对道体有切身的体悟，并就此体悟加以贯彻力行，通过践履的功夫令践履者把握道体的特质，且将这特质透显出来。④儒家认为人的行为体现了"道"的内在要求和客观规律，就是有"德行""德性"的君子。《中庸》第二十章阐明道："天下之达道五，所以行之者三。曰：君臣也，父子也，夫妇也，兄弟

---

① 杨彧：《舞剧〈千手观音〉巡演马来西亚》，《山西日报》2016年6月6日第5版。
② 参见 https://baike.baidu.com/item。
③ 黄永健：《艺术文化论》，文化艺术出版社2008年版，第192页。
④ 参见 https://baike.baidu.com/item。

也，朋友之交也。五者，天下之达道也。知、仁、勇三者，天下之达德也，所以行之者一也。或生而知之，或学而知之，或困而知之，及其知之，一也。或安而行之，或困而行之，或勉强而行之，及其成功，一也。子曰：'好学近乎知，力行近乎仁，知耻近乎勇。知斯三者，则知所以修身；知所以修身，则知所以治人；知所以治人，则知所以治天下国家矣。'"我们须调节君臣、父子、夫妻、兄弟以及朋友间关系的"五达道"——五种基本关系，而调节这些人际关系靠什么？靠人们内心的品德和智慧——三达德。三达德，就是智、仁、勇。智、仁、勇是天下通行的品德，是用来调节上下（君臣）、父子、夫妻、兄弟和朋友之间的关系的。可见，"德"是实现了的"道"，"道"为体，"德"为用，"得道"之人，通常可以在"道"的引导之下，通过自身的修为，成为"得德"——有德之人，即所成就，有所作为；而"失道"之人——没有正确的"三观"，或者为歪理邪说所侵害，则通常很难有所成就，无所获得，无道、失道犹如失落人生的方向盘，可能做的事情越多，对宇宙、对人类、对社会、对他人的危害越大，如希特勒执着于纳粹邪恶理念，动员德意志民族发动反人类的第二次世界大战，犯下滔天罪行。

在西方古代文化中，"道德"（Morality）一词起源于拉丁语的"Mores"，意为风俗和习惯。中国"道德"二字连用始于荀子《劝学》篇："故学至乎礼而止矣，夫是之谓道德之极。"此处的"道德"主要指"德行""修为""成就"，也即是说普通人通过后天的学习实践，能够"知礼""行礼"——行为合乎社会规范，就是将道德文化发挥到极致，这里的"礼"也可以理解为封建社会的风俗和习惯，可见东西方"道德文化"的内涵是相同的，不管是西方还是东方，风俗、习惯、功夫、行为的背后，是文化的根本价值理念在发挥主导作用。今天，道德一词的精神品性得到了凸显，一般认为道德是一种社会意识形态，是人们共同生活及其行为的准则与规范。通常道德代表着社会的正面价值取向，起判断行为正当与否的作用。道德文化的作用——以善恶为标准，通过社会舆论、内心信念和传统习惯来评价人的行为，调整人与自我、人与人以及人与社会之间相互关系。道德辅助法律、政治、经济发挥其调节、认识、教育、导向等功能。①

　　蔡元培曾提出以美育代替宗教,他认为用信仰基督教或者尊崇孔教来改变国民素质与习惯并不可取,唯有艺术"足以破人我之见,去利害得失之计较",或可以去除种种文化偏见,引导国民进入崇高精神境界,从而建立一种新的公民道德。蔡元培的"五育并举"的教育方针,包括"军国民教育、实利主义教育、公民道德教育、世界观教育、美感教育",目标还是为了重塑中国人的精神品格,也即道德品格。今天看来,以艺术代替宗教恐怕难以实现,中国当代的国民宗教教育——祖宗神灵崇拜教育,借助国学热及一系列弘扬传统文化的国家级、地方级政策,春风吹又生,所以,今天我们依然需要对国民进行宗教教育,同时不能忽略爱国主义教育、公民道德教育、世界观教育以及艺术教育。社会主义核心价值观从国家、社会、个人三个层面进行道德要求和道德提示:"富强、民主、文明、和谐",是我国社会主义现代化国家的建设目标;"自由、平等、公正、法治",是对美好社会的生动表述;"爱国、敬业、诚信、友善",是公民基本道德规范。②笔者认为,这24个字12个关键词就是中国当代的道德意识和道德准则,国家、社会、个人都应该以这12个道德意识来要求、约束、规范自己的言行举止,比如说国家要"民主、文明",同时国家也应该"诚信、友善",社会要"平等、公正",同时也应该"文明、和谐",个人"爱国、敬业",同时也必须"公正、法治"。

　　道德并不是一成不变的,道德与文化系统中的其他文化模块的发展水平也并不是成正比例,经济发达的欧美国家其国家、社会及个人的道德水平未必高于经济不发达或经济欠发达国家,传说中的"三皇五帝"时代的道德水平可能高于"礼崩乐坏"的春秋战国时代。③可以说,任何一个人类文明,都具有其特定的道德意识和道

---

①　参见 https://baike.baidu.com/item。
②　《深刻理解社会主义核心价值观的内涵和意义》(http://theory.people.com.cn/n)。
③　传说中的中国道德文化第一人——舜帝,宣扬"父义、母慈、兄友、弟恭、子孝",主张以孝为先,以和为贵,以礼为绳,以利为归。而春秋战国时代多少国君败礼坏乐,德行水准岂可望其项背。参见雷荣《中国道德文化第一人——舜帝德育观考证》,《兰台世界》2014年第16期。

德行为准则,尤其是比较成熟的文明社会又会有意引导人们树立高尚的道德意识和道德标准,克服"恶德""劣德""败德"。

中华文明是人类有史以来较早成熟的文明之一,2000多年前中华文化的主要奠基者之一孔子就已经开始强调成人立品的重要性,《论语·泰伯》里的"兴于《诗》,立于礼,成于乐"三种成人立品途径,尤其应该引起今人的特别关注。

联系荀子《劝学》篇:"故学至乎礼而止矣,夫是之谓道德之极",我们可以认为,要做一个有道德的人——立于礼,止乎礼,光是进行道德说教和道德灌输很难奏效,除了学习道德规范——礼之外,还要辅助以"诗歌"和"音乐"等必要的艺术教育和艺术陶冶。"兴于《诗》,立于礼,成于乐",可以理解为以诗歌来感发意志,促使个体向善求仁的自觉,以礼实现人的自立,成为能够出入各种场合的社会人,最后在音乐、文学、舞蹈等艺术教育的熏陶下实现最高人格的养成。

因此,艺术可以参与中国当代的道德文化建设,可以从个人、社会和国家三个层面,积极参与建构当代积极向上充满正能量价值的道德文化体系。

一 艺术与当代公民个人的道德育成

道德文化由个人辐射至社会、国家、天下,复由天下、国家反哺个人,个人的道德修养影响家庭、亲友、同学、同乡、同事等,个人的道德修养和道德水平相对于整个国家或所处的社会而言,似乎微不足道,而实际上并不如此。从正面来看:(1)如果每个人的道德水平较高,则整个社会的道德水平较高,今天的欧美国家和日本的公民较为遵纪守法,社会的教育水平较高,因而整个社会的道德水平较高;而中国公民的受教育程度不等,道德水平有待提升。个别人在国外的无良行为,影响到国家在国际上的道德形象。(2)道德秀出者特别是具有并能够发挥社会影响力的杰出人物,以其道德影响力和道德感染力,带动整个社会良好道德的涵育和化成。传说中的舜帝以其孝行获得尧的认可,正因为历史上舜帝的非同常人的纯孝行为,感天动地,并对社会产生了积极的影响,由此而形成了儒家的"百善孝为先"的道德理念。①

从反面来看：(1) 如果社会上每个个体的道德水准低下，那么整个社会的道德水准必然乏善可陈；(2) 个体道德水平低下者特别是"恶德""丧德"的个别人的恶劣品行，极易腐蚀社会，比如社会上的黑恶人物、公务员队伍中的贪腐者等，其"不道德的成功和成就"往往正面解构了社会的主流价值，破坏了社会的道德信仰。

道德意识不是天生的，性善也好，性恶也罢，后天的教育发挥了主要作用。"20世纪的科学使人们得到的共识是，作为人类思维器官的大脑是大自然的产物，是祖上遗传下来的。人的智能和社会行为特征则主要是由社会文化塑造的。大脑和本能会自然遗传给后代，而智能和社会行为是后天习得的性状，不能直接靠基因传给后代。所有新生婴儿都是文盲，每一代人的智能都需要从零开始，观察、学习、训练、养成和创新，才能接续和发展前人的知识、经验、智慧，超越前人得到的成就。"②

早在20世纪30年代，蔡元培先生在《美育与人生》一文中已指出，感情可以产生伟大而高尚的推动力，"以众人的生及众人的利为目的，而一己的生与利托于其中，此种行为，一方面由于知识上的计较，知道众人皆死而一己不能独生，众人皆害而一己不能独利，不忍专利以坐视众人的害。更进一步，于必要时，愿舍一己的生以救众人的死。愿舍一己的利以去众人的害，把人我的分别，一己生死厉害的关系，统统忘掉了。这种伟大而高尚的行为，是完全发动于感情的"③。人的智能和社会行为如果仅仅处于趋利避害实用层面，则与动物世界相差无几，人的智能和社会行为能够在人类特有的"情感""情商"的涵育推动之下，超越动物界，而"求真""求善""求美"，并合力作为，让整个世界处于万古清朗、生生不

---

① 舜帝父亲是盲人，母早丧，父亲、后母及后母所生弟多次加害于舜，但是舜依然孝敬友爱其亲人，常跑到田间自责反省痛哭自问，他的孝行传到尧帝那儿，尧帝将两个女儿娥皇、女英嫁给舜，天下太平时将帝位传给舜。参见雷荣《中国道德文化第一人——舜帝德育观考证》，《兰台世界》2014年第16期。

② 宋健：《人性兽性：科考人本》，人民出版社2015年版，第105页。

③ 金雅主编：《中国现代美学名家文丛·蔡元培卷》，中国文联出版社2017年版，第151—152页。

息的生命大节奏中,则人类社会以及与人类社会天人共在的宇宙就会更加美好。因此,每一个人从生下的那一天起,伴随着知识的成长,必须同时进行情感和情商的培育,而情感和情商的培育就是美育——艺术的教育和熏陶。而且艺术的教育和熏陶与知识技能教育一样,都是终生行为、日常行为。按照蔡元培的说法,每一个人除了要有自己的一份职业外,在工作的余暇,要读文学、听音乐、参观美术馆,以谋求知识与感情的调和。

"爱国、敬业、诚信、友善"是对当代中国个人的道德要求,是衡量社会个体的道德准则,也是当代中华人民共和国公民的道德底线。"爱国、敬业、诚信、友善"这几个词语,本身是一组概念,比如"友善"——对人友好善意,对物慈悲怜惜,对于当代中国人来说,都是必需和必要的道德进修内容,西方的斗争哲学以及"文革"的精神污染致使当代中国公民不知"友善"为何物,更不用说"悲天悯物"的类宗教情怀了,对于普通公民而言,只是用"友善"二字进行道德宣教可能他(她)一时会被说服,但是在具体的社会行为中,他(她)可能完全忘记这条道德准则而肆意所为,一个很和善的人在特定情境下变得无比凶顽,是因为人性中总是潜伏着动物性。因此,在当代社会主义核心价值观教育中,除了必须进行道德宣教之外,还必须从艺术教育、艺术感化方面着手,利用艺术化的公共空间,运用经典文学作品、音乐、美术、舞蹈、动漫、设计、广告、戏曲、相声、小品等直接或间接影响群众,关键是让社会主义核心价值观的各个理念艺术化、情感化,让群众在情感的细微层面感受到社会主义核心价值观的"正能量含藏"。一旦这些道德要求和道德目标变成了群众的情感认同对象,那么,在日常生活中他(她)就会从理智和情感双重层面自觉自愿地约束自己,美化自我,不断提升个体的道德境界。

二 艺术与当代社会的道德育成

当代有学者研究指出,相对于"私德"而言,当代中国最缺的是"公德"。在传统社会,中国是一个公认的礼仪之邦,也是世界各国中最不缺乏伦理道德资源的国家,但是中国目前却面临着道德危机。当前中国道德危机主要还不是发生在"私德"的领域,而是发生在公共利益、公共秩序、公共安全、公共卫生等"公共"领域,发生在作为社会公共道德即社会性道德的"公德"领域。历史上中国最不缺乏、最完备的是"私德",而现时代我们最缺的是"公德",人们广泛讨论的当代中国道德危机事实上是"公德"的危机,人们过去拥有的"德"与当前中国人所缺的"德",事实上不是一个"德"。[①] 论者指出,以过去的"私德"延伸到今天的"陌生人"社会,一方面"私德"捉襟见肘,另一方面又会妨碍干扰现代社会"公德"的培育,如一个人在公共汽车上为父母抢占座位,是有德的表现,按照现代社会公德准则来衡量,则是缺德行为。[②]

这种观点不无说服力,但是不能说当代中国人个人都是道德君子,实际上当代中国人也不是严格意义上的传统中国人了,经过100多年的文化改良和文化"革命",传统社会"仁义礼智信""温良恭俭让"等道德条规早已被革除殆尽,而外来的道德规范如"自由、平等、法治"等,因为"水土不服",还难以在中国大地上"落地生根"。一方面因优秀传统文化的失落,使得每个中国人比传统意义上的中国人还"缺德";另一方面,因当代中国人的道德水准还不能与现代西方国家相提并论,使得国际上认为中国人既不像文明之邦的"古人",又不像尊重人权、提倡自由平等的西方文明人,因此,无论是"私德"还是"公德",当代中国人都必须在进行文化反思的前提下,进行理论考量,通过智慧设计和创新想象,确立具有中国特色世界意义的新的"私德"标准和"公德"懿范。社会主义核心价值观里面的"自由、平等、公正、法治",较好地融合了传统的道德内涵和现代价值标准,正是我们调整社会道德秩序、加强社会道德治理的理论支撑点。

---

① 陈立旭:《我们缺的是什么德——当前中国道德危机审视》,《探索与争鸣》2012年第6期。

② 2011年,中国城镇人口达到6.9亿,在统计上首次超过农村人口,伴随着传统乡村社会向现代城市社会的转变,次属关系代替了首属关系,血缘纽带式微,家庭的社会意义变小,邻居关系松懈,面对这样的一个陌生人社会,用于调节亲属、邻里、朋友关系的传统的道德伦理规范已经捉襟见肘。参见陈立旭《我们缺的是什么德——当前中国道德危机审视》,《探索与争鸣》2012年第6期。

也有学者指出,我国当代的社会道德危机表现为道德评价失落、价值取向紊乱、各式各样的非道德主义泛滥、道德控制机制弱化、道德教育扭曲变形等。要克服当代中国人所面临的道德困境,必须重建与现代化目标相一致的新型道德文明。而重建现代中国的道德文明,必须建立一个适合道德建设创新的道德评价体系,必须加强道德立法,借助法律文明和良好的社会环境为其支撑。[1]

社会公德首先以个人私德为支撑点、着力点,即使建立了公用道德控制机制,道德立法完备翔实,个人道德涣散,个人德行缺失,公共道德秩序也无法建立起来。所以当我们强调社会公共道德危机时,并不意味着否认当代中国普通民众的私人道德危机,必须将社会大众的私人道德的境界提升与社会公共道德的境界提升结合在一起,通盘考量,合力提升中华民族的整体道德境界。

西方国家以及伊斯兰世界的社会公共秩序、公共安全、公共卫生相对来说比中国要好一些,重要的原因之一是他们有宗教的信仰在发挥作用,宗教信仰和宗教经文中的道德律条自内而外,情感性地引导、制约普通民众的举止行为。艺术虽然不能如宗教似的对信徒或准信徒产生道德上的绝对领控作用,但是优秀的艺术作品、艺术欣赏活动、艺术体验、艺术创作、公共文化艺术空间等,也可以引导社会大众趋美向善,在潜移默化中调整自己的审美情趣,一旦这种趋美向善的审美情趣与社会的道德标准、道德仪轨形成双向和谐,则艺术文化即可以形成一种类似于宗教文化的行为约束力。

三 艺术与国家民族的道德育成

国家作为一个行为主体,也是一个具有道德意识、道德规范和道德品质的道德主体。哲学上主体是指对客体有认识和实践能力的人,国家也是一个具有文化生命的个体存在,它对于客体也有它基于国家意识和国家价值之上的认识能力和实践能力,因此,民族国家是一个道德主体。当然,国家道德和个人道德是有很大区别的,国家是一个复杂的集合体,它不同于个人内心自我修为的道德,在

---

[1] 叶光林:《重构现代中国道德文化体系的理性思考》,《理论与现代化》2002年第4期。

行为上通过自我牺牲来换取他人的利益,国家常常会在历史事件中扮演欺骗者或是背信弃义者的角色,为的自然是自身利益的最大化。①

国家所秉持的道德准则与个人及社会的道德准则处于历史性的变动之中,但通常来说,道德象征的是社会的正面价值取向。国际法的制定在某种程度上就是为了维护国家间的应该遵守的基本道德准则,如促进人类政治文明的进步、保障人类健康生活的需要以及实现人类社会的可持续发展。② 因为道德通常象征着正义、公平、和平等国际公认的正面价值取向,所以当代世界各国都在国际行为中树立自己的道德形象——国家形象。习近平强调:要注重塑造我国的国家形象,重点展示中国历史底蕴深厚、各民族多元一体、文化多样和谐的文明大国形象,政治清明、经济发展、文化繁荣、社会稳定、人民团结、山河秀美的东方大国形象,坚持和平发展、促进共同发展、维护国际公平正义、为人类做出贡献负责人大国形象,对外更加开放、更加具有亲和力、充满希望、充满活力的社会主义大国形象。③ 四个形象合为一体就是中国的"国家形象",其中公平、正义、亲和、活力、清明、开放都容含着道德价值取向,可以说是从个人、社会到国家应该秉持的道德意识和道德准则。通过道德形象所支撑起来的国家形象,是国家软实力的重要组成部分,关系"两个一百年"奋斗目标和中华民族伟大复兴中国梦的实现,具有重大的战略意义。④

中国号称文明古国、礼仪之邦,在历史上拥有良好的国家道德形象。儒家一整套的道德伦理未必历朝历代都能贯彻到底,但是传统中国一直以道德自许并且被称为文明之邦是历史的真实情形,例如来唐朝礼佛朝拜的梵僧在诗歌中表示:

---

① 李尚:《谈国家道德》,《知识经济》2011 年第 15 期。
② 同上。
③ 范红、胡钰:《国家形象建设的概念、要素与维度》,《人民论坛》2016 年第 4 期。
④ 同上。

> 天长地阔杳难分，中国中天不可论。
> 长安帝德谁恩报，万国归朝拜圣君。
> 汉家法度礼将深，四方取则幕华钦。
> 文章浩浩如流水，白马鲍经远自临。
> 故来发意寻远求，谁为明君不暂留。
> 将身岂惮千山路，学法宁辞度百秋。
> 何其此地却回还，泪下沾衣不觉斑。
> 愿身长在中华国，生生得见五台山。

这是巴黎所藏敦煌伯 3644 号写卷中的一首诗偈，此偈的作者为来华礼佛的梵僧，仿佛西天取经的唐僧，他慕名东来唐朝礼佛朝拜，临别之际，依依不舍，因为他觉得东土大唐文化礼法美不胜收，佛法精严，他愿意生生世世都生活在和谐、优美、有序的中华上国。① 众所周知的《马可·波罗游记》，盛赞中国文物之美、风俗之淳和富饶强大。

可是，正如前文所述，经过，经过 100 多年来的文化改良和文化"革命"，传统社会"三纲八目""仁义礼智信""温良恭俭让"以及"以德为本"等道德律令早已被革除殆尽，而外来的道德规范如"自由、平等、法治""法律至上"等，因为"水土不服"，还难以在中国大地上"落地生根"，使得国际上认为中国人既不像文明之邦的"古人"，又不像尊重人权、提倡自由平和法律至上的西方文明人，因此，无论是"私德""公德"还是"国德"——国家道德，当下的中国都有所欠缺。而国家的集体道德的养成与个人的"隐德"及社会的"公德"的养成皆有所不同。个人的"私德""隐德"主要通过教育和人生历练臻至善境，其中艺术的熏陶必不可少；社会"公德"主要通过个人道德习惯配合法律制约建构健全，其中艺术的熏陶必不可少。国家的集体道德以个人道德和社会道德为基础，但是国家的道德——国德，有时又是必须"悖德"的，为了民族国家的整体利益，国家的"德行"可能与其"德性"

---

① 冯天瑜等：《中华文化史》，上海人民出版社 2010 年版，第 419 页。

并不完全匹配,或者说国家的道德可能与国民的道德相互违背,如美国对内对外采取双重道德标准,对内民主、自由、公正、法治,对外可能采取"大棒加胡萝卜"政策。但是无论如何,如果一个国家的"德行"和"德性"保持一致,对内对外都坚持弘扬正能量——基于天人合一哲学基础上的人类美德,推动人类和宇宙和谐共进,创化共成,则其道德的合理性必然会得到大多数国家甚至全人类的认同,其道德实践必然会获得大多数国家甚至全人类的支持。

党的十九大报告中重申中国坚持与世界人民同心协力,构建人类命运共同体,建设持久和平、普遍安全、共同繁荣、开放包容、清洁美丽的世界。中国会尊重世界文明多样性,以文明交流超越文明隔阂、文明互鉴超越文明冲突、文明共存超越文明优越。中国坚持和平发展道路,推动构建人类命运共同体。① 中国和平发展的事实和顶层设计的意向表明,在未来国家道德建设方面,中国将毫不犹豫充分借鉴并发扬光大传统中国的道德意识——"君子和而不同""己所不欲,勿施于人""中庸和谐""文质彬彬""天人合一""美善共存"等。不仅如此,中国在充分反思自己的道德传统并对当代世界通行的道德范式进行理论整合后所形成的社会主义核心价值观,既是当代中国对于世界的道德承诺,同时也是中国试图超越西方道德范式,重建世界道德理想范式努力的体现,"富强、民主、文明、和谐"是中国当代的国家道德意识,同时也是对于西方民族国家道德范式有所超越的更高的人类道德范式。如何让中国的道德范式为国内外民众所理解,如何让中国的道德形象为世界所接纳,还有很长的一段路要走,除了必要的"道德启蒙""道德教育"甚至法律法规强制约束之外,艺术可以发挥其特殊的"道德熏陶""道德浸染"作用。

其一,艺术创新凝聚国家新道德。2014年10月14日,习近平在文艺工作座谈会上发表重要讲话指出,中国的文学艺术在当代大有可为,"文艺是时代前进的号角,最能代表一个时代的风貌,最

---

① 参见习近平《决胜全面建成小康社会 夺取新时代中国特色社会主义伟大胜利——在中国共产党第十九次全国代表大会上的报告》(2017年10月18日),人民出版社2017年版。

能引领一个时代的风气。优秀文艺作品反映着一个国家、一个民族的文化创造能力和水平"。① 优秀文艺作品既要承续传统文脉，同时又必须创新生发，因为创新是文艺的生命。讲话指出，文艺创作是观念和手段相结合、内容和形式相融合的深度创新，是各种艺术要素和技术要素的集成，是胸怀和创意的对接。广大文艺工作者要高扬社会主义核心价值观的旗帜，充分认识肩上的责任，把社会主义核心价值观生动活泼、活灵活现地体现在文艺创作之中，用栩栩如生的作品形象告诉人们什么是应该肯定和赞扬的，什么是必须反对和否定的，做到春风化雨、润物无声。要通过文艺作品传递真善美，传递向上向善的价值观，引导人们增强道德判断力和道德荣誉感，向往和追求讲道德、尊道德、守道德的生活。只要中华民族一代接着一代追求真善美的道德境界，我们的民族就永远健康向上、永远充满希望。中华民族在长期实践中培育和形成了独特的思想理念和道德规范，有崇仁爱、重民本、守诚信、讲辩证、尚和合、求大同等思想，有自强不息、敬业乐群、扶正扬善、扶危济困、见义勇为、孝老爱亲等传统美德。中华优秀传统文化中很多思想理念和道德规范，不论过去还是现在，都有其永不褪色的价值。我们要结合新的时代条件传承和弘扬中华优秀传统文化，传承和弘扬中华美学精神。中华美学讲求托物言志、寓理于情，讲求言简意赅、凝练节制，讲求形神兼备、意境深远，强调知、情、意、行相统一。我们要坚守中华文化立场、传承中华文化基因，展现中华审美风范。②

深刻领会习近平讲话精神，笔者认为所谓的优秀的文艺作品就是具有创新性、开拓性的当代艺术精品杰作，是对优秀传统艺术文化的深度开发和现代升华，在价值层面和精神层面涵容中华民族的道德意识和道德勇气，勇于在艺术性和思想性两个方面超越中外，开创人类艺术宏大境界，发散中国新道德光辉。而凸显中国新道德光辉的艺术创作与中华文化复兴和人类文化升级具有内在的逻辑关系，因为"中华优秀传统文化是中华民族的精神命脉，是涵养社

---

① 习近平：《在文艺工作座谈会上的讲话》（http://news.xinhuanet.com/politics/2015-10/14/c_1116825558.htm）。

② 同上。

主义核心价值观的重要源泉,也是我们在世界文化激荡中站稳脚跟的坚实根基"。中华民族的新道德集中体现于社会主义核心价值观,中国当代的优秀文艺作品——具有创新性的艺术精品杰作,应该是而且必须是具有"道德底线"和"道德追求"的推陈出新之作。

2017年夏天的电影《战狼2》,集中表现当代中国价值观,以"爱国"为主题,同时兼具人性关爱、祛恶向善、刚健有为等价值取向和道德意识。看完这部电影的中国观众深受鼓舞,战争的血腥和人性的碰撞让生活在和平环境中的中国观众从反面体会"和平"与"和谐"的永恒价值,从正面接受中国富强、人民友爱、人民爱国等积极向上的理念和道德判断;而外国的观众观看此片,必然会改变他们对于中国军人、中国式爱国主义以及中国人情世故的刻板看法。通过典型人物冷锋的精彩表现,中华民族自古以来敢于作为、勇猛精进的民族精神和道德风范在新的历史环境下成功复活,《战狼2》在中国和平崛起的历史语境中,配合中国硬实力的成长,艺术地刷新了中外观众对于当代中国的总体印象。

其二,艺术传播树立国家道德形象。

国家形象是公众对一个国家的综合评价和总体印象。[1] 一般说来,国家形象是"主权国家和民族在世界舞台上所展示的形状相貌及国际环境中舆论反映"。[2] 国家形象也是国家的品牌,国家品牌不仅要以标识口号、形象包装、广告宣传等形式来吸引目标受众,更要以其文化内涵和声誉来赢得公众长期喜爱和深层认同。[3] 由于道德引导社会向善崇真尚美,因此国家道德形象是一个国家基于传统而向世界展示的向善崇真尚美的综合评价和总体印象。

随着中国硬实力的强劲崛起,中国在国际上的影响力和知名度不断提升,但是中国目前在国际上的美誉度欠缺,有关学者将这种美誉度分为六个层面——政府层面、企业层面、文化层面、景观层

---

[1] 范红、胡钰:《国家形象建设的概念、要素与维度》,《人民论坛》2016年第4期。

[2] 曾广、梁晓波:《国家形象的多模态隐喻建构——以中国国家形象片〈角度篇〉为例》,《外语教育研究》2017年第2期。

[3] 范红、胡钰:《国家形象建设的概念、要素与维度》,《人民论坛》2016年第4期。

面、国民层面及舆论层面等，而目前中国这六个层面都不尽如人意。如从政府层面看，政府效率问题、腐败问题招致国际负面评价；从国民层面来看，中国国民出国旅游不排队，炫富抢购，在外国航班上不尊重空服人员，中国留学生绑架同胞，国际舆论方面不断制造"中国威胁论"，加之西方近代以来对于中国的负面评价已成惯性思维，这一切造成了中国在国际上所谓的"国家形象焦虑"，中国的"国家形象焦虑"成为中国文艺理论界的热门话题。①

众所周知，历史上中国盛世朝代其国际美誉度与国家的硬实力是较为匹配的。学者研究认为，以《马可·波罗游记》为标志，西方的中国形象至少已经有七个多世纪的历史。其间，中国的国家形象可谓经历变迁和大起大落，受国家利益之争、意识形态的冲突、文化差异和文化隔阂的存在等因素的影响，中国形象长期以来成为西方的他者镜像，无论是19世纪的黄祸论、睡狮论还是20世纪的威胁论和文化冲突论，抑或是西方人眼中的所确立的"大汗的帝国""孔夫子的中国"等形象。西方的中国形象是西方文化投射的一种关于文化他者的幻象，是西方文化自我审视、自我反思、自我想象与自我书写的方式，表现了西方文化潜意识的欲望与恐怖，指向西方文化"他者"的想象与艺术形态空间。② 因此，当前中国国家形象面临着严峻挑战，亟待借助公共外交塑造良好的国家形象。而要想树立良好的国家形象，营造宽松国际环境，就得使国际社会听得到、听得懂"中国话"，让世界了解一个真实的中国和中国真实的内外政策，这就亟须一种"讲故事"甚至"讲好故事"的能力。③ 也就是说，如果要破除外国人特别是西方人对中国文化、中国道德和中国价值的误解，必须采取有效的方法和路径将中国文化、中国道德和中国价值送出去，而不是新闻发布、官方介绍等。

毫无疑问，当代中国的价值追求和道德追求是合乎国际道德

---

① 张玉勤：《当代文艺实践构建国家形象的历史性、现实性与理想性》，《江海学刊》2013年第4期。
② 同上。
③ 檀有志：《中国外交中的国家形象建构——以中国国家形象宣传片为例》，《现代国际关系》2012年第3期。

意识和道德准则的,中国将来的道德诉求甚至高出于西方的道德文化预设,中国的道德水准、道德诉求与其他民族一样,容含于其文化系统的方方面面,中国的宗教文化、哲学文化、制度文化、法律文化和社会习俗文化无不内存着中华民族的道德意识和德性追求,但是历史事实证明,文明之间的"宗教对话""哲学对话""制度对话"和"社会习俗对话"困难重重,有时竟不存在对话的可能性。只有诉诸人类情感历史和情感真实的"艺术对话",才有可能通过不同民族间的情感交流,克服文化价值偏见,为民族之间的相互理解、相互融通开辟坦途。中国道德体现于物质性"能指"和非物质性"能指"。物质性"能指",如标志性的建筑、城乡面貌、服饰、器物等物质载体,涵容着一个民族的道德理性和道德追求,无言地诉说着民族的历史并有效地传播扩散民族的传统美德;而非物质性"能指"——艺术作品,作为一个国家的道德水平的"非物质载体",在今天的国家道德形象建设中,发挥着特别重要的作用。

习近平在全国文艺工作座谈会上指出,国际社会对中国的关注度越来越高,他们想了解中国,想知道中国人的世界观、人生观、价值观,想知道中国人对自然、对世界、对历史、对未来的看法,想知道中国人的喜怒哀乐,想知道中国历史传承、风俗习惯、民族特性,等等。这些光靠正规的新闻发布、官方介绍是远远不够的,靠外国民众来中国亲自了解、亲身感受是很有限的。而文艺是最好的交流方式,在这方面可以发挥不可替代的作用,一部小说,一篇散文,一首诗,一幅画,一张照片,一部电影,一部电视剧,一曲音乐,都能给外国人了解中国提供一个独特的视角,都能以各自的魅力去吸引人、感染人、打动人。京剧、民乐、书法、国画等都是我国文化瑰宝,都是外国人了解中国文化的重要途径。[①]

国家形象必然同时或内在地显示出国家的道德形象,良好的国家形象必然是民族的内在美德与人类良知的外在显现,而"艺术地"展现国家的道德形象要比"政治地展现""观念地说教"有效

---

① 习近平:《在文艺工作座谈会上的讲话》(http://news.xinhuanet.com/politics/2015-10/14/c_1116825558.htm)。

得多，美国电影《拯救大兵瑞恩》、韩剧《大长今》、日本动画片都是成功的案例。正如《国家舞台艺术精品工程论评》所指出的那样，许多中国人心目中的美国形象来自于好莱坞的电影及其文化产品，法兰西、美利坚、英伦人民心目中的中国形象也将得之于中国当代的艺术作品。① 中国在"艺术地"传播构建当代国家道德形象方面，已经做出了创造性的努力，并取得了预期的文化建设成果。例如，2008年奥运会开幕式上的艺术展演，得到了世界人民的喜爱和认同，与此同时，大型艺术展演所内含的中国元素、中国精神和中国道德，也到得了世界人民的"同情的理解"甚至赞许。2011年1月17日、23日，国家形象片《人物篇》《角度篇》先后在美国纽约时代广场户外大屏播放，即时引发世界范围内的关注与热议，开创了中国形象传播主动公关的崭新时代。《人物篇》《角度篇》运用字幕、图像、旁白和音乐等手段和符号资源，多模态隐喻性地展现当代中国形象，不管是其文字模态、视觉模态还是其听觉模态，大量艺术元素和艺术化表现手法在发挥着举足轻重的作用，如视觉模态中的京剧、书法、国画、太极球、空竹、二胡、缶、刺绣、青花瓷、故宫、胡同、四合院、长城、布达拉宫、钟鼓楼、宽窄巷子、兵马俑、碑林等，听觉模态中的中国古典音乐主旋律及竹笛、古筝、编钟穿插其中。②

　　国家形象塑造是一个复合性工程，它包括相互协作的诸多方面，如国家想象标识、国情介绍、政府形象、企业形象、城市形象、历史形象、文化形象和国民素质等，而所有的这些局部形象折射出中国的整体形象，中国的整体形象又投射至各个局部形象之中，树立一个"民主富强""自由平等""热情友好""和而不同"中国道德形象，艺术作品和文化产品"走出去"已经发挥并将继续发挥举足轻重的作用。

---

① 张玉勤：《当代文艺实践构建国家形象的历史性、现实性与理想性》，《江海学刊》2013年第4期。
② 曾广、梁晓波：《国家形象的多模态隐喻建构——以中国国家形象片〈角度篇〉为例》，《外语教育研究》2017年第2期。

第四节　艺术参与中华科学文化建构

　　艺术参与当代中国文化建构，是一项系统工程，艺术本身的创新转化是中华文化复兴的一个环节，与此同时，艺术广泛主动并积极干预国家的经济建设、政治文化建设、道德文化建设、法律文化建设、外交文化建设、宗教文化建设、哲学文化建设。艺术从文化的不同层面全面进入中国当代的文化建设工程，以其强大的精神力量和实践品格进入中华文化主体的精神建构、制度建构、行为建构和物质建构（成果建构）。由于科学文化、科学技术已然成为当代人类社会谋求生存发展的主导性力量，而艺术与科学及科学技术日益形成融合创化的崭新态势，因此，艺术推动科学文化从真善趋于完美，科学技术带动艺术从唯美趋于真善，成为后现代社会最引人注目的文化景观，在谋求中华文化复兴的过程中，科学技术的"第一文化力"和"第一生产力"作用毋庸置疑，[①] 但是，如何预防科学技术"野性"的膨胀，如何防止"人化的科学"变成"超人的神祇"，如何变"将来可能的被动"为"当下积极的主动"，成为学术界不容回避的研究课题。

　　在黑格尔的文化理念中，艺术、宗教和哲学属于人类文化的"绝对精神"领域，人类不断上升完善的过程，也就是"绝对精神"的自我运动、自我发展和自我认识的辩证过程。"绝对精神"自我认识、自我发展并带动人类文明不断上升完善，"绝对精神"自我认识、自我发展是通过艺术、宗教和哲学三种形式来实现的。这三种形式都是以"绝对精神"为对象，但认识的方式不同。艺术通过感性直观形式，宗教通过表象的形式，而哲学则以概念的形式得到对于"绝对精神"的认识。黑格尔认为，在这三种形式中，艺术处

　　[①] 杨怀中：《中国科学文化的缺陷及当代建构》，《自然辩证法研究》2005年第2期。作者引用钱学森的观点，并进一步指出，科学技术是第一生产力，科学文化是第一文化。科学技术进步是经济发展和物质文明建设的决定性因素，要加快我国现代化建设，就必须大力发展科学技术，把科学技术进步放在经济社会发展的关键地位。

于认识的最低阶段，宗教次之，哲学则是"绝对精神"自我认识最高形式。马克思在其《〈政治经济学批判〉导言》中提出人类掌握世界，揭示真理有四种方法和途径：（1）理论方法，通过哲学思考和科学探索；（2）实践精神方法，通过社会的道德和伦理活动；（3）宗教方法，通过宗教和巫术活动；（4）艺术方法，通过艺术（包括文学）活动。而这四种活动对于宇宙人生及社会历史的真理性揭示，最终都必须以理论话语加以凝定，所以道德、科学、宗教及艺术理论又可称为道德哲学、科学哲学、宗教哲学及艺术哲学。马克思并没有将人类掌握真理的途径和方法进行高下判断。笔者认为黑格尔式的将艺术（感性认识）与哲学（理性认识）二分对待并判定高下的理论推断是错误的，有时艺术直觉思维所能抵达的理性深度比哲学逻辑思维更为精准深邃，很多大哲学家的重要科学发现、发明得益于类似于艺术情感思维的推动和加持。有研究成果表明，几乎所有的大科学家、发明巨匠都同时是诗人、提琴手或者是作家、业余画家，如爱因斯坦、玻尔、普朗克、郎之万等。《科技日报》1987年设专栏发表了近30位中国著名科学家畅谈文艺的文章，表明他们的艺术生活极大地丰富了他们的科学想象力，如钱学森、钱三强、钱伟长、苏步青等。爱因斯坦表明陀思妥耶夫斯基给予他的东西超过任何一位思想家，也超过了高斯所给的。钱学森曾说："艺术里包含的诗情画意和对人生的深刻理解，使我丰富了对世界的认识，受到这些艺术方面的熏陶，所以我才能不死心眼，避免机械唯物论，想问题能够宽一些，活一些。"[1] 杨振宁、李政道的科学发明得益于艺术思维的触动，或得益于艺术作品的熏陶，因此，二人大力提倡艺术与科技的融合创新。李政道在重视宏观的对称美的同时，特别关注微观世界的不对称性，亦即动态美，他善于将宏观上的对称美与微观上的不对称美有机统一起来，把艺术美的形式表达、展现出来。1956年李政道、杨振宁发现的"宇称不守恒定律"就是受到了这种综合性审美观的有益引导，他与杨振宁在研究基本粒子在弱相互作用下有左右不对称的现象中，追求并领悟到

---

[1] 叶松庆：《李政道对科学与艺术融合的历史性贡献》，《世界科技研究与发展》2000年第2期。

宏观的对称美与微观的不对称美的相互影响、相互作用后形成的综合美，确认了该定律，进而揭示出其中的美学原则和普遍意义。[①]

　　人类历史上科学技术的发现、发明带动艺术文化不断演化翻新，使得原本混沌综合的艺术文化渐次分门别类，如人类发明了乐器，延伸了身体的发音功能，于是器乐与声乐分道扬镳；中国人发明了宣纸，水墨画得以确立门类身份；电影、电视、摄影艺术进入艺术大家庭只不过100多年的历史，今天互联网催生出多媒体艺术，VR、AR、MR技术催生出虚拟互动影像体验艺术，大数据正式进入电影的创作、市场营销等，好莱坞的技术大片甚至以"炫技"抵消了"炫艺"。一方面，科学技术的突飞猛进带来了艺术表现形式的丰富多彩，另一方面科学技术的强力"干预"又使得当代艺术的精神品行和价值理性招致削弱，比如在文化创意产业方面，文化（艺术）与科技的深度融合处于愈演愈烈的进程之中，但无论是产业层面的"业态创新"模式和"跨界聚合"模式，还是产品层面的"内容活化"模式和"技术嫁接"模式，其所表现出来的特征主要是科技对文化的杠杆助推、平台托举和引擎牵引等方面的作用，是科技对文化（艺术）领域的单向选择性介入，两者互为驱动、互相激活的局面尚未真正来临。尤其是"文化企业的科技自觉明显落后于科技企业的文化自觉"，在这种背景下，国家顶层设计也越来越重视文化创意和科技创新的双重驱动作用。[②] 可见，艺术参与中华当代科学文化的建构的力度，虽然没有科学推动当代中国艺术文化建构的力度大，但是，艺术参与建构中国当代科学文化，依然大有可为。

　　虽然科学文化在今天取得了"话语霸权"，并几乎取得了与哲学、宗教平起平坐甚至"后浪突起"的权力地位，成了现代后现代人类的"准哲学"和"准宗教"，但是，科学文化作为文化母体中的一个板块，无法挣脱文化母体的演化逻辑。与文化母体一样，科

---

　　① 叶松庆：《李政道对科学与艺术融合的历史性贡献》，《世界科技研究与发展》2000年第2期。
　　② 李凤亮、宗祖盼：《文化与科技融合创新：模式与类型》，《山东大学学报》（哲学社会科学版）2016年第1期。

学文化的精神、体制、行为和成果所构成的科学文化体系，其灵魂是科学精神（价值意识），科学精神决定着科学体制、行为和成果的演化方向，而今天的科学精神、体制、行为和成果因为科学做大做强以后，以其理性的傲慢一路前行，弥补科学文化缺陷，补足科学文化短板，艺术大有可为。

一　艺术"大美"理念提升当代科学精神

所谓科学精神即科学的价值立场，中国当代的科学精神和科学价值观来自西方。有学者研究指出，有两种狭隘的科学观深深地影响人们对于科学的理解，一种是实证主义的科学观，一种是功利主义的科学观。所谓实证主义，即实证证明和逻辑正确，科学求真，对于自然、社会和人类本身，务求通过科学实验和逻辑推理，对客观真理进行认识和认定，而一旦认定这种知识，它就被恒定为真理。而科学的历史证明任何一种科学所得出的"科学结论"都存在着一个适用的范围，也就是说任何一种科学所得出的"科学结论"都不是放之四海而皆准的绝对真理。例如，广义相对论在微观世界失效，量子理论在宏观世界失效。不过科学家们仍然努力寻找与探索是否有某种理论可以囊括所有自然现象，如物理学界，将相对论与量子力学合并是一至少延续数十年的野心。[①]

科学功利主义将科学定义为"有用"——尤其是对人类有用。科学是人类征服自然、克服自身缺陷的利器，反过来说，如果一种科学活动或科学成果不能给人类带来实际功利，则这种科学活动或科学成果不被看好。例如，各大国竞相发展卫星和航天技术，固然是为了探索客观真理，但是军备竞赛的功利目标也是推动航天科学一路高歌猛进的重要原因。在科学技术无往而不利的现实语境中，特别是在科学技术高度发达的大城市，科学取代了宗教和哲学，科学及科学话语霸权所带来的功利主义思想，变成了社会的准道德，"人人为我"成为人际交往的价值尺度。

科学实证主义和科学功利主义只看到科学的形而下层面，而忽

---

① 参见科学（https://baike.baidu.com/item）。

略了科学的形而上层面,将自然科学只求真、求善的价值诉求贯彻于人文社会层面,则人文社会"求美""求远""求全"的价值所求,必然遭受压制和扭曲,这就是长期以来人文社会科学自觉或不自觉抵制消解现代科学文化的内在原因。而在科学文化内部,其后果是使科学活动如科学管理、科学教育等带有过强的实证化和功利化色彩,从而使科学偏离其文化本性。以这种观念为主导,势必导致科研领域重实证轻创新、重逻辑轻思想和重应用轻理论、重技术轻科学的局面;管理领域重数量(量化指标)轻人文(文化氛围)和重技术指标轻理论创新,甚至以经济指标来衡量科学技术文化的局面;教育领域重逻辑证明的训练轻想象力和创造力的培养,重单纯的知识灌输轻兴趣和文化修养的培养,重工科轻理科更加排斥文科的局面。①

科学实证主义和科学功利主义不仅削弱了科学的文化意义,同时也给当代的艺术文化带来了负面影响,在科学"求真"(客观真理)、"求善"(有用、有利)价值观的误导之下,当代艺术滑入"理性主义"和"商业制作""市场炒作"的泥坑,所谓的"前卫艺术""先锋艺术",以理念为先,罔顾艺术的感情性、形象性和形式美,后现代艺术在商业价值和市场经济的绑架之下,突出感性欲望,身体写作,无厘头情节,非理性发泄,绝对化娱乐,极端化包装,技术化制作,放弃了对人类真诚的、健康感情的真实表达,放弃理想,使艺术成为玩酷扮靓、无聊游戏、捞金赚钱与附庸风雅的行头道具。艺术与科学一样都受到了"生活的鞭打"。其基本属性、精神品格、真理价值或迷失或被遮蔽,人文精神失落,艺术滑向技术性、娱乐性、情欲性、物质性,科学被理解为技术、工艺、物质手段。②

真善美在宇宙层面是统一的,科学当然也讲究真善美的统一。著名数学家海德堡在一次与爱因斯坦的讨论时也说:"当大自然把我们引向一个前所未见的和异常美丽的数学公式时,我将不得不相

---

① 孟建伟:《论科学文化》,《中国科学基金》2009年第2期。
② 刘晓光、何东:《艺术与科学:精神品格与真理价值》,《齐鲁学刊》2015年第6期。

信它是真的，它们揭示了大自然的奥秘。"① 因此，科学家希望科学之真与形式之美二者合一。到目前为止人类引以为傲的科学技术毕竟是有限的，如霍根提出了科学终结这样的命题，当代人文学界和科学界都在思考学科的边界以及宇宙的终极真理问题，包括人类认识宇宙终极真理的方法论问题。有学者研究认为，也许把我们今天所遇到的种种精神困境放在跨越时空的总体人类主体面前审视，放在大尺度的历史参照系和价值链条上定位，放在世界文化格局大转型的背景下观照和审视，我们会发现一切都处在过渡之中，一切都是中间形态，一切都是对未来有效或无效的文化准备，一切都在指向一种审美艺术境界的高级回归。正如英国历史学家汤因比所指出的那样，人类最早的联系、沟通方式大概是一种超感官知觉。这种能力过去是、现在仍然是人类与其他物种共有的，虽然所有幸存下来的人类社会集团都拥有讲话的天赋，语言将超感官知觉由原来的中心地位驱赶到一个次要的地位，但是，如果我们彻底放弃这个现在被忽略的、最初的沟通和联系方式的话，我们大概会发现自己正处于一种茫然无措的境地。②

而这个最初的"超感官知觉"实际上就是艺术直觉，这种最初的"超感官知觉"是人类与其他物种所共有的，只不过目前的科学实验和实证研究不能或永远不可能证实这是宇宙的真相，是人类最初的"超感官知觉"在自身的演化过程中产生了人类理性思维和逻辑推理能力。科学理性思维和逻辑推理可以产生科学视野之内的"数学美""数理美"，但是它无法抵达自然和生命本身的不规则变化和微妙的差异——宇宙的大美。所谓"大"，可以理解为中国古人的原创智慧：大曰逝，逝曰远，远曰返。返即回归本位，发挥本源，回到自然本身，进入天人合一的最高境界。中国科学家李政道重视宏观的对称美和微观世界的不对称美，也即动态美，将宏观世界的对称美与微观世界的不对称美结合起来，统一为艺术美的形

---

① 张伟：《人类创造的不同文化形式——艺术与科学的文化共生性与互动性》，《艺术百家》2011 年第 3 期。
② 庞井君：《审美的力量——社会价值论的视野》，"艺术理论的中国视角"学术研讨会论文，北京，2017 年 11 月。

式,实际上就是试图将西方科学基于实证主义和功利主义之上的"求真"和"求善"与艺术的"大美"结合起来,建立超越于当代流行的科学精神之上的"真善美"合一的科学精神。

艺术"大美"在精神层面超越科学实证主义和科学功利主义,艺术"大美"精神与科学文化的终极追求是吻合的,只不过现当代科学文化的人文理想和终极追求被科学实证主义和科学功利主义人为地遮蔽了,艺术文化的"大美"理念有必要从价值归元意义上,对当代科学文化的精神迷失进行适时的文化导航。

二 艺术自由精神改进当代科学体制

体制,通常指体制制度,是制度形之于外的具体表现和实施形式,是管理经济、政治、文化等社会生活各个方面事务的规范体系。例如,国家领导体制、经济体制、军事体制、科技体制等。制度决定体制内容并由体制表现出来。体制的形成和发展要受到制度的制约。一种制度可以通过不同的体制表现出来。[①]

科学制度是国家政体的一种建制,属上层建筑领域,包括科学研究机构、科学管理机构、科学法规和科学政策等。各国社会制度、经济和教育条件不同,形成了不同的科学研究体制。例如,美国、日本等,是官(政府)、民(民间)、学(学术机构)三位一体的科学研究体制,社会学家称之为多元体系。[②]

当代中国的科学制度和科学体制是在借鉴西方科学制度和科学体制的基础上,逐步建立起来的。研究成果表明,从明末清初近代科学传入中国,到1915年和1928年中国科学社、中央研究院分别成立,标志着中国科学体制化逐步形成,其中有对英法两国的模仿,也有自己的特色。[③] 世界范围内的科学体制主要有两种:一种是分散性体制,由社会团体自发组织起来,以英国皇家学会为代表;另一种是集中性体制,以国家机构化为导向,以法国皇家科学

[①] 体制、制度,参见 https://wenku.baidu.com/。
[②] 同上。
[③] 文涵:《中国科学体制化的演进历程——兼与英法两国的比较》,《科技创业月刊》2012年第8期。

院为代表。中国科学社是民间团体,仿效英美式科学共同体,是分散性体制;中央研究院仿效法国科学院,以国家机构为导向,中央研究院与国家权利相互依存的同时,尽可能地保持学术独立,甚至保持着与中国传统知识分子一脉相承的清议传统。当代中国科学制度显然具有国家主导取向,但同时又具有分散体制性质,企业和民间的科研主体力量不断彰显,无论如何,中国当代科学制度及其体制运作都带有鲜明的"国际特色"——忽略科学的形而上层面,重视科学实证主义和科学功利主义的形而下层面,其结果,正如前文所述,导致科研领域重实证轻创新、重逻辑轻思想和重应用轻理论、重技术轻科学的局面;管理领域重数量(量化指标)轻人文(文化氛围)和重技术指标轻理论创新,甚至以经济指标来衡量科学技术文化的局面;教育领域重逻辑证明的训练轻想象力和创造力的培养,重单纯的知识灌输轻兴趣和文化修养的培养,重工科轻理科更加排斥文科的局面。[1]

有学者研究指出,不管从国内视野还是从国际视野来看,"求真知"的科研文化和"致实用"的功利主义科学价值观共同构成了近代科学体制化的必要条件,但是在这两个文化要素之间存在着冲突,表现为科学的"功利性"和"自主性"之间的摩擦与对抗。从"求真知"的科研文化出发,有人主张应该由科学家和科学共同体主导社会的科学事业,从"致实用"的科学价值观出发;有人则主张应该由科学的投资者、科学知识实用价值的需求者主导社会的科学事业,科学家和科学共同体只是被雇佣的科学知识生产者。现实的情况是"求真知""尚自由"的科学家和科学共同体拗不过投资者和科学知识实用价值的需求者,科学从增进人类福祉的"公器",变成了增进集团或个人利益、提高其竞争优势的利器,科学在改进民生的同时,导致社会贫富分化、国家地位失衡,一旦两者的矛盾激化,比如说科学家或科学共同体的追求与政治家(政治集团)或企业家的利益相冲突时,科学有可能成为强权政治的奴仆,科学发展的道路不可避免地被政治或经济的力量所扭曲。发展至极致,不

---

[1] 孟建伟:《论科学文化》,《中国科学基金》2009年第2期。

受约束的科学功利主义导致新的人类生存危机，20世纪以来已经出现了核威胁、环境问题、资源问题、人类异化问题等。科学家在"致实用"的科学价值观的误导之下，违背科学精神和科学良知，自甘堕落为科学投机分子。

因此，有必要在科学体制之内倡导艺术的积极介入。大多数科学家和艺术家一样，都是对"真知""真理"抱有天然热情和深度崇敬的创新型人才，在科学体制内部，培育、促成、提升科学家的创新意识，鼓励、支持、奖励创新成果，在整个社会营造艺术的自由创新氛围，那么，科学"求真知""尚自由""贵创新"的理念就会得到社会的道义认领，从而促进科学家、科学共同体及科学投资者、科学实用价值使用者共同反思，减少二者之间的摩擦和冲突，在更高的文化视野中实现科学文化的良性发展。

艺术的终极价值——艺术的审美价值、世界价值、永久价值和永恒价值归根结底是艺术的自由和创新价值。自由是艺术的天性，是指凝聚在艺术形式和艺术符号之中的情感自由活泼状态。艺术乃人类情性的表现和敞明，在人类的感性与理智的永恒对话性共存之中，艺术代表人类的感性一极。感性最大的特点有三：其一，自由；其二，反理性；其三，纠正人类的理性预设偏颇。自由的人类的情感经过艺术家的形式化、符号化、意象化创新，使得人类的情感发现、情感创造得以定型，并不断感染激发后来者进行新的艺术创造。艺术创新——艺术语言创新、符号创新、形式创新、意象创新——实际上是人类在历史的长河中突破陈见、发现新知的不可替代的途径之一。[①] 艺术的自由精神使得艺术处于永恒的创化生成之中，为了获得科学的"真知""真理""正见"，科学家和科学共同体须从艺术的自由创新理念中吸取精神养分，不断克服现实生活中的"功利性"羁绊，从而超越现实，成为人类科学文化正能量成长的助力者。

三　以艺术教育提升科学教育水平

科学文化的精神、体制、行为和成果构成了科学文化体系，这

[①] 黄永健：《艺术文化学》，上海科学技术文献出版社2016年版，第206—207页。

里的"行为"包括科学发现、发明、创新、科学教育、科学传播、科学宣传、科普等科学实践活动。科学精神和科学体制制约着科学实践活动的方向；科学实践活动将科学精神和科学体制创化为科学成果；离开科学实践活动，科学精神高悬为空中楼阁；而科学实践活动的主体是人，是具有科学精神和科学创新能力的科学家、科学从业者以及当代具有创新意识的"创客"和"极客"。[①] 科学技术是第一生产力，科学技术的发现者、发明人、创新者是一代代通过教育不断成长起来的科学家和科研工作者，科学技术的发现者、发明人、创新者是科技生产力背后的原动力，因此，在所有的科学实践活动中，科学教育最为紧要。狭义的科学教育限于学校的科学学习和科学实践，广义的科学教育延伸至校园内外，全社会以及人的一生。中华民族文化复兴需要与中华民族的文化理想相呼应的科学精神、科学体制，更需要与中华民族的文化理想相呼应的科学实践，更新国民人格，培育科学理性，造就复合型、跨学科、创新型的"中华新民"，教育特别是科学教育责任重大。可以说在当代中国的科学行为（科学实践活动）中，科学教育面临的问题最为突出，艺术教育理念和方法融入科学教育实践，可以有效地克服当代中国科学教育的弊端，"艺术地"提升中国当代科学教育水平。

中国自古是一个重视人文（包括艺术）教育的国度，但是经过100多年的科学规训，现当代的中国教育出现了"学科规训对学科人文性的规限"，经过五四新文化运动洗礼，"科玄论战""科学救国"以及"文革"浩劫、大学"重理轻文"的现象日益严重，科学

---

① "创客"一词来源于英文单词"Maker"，是指出于兴趣与爱好，努力把各种创意转变为现实的人。创客以用户创新为核心理念，是创新2.0模式在设计制造领域的典型表现。Fab Lab及其触发的以创客为代表的创新2.0模式，基于从个人通信到个人计算，再到个人制造的社会技术发展脉络，试图构建以用户为中心的，面向应用的融合从创意、设计到制造的用户创新环境。"极客"是美国俚语"geek"的音译。随着互联网文化的兴起，这个词含有智力超群和努力的语意，又被用于形容对计算机和网络技术有狂热兴趣并投入大量时间钻研的人。现代的Geek含义虽然与过去有所不同，但大多还是相似的，现在Geek更多是指在互联网时代创造全新的商业模式、尖端技术与时尚潮流。总之，是一群以创新、技术和时尚为生命意义的人，这群人不分性别，不分年龄，共同战斗在新经济、尖端技术和世界时尚风潮的前线，共同为现代的电子化社会文化做出自己的贡献。参见 http://baike.baidu.com。

教育与人文教育的矛盾日趋突出。直到 20 世纪 90 年代，中国教育界才开始文化素质教育改革，改革的思想被广泛接受，人们对科学教育与人文教育的融合进行不懈的努力。教育学界通过研究发现，与发达国家相比，中国的科学教育还存在许多问题，而这些问题使得中国科学教育事业与科教兴国战略要求不相适应，面对"可望而不可即"的诺贝尔奖和令人担忧的公众科学素质，我们不能不对现行的科学教育进行深刻反思。[1]

有研究者指出，中国当代的科学教育存在着"唯科学主义文化观""社会本位的科学教育价值取向""推崇双基的科学教育理论""以分科为主的科学教育课程""非科学的科学教育方法""科学教育中科学精神的缺失"等问题。所谓"唯科学主义文化观"就是在价值立场上的"科学膜拜"，唯科学是从，科学唯一合法正确，其弊端是扼杀了学生的文化想象力和创新潜能；"社会本位的科学教育价值取向"，只注重社会的需要，忽视学生的个性和兴趣所在；"推崇双基的科学教育理论"，高度强调基础知识和基本技能的学习，注入式教学和题海战术磨灭了学生的自然心智；"以分科为主的科学教育课程"已经不能适应当代科学的发展，如今综合课程风靡全球，有学者通过研究得出结论，综合课程更贴近大多数学生的体验，有利于发展学生的兴趣，更适合多数学生的全面发展，更有利于提高全体学生的科学素养；"非科学的科学教育方法"，即直接指向结论，很少让学生经历当初科学发现的思维过程，压制学生的好奇心和反叛精神，其结果是靠机械记忆和套用公式来应付考试，学生苦不堪言，学过的知识应付过考试之后即遭抛弃遗忘，越来越多的学生对科学失去兴趣，造成教育资源的极大浪费，学校的科学教育与培养科学素养的目标背道而驰；"科学教育中科学精神的缺失"，教员只转运知识，贩卖科学定理，而科学精神和科学态度的培养不在其视域之内，科学精神在中国科学教育历史上和当下语境中都是十分缺乏的，这不仅是科学教育的一大缺憾，更是中国科学

---

[1] 梁剑宏：《学科规训：中国科学教育与人文教育关系演变简述》，《中国大学教学》2010 年第 6 期。

发展一再延误的根源所在。①

科学教育以传授科学知识为己任,其根本目的是追求真理,培养学生的科学精神。艺术教育是指通过文学、音乐、美术等艺术手段和内容,对人进行培养和熏陶,使人具备正确的审美观和感受美、创造美的能力与素质的审美活动。② 中西方古代的科学教育和艺术教育是合二为一的。战国时期,中国贵族子弟的教学内容六艺——礼、乐、射、御、书、数,"乐"与"数"及其他学科混合在一起;古希腊称教育为缪斯教育,缪斯主管科学和艺术,缪斯教育就是科学教育和艺术教育的通称,古希腊数学发现的数理之美又被运用于艺术创作。近代以来科学能量膨胀,艺术能量萎缩,出现了科学教育被强化而艺术教育被淡化的现象。中国当代幼儿阶段的艺术教育与科学教育尚能旗鼓相当,但是一旦学生进入中学和大学,应试考试的惯性将学生拖入机械学习的牢笼,笼罩社会的功利主义和工具主义价值观,迫使人文学科(包括艺术学科)教育"节节败退"。时至21世纪,人们惊奇地发现了科学技术的两面性——双刃剑效果,"科学万能"的神话逐渐破灭,加上当代知识经济和各国可持续发展都需要全面发展的综合型创新性人才,需要智商情商兼具、科学素养和艺术素养并优的通才,人文艺术素养的重要性被再度认领,而许多大科学家站出来为艺术"喊话",科学研究越来越需要艺术思维的深度支持,科学真理与艺术真理出现"貌离而神合"的现象,于是科学教育与艺术教育,科学与艺术之间的"整—分—再整"运动已成为历史和逻辑的必然。③ 美国国会1994年通过《2000年目标:美国教育法》,在美国历史上第一次将艺术与数学、语文、历史、自然科学并列为基础教育核心学科;中国教育部也把艺术教育写入《面向21世纪教育振兴行动计划》,将艺术教育提到非常重要的位置。

艺术教育对于科学教育的积极作用体现在以下几个方面:
(1)发展艺术教育,在学科体制上和课程体制上实现科学教育和艺

---

① 蔡中宏:《中国科学教育的误区及其批判》,《高等理科教育》2005年第4期。
② 庞岚:《论艺术教育与科学教育的互动》,《高等教育研究》2004年第4期。
③ 同上。

术教育的动态平衡,① 可以促进人文教育和科学教育均衡发展的文化对称结构的出现,有效抵消当代科学教育功利主义和工具主义的价值取向,促使科学教育体制内部反思得失,在客观上抑制唯科学主义文化观的肆意蔓延,从而在制度上加强科学教育和艺术教育及人文教育的精神关联度。(2) 艺术地改进科学教育的方法。艺术教育自始至终贯穿着想象思维、直觉思维、灵感思维等方法论原理,而想象思维、直觉思维、灵感思维正是诊治目前理工科学生"迷信"逻辑思维、概念思维、发展创新思维的有力武器。爱因斯坦说:"想象力比知识更重要,因为知识是有限的,而想象力概括着世界的一切,推动着进步,而且是知识的泉源。"② 科学教育应该允许学生发问质疑,异想天开,如牛顿大胆猜想地球与太阳之间的吸引力与地球对周围物体的引力可能是同一种力,遵循相同的规律,万有引力理论诞生。艺术直觉与科学直觉直接催生出艺术作品和科学产品,当主体不断接受客体刺激,从而产生无意识的思维整合,进而形成一种强烈而不可抑制的创造预感、创造冲动和创造欲望,这时候艺术原创和科学发现喷薄而出,科学教育应引导学生充分发挥自己直觉领悟能力,引导学生超越现有知识体系,超越自我,大胆设想,小心求证。灵感思维稍纵即逝,带有部分狂迷性质,柏拉图说:不得到灵感,不失去平常的理智而陷入狂迷,就没有能力创造。③ 艺术创作中灵感闪现极为可贵,科学界的一些重要发现得益于灵感思维,海德堡回忆他发现量子力学原理时说:"终于,当最后一个计算结果出现在我面前时,已经凌晨3点了,所有各项均能满足能量守恒原理,于是,我不再怀疑我所计算的那种量子力学了,因为它具有数学上的连贯性和一致性。刚开始,我很惊讶,我感到透过原子现象的外表,我看到了异常美丽的内部结构,当想到大自然如此慷慨地将珍贵的数学结构展

---

① 如目前中国将艺术学作为一个独立的学科门类看待,与哲学、经济学、法学、教育学、文学、历史学、理学、工学、农学、医学、军事学、管理学等12个学科门类地位平等,就是为了进一步实现艺术教育和科学教育动态平衡的重大战略举措。
② 张亚斌:《艺术教育与科学教育互动关系论纲——高等教育发展的文化均衡理论》,《中国政法大学学报》2008年第4期。
③ 同上。

现在我面前时，我几乎陶醉了。"① 目前理工科课堂教学过于理性、刻板，需要充分重视并适当引入艺术教育中的灵感思维方法。（3）加大艺术教育投入，优化理工学生的思维生理机能。艺术教育开发右脑，科学教育开发左脑，理工学生长期不用右脑，导致情感感受性迟钝僵化，想象力、直觉能力和灵感触动能力下降，不利于科学研究中综合创新能力的成长，让艺术作品、艺术思维、艺术欣赏甚至艺术创作进入科学教育，可望在理工农艺类学生中培养出智力结构健全的杰出人才。

四 以艺术表现涵育科技成果的人文精神

科技成果是指人们在科学技术活动中通过复杂的智力劳动所得出的具有某种被公认的学术或经济价值的知识产品。② 学术成果通常表现为公理、定律、学术理念、学术思想、学术观点，具有抽象性、逻辑思辨性的学术成果通常很难用合乎艺术形式美的原则进行美学表现，而科技产品与现代设计美学联姻，则使得科学成果的艺术化成为可能。例如，苹果手机除了其超强的功能之外，它的艺术化的外观和人性化的设计成为它完胜市场的重要元素。当年乔布斯从斯坦福大学退学后，阴错阳差学习了美术字，学到了 sanserif 和 serif 字体，学会了怎么样在不同的字母组合之间改变空格的长度，怎么样才能做出最棒的印刷式样，乔布斯认为那个经历是科学永远不能捕捉到的、美丽的、真实的艺术精妙。十年之后，当乔布斯团队在设计第一台 Macintosh 电脑时，乔布斯将其所学美术字技巧全部融入 Mac。那是第一台使用了漂亮印刷字体的电脑。乔布斯非常庆幸他无意中学习了美术字制作技巧，他认为如果他无缘学习美术字，那么 Mac 就不会有这么丰富的字体，以及赏心悦目的字体间距。那么现在个人电脑就不会有现在这么美妙的字形了。③ 乔布斯似乎无意之间将高新技术产品与艺术设计和艺术表现进行嫁接，使

---

① 张伟：《人类创造的不同文化形式——艺术与科学的文化共生性与互动性》，《艺术百家》2011 年第 3 期。
② 科技成果，参见 https://baike.baidu.com。
③ 吴咏峰：《心道》，中国文化发展出版社 2013 年版，第 163 页。

苹果手机获得了意想不到的成功。

苹果手机案例说明当代高新科技成果在满足功能性的需要之外，还必须通过艺术想象进行艺术美化，才能做大做强走得远，原因有二：其一，科学与艺术俱深藏着自然美的法则，如达·芬奇的油画暗含解剖学、透视学的原理，解剖学、透视学的原理运用于油画画面，则造成了达·芬奇的油画"微妙的光晕"。因此，科学成果的外在呈现上，应尽力与科学的终极追求——对美的追求——互为呼应，这是科学发展的内在逻辑要求。其二，就人性而言，人在基本的需求和欲望得到满足之后，必然追求精神满足——追求情感的刺激、抚慰、平衡和超越，科学产品特别是今天的高科技产品，只能满足人的功能性需要，则只是"尽善"不能"尽美"，古今中外人们在接受艺术作品和科学产品时，都希望其"尽善尽美"。① 善——满足功能性需要，美——满足精神需要。彩陶加上纹饰既满足物质需要又满足精神需要，芭蕾舞技术高超、精神饱满既满足观赏需要又满足精神追求需要，即便是今天的3D、4D、VR、AR、MR技术所呈现出来的艺术作品"徒为炫技"也很难存留世间。

党的十九大报告中指出中国特色社会主义进入新时代，中国社会主要矛盾已经转化为人民日益增长的美好生活需要和不平衡不充分的发展之间的矛盾。中国稳定解决了十几亿人的温饱问题，总体上实现小康，不久将全面建成小康社会，人民美好生活需要日益广泛，不仅对物质文化生活提出了更高要求，而且在民主、法治、公平、正义、安全、环境等方面的要求日益增长。② 就中国而言，在享受高新科技产品带来的丰裕的物质享受之外，人们开始追求"既好且美"——尽善尽美的生活，高新科技产品成为改善生活的主要保障，但是，高科技产品很"科学"、很"技术"而不"美学"，这就造成了科技产品内在发展的不平衡，当下的科技产品功能强大

---

① 孔子提出"尽善尽美"的艺术欣赏论标准。子谓《韶》："尽美矣，又尽善也。"谓《武》："尽美矣，未尽善也。"《韶》乐传说是舜时乐舞名，尽美主要指其音调、节拍形式的完美，尽善主要指其所蕴涵的思想意义之雅正。《武》乐是周武王时乐舞名，孔子认为舜以禅让得国，而周武王以征伐得国，故谓《韶》乐，尽美尽善，而《武》乐尽美而未尽善。

② 参见 https://www.liuxue86.com。

但趣味匮乏或趣味低俗已经成为较为突出的社会问题。

有学者研究指出,过去的30年,中国的大型、超大型建筑项目出现了爆发性增长,数量之大、形式之新、争议之多、体量之大,世所罕见。这些建筑引起了专业人士和广大群众的激烈争辩,激辩的实质是各种审美思潮的碰撞和交锋,单体建筑与环境审美意匠之间的关系是引起激辩的重要议题。库哈斯、扎哈、安德鲁所代表的建筑学界的"唯形式论""形式一元论"在国际蔓延,也在中国蔓延。扎哈在北京的元大都旧城内,设计四枚"巨蛋"——银河SO-HO建筑群,在其庞大而怪异的身躯之侧,被誉为中国明代建筑瑰宝的智化寺成了"渺小的存在"。[①] 2015年7月17日,日本宣布放弃扎哈设计的"新国立竞技场"方案,日本各界人士认为她的方案是"荒谬可笑的设计",其原因是这个"庞然大物"与周围环境不和谐,特别是其高度远高于明治皇宫,被认为是对神宫的亵渎。学术界在充分调研之余,提出了追风国际的当代中国大城市中的单体建筑是否"表意跨度过大",是否会因永恒美感的缺失而枯竭的疑问。[②]

中国古典文论中的"意境""意象"理论作为超越当代"唯形式论""形式一元论"美学理念的东方智慧,可以在理论和实践两个方面,有效地矫正当代西方后现代主义美学的精神偏颇。中国工程院院士,设计出南京长江大桥、加纳国家大剧院、南京博物院、浙江美术馆的程泰宁形容其设计创作的审美境界:"就创作而言,我主张情景合一,形神兼备,这是一种具有东方文化精神的审美境界,也是我对建筑的评价标准和审美标准。"当代存在主义哲学所倡导的"场所精神"[③],关注过程、交往和诗意栖居,与中国"意境""意象"理论可以相互发明。美国当代建筑师斯蒂文·霍尔提出将建筑"锚固"在场所中,在一

[①] 季羡:《论单体建筑与环境审美意匠的关系》,"艺术理论的中国视角"学术研讨会论文,北京,2017年11月。

[②] 同上。

[③] 舒尔兹提出,一系列的物,包括建筑,都应有清晰的特征,它们集结在一起,形成有清晰特征的场所,这些特征汇聚起来,形成场所的精神。因此,建筑与场所之间应有一种历史发展背景上的联系、形态上的联系和诗意上的联系。

所与环境"锚固"起来的建筑中,场所的意义、环境的优美、被激发的美好回忆、对真实生活的感受,这些经验汇集在一起,使建筑给人的体验超越了建筑的形式美,从而建筑与场所就现象学地联系在一起。越南建筑师武重义所设计的2015米兰世博会越南馆、中国工程院院士程泰宁设计的加纳国家大剧院堪称将人文精神与建筑设计完美结合的典范。尤其是加纳国家大剧院"奔放而有力度、精致而不失浪漫",被视为原始与先锋的复合体,它简洁的形态和高度凝练的艺术语言具有极强的现代气息和高科技的美感。同时,更为重要的是,它敦实的厚重的造型体现了非洲艺术的稚拙感。粗狂线条、独特的造型和具有强烈地方色彩的建筑细部装饰,回应了非洲艺术的力度和狂放,呼唤了人的直觉中某种朦胧的冲动。①

科学技术成果作为人类智慧的结晶,本来就是为了服务人类,但是如果任由科学"唯理主义""工具主义"思想和"制胜自然"的惯性理念肆意蔓延,则科学技术成果必然成为科学"唯理主义"、"工具主义"思想和"制胜自然"的惯性理念的物质载体。科学与艺术一样,求真求美,而上述流行的"唯形式论""形式一元论"建筑物,为了追求西方哲学理念之真,罔顾科学之美。科学最终服务人类同时达成人与自然的永续和谐之境,科学的美与艺术的美"异质而同构",正如方东美先生所指出的那样:"因为这个世界绝不是一个干枯的世界,而是一切万物含生,浩荡不竭,全体神光焕发,耀露不已,形成交光相网,流衍互润的大生机世界。"②科技产品与一切万物含生,同为生命实体,美善兼备,科技产品的形式中必须充实着、传达着这样的人文精神;在创意和设计的引领之下,充实着、传达着这种人文精神的科技产品,可以逐步满足人民对于美好生活的需求。

---

① 季羡:《论单体建筑与环境审美意匠的关系》,"艺术理论的中国视角"学术研讨会论文,北京,2017年11月。
② 同上。

第五节　小结：艺术提升中华民族的精神水准

在精神文化体系内部，艺术与哲学、宗教、道德、科学理念相互融通，艺术作为"活感性存在"形态，与"哲学、宗教、道德、科学"形上层面深度关联，并且与"哲学、宗教、道德、科学"形下层面互为关涉。中国当代文化建设，特别是文化软实力建构，主要集中在精神文化层面，艺术本身的创新性建构以及艺术参与的"哲学、宗教、道德、科学"文化建构共同凝神形塑为民族的精神文化，提升民族的学术水准和精神高度。

作为当代中国哲学文化的有机组成部分，艺术理论的研究成果，如艺术美学（艺术哲学）、艺术社会学、艺术人类学、艺术文化学、艺术语言学、艺术宗教论、艺术掌握论、艺术本体论、艺术价值论等学科的学术成果，与当代中国的哲学学术成果相互发明，它们本身也可以被指认为当代中国哲学文化体系中不可替代的组成部分。当代中国艺术理论的振兴繁荣，表征着中国哲学文化的振兴繁荣。

除此之外，艺术传承传播中外哲学文化，促进文化之间的平等对话和相互理解，甚至可以弥平文化之间的价值壁垒，带动中华文化"走出去"。艺术直觉校正哲学理性偏颇，艺术的哲理把握功能一旦为整个社会所认领，艺术思维的纠偏作用被恰如其分地运用于哲学思辨之中，国家的哲学理性就会减少偏误，社会发展就会更加稳健平和。

长期的历史发展形成了我国现阶段佛教、道教、伊斯兰教、天主教和基督教这五大宗教并存的格局，五大宗教本土化的过程中与中国传统文化互相生发，分别形成中国化了的宗教文化，并共同构成中华宗教文化，也是中华传统文化的重要组成部分。当代不同类别的艺术通过弘扬宗教正能量、丰富宗教内涵涵育文化氛围以及促进中华宗教文化广泛传播等三条路径，参与中华宗教的建构。

道德并不是一成不变的，道德与文化系统中的其他文化模块的发展水平也并不是成正比例。可以说，任何一个人类文明，都具有其特定的道德意识和道德行为准则，尤其是比较成熟的文明社会又会有意引导人们树立高尚的道德意识和道德标准，克服"恶德""劣德""败德"。艺术可以参与中国当代的道德文化建设，可以从个人、社会和国家三个层面，积极参与建构当代积极向上、充满正能量价值的道德文化体系。

  艺术从文化的不同层面全面进入中国当代的文化建设工程，以其强大的精神力量和实践品格进入中华文化主体的精神建构、制度建构、行为建构和物质建构（成果建构）。由于科学文化、科学技术已然成为当代人类社会谋求生存发展的主导性力量，而艺术与科学及科学技术日益形成融合创化的崭新态势，因此，艺术推动科学文化从真善趋于完美，科学技术带动艺术从唯美趋于真善，成为后现代社会最引人注目的文化景观。在谋求中华文化复兴的过程中，科学技术的"第一文化力"和"第一生产力"作用毋庸置疑。

  科学文化的精神、体制、行为和成果所构成的科学文化体系，其灵魂是科学精神（价值意识），科学精神决定着科学体制、行为和成果的演化方向，而今天的科学精神、体制、行为和成果因为科学做大做强以后，以其理性的傲慢一路前行，弥补科学文化缺陷，补足科学文化短板，艺术大有可为。如以艺术"大美"理念提升中国当代科学精神，以艺术自由精神改进中国当代科学体制，以艺术教育提升中国当代科学教育水平，以艺术表现涵育当代中国科技成果的人文精神等，随着中国文化的崛起，东方艺术精神中的人文理念特别是其中的"美善"观和"真善美"合一观，必将对当代科学精神、体制、行为和成果进行积极干预，并引领当代科学文化"艺术"地造福于人类以及与人类命运共同演化的大自然和宇宙整体。

结　语

艺术繁荣、民族复兴、文化大美

人类文明史证明：文化强大，艺术振兴。人类早期文明时期的物质文化促成了艺术的繁荣和发展，古巴比伦、古埃及、古印度的物质文明成果催生出人类早期的艺术花朵——建筑、雕塑、史诗、神话、戏剧、舞蹈、音乐等。随着人类文明史的推进，艺术不仅仅作为社会的物质基础之上的上层建筑被动地存在着，相反，艺术对于推动文化的繁荣发展发挥了越来越重要的反作用。我们从文艺复兴和美国当代艺术与文化之间的关系中，发现了艺术的这种积极能动性。欧洲文艺复兴时代以艺术唤醒人性，进而促成人的理性的觉醒和自尊，从而使得欧洲在科学、政治、经济以及文学艺术各个方面所取得的成就，震古烁今，在人类文明史上久久回荡。美国近代以来所取得的高度的物质文化成就使得美国具有了创造艺术新门类和创新艺术风格的物质基础，但是，美国以其独特的"大生态"环境和雄厚的物质基础促生了"美国艺术"反过来刺激美国人——美国文化主体——的想象力和创新能力。物质文化建构了艺术成长和艺术繁荣的前提条件，但是，艺术精神和艺术思维模式反过来也会先发性和继发性地凝聚为物质文化前进的精神动力。

当代中国的"活跃的民族精力"得益于当代中国的文化发现、文化发明和思想创新能力，得益于当代中国与西方及其他非西方国家的文化传播互动，得益于中国当代本土的主流文化及非主流文化与西方及其他非西方文化的交流融合。新时期以来我国思想文化界的一系列创新之举，直接"活跃了民族的精力"，推动了我国当代文艺事业大发展和大繁荣局面的形成。发生在中国文化和外来文化之间的"良性涵化"，以及发生在中国艺术文化和外来艺术文化之间的"良性涵化",不仅为当代中国的文化创新带来了新的增长点(增长极),同时通过文化传播加速文化之间的良性互动,带动了当代中国艺术的振兴和繁荣。在实现"中国梦"、实现中国文化复兴的历史进程中,我们必须在充分审察人类文明进程中的相关成功经验和规律的基础上,直面当下,善于反思,强化文化自省意识,同时加强文化自信,提高文化和艺术的创新能力。

中国当代的艺术文化兴起于当代中国文化的历史语境之下,如何激活传统艺术文化的精华为当下所用,为中华文化复兴发挥建设性的功用,正是我们在经过历史的纵向比较和当下性的横向比较之后,必须重点加以研究的问题。

笔者认为,中国传统艺术作为中国传统文化的有机组成部分,其中的文学、音乐、戏剧戏曲、舞蹈、书法、绘画、雕塑、篆刻、园林、陶艺、茶艺、建筑等,包含着大量的非现代性和类现代性的文化要素,我们在复兴民族文化的伟大实践中,必须充分认知中国艺术文化对于中华文化现代转化的价值和作用,研究如何在继承传统艺术精华的基础上,进行中华艺术的当代创新;研究如何利用传统艺术的精神资源,促进中华文化在政治、经济、制度、市场、法律、风俗等各个方面,与国际接轨,推动中华文化和人类文化走向大美未来。

中华艺术尤其是中国传统艺术文化作为中华文化价值系统的有机组成部分,有效地承载着中华传统文化(中国文明)的正能量——在当下及将来仍然具有普适价值的文化理念,比如"仁、义、礼、智、信""温、良、恭、俭、让""忠、孝、勇、恭、廉、悌、忍、善",比如被张岱年先生称之为传统文化中所包含的积极的健康的要素,中国传统文化中具有指导作用的推动历史前进的精神力量的"刚健有为、和与中、崇德利用、天人协调""敬、诚、信、忠恕、仁爱、知耻、和而不同"等,[①] 而传统艺术通常又是以特殊的风格、品相和气貌来委婉间接地表现中华文化中的正能量价值成分。当代中国核心领导层认为,中华优秀传统文化中很多思想

---

① 刘梦溪:《马一浮与国学》,生活·读书·新知三联书店2015年版,第7页。刘梦溪先生认为这七重基本的价值理念,是中华民族两千年来立国和做人的基本依据。

理念和道德规范，不论过去还是现在，都有其永不褪色的价值，如崇仁爱、重民本、守诚信、讲辩证、尚和合、求大同等思想，有自强不息、敬业乐群、扶正扬善、扶危济困、见义勇为、孝老爱亲等传统美德。我们要结合新的时代条件传承和弘扬中华优秀传统文化，传承和弘扬中华美学精神。中华美学讲求托物言志、寓理于情，讲求言简意赅、凝练节制，讲求形神兼备、意境深远，强调知、情、意、行相统一。我们要坚守中华文化立场，传承中华文化基因，展现中华审美风范。"以古人之规矩，开自己之生面"，实现中华文化的创造性转化和创新性发展。

当代中国的社会主义核心价值观"富强、民主、文明、和谐，自由、平等、公正、法治，爱国、敬业、诚信、友善"，实融合了传统文化有价值的部分，而进行了现代化的转化，如其中的"富强""和谐""爱国""敬业""诚信""友善"承接中国传统文化"刚健有为""崇德利用""和而不同""天人协调""仁爱""敬、诚、忠恕、让、忍、善"等价值理念，而"民主""文明""自由""平等""公正""法治"等核心价值，承接和借鉴西方文明的价值理念，融合中西，创化出新，当代社会主义核心价值观基本上契合人类对于美好未来的祈求和盼望。同理，当代中国艺术在承接传统文化的价值基因的基础上，在全球文化对话大环境中，有意或无意地借鉴融合非中华文化（如西方文化、日韩文化、非洲及美洲文化等）的价值理念，进行必要的艺术创新，从而真实地表现时代的精神底蕴和道德指向。

中华传统艺术通过不同的风格、气象、品貌委婉曲折地传达中华文化之道，我们在分析中国传统艺术作品对于中华文化价值的承载之时，可以就各个门类艺术的主要风格、气象、品貌进行研究和综合归类，从而自不同的方面突出中华艺术之道和文化之道。中国古代音乐、诗歌、戏曲、舞蹈、书法、水墨画、篆刻、雕塑、建筑、工艺等，有效地承载着中华文化形而上层面的价值理念，这些价值理念，在今天人类文化对话和全球文明共建过程中，依然具有不可磨灭的参照价值，可以作为中华文化和中华艺术的正能量，发挥积极的建构作用。

我们认识、判断、分析传统艺术所涵蕴的正能量因素，目的是为了"古为今用"，汲古开新，文化永续，认为"横的移植"可以解决中国一切问题的想法，已经被历史彻底否定。艺术助力中华文化复兴必须从自我创新开始，以自我创新构成中华文化体系结构中的"活化性"基因，从而以这种"活化性"基因影响、引领其他文化元素可持续发展，永续前进。而文化创新或艺术创新，是从已知的文化或艺术条件、要素或符号中组合出新的文化或艺术形态或艺术产品的过程。[①]

艺术助力中华文化复兴必须从自我创新开始。创新型的艺术文化又从文化创意产业、制度设计及精神文化各个层面的影响、引领当代中国文化向前迈进。

人类步入后工业化社会，知识经济、体验经济、审美经济成为新的经济增长极，正是在这个前所未有的话语环境中，文化创意产业成为各国寻找经济转型发展的重要抓手。文化创意产业中的核心成分是艺术产业——艺术原创以及艺术原创的多层级开发产业链，而尤为重要的是，艺术家的创新思维模式与文化创意产业中的创意思维模式同属于人类的情感思维领域。创新离不开人类的艺术思维，因此，艺术思维、艺术原创（美术、工艺、影视、动漫、剧本、音乐、舞蹈、诗歌、多媒体艺术以及传统书画、雕塑、篆刻、戏剧、口传文学等），成为文化创意产业的价值源头，要大力发展文化创意产业，推动国民经济持续健康发展，就必须从民族文化身份维护、中华文化正能量传播的战略高度，培育艺术人才，鼓励艺术原创，激励艺术原创与科技创新文化的紧密结合，由饱含民族优秀文化基因的当代艺术原创所开发出来的文化创意产业新兴业态，得益于不断创新的制度保障，逐渐成为中国经济的新的增长极，推动中国经济的创新性发展，从而快速缩短我国与发达国家的"硬实力"和"软实力"差距。

在国家的制度文化建设中，政治文化的顶层设计尤为重要，其次，外交模式创新、法律文化创新性建构，都关乎国家的大政方针、

---

① 王一川：《当代艺术创新人才及其创新素养》，《艺术百家》2011年第6期。

治理模式能否适应国情、顺应民意和科学真理，圆满推进，引领国家民族以至人类社会和谐发展，健康发展，美丽发展。艺术与政治的关系错综复杂，但是历史和现实的经验告诉我们，艺术可以对国家的政治文化积极干预，正面引导。虽然当代学者对政治形象化、政治美学化进行了深入的探讨，但是，我们还必须更进一步从政治思维艺术化、政治决策艺术化、政治活动艺术化、政治作品艺术化等具体路径入手，探讨可以对政治正面发挥作用的政治艺术手段。

外交是国家的政治工具和政治手段，也是一门与艺术相通的"实用艺术"，其中文化外交就是主权国家利用文化手段达到某种政治目的或对外战略意图的一种外交活动。艺术作品具有强烈的感性色彩，用艺术作品既能直接说明民族文化的独特性，又能体现世界文化的共性。在文化外交中，通过本国艺术作品透露出亲切感人的文化气息，与他国人民的情感和价值观产生共鸣，充分发挥艺术在文化外交中的桥梁和纽带作用。中国的文化外交的成功实践表明，将艺术形式、艺术精神和艺术思维融合到文化外交中，不仅对国家的外交决策有辅助、警醒和完善的作用，也是人类圆成中国梦和世界梦的重要环节和理智选择。

现代主流法律观念包括大陆法系、英美法系、中华法系以及现代主义法学和后现代主义法学，以"工具理性"取代了"价值理性"，以"科技理性"取代了"人文理性"，以"理性"取代了"非理性"，或以"非理性"取代了"理性"，[①] 其后果是将现代法律特别张扬的理性精神从人类的感性海洋中抽离出来，反过来无情地奴役人性。正如当代有的学者指出的那样，如果法律以理性的名义粗暴地禁止了所有的反理性行为，那么，这种禁止态度的本身很可能也是远离理性的，它可能导致的结果就是：绝对地"存天理"（保存理性），绝对地"灭人欲"（消灭反理性），在这种情况下，人不再是目的，而是异化成了保证天理的工具。[②]

正是因为现代化过程中形成的"法律科学帝国主义"，法学陷入自我设陷的迷途，艺术作为人类感性之根和真理探索途径之一，

---

① 李庚香：《法美学是人学》，《中州学刊》2004年第4期。
② 喻中：《法律与艺术的对峙》，《法制资讯》2012年第7期。

恰好可以参与人类对于当代法律文化的转化创新事业。艺术关注情感、关注非理性、关注人类的行为动机，艺术通过情感把握存在之真，必然关注人类的命运和人类的未来走向。因此，在当代中国法律文化建构中，艺术可以发挥它应有的建构性作用。例如，艺术与法律结合可以实现"法律观念与艺术精神及艺术思维的整合创新""法律制度与艺术精神、艺术思维的整合创新"以及"艺术教育与法律教育的合力共进"等。

在精神文化体系内部，艺术与哲学、宗教、道德、科学理念相互融通，艺术作为"活感性存在"形态，与"哲学、宗教、道德、科学"形上层面深度关联，并且与"哲学、宗教、道德、科学"形下层面互为关涉。中国当代文化建设，特别是文化软实力建构，主要集中在精神文化层面，艺术本身的创新性建构以及艺术参与的"哲学、宗教、道德、科学"文化建构共同凝神形塑为民族的精神文化，提升民族的学术水准和精神高度。

作为当代中国哲学文化的有机组成部分，艺术理论的研究成果，如艺术美学（艺术哲学）、艺术社会学、艺术人类学、艺术文化学、艺术语言学、艺术宗教论、艺术掌握论、艺术本体论、艺术价值论等学科的学术成果，与当代中国的哲学学术成果相互发明。它们本身也可以被指认为当代中国哲学文化体系中不可替代的组成部分，当代中国艺术理论的振兴繁荣，表征着中国哲学文化的振兴繁荣。

除此之外，艺术传承传播中外哲学文化，促进文化之间的平等对话和相互理解，甚至可以弥平文化之间的价值壁垒，带动中华文化"走出去"。艺术直觉校正哲学理性偏颇，艺术的哲理把握功能一旦为整个社会所认领，艺术思维的纠偏作用被恰如其分地运用于哲学思辨之中，国家的哲学理性就会减少偏误，社会发展就会更加稳健平和。

我国现阶段佛教、道教、伊斯兰教、天主教和基督教这五大宗教并存，五大宗教本土化的过程中与中国传统文化互相生发，分别形成中国化了的宗教文化，并共同构成中华宗教文化，也是中华传统文化的重要组成部分。当代不同类别的艺术通过弘扬宗教正能量、丰富宗教内涵涵育文化氛围以及促进中华宗教文化广泛传播等三条路径，参与中华宗教的建构。

　　道德并不是一成不变的，任何一个人类文明，都具有其特定的道德意识和道德行为准则，尤其是比较成熟的文明社会又会有意引导人们树立高尚的道德意识和道德标准，克服"恶德""劣德""败德"。艺术可以参与中国当代的道德文化建设，可以从个人、社会和国家三个层面，积极参与建构当代积极向上、充满正能量价值的道德文化体系。

　　由于科学文化、科学技术已然成为当代人类社会谋求生存发展的主导性力量，而艺术与科学及科学技术日益形成融合创化的崭新态势，科学技术带动艺术从唯美趋于真善，成为后现代社会最引人注目的文化景观，艺术推动科学文化从"真善合一"趋于"真善美"统一。

　　科学文化的精神、体制、行为和成果所构成的科学文化体系，其灵魂是科学精神（价值意识），科学精神决定着科学体制、行为和成果的演化方向，而今天的科学精神、体制、行为和成果因为科学做大做强以后，以其理性的傲慢一路前行，弥补科学文化缺陷，补足科学文化短板，艺术大有可为。如以艺术"大美"理念提升中国当代科学精神，以艺术自由精神改进中国当代科学体制，以艺术教育提升中国当代科学教育水平，以艺术表现涵育当代中国科技成果的人文精神等。随着中国文化的崛起，东方艺术精神中的人文理念特别是其中的"美善"观和"真善美"合一观，必将对当代科学精神、体制、行为和成果进行积极干预，并引领当代科学文化"艺术"地造福于人类以及与人类命运共同演化的大自然和宇宙整体。

　　党的十八大、十九大都提出了实现中华民族伟大复兴的历史命题，与此同时文化软实力建设的重要性得到了国家顶层设计者和社会大众的普遍关注和高度认同。同时，重新认识传统文化，发掘传统文化的正能量"古为今用"以至"中为外用"成为中国学术思想界的热门话题。根据党的十九大报告实现中华民族伟大复兴两步走的战略为：第一个阶段，从2020年到2035年，在全面建成小康社会的基础上，再奋斗15年，基本实现社会主义现代化。到那时，我国经济实力、科技实力将大幅跃升，跻身创新型国家前列；人民平等参与、平等发展权利得到充分保障，法治国家、法治政府、法治社会基本建成，各方面制度更加完善，国家治理体系和治理能力现代化基本实现；社会文明程度达到新的高度，国家文化软实力显著增强，中华文化影响更加广泛深入；人民生活更为宽裕，中等收入群体比例明显提高，城乡区域发展差距和居民生活水平差距显著缩小，基本公共服务均等化基本实现，全体人民共同富裕迈出坚实步伐；现代社会治理格局基本形成，社会充满活力又和谐有序；生态环境根本好转，美丽中国目标基本实现。第二个阶段，从2035年到21世纪中叶，在基本实现现代化的基础上，再奋斗15年，把我国建成富强、民主、文明、和谐、美丽的社会主义现代化强国。到那时，我国物质文明、政治文明、精神文明、社会文明、生态文明将全面提升，实现国家治理体系和治理能力现代化，成为综合国力和国际影响力领先的国家，全体人民共同富裕基本实现，我国人民将享有更加幸福安康的生活，中华民族将以更加昂扬的姿态屹立于世界民族之林。

党的十九大报告中提到的"美丽中国""和谐美丽的社会主义现代化强国"离不开文化艺术的滋润，美丽的社会环境、生活环境和生态环境都离不开文化艺术的滋润，而美丽的心灵世界更需要文化艺术的雨露浇灌。但是，正如党的十九大报告所指出的那样，建设现代化社会主义强国，繁荣发展当代的文化艺术事业和文化产业，我们不能照搬照抄先发现代化国家，因为先发现代化国家的发展现状和发展走向，并不像人们想象的那样具有"唯一正当性"。历史的辉煌和当下中国崛起的势头以及其可能的远景，促使我们在当代"危机"与"挑战"并存的格局下，重拾文化自信，并且自觉地以大国姿态和大国担当，"为往世继绝学，为万世开太平"。

复兴一词本意指恢复生气，恢复生命，使之再流行、再生效。这儿所说的艺术复兴，是指让曾经辉煌灿烂的中国传统艺术恢复生气，恢复生命，使之再流行、再生效。同时，这种艺术复兴还指让中国传统的艺术精神扎根现实，在融合外来艺术文化的基础上，创新格局，别开生面，并为世界艺术文化的创造和革新发挥正能量，并发挥引领作用。因此，我们所说的艺术复兴，不仅仅指中国的艺术复兴，同时也指世界的艺术复兴。人类历史上的文化复兴，通常都是以艺术复兴为其先导，欧洲近代的文化昌明兴盛，以文艺复兴为其先导，文艺复兴以艺术的启蒙，唤醒民智，从而为政治、经济、道德、伦理、法律等的创新开辟道路。欧洲的文艺复兴所复兴的不是古希腊的城邦制度，不是希腊神话和它的大斗兽场，所复兴的是古希腊的人文主义精神——人性的直觉所肯定的一套价值规范，如民主、自由、平等、博爱的价值理念。因此，所谓的文明的复兴，实际上是文化的复兴，是文明实体之内的精神理念的复兴，由文明实体之内的精神理念的复兴，带动文明实体革故鼎新，从而从容应对外来文明和外来文化的挑战，使得自己由弱转强，或强而更强。按照汤因比和亨廷顿的看法，目前处于劣势的中国文明（儒教文明），在21世纪，完全有可能由弱转强。不过，中国文明由弱转强，并不必然地意味着其他文明的相对性的衰弱或消亡，中国文明和中国文化的复兴，意味着中国5000年以来的思想智慧的福泽广被和世界大同，而这正是中国文明和中国文化必然复兴的内在根由。

中华艺术复兴是指让曾经辉煌灿烂的中国传统艺术恢复生气，恢复生命，使之再流行、再生效。同时，这种艺术复兴还指让中国传统的艺术精神扎根现实，在融合外来艺术文化的基础上，创新格局，别开生面，并为世界艺术文化的创造和革新发挥正能量，并发挥引领作用。因此，我们所说的艺术复兴，不仅仅指中国的艺术复兴，同时也指世界的艺术复兴。

对于整个人类来说，文化复兴是指让曾经辉煌灿烂的各民族传统文化，特别是其中具有普适价值的精华艺术恢复生气，恢复生命，使之再流行、再生效。对于中华民族而言，文化复兴是指让曾经辉煌灿烂的中国传统文化，特别是其中具有普适价值的精华艺术恢复生气，恢复生命，使之再流行、再生效。同时，文化复兴还必须蕴含着这样的一个要义：世界各民族包括中华文化，在相互对话、融通、糅合的基础上，创新格局，别开生面，开创世界文化和人类文化的新境界。因此，我们所说的中华文化复兴，不仅仅指中国的文化复兴，同时也指世界和人类的文化复兴。

中华艺术复兴和繁荣与中华文化复兴和繁荣互为生发、互为表征，而艺术地美丽起来的中国，将以其曾经拥有过的气魄和力量实现本民族的永续发展，并适时地创造性地引领人类环宇进入大美之境。

参考文献

一 专著

马克思：《1844年经济学哲学手稿》人民出版社1985年版。
《邓小平文选》第1卷，人民出版社1994年版。
《鲁迅全集》第11卷，人民文学出版社2005年版。
《赵朴初文集》，华文出版社2007年版。
常任侠：《印度与东南亚美术发展史》，安徽教育出版社2006年版。
陈传席：《中国山水画史》，天津人民美术出版社2001年版。
陈庆宗等：《华中讲堂2014》，社会科学文献出版社2015年版。
陈序经：《文化学概观》，中国人民大学出版社2005年版。
陈应鸾：《诗味论》，巴蜀书社1996年版。
冯天瑜等：《中华文化史》，上海人民出版社2010年版。
高火编著：《埃及艺术》，河北教育出版社2003年版。
顾准：《顾准文集》，华东师范大学出版社2014年版。
郭沫若：《青铜时代》，文治出版社1945年版。
哈佛燕京学社主编《全球化与文明对话》，江苏教育出版社2004年版。
韩廷杰：《新译大乘起信论》，中国台湾三民书局股份有限公司2000年版。
何政广：《写给大家的欧美现代美术史》，湖南美术出版社2005年版。
贺彦凤：《当代中国宗教问题的文化研究》，吉林大学出版社2008年版。
胡经之：《文艺美学》，北京大学出版社2004年版。

胡经之：《文艺美学论》，华中师范大学出版社2000年版。
黄永健：《艺术文化论》，文化艺术出版社2008年版。
黄永健：《艺术文化学》，上海科学技术文献出版社2016年版
江蓝生、谢绳武主编：《2003年：中国文化产业发展报告》，社会科学文献出版社2003年版。
金雅主编：《中国现代美学名家文丛·蔡元培卷》，中国文联出版社2017年版。
金泽、邱永辉主编：《中国宗教报告》，社会科学文献出版社2010年版。
李军编著：《希腊艺术与希腊精神》，河北教育出版社2003年版。
李平：《西方人眼中的东方文学艺术》，上海教育出版社2004年版。
李醒尘：《西方美学史教程》，北京大学出版社1994年版。
李泽厚：《华夏美学》，天津社会科学院出版社2001年版。
李泽厚：《美的历程》，生活·读书·新知三联书店2014年版。
梁漱溟：《东西文化及其哲学》，商务印书馆2006年版。
林木：《刘国松的中国现代画之路》，四川美术出版社2007年版。
凌继尧主编：《中国艺术批评史》，上海人民出版社2011年版。
刘浩锋：《和学——中国文化传承与开新》，九州出版社2013年版。
刘梦溪：《马一浮与国学》，生活·读书·新知三联书店2015年版。
陆扬、王毅：《文化研究导论》，复旦大学出版社2006年版。
马承源主编：《中国青铜器》，上海古籍出版社1988年版。
牟钟鉴：《中国宗教与文化》，巴蜀书社1989年版。
聂振斌：《中国艺术精神的现代转化》，北京大学出版社2013年版。
彭吉象：《艺术学概论》，北京大学出版社2015年版。
邱紫华：《东方美学史》上卷，商务印书馆2003年版。
邱紫华：《东方美学史》下卷，商务印书馆2003年版。
石涛：《苦瓜和尚画语录》，山东画报出版社2007年版。
时胜勋：《中国艺术话语》，中央编译出版社2015年版。
司马云杰：《文化社会学》，中国社会科学出版社2003年版。
宋健：《人性兽性：科考人本》，人民出版社2015年版。
苏国勋等：《全球化：文化冲突与共生》，社会科学文献出版社2006

年版。

童恩正:《人类与文化》,重庆出版社1998年版。

童炜钢:《西方人眼中的东方绘画艺术》,上海教育出版社2004年版。

王潮:《后现代主义的突破》,敦煌文艺出版社1996年版。

王京生:《文化的魅力》,人民出版社2014年版。

王瑞芸:《美国艺术史话》,金城出版社2013年版。

王世达:《中国当代文化理论的多维建构》,电子科技大学出版社2014年版。

王岳川:《艺术本体论》,生活·读书·新知三联书店上海分店1994年版。

王作安:《中国的宗教问题和宗教政策》,宗教文化出版社2010年版。

魏德东:《为宗教脱教》,民族出版社2015年版。

吴言生:《禅宗诗歌境界》,中华书局2001年版。

吴咏峰:《心道》,中国文化发展出版社2013年版。

吴忠主编:《深圳市民文化大讲堂2007年讲座精选》,社会科学文献出版社2009年版。

伍蠡甫:《中国画论研究》,北京大学出版社1983年版。

向开明:《太极文化与东亚舞蹈文化》,民族出版社2006年版。

萧华荣:《中国诗学思想史》,华东师范大学出版社1996年版页。

谢冕:《谢冕论诗歌》,江西高校出版社2002年版。

徐复观:《中国艺术精神》,华东师范大学出版社2004年版。

徐复观:《中国艺术精神》,商务印书馆2010年版。

徐建融:《中国绘画》,上海外语教育出版社1999年版。

学诚法师:《信仰与对话》,国际文化出版公司2015年版。

于平:《舞蹈文化与审美》,中国人民大学出版社2005年版。

郁龙余:《中国印度文学比较》,中国社会科学出版社2001年版。

郁龙余等:《中国印度诗学比较》,昆仑出版社2006年版。

詹石窗:《道教文化十五讲》,北京大学出版社2012年版。

张岱年、程宜山:《中国文化精神》,北京大学出版社2015年版。

张隆溪:《道与逻各斯》,冯川译,四川人民出版社 1998 年版。
赵俪生:《日知录导读》,巴蜀书社 1992 年版。
周硬生:《国际法》,商务印书馆 1981 年版。
朱光潜:《诗论》,安徽教育出版社 1997 年版。
庄锡华:《艺术掌握论》,社会科学文献出版社 2002 年版。
卓新平:《基督教与中国文化处境》,宗教文化出版社 2013 年版。
卓新平等:《渤海视野:宗教与文化战略》,社会科学文献出版社 2014 年版。

二 译著

阿尔巴托夫、罗斯托夫采夫编,《美术史文选》,佟景韩译,人民美术出版社 1982 年版。
阿诺德·汤因比:《历史研究》,刘北成等译,上海人民出版社 2000 年版。
爱德华·泰勒:《原始文化》,连树声译,广西师范大学出版社 2005 年版。
昂格尔:《现代社会中的法律》,吴玉章等译,中国政法大学出版社 1994 年版。
鲍列夫:《美学》,修业等译,中国文联出版公司 1986 年版。
丹纳:《艺术哲学》,傅雷译,安徽文艺出版社 1998 年版。
迪安:《美国的精神文化爵士乐、橄榄球和电影的发明》,袁新译,商务印书馆 2013 年版。
费正清等:《东亚文明:传统与变革》,黎鸣等译,天津人民出版社 1992 年版。
哈维兰等:《文化人类学:人类的挑战》,陈相超等译,机械工业出版社 2014 年版。
赫伯特·里德:《艺术的真谛》,王柯平译,中国人民大学出版社 2004 年版。
杰姆逊:《后现代主义与文化理论》,唐小兵译,北京大学出版社 1997 年版。
理查德·怀斯曼:《正能量》,李磊译,湖南文艺出版社 2012 年版。

鲁德夫·奥托：《神圣者的观念》，丁建波译，江西教育出版社2014年版。

皮特·N.斯特恩斯等：《全球文明史》上册，赵轶峰等译，中华书局2006年第3版。

斯宾格勒：《西方的没落》，陈晓林译，黑龙江教育出版社1988年版。

威廉·A.哈维兰：《文化人类学》，瞿铁鹏等译，上海社会科学院出版社2006年版。

许马云·迦比尔：《印度的遗产》，王维周译，上海人民出版社1958年版。

亚里斯多德：《诗学》，罗念生译，人民文学出版社2002年版。

约翰·基西克：《全球艺术史》，水平等译，海南出版社2012年第2版。

约瑟夫·奈：《软实力》，马娟娟译，中信出版社2013年版。

三　期刊

北京大学宗教文化研究院课题组：《当代中国宗教状况报告——基于CFPS（2012）调查数据》，《世界宗教文化》2014年第12期。

蔡中宏：《中国科学教育的误区及其批判》，《高等理科教育》2005年第4期。

曹顺庆：《西方崇高范畴与中国雄浑范畴的比较》，《社会科学研究》1990年第4期。

曾广、梁晓波：《国家形象的多模态隐喻建构——以中国国家形象片〈角度篇〉为例》，《外语教育研究》2017年第2期。

曾佳：《禅宗顿悟与艺术思维的异质同构关系》，《艺术百家》2005年第2期。

曾粤兴：《中国法律文化的再造》，《法治研究》2015年第2期。

柴作梓：《中国的纸》，《晋图学刊》1987年第1期。

常勤毅：《中国"正能量"文化内涵与构成分析》，《江西社会科学》2014年第1期。

陈伯海：《杂文学、纯文学、大文学及其他中国文学传统中的"文学性"问题探源》,《红河学院学报》2004 年第 5 期。

陈立旭:《论特色小镇建设的文化支撑》,《中共浙江省委党校学报》2016 年第 5 期。

陈立旭:《我们缺的是什么德——当前中国道德危机审视》,《探索与争鸣》2012 年第 6 期。

陈敏翼、刘永子:《广东特色小镇发展现状及对策建议》,《广东科技》2017 年第 3 期。

陈晓锐:《论艺术创新》,《艺术研究》2013 年第 2 期。

陈振昌:《试论秦俑的文化精神》,《文博》1996 年第 2 期。

陈宗花:《中国艺术批评规律的新探索——凌继尧主编的〈中国艺术批评史〉解析》,《贵州大学学报》(艺术版)2012 年第 2 期。

仇国梁:《技术异化与当代艺术的独立性危机》,《画刊》2009 年第 7 期。

楚默:《历代篆刻风格流变——隋唐至现代》,《书画艺术》2009 年第 4 期。

单元:《徘徊在"政治理性"与"艺术直觉"之间——重读〈太阳照在桑干河上〉》,《嘉兴学院学报》2013 年第 4 期。

杜贵晨:《"天人合一"与中国古代小说结构的若干模式》,《齐鲁学刊》1999 年第 1 期。

范红、胡钰:《国家形象建设的概念、要素与维度》,《人民论坛》2016 年第 4 期。

费成康:《论中国的盛世》,《社会科学》2002 年第 6 期。

付开镜:《当代国人"汉唐盛世情结"论》,《广西师范学院学报》(哲学社会科学版)2014 年第 2 期。

付阳华:《当代中国艺术与国家形象塑造》,《党政干部学刊》2014 年第 4 期。

傅修海:《多元文艺的活力与界限——从美国开始的反观与反思》,《文艺评论》2015 年第 3 期。

高峰:《继续加强神学思想建设努力办好中国教会》,《天风》2008 年第 23 期。

高鸿钧:《法律文化的语义、语境及其中国问题》,《中国法学》

2007 年第 4 期。

高民政：《政治艺术论纲》，《政治学研究》2000 年第 1 期。

龚佩燕：《电影〈卧虎藏龙〉中的音乐艺术》，《大舞台》2014 年第 1 期。

韩凌等：《论中国古代的音乐本体——以乐、音与声的关系为向度》，《长春理工大学学报》（社会科学版）2013 年第 12 期。

贺丽：《当代艺术精神变迁及其文化意蕴》，《社会科学辑刊》2007 年第 3 期。

赫伯特·曼纽什、古城里：《中国哲学对西方美学的意义》，《华南师范大学学报》（社会科学版）1996 年第 1 期。

胡振华：《中国伊斯兰教民族文化》，《中央民族大学学报》（哲学社会科学版）2002 年第 5 期。

黄崇浩：《屈原美政思想考论》，《湖北行政学院学报》2003 年第 5 期。

黄洁亭：《浅析人性及其与法律的关系》，《法制与社会》2009 年第 23 期。

黄永健：《从李白的觞咏看唐代的酒文化》，《中国文化研究》2002 年第 2 期。

黄永健：《后技术时代的艺术愿景省思》，《设计艺术研究》2011 年第 2 期。

黄永健：《情意合一实相——艺术本体论新探》，《艺术学研究》2009 年第 2 期。

黄永健：《全球化语境中的地方艺术和本土艺术》，《深圳大学学报》（人文社会科学版）2012 年第 5 期。

江奔东：《论提高文化产业效益》，《山东社会科学》2009 年第 4 期。

姜振寰等：《历史中的技术与艺术》，《自然辩证法通讯》2009 年第 1 期。

蒋传光：《当代中国特色先进法律文化创建的路径思考》，《河南财经政法大学学报》2007 年第 5 期。

蒋笛：《民间礼俗对礼乐文明的继承与反叛》，《求索》2012 年第

10 期。

蒋原伦:《当代艺术与阐释性批评——多媒介语境下艺术评价机制之探析》,《文艺研究》2010 年第 12 期。

金雅:《论美情》,《社会科学战线》2016 年第 12 期。

金雅:《人生论美学传统与中国美学的学理创新》,《社会科学战线》2015 年第 2 期。

金元浦:《当代艺术创新是一个复合工程》,《文艺研究》2003 年第 2 期。

蒯大申:《世界文化中心城市何以可能?》,《社会观察》2004 年第 1 期。

旷志华:《略谈现代设计中的艺术想象与科学技术的有机结合》,《美术大观》2009 年第 3 期。

乐峰:《天主教与中国文化》,《山西大学学报》(哲学社会科学版)2006 年第 5 期。

雷荣:《中国道德文化第一人——舜帝德育观考证》,《兰台世界》2014 年第 16 期。

李凤亮、宗祖盼:《文化与科技融合创新:模式与类型》,《山东大学学报》(哲学社会科学版)2016 年第 1 期。

李庚香:《法美学是人学》,《中州学刊》2004 年第 4 期。

李河成:《政治美学话语、审美共通感问题与美政预设——当代政治美学研究综述》,《天府新论》2012 年第 2 期。

李蕾蕾:《"乡愁"的理论化与乡土中国和城市中国的文化遗产保护》,《北京联合大学学报》(人文社会科学版)2015 年第 4 期。

李尚:《谈国家道德》,《知识经济》2011 年第 15 期。

李涛:《文化产业对艺术创作与生产的影响》,《艺术百家》2006 年第 2 期。

李心峰:《从艺术种类与艺术风格看中国三代艺术的发展轨迹与辉煌成就——中国三代艺术的意义再论》,《云南艺术学院学报》2003 年第 1 期。

李心峰:《中国三代艺术的历史文化语境》,《民族艺术研究》2003 年第 5 期。

李心峰:《中国三代艺术的意义》,《文艺研究》2001年第4期。

李心峰:《中国三代艺术光辉成就略述》,《北京联合大学学报》(人文社会科学版)2004年第2期。

李修建:《当代西方艺术人类学研究中的几个基本问题》,《内蒙古大学艺术学院学报》2010年第2期。

李永富:《超越"体用"和"古今"——多元文化视野下的民族文化复兴》,《中州学刊》2013年第5期。

李运祥:《文化产业链的培育与优化研究——以湖南为例》,《中国集体经济》2009年第4期。

梁剑宏:《学科规训:中国科学教育与人文教育关系演变简述》,《中国大学教学》2010年第6期。

梁惟:《发挥宗教对促进社会和谐的正能量作用研究》,《重庆社会主义学院学报》2015年第6期。

刘柏年、傅先伟:《中国天主教与基督教60年新生与辉煌》,《中国宗教》2009年第8期。

刘成有:《宗教的内涵与宗教的民族性》,《宗教与民族》2012年第1期。

刘大涛:《萨特与中国八十年代的知识青年》,《遵义师范学院学报》2012年第3期。

刘厚琴:《儒学化的汉代科技》,《山东理工大学学报》(社会科学版)2004年第3期。

刘砺:《中国法律文化的传统及其价值评价》,《法制与社会》2015年第11期。

刘士林等:《"文以载道,富而好礼"——"十三五"时期建设社会主义文化强国的主题研究》,《河南社会科学》2015年第7期。

刘文飞:《艺术政治化与政治艺术化》,《世界知识》2000年第6期。

刘晓光、何东:《艺术与科学:精神品格与真理价值》,《齐鲁学刊》2015年第6期。

刘艳芬:《艺术价值结构新探》,《济南大学学报》(社会科学版)2005年第6期。

刘悦笛：《当代中国艺术：建构"新的中国性"——从"去中国性"到"再中国性"之后》，《艺术百家》2011年第3期。

卢雨：《西泠印社与中国印文化的近代转型》，《浙江艺术职业学院学报》2009年第4期。

罗贵权：《把社会效益放在文化产业的首位》，《人民论坛》2008年第9期。

骆冬青：《论政治美学》，《南京师大学报》（社会科学版）2003年第3期。

吕进：《三大重建：新诗，二次革命与再次复兴》，《西南大学学报》（社会科学版）2005年第1期。

马俊艳、李悦婷：《〈卧虎藏龙〉之道家思想》，《美与时代》2009年第11期。

马敏等：《近代西方文化的转型之文艺复兴》，《石油政工研究》2014年第6期。

马启成：《中国伊斯兰的大文化属性》，《中央民族大学学报》（哲学社会科学版）1992年第6期。

孟建伟：《论科学文化》，《中国科学基金》2009年第2期。

牟钟鉴：《宗教文化论》，《宗教与民族》2012年第2期。

庞岚：《论艺术教育与科学教育的互动》，《高等教育研究》2004年第4期。

彭锋：《关于西方后现代时代艺术状况的研究》，《美术研究》2008年第1期。

彭金山等：《改革开放30年文学艺术的发展历程及其成就》，《贵州社会科学》2008年第11期。

彭庆生：《唐诗和唐代艺术的美学特征》，《中国文化研究》1993年第1期。

秦汉：《论技术与艺术》，《深圳大学学报》（人文社会科学版）2004年第3期。

秦丽等：《从太极图视角解读中国舞蹈艺术之"圆和"美》，《唐山师范学院学报》2011年第2期。

邵志华等：《中国美学精神对西方现代绘画的影响》，《贵州大学学报》（艺术版）2015年第4期。

沈亚丹：《当代艺术学研究中的实证主义及其困境》，《文艺争鸣》2011年第12期。

沈长云：《论三代文化在中国文化史上的地位及总体特色》，《学术月刊》1992年第6期。

时胜勋：《从"西方化"到"再中国化"——中国当代艺术的文化身份》，《贵州社会科学》2008年第10期。

宋海芽：《"正能量"一词的翻译和语义延伸的认知阐释》，《郑州航空工业管理学院学报》（社会科学版）2013年第3期。

宋铮：《论艺术场域与法律场域的伦理同一性》，《沈阳师范大学学报》（社会科学版）2016年第2期。

苏玲：《透视中国古代"盛世"》，《宜春学院学报》2010年第9期。

孙福轩：《中国古典小说叙事空间的文化论析》，《广州大学学报》（社会科学版）2008年第2期。

孙振华：《创造雕塑艺术的中国方式》，《文艺研究》2005年第6期。

檀有志：《共外交中的国家形象建构——以中国国家形象宣传片为例》，《《现代国际关系》2012年第3期。

王殿卿：《新加坡的文化再生运动与国家的共同价值观》，《思想教育研究》1994年第4期。

王刚：《中国传统艺术资源的保护与发展研究》，《设计艺术研究》2012年第3期。

王晓朝：《文化传播与基督宗教的深度中国化》，《清华大学学报》（哲学社会科学版）2013年第5期。

王旭晓：《试论艺术思维的特征——从文化创意谈起》，《艺术百家》2011年第1期。

王一川：《当代艺术创新人才及其创新素养》，《艺术百家》2011年第6期。

王一木：《中国文化顶层设计的基本内涵和路径选择》，《江西社会科学》2012年第2期。

王玉鹏：《"当代中国天主教文化"概念之构设》，《中国天主教》

2015 年第 3 期。

王岳川:《文化创新是中国核心价值的呈现》,《解放军艺术学院学报》2012 年第 3 期。

韦福雷:《特色小镇发展热潮中的冷思考》,《开放导报》2016 年第 6 期。

魏鸿雁:《〈坛经〉三十六对法与唐代禅意诗的形成》,《殷都学刊》2005 年第 1 期。

文涵:《中国科学体制化的演进历程——兼与英法两国的比较》,《科技创业月刊》2012 年第 8 期。

吴榜华:《甲骨文篆刻艺术形式美论析》,《北华大学学报》(社会科学版)2013 年第 5 期。

吴晓明:《当代中国的精神建设及其思想资源》,《中国社会科学》2012 年第 5 期。

吴雁南:《孙中山与 20 世纪中华文化复兴思潮》,《贵州师范大学学报》(社会科学版)2001 年第 1 期。

吴永芝:《解析北京奥运会开幕式的文化特征》,《南京体育学院学报》(社会科学版)2008 年第 5 期。

邢华:《文化创意产业价值链整合及其发展路径探析》,《经济管理》2009 年第 2 期。

徐稳:《全球化背景下当代中国文化传播的困境与出路》,《山东大学学报》(哲学社会科学版)2013 年第 4 期。

徐选国、杨君:《人本视角下的新型城镇化建设:本质、特征及其可能路径》,《南京农业大学学报》(社会科学版)2014 年第 2 期。

薛江:《特色小镇的文化生命力——以艺术小镇为例》,《建筑与文化》2017 年第 1 期。

闫松岭:《中国汉代雕塑研究——以霍去病墓石雕群审美取向的分析为例》,《雕塑》2011 年第 1 期。

颜翔林:《论价值与艺术价值的逻辑联系》,《南京师大学报》(社会科学版)1994 年第 3 期。

晏辉:《中国问题与中国当代哲学》,《山东社会科学》2008 年第 2 期。

杨怀中：《中国科学文化的缺陷及当代建构》，《自然辩证法研究》2005 年第 2 期。

杨子超：《谭盾音乐的多元化因素探索》，《视听》2015 年第 7 期。

叶光林：《重构现代中国道德文化体系的理性思考》，《理论与现代化》2002 年第 4 期。

叶松庆：《李正道对科学与艺术融合的历史性贡献》，《世界科技研究与发展》2000 年第 2 期。

叶向东：《论艺术产品的价值转换》，《云南师范大学学报》1990 年第 4 期。

於璐：《从李长之的文化理想反思"中国的文艺复兴"规划之路，《中国比较文学》2015 年第 1 期。

喻中：《法律与艺术的对峙》，《法制资讯》2012 年第 7 期。

张春燕：《中国传统音乐之美及其内涵的跨文化传播》，《北京社会科学》2016 年第 2 期。

张国刚：《唐代对外开放的回视与审思（专题讨论）——唐代开放与兴盛的当代思考》，《河北学刊》2008 年第 3 期。

张立文、段海宝：《中国哲学三十年来的回顾与展望》，《社会科学战线》2008 年第 3 期。

张灵聪：《论汉代艺术气象及其成因》，《复旦学报》（社会科学版）1999 年第 1 期。

张娜：《谭盾音乐的中西异合》，《音乐创作》2014 年第 5 期。

张少恩等：《仁爱、兼爱与博爱——儒、墨伦理文化与基督教伦理文化比较》，《贵州社会科学》2014 年第 5 期。

张婷婷：《试论艺术的智性价值》，《艺术百家》2015 年第 2 期。

张伟：《人类创造的不同文化形式——艺术与科学的文化共生性与互动性》，《艺术百家》2011 年第 3 期。

张亚斌：《艺术教育与科学教育互动关系论纲——高等教育发展的文化均衡理论》，《中国政法大学学报》2008 年第 4 期。

张羽君：《21 世纪的中国法律制度与社会建设》，《政治与法律》2009 年第 6 期。

张玉勤：《当代文艺实践构建国家形象的历史性、现实性与理想性》,《江海学刊》2013年第4期。

张占斌:《新型城镇化的战略意义和改革难题》,《国家行政学院学报》2013年第1期。

章仁彪等:《创意城市与现代大学:从3T理论到三区联动》,《教育发展研究》2007年第9期。

赵喜惠:《唐代艺术的世界地位探析——以乐舞、百戏、书法、绘画、雕塑为例》,《陕西教育学院学报》2012年第4期。

周逢俊:《中国画的"韵"》,《艺术研究》2007年第1期。

周建民等:《动漫创作的民族化及艺术创新探析》,《韶关学院学报》2008年第11期。

朱承:《礼乐文明与生活政治》,《中山大学学报》(社会科学版) 2014年第6期。

朱小龙:《析数码艺术是数码技术与艺术的结合》,《科技信息》2009年第4期。

四 英文专著

Frank A. Ninkovich, *The Diplomacy of Ideas: U. S. Foreign Policy and Cultural Relations, 1938 – 1950*, Cambridge: Cambridge University Press, 1981.

Cummings, Milton C, *Cultural Diplomacy and United States Government: A Survey*, Washington: Center for Art and Cultural, 2003.

Thomas E., Wartenberg, *The Nature of Art: An Anthology*, Peking university Press, 2004.

Hauser A., *The Philosophy of Art History*, Northwestern University Press, 1985.

Kuhn R., *Psychoanalytic Theory of Art: A Philosophy of Art on Developmental Principles*, Columbia University Press, 1983.

James Cahill, *Hills Beyond a River: Chinese Paintimgs of Yuan Dynasty, 1279 – 1368*, New York: John Weatherhill, 1976.

James Cahill, *Partings at the Shores: Chinese Paintings of the Early and Middle Ming Dynasty, 1368 – 1580*, New York: John Weatherhill,

1976.

James Cahill, *The Restless Landscape: Chinese Paintimg of the Late Ming Period*, Berkeley: University Art Museum, 1971.

Francis Fukuyama, *The End of History*, The National Interest, 1989.

Eagleton Terry, *The Illusions of Postmodernism*, Cambridge: Black well, 1996.

Pippon Robert B., *Modernism as A Philosophical Problem*, Oxford: Blackwell, 1999.

Hauser A., *The Philosophy of Art History*, Northwestern University Press, 1985.

John B Cobb, *A Theory of Ecology*, Environmental Ethics Books, Denton, 1994.

Connor Steven, *Postmodernist Culture*, Oxford: Blackwell, 1989.

Pippon Robert B., *Modernism as A Philosophical Problem*, Oxford: Blackwell. 1999.

Kolb David, *The Critique of Pure Modernity: Hegel, Heidegger, and After*, Chicago: The University of Chicogo Press, 1986.

Bauman Zygmunt, *Modernity and Ambivalence*, Cambridge: Polity, 1991.

Bloom Allan, *The Closing of the Americon Mind*, New York: Simmon & Schuster, 1987.

Edward W. Said, *Orientalism*, New York: Pantheon Books, 1978.

Fisher John, *Reflections on Art*, London: Mayfield, 1993.

后　记

　　本著自研究、写作至入选《深圳学派建设丛书》（第六辑）并进行修改出版，前后5年多时间，是笔者多年从事艺术文化学研究的延续性成果。

　　研究起始于2013年8月。2013年8月至2013年12月，根据研究目标、研究内容和研究计划，由黄永健和梁玖制定研究框架和任务分工，相关人员开始购置研究所需的办公用品、文具、中外文书籍、杂志，为接下来的研究准备相关资料；与本课题研究相关的研究成果陆续发表，《东南大学学报》《中国文化产业》等学术期刊及第二届全国艺术管理学年会发表《从〈艺概〉〈艺境〉到〈审艺学〉——艺术学理论研究思考兼评梁玖教授的〈审艺学〉》《微创业对大学生创业学习模式的影响》《传统艺术资源的文化创意产业开发研究——以深圳锦绣中华为例》等，光明日报出版社和华中科技大学出版社出版《中外散文诗比较研究》《艺术文化学导论》。

　　2014年1月至2014年12月，研究集中于"艺术和文化复兴的国际经验"和"艺术和文化复兴的中国经验"研究，期间通过外地调研、田野考察及参加学术会议等形式，收集材料，探讨学术界对相关问题研究的推进和最新进展，完成三大文明古国、当代美国文化与艺术的相互关系研究，完成中国古代盛世及当代中国艺术与文化的相互关系研究，论证文化振兴带动艺术繁荣的历史规律。在《深圳大学学报》《民族艺术研究》《贵州大学学报》等学术期刊及第10届全国艺术学年会发表《宰制与反弹的现代景观——兼论游建西的武侠小说〈龙吟苗疆〉》《艺术精神的潜伏性延续和复活》《艺术价值结构与艺术价值嬗变》《当代中国艺术批评的三个转向》等学术论文。

2015年1月至2015年12月，研究集中于"艺术文化正能量含藏""中华艺术正能量含藏"研究，发表相关阶段性成果。完成"'正能量'和'负能量'：艺术精神和艺术功能新阐释""中华传统文化中的传统艺术""当代中华文化中的传统艺术""中华传统艺术中蕴含之信念和价值""中华传统艺术的信念和价值体现"等专题研究。在《民族艺术研究》《南方论丛》等学术期刊及第十一届全国艺术学年会、中国海洋大学"海洋时代的文化创意产业"学术研讨会上发表《政治艺术化及其实践路径初探》《文化创意产业开发与文化遗产的保护和保存》《艺术复兴、文化复兴、中华文化复兴》《互联网+语境下文化产业新业态》等学术论文。阶段性成果之"十三行汉诗创新文体"获得国家版权局"文字著作权证书"。

2016年1月至2016年12月，研究集中于"中华艺术创新之维"和"艺术参与经济发展和社会转型"研究。完成"创新：建构中华艺术新文化""中华艺术的创新之维——以汉诗诗体创新为例""中华艺术的创新之维——以中国当代摄影"中国风格"构建为例""艺术参与中国文化创意产业发展""艺术参与当代城镇化建设"等专题研究。在《民族艺术研究》《艺术教育》《名作欣赏》《贵州大学学报》《艺苑》《南方论丛》《深圳文化发展报告》等学术期刊及第十二届全国艺术学年会上发表《汉唐盛世文化与艺术的相互促成》《当代中国艺术批评的三个转向》《当代汉语诗歌诗体创新探索——以松竹体十三行汉诗为例》《第二届中国艺术学科研究生教育联盟学术会议综述》《当代中国的文化状况与艺术表征》《创客空间的历史由来与服务体系研究》《艺术复兴、文化复兴与中华文化复兴》《刚健有为的中华艺术精神——以雕塑、篆刻艺术为例》等学术论文。阶段性成果《艺术文化学》（专著29万字）由上海科学技术文献出版社出版，入选由张道一先生任顾问的《艺术学教育丛书》，阶段性成果《新汉诗——十三行体诗集》《中国松竹体汉诗年鉴·2016》分别在光明日报出版社和中国文联出版社出版发行。

2017年1月至2017年12月，研究集中于"艺术参与建构国家制度文化"、"艺术参与建设中华民族精神文化"研究。完成"艺术参与中华政治文化建设""艺术参与中华外交战略设计""艺术参与当代法律文化建构""艺术参与中华哲学文化建构""艺术参与中华宗教文化建构""艺术参与中华道德文化建构""艺术参与中华科学文化建构"等专题研究。在《艺术教育》《贵州大学学报》《名作欣赏》《南方论丛》《科技咨询》《建筑与文化》等学术期刊及第十三届全国艺术学年会、国际华文比较文学双年会学术研讨会、第六届国际华文诗学名家国际论坛发表《中华传统音乐的乐和之美》《刚健有为的中华艺术精神——以雕塑、篆刻艺术为例》《人生论美学与十三行汉诗实践》《创客时代淘宝网的升级路径探分析》《循古创新的文化情怀》《圆融美和——传统戏曲、舞蹈、小说的圆成性智慧》和"Contemporary Chinese poetic form innovation—An Exemplification Study on Thirteen-line Chinese Poem"、《承续、吸纳、革新——十三行汉诗诗体优势分析》,等学术论文。

  本著研究的阶段性成果已陆续发表于学术期刊及国内外学术会议和学术论坛等,共计25篇学术论文和学术报告,研究期间出版了《艺术文化学》《艺术文化学导论》《新汉诗——十三行体诗集》《中国松竹体汉诗年鉴·2016》等4部,其中如"政治艺术化及其实践路径初探""汉唐盛世文化与艺术的相互促成""艺术价值结构与艺术价值嬗变""当代中国的文化状况与艺术表征""刚健有为的中华艺术精神——以雕塑、篆刻艺术为例""当代中国艺术批评的三个转向""中华传统音乐的乐和之美""文化创意产业开发与文化遗产的保护和保存""中国当代诗歌诗体创新探索——以松竹体十三行汉诗为例""人生论美学与十三行汉诗实践"等标志性成果,已陆续发表于《民族艺术研究》《贵州大学学报·艺术版》《深圳大学学报》《艺术教育》《南方论丛》《名作欣赏》等学术期刊,以及第十一、十二、十三、十四届全国艺术学年会,国际华文比较文学双年会学术研讨会,第五、六届国际华文诗学名家国际论坛,等等。

  本著正面研究人类历史上文化大发展大繁荣典型案例,还可以从反面研究人类历史上文化大倒退大衰落典型案例,从中得出历史教训;在深入研究中国传统艺术精神的同时,还应该研究西方及其他非西方国家和民族的艺术精神，总结其正能量含藏为我所用。

除此之外，当代中国艺术创新性程度特别是各个门类艺术的创新性程度、艺术如何参与中国当代市场经济体系建设等，尚需深入研究。

在本著研究和写作过程中，得到了全国哲学社会科学工作办公室、广东省教育厅、深圳大学、深圳大学文化产业研究院、深圳大学研究生院、深圳大学艺术设计学院以及深圳市社会科学院、深圳市文学艺术界联合会的大力支持，广东省教育厅将作者的研究课程《艺术文化学》立项为"2015年度广东省研究生示范课程"并予以资助，深圳大学将作者的研究课程《艺术文化学》立项为首届（2013—2014学年）"研究生Seminar示范性课程""2016年深圳大学暑期学校精品课程"并予以资助，在研究教学中深圳大学艺术学理论一级学科硕士研究生王乐乐、岳顶聪、林诺、赵昕阳积极参与调查研究，并撰写本书的部分内容，在此深表谢忱。深圳大学文化产业研究院、深圳大学艺术设计学院为本人的研究写作提供了优越的学术环境和研究平台，领导和同事大力支持，才能使作者安心研究写作，平台伟大，个人才能有所作为，感谢所有支持本著研究和写作发表的艺术学界同仁，感谢艺术振兴文化复兴的伟大时代。

谨以作者2018年10月28日在"2018年中国艺术学理论学会年会"上即兴创作的十三行汉诗"钱塘潮水急，国故变时风"来纪念本书的出版。

改革开放四十年与中国艺术理论发展回顾和展望学术研讨会暨2018年中国艺术学理论学会年会在浙江杭州师范大学圆满闭幕，紫藤山现场即兴赋诗。

  仓前路
  余杭冬
  艺术四十
  折冲西东
  钱塘潮水急
  国故变时风

青春后浪趋前
前浪奋不旋踵
日新又新四季景
百变腾升中国梦
月中天
花影动
小桥江南寓冰虹。

黄永健
2019 年 5 月